Science Of Criminal Law

刑法学基本范畴研究

李永升 / 著

中国检察出版社

图书在版编目（CIP）数据

刑法学基本范畴研究/李永升著. —北京：中国检察出版社，2011.5
ISBN 978-7-5102-0478-4

Ⅰ.①刑… Ⅱ.①李… Ⅲ.①刑法—法的理论—研究—中国 Ⅳ.①D924.01

中国版本图书馆 CIP 数据核字（2011）第 068031 号

刑法学基本范畴研究

李永升　著

出版发行：	中国检察出版社
社　　址：	北京市石景山区鲁谷西路 5 号（100040）
网　　址：	中国检察出版社（www.zgjccbs.com）
电　　话：	（010）68658769（编辑）　68650015（发行）　68636518（门市）
经　　销：	新华书店
印　　刷：	三河市燕山印刷有限公司
开　　本：	720 mm×960 mm　16 开
印　　张：	20.75 印张
字　　数：	378 千字
版　　次：	2011 年 6 月第一版　2011 年 6 月第一次印刷
书　　号：	ISBN 978-7-5102-0478-4
定　　价：	38.00 元

检察版图书，版权所有，侵权必究
如遇图书印装质量问题本社负责调换

前　言

　　关于刑法学基本范畴的研究，目前在我国刑法学界尚处于初创阶段，本书作为研究刑法学基本范畴的第一部著作，主要是想通过对刑法学的基本范畴进行一番梳理，使学习和研究刑法者能够在众多的刑法概念中抓住刑法的精髓，从而通过对刑法学网上之结的研究，使他们在学习刑法时，能够有一个清楚的脉络，从而迅捷地掌握刑法学的理论知识，并自觉地形成独树一帜的刑法理论体系。

　　本书的研究内容在体系上分为六章，其内容基本上涵盖了我国刑法学研究的全部范畴。每章的内容梗概如下：

　　第一章为刑法本体论。本章从刑法的概念入手，对我国刑法的性质从政治与法律两个方面进行较为细致的研究，继此之后，对刑法的机能与功能展开了认真的辨析。为了从理论上更好地把握刑法的价值、刑法的阈限等内容，本章还从刑法与自由、正义、秩序、伦理和文化等视角探讨了刑法与这些基本内容的关系，从而在理论上弄清它们之间的内在要求。最后，从刑法理论界关于刑法基本原则的争议入手，在弄清刑法基本原则确立标准的基础上，对我国刑法所规定的罪刑法定原则、刑法适用平等原则、罪刑相适应原则进行了较为细致深入的探讨，从而为司法机关正确地适用这些原则提供了有力的参考。

　　第二章为犯罪概念多元论。本章首先分别从不同的角度，对神学意义上的犯罪概念、政治学意义上的犯罪概念、伦理学意义上的犯罪概念、社会学意义上的犯罪概念、刑法学意义上的犯罪概念和犯罪学意义上的犯罪概念作了较为详细的诠释，并最终得出作为刑法学基本范畴之一的犯罪概念，应当将政治学意义上的犯罪概念与刑法学意义上的犯罪概念融为一体，将犯罪的社会政治本质与犯罪的法律形式特征紧密地结合起来的结论。其次，在充分介绍我国刑法学界关于犯罪特征的各种不同观点之后，得出本人对这一问题的研究结论，即犯罪的基本特征只有两个方面：一是应负刑事责任的社会危害性是犯罪的实质特征；二是刑事违法性是犯罪的形式特征。认定任何犯罪，只有同时对这两个方面的特征进行考察，方能得出正确的答案。最后，本章在对犯罪分类的总体意义予以充分研究的基础上，对国内外学者关于犯罪分类的各种观点作了详细介绍，然后分别以犯罪构成的四大要件为基础，对犯罪的分类分别从犯罪的主观方面、主体方面、客观方面和客体方面进行了具体分析。关于犯罪的这一分类方法，目前在国内刑法学界尚属首创。

第三章为犯罪构成集合论。本章首先介绍了犯罪构成在资产阶级国家、前苏联和俄罗斯联邦以及我国的发展概况，从而使人们对犯罪构成的发展脉络有一个清晰的认识。其次，通过详细地介绍我国犯罪构成理论体系和大陆法系的犯罪构成理论体系的具体内容，对二者在犯罪构成的要件体系所包括的内容、犯罪构成各要件的划分、犯罪构成内部各要件的关联性和对犯罪成立进行评价的次数等方面的区别进行了细致的分析与比较，从而使刑法学界在我国与大陆法系刑法关于犯罪构成理论体系的比较研究方面有进一步拓展。再次，在充分介绍我国刑法学界关于犯罪构成的结构类型方面存在的各种观点的基础上，为便于一般学者更好地掌握犯罪构成的类型，在研究犯罪构成类型的过程中避免不必要的重复，对犯罪构成的类型从大处着眼，将其分为基本的犯罪构成、修正的犯罪构成、复杂的犯罪构成和消解的犯罪构成四个方面，从而对犯罪构成的结构类型提出了自己的独特见解。最后，本章在对我国现有的犯罪构成机械论和犯罪构成系统论研究的基础上，提出了犯罪构成集合论。在犯罪构成集合论模式应用研究中着重对犯罪构成的集合与元素、犯罪构成集合的表示方法、种类、关系等问题作了较为细致的研究。而在犯罪构成集合的关系中又分别对犯罪构成的子集应用模式、交集应用模式、并集应用模式、补集应用模式进行了较为具体的研究。本章所研究的内容目前在国内外刑法学界均属首创。

第四章为刑事责任层次论。本章着重从刑事责任的总体与分层方面对刑事责任进行了较为深入的探讨。首先对刑事责任的概念、特征、本质、根据和实现等总体内容进行较为深入细致的研究。其次从分层方面对刑事责任的主要承担形式——刑事处罚问题、刑事责任的次要承担形式之一——非刑事处罚措施和刑事责任的次要承担形式之二——免予刑事处分等内容进行了具体研究。最后对刑事责任的补充形式——保安处分问题分别从保安处分的概念和原则、立法模式及其与刑事处罚的关系、保安处分在国外法律规定中的类型、我国现有法律中规定的保安处分及其评述等方面对保安处分进行较为细致、深入的研究，从而为我国刑法如何引进保安处分提供了理论参考。

第五章为刑法学诸范畴关系论。由于刑法学的基本范畴之间既有联系，又有区别，因此弄清它们之间的关系非常重要。为了正确地界分各个范畴，本章着重探讨了犯罪与犯罪概念的关系、犯罪与犯罪构成的关系、犯罪概念与犯罪构成的关系、犯罪构成与刑事责任的关系、刑事责任与刑事处罚的关系等内容，从而给我们正确地理解刑法基本范畴之间的关系提供了一个清晰的思路。

第六章为刑法学诸范畴功能论。本章着重探讨了犯罪概念、犯罪构成与定罪以及刑事责任、刑事处罚与量刑等问题。在犯罪概念与定罪中着重论述了犯罪的社会危害性和刑事违法性对定罪的意义；在犯罪构成与定罪中则分别从犯罪客体、犯罪客观方面、犯罪主体和犯罪主观方面四个构成要件的角度对它们与定罪的关系进行了较为细致、深入的探讨。除了定罪之外，本章还讨论了刑事责任、刑事处罚与量刑问题。刑事责任与量刑这一关系表明，研究量刑问题，首先应当弄清刑事责任问题，只有在对刑事责任问题有了深刻的理解和认识的基础上，才能谈得上进一步处理好量刑的问题。关于刑事处罚与量刑的关系主要涉及刑罚的种类，根据我国刑法之规定，刑罚分为主刑与附加刑两大类别。其中主刑包括管制、拘役、有期徒刑、无期徒刑和死刑五种，附加刑包括罚金、剥夺政治权利、没收财产和驱逐出境四种。本章分别从主刑及其裁量、附加刑及其裁量两个方面针对不同刑种的裁量问题作了较为深入的研究，为司法实践中如何做好刑罚的裁量提供了坚实的理论基础。

从本书的整个研究体系来看，前四章主要是对刑法学的基本范畴本体问题的研究和探讨，后两章则主要是对刑法学基本范畴之间的关系所进行的研究，各章之间前后相互照应，浑然一体，改写了一般教科书在写作体系上惯有的模式，具有一定的开创性，这是本书的重要价值之一。另外，本书在很多理论与方法上均有打破常规之处。例如，在第一章中，对刑法的机能与功能问题的研究，在第二章中，对犯罪的概念从各个不同的侧面进行的多向性研究，在第三章中，运用数学中的集合理论对犯罪构成理论的研究实现了方法论上的突破，这些都在很大程度上体现了本书的研究价值之所在。

不过，需要说明的是，由于刑法理论研究的日新月异，本书对很多问题的研究难免存在这样或者那样的缺陷，希望刑法学界的前辈、同辈和后辈们予以匡正。倘若能够得到你们的指点和批评，本人定会欣然接受，以便在今后的研究工作中作出更多的贡献。

最后，需要再次说明的是，本书在写作过程中，参阅了刑法学界诸多专家和学者的研究成果，除了在书中作了说明的以外，本人在此一并表示衷心的感谢！

李永升

2011年3月12日谨识于重庆陋室

目 录

前 言 ……………………………………………………………… 1
绪 论 ……………………………………………………………… 1
第一章 刑法本体论 ……………………………………………… 1
  第一节 刑法的概念 …………………………………………… 1
    一、刑法概念的含义 ……………………………………… 1
    二、刑法与相关概念之间的关系 ………………………… 4
  第二节 刑法的性质 …………………………………………… 5
    一、刑法的政治性质 ……………………………………… 6
    二、刑法的法律性质 ……………………………………… 8
  第三节 刑法的机能与功能 …………………………………… 11
    一、刑法的机能与功能的含义辨析 ……………………… 11
    二、刑法的机能与功能的基本内容 ……………………… 11
  第四节 刑法的价值 …………………………………………… 15
    一、刑法与秩序 …………………………………………… 15
    二、刑法与正义 …………………………………………… 18
    三、刑法与自由 …………………………………………… 21
  第五节 刑法的阈限 …………………………………………… 30
    一、刑法与伦理 …………………………………………… 30
    二、刑法与文化 …………………………………………… 33
  第六节 刑法的基本原则 ……………………………………… 39
    一、刑法的基本原则的理论纷争 ………………………… 39
    二、关于刑法基本原则的确立标准 ……………………… 41
    三、刑法的基本原则的内容 ……………………………… 44

第二章 犯罪概念多元论 …… 99
第一节 犯罪的概念 …… 99
一、神学意义上的犯罪概念 …… 99
二、政治学意义上的犯罪概念 …… 100
三、伦理学意义上的犯罪概念 …… 103
四、社会学意义上的犯罪概念 …… 104
五、刑法学意义上的犯罪概念 …… 106
六、犯罪学意义上的犯罪概念 …… 107
第二节 犯罪的特征 …… 111
一、犯罪的实质特征——应负刑事责任的社会危害性 …… 113
二、犯罪的形式特征——刑事违法性 …… 123
第三节 犯罪的分类 …… 126
一、关于犯罪分类的总体意义 …… 126
二、关于犯罪分类的主要内容 …… 128

第三章 犯罪构成集合论 …… 148
第一节 犯罪构成理论的历史演进 …… 148
一、犯罪构成理论在资产阶级国家的发展概况 …… 148
二、犯罪构成理论在前苏联及俄罗斯联邦的发展概况 …… 150
三、犯罪构成理论在我国的发展概况 …… 153
第二节 犯罪构成的理论体系 …… 154
一、我国的犯罪构成理论体系 …… 154
二、外国的犯罪构成理论体系 …… 162
三、中外犯罪构成的理论体系比较 …… 165
第三节 犯罪构成的结构类型 …… 168
一、基本的犯罪构成 …… 171
二、修正的犯罪构成 …… 173
三、复杂的犯罪构成 …… 176
四、消解的犯罪构成 …… 178
第四节 犯罪构成的研究模式 …… 180
一、犯罪构成机械论 …… 180
二、犯罪构成系统论 …… 182
三、犯罪构成集合论 …… 183

第四章 刑事责任层次论 …… 199
第一节 刑事责任概述 …… 199

一、刑事责任的概念……………………………………… 199
　　二、刑事责任的特征……………………………………… 206
　　三、刑事责任的本质……………………………………… 210
　　四、刑事责任的根据……………………………………… 215
　　五、刑事责任的实现……………………………………… 220
　第二节　刑事责任的层次分析………………………………… 225
　　一、刑事责任的主要承担形式——刑事处罚…………… 226
　　二、刑事责任的次要承担形式之一——非刑事处罚措施… 243
　　三、刑事责任的次要承担形式之二——免予刑事处分… 249
　第三节　刑事责任的补充形式——保安处分………………… 251
　　一、保安处分的概念和原则……………………………… 251
　　二、保安处分的立法模式及其与刑事处罚的关系……… 252
　　三、保安处分在国外法律规定中的类型………………… 253
　　四、我国现有法律中规定的保安处分及其评述………… 256
第五章　刑法学诸范畴关系论……………………………………… 261
　第一节　犯罪与犯罪概念的关系……………………………… 261
　第二节　犯罪与犯罪构成的关系……………………………… 262
　第三节　犯罪概念与犯罪构成的关系………………………… 264
　第四节　犯罪构成与刑事责任的关系………………………… 265
　第五节　刑事责任与刑事处罚的关系………………………… 267
第六章　刑法学诸范畴功能论……………………………………… 270
　第一节　犯罪概念、犯罪构成与定罪………………………… 270
　　一、犯罪概念与定罪……………………………………… 270
　　二、犯罪构成与定罪……………………………………… 272
　第二节　刑事责任、刑事处罚与量刑………………………… 288
　　一、刑事责任与量刑……………………………………… 288
　　二、刑事处罚与量刑……………………………………… 290
参考文献……………………………………………………………… 301
后　记………………………………………………………………… 308

绪 论

一、范畴的概念及意义

"范畴"一词语出希腊文,原指表达判断的命题中的谓词。汉语"范畴"取自于《洪范》中"洪范九畴"的意思,主要指分类。现在我们所说的范畴,是指那些概括和反映了事物本质属性和普遍联系的基本概念,是人们进行理性思维的一种逻辑形式。

在现实生活中,人们对客观事物的认识过程,总是首先认识个别,然后认识一般。人们首先感知到个别事物,形成对个别事物的知觉和表象,然后通过分析和综合,分清现象和本质、偶然与必然,舍弃现象的、偶然的东西,抓住本质的、必然的东西。在此基础上,通过对个别事物的特殊本质的把握,使思维深入到同类事物的普遍本质,形成反映同类事物本质特性的带有普遍性的概念,这就是范畴。范畴的形成和确立,不仅标志着人们对事物认识的深化,将表象性认识上升到本质性认识,而且标志着人们思维水平的提高,由对事物的感性认识上升到理性认识。因此,我们通常把范畴看做是人类在一定历史时代理论思维发展水平的指示器,是帮助人们认识和掌握自然现象与社会现象之网的网上之结。通过这些网上之结,可以帮助人们将纷繁复杂的现象理出一个头绪,从而在更深的层次上来把握事物的本质,收到"一览众山小"的效果。

既然范畴在人们认识和把握外部世界中具有如此重要的地位,那么,它在反映事物本质和规律、再现外部世界面貌的理论中起何种作用就可想而知了。很显然,范畴对于整个理论活动以及作为这些活动之结晶的理论体系本身是至关重要的。一方面,范畴是理论认识的结果,我们在实践中所获得的对于外部世界的一切认识,其主要内容和主要成果都必然由最凝练简洁而又富于概括力的范畴记录下来。另一方面,范畴又是理论构造的基本环节,是理论大厦的重要原料。整个理论体系要通过范畴串接起来,靠范畴使之形成一个网络。可以这样说，没有范畴就没有理论，范畴是理论的基本要素。之所以说范畴是理论的基本要素，是因为：第一，范畴是理论诸成分中的最小单位，是理论中无法分解的颗粒。从这个意义上讲，范畴较之理论的其他要素，与其说是要素，倒不如说是基本要素更为贴切。第二，范畴浓缩了最丰富的理论内容，是理论内容的主要承载者之一。一种理论，其丰富内容的展示，往往是由推演和过渡的形式实现的。范畴的不同，既能区分不同的学科，又能区分同一学科中的不同派别；既能区分理论的内容，又能区分理论的性质。这是因为范畴不是一种识别记号，不是一个一般词语，而是有着丰富的内涵，有着具体规定。第三，范畴是一切矛盾的胚胎，它孕育理论展开后显现出来的一切差异和对抗。任何理论都要表现现实矛盾并加以分析，寻求解决办法，范畴就是理论借以展示矛盾和解决矛盾的工具和环节。因此，仅仅借助范畴的推演，理论就能够把一切现实矛盾显示在人们面前，就可以铸就一座思想的丰碑。范畴作为理论的基本要素，对理论的建立、完善和发展是非常重要的。一门学科、一种理论的建立，往往起步于一系列理论的形成。只有形成一整套为本学科和此种理论所专有的范畴，才能搭起学科和理论的骨架，并逐渐使之丰富起来，达到水乳交融的状态。理论的建立有赖于范畴，理论的发展同样有赖于范畴。在某些情况下，可能仅仅由于某一个或者某几个范畴的创新，就会带动整个理论的变革和更新。

范畴对理论的重要作用，使得某些中心范畴能以理论的标志和替代者的面目出现。如叔本华创立的哲学理论，极力宣扬"意志"的作用，把意志泛化为万物的根据和动力，由此提出了他的世界观和人生观。由于"意志"这一范畴在叔本华哲学理论中占据着非常显要的位置，其理论就被称为意志主义或者唯意志主义。其他如存在主义的"存在"范畴、结构主义的"结构"范畴也大体如此。由此可见，在理论体系中，范畴虽小，但不可小觑，它既简单又复杂，既抽象又具体，它与理论的关系，正如个体的人与整个社会、整个人类的关系一样。它们既相互独立，又连为一体，共同构成了整个社会关系的全貌。

二、刑法学的基本范畴概说

陈兴良教授在其所著的《刑法的价值构造》一书的前言中明确指出："刑法学何以成为一门科学。这个问题的回答是困难的，因为对于科学本身就存在着各式各样的理解。然而，这个问题的思考又是重要的，因为它关乎刑法作为一门学科的安身立命之本。"[①] 笔者认为，科学之所以成为科学，就说明科学并非是一个没有定数的存在，而是一个被反复证明而不变的真理。刑法学之所

[①] 陈兴良著：《刑法的价值构造》，中国人民大学出版社1998年版，第12页。

以成为科学，其主旨即在于刑法所规定的内容有其存在的价值，这一价值一方面表现为统治阶级的需要，另一方面表现为社会的需要。这两种需要的相互契合，不仅说明刑法存在的必要性，也说明刑法存在的必然性。刑法的这两方面属性的存在将刑法的内在价值与外在价值淋漓尽致地表现出来。然而，刑法的存在除了其本身所具有的价值之外，刑法的范畴体系也是刑法哲学研究中不可忽视的一个问题。正如陈兴良教授所言："如果说，价值内容是刑法哲学的血肉；那么，范畴体系就是刑法哲学的骨架。因此，没有范畴体系，刑法的价值就无所依附。范畴体系相对于价值内容来说，虽然属于形式的东西，但这丝毫也不能否认范畴体系的重要性。"① 由此可见，刑法学的基本范畴作为联结刑法学各种具体内容的网上之结，在刑法学理论中所占的地位实属非同寻常。

　　刑法学的基本范畴是刑法学之中的一系列个别范畴的有机集合。个别范畴是刑法学体系的局部反映，因此，要研究刑法学的基本范畴，必须弄清刑法学的基本体系所包含的内容。而对于这一方面的问题，目前在我国刑法学界尚未达成共识。从刑法学术界研究的情况来看，关于刑法学的体系，主要有以下几种不同的观点：(1) 刑事责任——刑罚模式。这一观点认为，一个人实施刑法所规定的犯罪是行为人负刑事责任的基础。刑事责任和定罪的含义是基本一致的。② (2) 犯罪——刑事责任模式。认为犯罪是刑事责任的前提，刑事责任是犯罪的法律后果，刑罚只是刑事责任的基本实现方式，而不是唯一的实现方式，刑罚与非刑罚处罚方法一样，是刑事责任的下位概念。因此，传统的犯罪——刑罚的标准，应改为犯罪——刑事责任的体系。③ (3) 犯罪——刑事责任——刑罚模式。持这种观点的人认为刑事责任是具有实在意义的独立实体，这意味着刑事责任只有区别于犯罪和刑罚的独立性；刑事责任填补了罪和刑之间的空白，从而形成了一个解决犯罪问题的前后贯通，层层深化的全面细致的线索，从而该观点认为罪——责——刑的逻辑结构，应当成为处理案件的具体步骤和过程，成为刑法理论的基本体系。④ (4) 刑事责任——犯罪——刑罚模式。这一观点认为刑事责任是刑法中一个带有根本性的概念，没有刑事责任就没有犯罪，没有刑事责任也就不应当受刑罚处罚，从这个意义上讲，刑事责任是刑法的内在生命，因此刑事责任理论在刑法学科中具有自己独立的地位，而

---

① 陈兴良著：《刑法哲学》，中国政法大学出版社1992年版，第10页。
② 王勇著：《定罪导论》，中国人民大学出版社1990年版，第65页。
③ 张明楷著：《刑事责任论》，中国政法大学出版社1992年版，第150页。
④ 参见敬大力：《刑事责任的一般理论》，载《全国刑法硕士论文荟萃》，中国人民公安大学出版社1989年版，第20页。

且对其他各方面的研究具有直接的指导意义，是刑法学的基础理论。①（5）罪刑关系中心论模式，这是我国刑法学界少数专家的观点。其基本设想是：以罪刑关系的基本原理为经线，以罪刑关系的辩证运动为纬线，建构成新的刑法学体系，这一体系打破传统的犯罪论与刑罚论两大块格局，在内容的排列上更大程度地超越刑法条文体系，而服从于罪刑关系辩证运动的内在逻辑。②从以上对刑法学体系的研究观点来看，他们对刑法学体系的不同见解，反映了他们对刑法学基本范畴的认识也有所差别。第一种观点对刑法学体系的认识表明，刑法学的基本范畴③有二，即刑事责任和刑罚。其中刑事责任是刑法学的基石范畴。④第二种观点对刑法学体系的认识表明，刑法学的基本范畴有二，即犯罪和刑事责任，其中犯罪是刑法学的基石范畴。第三种观点对刑法学体系的认识表明，刑法学的基本范畴有三，即犯罪、刑事责任和刑罚，其中犯罪是刑法学的基石范畴。第四种观点对刑法学体系的认识表明，刑法学的基本范畴有三，即刑事责任、犯罪和刑罚，其中刑事责任是刑法学的基石范畴。第五种观点则打破常规，将罪刑关系的辩证运动作为刑法学体系的基本内容，虽然此说没有直接表明刑法学的基本范畴，但就其研究的中心内容而言，犯罪与刑罚的辩证运动不仅构成了整个刑法学体系的基本内容，也是刑法学的两大基石范畴。

笔者认为，以上几种观点虽然都各有特色并各有理由，但是作为刑法学研究的基本范畴应当是对刑法学所研究的各种具体范畴进行高度抽象的产物，它在整个刑法体系中，不仅应当具有奠基功能和凝聚功能，而且还应当具有联结功能与整合功能。只有如此，我们才能在浩如烟海的刑法学理论中找到其网上的网结。具体来说，刑法学的基本范畴应当包括以下几个方面的条件：

一是基本范畴涵盖内容的全面性。所谓涵盖内容的全面性，是指作为刑法学的基本范畴应当是对刑法学所涉及的各个方面的内容的抽象和概括。因此，作为刑法学的基本范畴，就其研究的内容而言，应当全面地反映该学科所涉及的全部内容，而不应当有任何遗漏。在以往的观念中，对刑法学所包含的内容，一般仅将其限定于罪刑关系的范围之列，认为犯罪与刑罚是刑法学所要研究的全部内容。其实，罪刑关系只是刑法学的重要内容之一，远非其全部。刑法有许多关于犯罪自身或刑罚自身的规定，除此之外，还有诸如刑法的目的、任务、适用范围等一般性的规定，都不属于罪刑关系的范畴。因此，撇开刑法

---

①赵秉志等著：《中国刑法的运用与完善》，法律出版社1989年版，第268、283页。
②陈兴良著：《刑法哲学》，中国政法大学出版社1992年版，第679页。
③张文显著：《法学的基本范畴》，中国政法大学出版社1993年版，第11页。
④张文显著：《法学的基本范畴》，中国政法大学出版社1993年版，第11页。

的本体而只将犯罪与刑罚作为刑法学的基本范畴,显然有违于基本范畴所涵盖的内容的全面性要求。

二是基本范畴所起作用的基础性。刑法学是一门以犯罪与刑事责任作为自己的研究对象的科学。由于刑法学在世界各国的研究源远流长,因此它所积淀的基本理论和基础知识可谓种类繁多,对于刑法学研究上所出现的众多个别范畴,如果不通过基本范畴将它们联结起来,那么,就像没有经过串接的珍珠,不成体系。诸如刑事责任年龄、刑事责任能力、特定的身份、法人与非法人组织等,如果不通过犯罪主体这一基础概念将其串接起来,所有这些名词就会失去其存在的意义。同理,犯罪的主体、犯罪的主观方面、犯罪的客观方面和犯罪的客体,如果不通过犯罪构成将其串接起来,也同样不能说明它们在整个刑法理论体系中所占的地位和所起的作用。因此,作为刑法学的基本范畴,它应当是刑法学理论体系的网上之结,对整个刑法学理论大厦起到奠基石的作用。如果离开了这些基本范畴,刑法学的理论大厦就会顷刻土崩瓦解。

三是基本范畴抽象概括的凝练性。按照张文显教授在《法学的基本范畴》一书中的划分,法学的范畴可以分为普通范畴、基本范畴和基石范畴三种。其中基本范畴是以法律现象的总体为背景,对法律现象主要方面或深层本质的比较复杂的抽象,属于高级范畴。① 依此理论,刑法学的基本范畴也同样不是各种个体范畴的简单相加,而是对刑法学所包含的各种具体范畴的高度抽象和概括。如果我们不借助于这样一种高度的抽象化手段,就无法面对纷繁复杂的大千世界所发生的各种特殊情况。因此,刑法的基本范畴具有高度的凝练性,它们之中的任何一个范畴都包含着博大精深的思想容量。只要我们抓住了刑法学的基本范畴,也就等于把握了刑法学的理论精髓,从而超越对客观事物的表象性认识,真正弄清刑法的本质。

按照以上几个条件的要求,笔者认为,刑法学最基本的范畴有以下几种:刑法、犯罪和刑事责任。在它们当中,刑法是刑法学的研究对象,也是刑法学的基本范畴。在刑法这一范畴之下,又包括犯罪与刑事责任两大基本范畴,而在犯罪这一范畴之下又包括犯罪概念和犯罪构成这两个基本范畴,在刑事责任之下又包括刑事处罚和非刑事处罚措施这两个基本范畴。这两大基本范畴最终的归宿是定罪与量刑。这是因为,研究犯罪概念与犯罪构成的全部目的是为定罪服务,而研究刑事处罚与非刑事处罚措施的全部目的是为量刑服务。关于刑法学的基本范畴以及建立在此基础之上的刑法学体系,可作如下图示:

---

① 张文显著:《法学的基本范畴》,中国政法大学出版社1993年版,第11页。

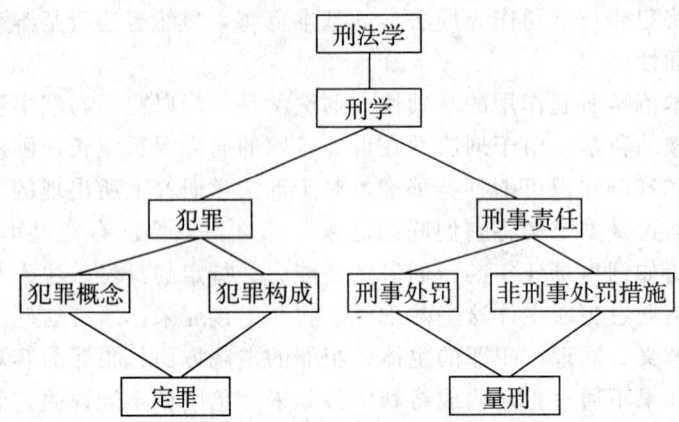

综上所述，刑法学的基本范畴体系主要由以下三大部分组成，即刑法论、犯罪论与刑事责任论。其中，刑法论部分包括犯罪与刑事责任两个方面的范畴；犯罪论部分又包括犯罪概念和犯罪构成两大基本范畴；刑事责任论部分又包括刑事处罚与非刑事处罚措施两大基本范畴。由于研究刑法的最终目的是为了定罪与量刑服务，因此定罪与量刑也分别属于刑法所要研究的基本范畴之列。具体来说，整个刑法学的理论体系是由以下几个方面的基本范畴构成的：

第一，刑法。刑法作为规定犯罪与刑事责任的法律规范，虽然其主要内容规定的是犯罪与刑事责任，然而，不容忽视的是，刑法作为刑法学的研究对象，其本身亦存在许多需要研究的问题，这无论是从刑事立法的规定还是从刑法理论研究的情况来考察，都不难得出结论。可以这样说，如果在刑法学的基本范畴中忽略了对刑法本体问题的研究，那么就等于一部精彩的戏曲只看了一半，这是一件非常遗憾而又糟糕的事情。实际上，从刑事立法上看，不仅刑法的制定根据、目的、基本原则、任务和适用范围需要进行研究，从刑法理论自身来看，刑法的概念、特征、性质、功能和价值等问题也同样值得研究。因此，研究刑法学不能离开刑法，也不能不认真地研究刑法。

第二，犯罪。犯罪是行为人实施的具有严重社会危害性、触犯了刑法的规定并依法应当受到刑罚处罚的行为。犯罪作为刑法学研究的基本范畴之一，是引起刑事责任并由国家对行为人动用刑事处罚进行制裁的起因。在国外有一句名言，即无犯罪就无刑事责任。这一名言将犯罪在刑法学范畴当中的基础地位描述得恰到好处。一般来讲，犯罪这一基本范畴包括犯罪概念和犯罪构成两个下位概念，这两个下位概念不仅涵盖了犯罪的整个内容，而且通过对这两个基本概念的研究，可以帮助我们进一步准确地把握犯罪的内涵和外延，分清罪与非罪、此罪与彼罪的界限，从而更好地加深对犯罪这一基本范畴的理解。

第三，犯罪概念。犯罪概念是对犯罪这一特殊的社会现象本身所具有的特殊本质的揭示，也是刑法学区别于其他法律学科的重要表征。由于犯罪概念在刑法学中是一个具有表征意义的基本概念，因此，是刑法学中的一个最重要的基本范畴。犯罪概念作为整个刑法学基本范畴的核心内容，是刑法学理论体系建立的重要基础，如果离开了犯罪的概念，那么，刑法学就失去了其赖以生存的土壤，由此不难看出，犯罪概念在刑法学体系中是何等的重要。犯罪概念不仅在刑法学体系中占有十分重要的基础地位，同时也是判断某种行为是否构成犯罪的总体标准。一个人的行为是否构成犯罪，首先要考察其行为是否符合犯罪概念的基本特征，尤其是要看其行为有无严重程度的社会危害性，只有在对这些问题作出肯定结论的情况下，我们才能认定其行为是犯罪行为；如若不然，就不能认定其行为已经构成了犯罪。因此，犯罪概念是划分罪与非罪的总标准，判断任何一种具体行为是否有罪，首先必须经过这第一道工序的检验。

第四，犯罪构成。犯罪构成是刑法所规定的、为某种行为成立犯罪所必须具备的一系列主客观要件的有机整合。犯罪构成作为认定某种行为是否成立犯罪的规格和标准，在整个刑法学理论大厦中占据着非常重要的地位。可以毫不夸张地说，在刑法学理论中，如果离开了犯罪构成，那么一切就无从谈起。这是因为，犯罪构成不仅是认定某种行为是否有罪以及构成何种犯罪的重要法律依据，而且是行为人对自己的行为承担刑事责任的重要依据。犯罪构成是一个重要的集合概念，不同的集合反映的行为性质也有所差异，这种差异的存在，对于判断某种行为是构成犯罪还是不构成犯罪有着十分重要的作用。当某种集合元素所反映的内容不符合法定的构成时，我们即能以对其作出无罪的结论，相反地，我们即能以对其作出有罪的结论。与此同时，通过各种不同的集合元素之间的比较，我们还可以将某一犯罪与另一犯罪正确地区分开来。因此，犯罪构成不仅是划分罪与非罪的标准，也是划分此罪与彼罪的标准。

第五，刑事责任。刑事责任是行为人实施犯罪行为应当承担的法律后果。作为刑法学的基本范畴之一，它在整个刑法学理论研究体系中所占的地位也是非常重要的。研究刑事责任的意义不仅在于它揭示了行为人对其所实施的犯罪行为所承担的法律后果的必然性，而且反映了行为人所实施的行为之所以成其为犯罪在刑法上的规定性。这是因为，法律责任就其表现形式而言，可分为民事责任、经济责任、行政责任和刑事责任等情况。在上述法律责任中，能够说明行为人的行为达到刑法所规定的犯罪程度的标志，当然是行为人的行为依法应当负刑事责任。只有当行为人的行为在具有严重社会危害性的基础上又应当依法负刑事责任的，我们才能将其作为犯罪来加以惩治，否则，就失去了认定行为人的行为构成犯罪的法律基础。刑事责任作为刑法学的基本范畴，在我国以往的刑法学理论研究中，曾一度被忽视。例如，在我国 20 世纪 90 年代以前所编写的各种教科书中,几乎找不到刑事责任的专章或专节,对刑事责任的研究基本上处于空白状态。直到1994年高等政法院校规划教材《刑法学》一书的出版,才第一次将刑事责任单列一章,作为一个专门性的问题来加以研究。这一刑法理论研究体系的突破,标志着我国刑法学界对刑事责任问题的研究已引起高度重视并将刑法学对刑事责任问题的研究提高到一个新阶段。

第六,刑事处罚。刑事处罚,在刑法中一般习惯地将其简称为刑罚,亦有人称其为刑事罚。作为刑事责任的一个重要的下位概念,刑事处罚既是刑法学中的一个重要范畴,也是刑罚学中的一个重要范畴。刑事处罚作为惩治犯罪的强制方法,是行为人对自己的犯罪行为承担法律责任的主要方式,也是刑事责任实现的最主要的方式。从世界各国的刑事立法规定来看,刑事处罚主要有主刑与附加刑两种。其中主刑是对犯罪分子适用的主要刑罚方法。一般来讲,主刑只能独立适用,不能附加适用,对于一个罪只能适用一个主刑,不能同时适用两个或者两个以上的主刑。从我国刑事立法的规定来看,主刑共设有五种,即管制、拘役、有期徒刑、无期徒刑和死刑。附加刑又称为从刑,是指补充主刑适用的刑罚方法。一般来讲,附加刑既可以独立适用,亦可以附加适用。在附加适用时,对于一个罪可以同时适用两个附加刑。根据我国刑事立法的规定,附加刑的种类有罚金、剥夺政治权利、没收财产和驱逐出境。

第七,非刑事处罚措施。非刑事处罚措施是指人民法院采用非刑事处罚的方式对犯罪行为予以制裁的方法。在我国现有的刑事立法和刑法理论中,非刑事处罚措施通常被称为"非刑罚处理方法"。在本书中,为了使这一概念与刑事处罚的概念相对应,特将非刑事罚处理方法改称为"非刑事处罚措施"。根据我国现行刑事立法的规定,非刑事处罚措施包括以下几种情况:(1)刑事财产罚,即人民法院根据犯罪行为给被害人造成经济损失的情况,判决或者责令被告人给予被害人一定经济赔偿的处理方法。具体包括判处赔偿经济损失和责令赔偿损失两种情况。(2)刑事申诫罚,即人民法院对于情节轻微、不需要判处刑罚的犯罪分子在免予刑事处罚的情况下所采用的几种教育方法。具体包括训诫、责令具结悔过及赔礼道歉三种。(3)刑事行政罚,即人民法院根据案情向被告人所在单位提出行政处分的建议,由主管部门给予被告人以一定的行政处分。

第八,定罪。定罪是认定某种行为是否有罪以及是否构成犯罪的刑事审判活动。在刑法学理论体系中,犯罪概念与犯罪构成是整个犯罪论体系的基础,研究犯罪概念与犯罪构成,其最终目的都是为定罪服务。关于定罪的内容,除了定罪的本体问题之外,有关认识错误与定罪问题以及罪数与定罪问题,都是定罪这一范畴所必须解决的主要内容。因此,定罪不仅是刑法理论上的一个重要的基本范畴,而且在整个刑法体系中占有非常重要的地位。

第九,量刑。量刑是国家审判机关依据刑法的有关规定对犯罪行为进行裁量的活动。定罪与量刑作为人民法院审判活动的两大中心环节,是人民法院整个刑事审判活动不可或缺的重要组成部分。从刑法理论研究的角度来考察,无论是研究刑罚的概念、目的与功能,还是研究刑罚的体系和种类,其最终目的都是解决量刑的问题。因此,在刑法学的基本范畴中,量刑是刑法理论上一个不可缺少的核心内容。

综上所述,作为刑法学的基本范畴,主要包括以上所列举的九个方面。这些方面的内容,不仅各自独立,而且又与其他的范畴连为一体,共同构成了我国刑法学理论体系的全貌。

第一章 刑法本体论

第一节 刑法的概念

一、刑法概念的含义

刑法的概念是刑法学基本范畴中一个最基本的概念,也是最核心的概念。要正确地理解和掌握刑法学的基本范畴,弄清刑法的概念是第一步。如果对刑法的概念都没有弄清,那么要研究刑法学的其他问题也就无从谈起。刑法的概念在刑法学的基本范畴中相对于其他范畴而言,是最基本的范畴,也是对其他范畴具有统摄作用的范畴。因此,刑法的概念虽然看似简单,但是对其含义究竟应当如何理解,不同时代、不同阶级的法学家对其认识却有所不同。纵观刑法概念的发展演变过程,就其含义而言,有三个方面的解释。

第一,词源解释说,即从词源学的角度对刑法的概念所作的解释。这种解释主要是通过对"刑"与"法"两个字的本义进行阐释,然后从中得出刑法的含义。关于刑法的"刑"字,我国最古老的文字甲骨文将其写作"井",按照我国著名的刑法史学家蔡枢衡先生的解释,其意思是将敌人关在地窖内。后来,刑字演变为井字旁加立刀,关于这个刑字的含义,根据我国刑法学泰斗高铭暄教授的解释,其意思是我国古代实行井田制,井田中间有口水井,大家都去抢水吃,秩序很乱。井的主人为了防止有人再来争水,维护井旁的秩序,就派人拿着刀守在井边,谁再抢水,就把谁的脑袋砍下,这就叫刑。关于刑法的"法"字,古体字写作"灋",据《说文解字》解释:"法,刑也,平之如水,从水。廌,所以触不直者去之,从去。""平之如水,从水",说明法有公平、公正的意思；廌，传说是一种独角神兽，性中直，辨是非，闻人论则咋不正，见人斗则咋不直。古时审判案件，以被廌触者为败诉。"触不直者去之，从去"显然有正直、正义的意思。将刑法二字连起来解释，就是本着公平正直的原则，以维持社会秩序。在我国古代，由于刑与法二者有相通之处，因此其含义从总体上来说，指的就是刑法是维护社会秩序和社会公平正义的法则。对刑法从词源的角度进行解释，虽然使我们对刑法的含义有了初步的了解，但是这种意义上的刑法与一般意义上所说的刑法的含义相去甚远，没有从根本上揭示刑法的内容和本质。

第二，内涵解释说，即从刑法所规定的内容对刑法的概念所作的解释。对刑法从其所规定的内容的角度进行定义，始于资产阶级的刑法立法与刑法理论。但在这一问题的解释上，却有各种不同的主张。如我国有的学者认为，"刑法者，规定犯罪与刑罚之法律也。申言之，即国家制定法典，规定构成犯罪之条件及科刑之范围，以为适用刑罚，制裁犯罪之准据也"。[①] 有的学者认为，"刑法乃规定犯罪行为之法规"。[②] 有的学者认为，"刑法就是规定什么行为构成犯罪和给予何种刑罚以保护社会免受侵害的法律"。[③] 有的学者认为，"刑法是国家的基本法律之一，是国家对罪犯定罪判刑的大法"。[④] 还有的学者认为，"刑法从广义上讲，是指一切规定犯罪和刑罚的法律规范的总和，是用刑罚方法同犯罪作斗争的法律，在整个法律体系中占有特殊重要的地位"。[⑤] 国外有的刑法学者认为，"刑法调整国家和犯罪人之间所产生的关系。刑法规定了刑事责任的一般原则、犯罪构成以及对实施犯罪所判处的刑罚"。[⑥] 有的学者认为，"刑法是犯罪和刑罚以及两者间的关系的一种强行规定。它规定犯罪是反社会的行为或具有社会危险性的行为；犯罪的成立要具备犯罪构成的该当要件、行为的违法性和有责性。根据犯罪构成要件的完备性，确定犯罪的成立。犯罪成立的后果是适用刑罚。刑罚要规定刑种、刑名、刑罚幅度、加重、减轻以及刑之免除等。根据以上的规定可以看出，犯罪与刑罚是相关的规定，有犯罪规定就有作为犯罪后果的刑罚规定，也就是有犯罪才有刑罚，有刑罚才

[①] 翁国梁著：《中国刑法总论》，正中书局1971年版，第1页。
[②] 刘清波著：《刑法概论》，台湾开明书店1968年版，第1页。
[③] 储槐植著：《美国刑法》，北京大学出版社1987年版，第1页。
[④] 高铭暄主编：《刑法学》，法律出版社1982年版，第17页。
[⑤] 高铭暄、王作富主编：《刑法总论》，中国人民大学出版社1989年版，第1页。
[⑥] [苏] H.A别利亚耶夫、M.N科瓦廖夫主编：《苏维埃刑法总论》，马改秀、张广贤译，群众出版社1987年版，第8页。

需要有犯罪构成的规定"。① 刑法的以上定义，虽然各自强调的侧重点有所不同，但都是从刑法本身所规定的内容进行界定的。这一界定方法尽管将刑法与其他法律作了严格的区别，突出了刑法本身所具有的特色，但由于它们均将刑法视为超阶级的法，因而没有能够揭示刑法的阶级本质。

第三，混合解释说，即从刑法的阶级本质和基本内容相结合的角度对刑法的概念所作的解释。对刑法的概念从阶级本质上进行解释，这一解释方法渊源于前苏联的刑法理论。如苏维埃俄国1919年的刑法指导原则第1条即明文规定："所谓刑法，是通过制裁方法（刑罚），制止侵害（犯罪），保护统治阶级的社会关系制度的法律规范，以及其他以法律处分为内容的规范。"由于受前苏联刑法理论的深刻影响，世界上有很多的社会主义国家在刑法概念上均沿用了前苏联刑法立法所采取的观点。我国当然也不例外。如有的学者认为，"刑法是掌握政权的统治阶级为了维护本阶级的利益和统治秩序，以国家名义颁布的关于什么行为是犯罪和如何惩罚犯罪的法律"。② 有的刑法学者认为，"刑法是掌握国家政权的统治阶级，为了维护其阶级利益和统治秩序而制定的，规定什么是犯罪以及对犯罪判处什么刑罚的法律"。③ 有的刑法学者认为，"刑法是掌握国家政权的统治阶级，为了维护本阶级的政治和经济统治，根据自己的意志，规定哪些行为是犯罪，并给予犯罪人何种刑罚处罚的法律"。④ 有的学者认为，"刑法是掌握国家政权的阶级，为了维护其阶级利益，根据本阶级的意志，以国家名义颁布的，规定犯罪及其刑事责任的法律规范的总和"。⑤ 有的学者认为，"刑法是规定犯罪、刑事责任和刑罚的法律。具体来说，刑法是掌握政权的阶级即统治阶级，为了维护本阶级政治上的统治和经济上的利益，根据自己的意志，规定哪些行为是犯罪和应负刑事责任，并给犯罪人何种刑罚处罚的法律"。⑥根据以上各种不同的观点，我们不难看出，混合说不管其在表述方式上有何不同，但如果归纳起来，可以概括为："刑法是指掌握国家政权的统治阶级，为了维护本阶级的利益和统治秩序，根据自己的意志，以国家名义颁布的，规定什么行为是犯罪以及怎样惩罚犯罪的法律。"刑法的这一概念，不仅揭示了刑法的阶级本质，同时也揭示了刑法的法律本质。从其所揭示的阶级本质上来看，它说明了刑法存在的历史发展的阶段性、统治阶级的国家意志

---

① 甘雨沛、何鹏著：《外国刑法学》（上），北京大学出版社1984年版，第1页。
② 高铭暄主编：《刑法学》，法律出版社1982年版，第1页。
③ 王作富著：《中国刑法研究》，中国人民大学出版社1988年版，第1页。
④ 邓又天主编：《中国刑法总论》，四川人民出版社1990年版，第1页。
⑤ 张明楷著：《刑法学》（上），法律出版社1997年版，第11页。
⑥ 高铭暄、马克昌主编：《刑法学》（上），中国法制出版社1999年版，第3页。

性和国家性质的决定性；从其揭示的法律本质上来看，它揭示了刑法调整内容的特定性、保护的社会关系的广泛性、制裁方法的严厉性和保护手段的终极性。

二、刑法与相关概念之间的关系

（一）刑法与犯罪法

在刑法理论上，刑法与犯罪法一般被看做是含义相同的概念，均指的是国家制定的关于什么行为是犯罪以及对犯罪如何处罚的法律。但从严格的文字含义来讲，刑法与犯罪法、刑与犯罪，它们之间是有着一定的区别。如英语中的"Penal"与"Criminal"，德语中的"Straf"与"Kriminal"，法语中的"Penal"与"Criminel"，以及日语中的刑与犯罪之间均有一定区别。前者的含义是"刑罚的"、"应受刑罚处罚的"；后者的含义是"犯罪的"、"成立犯罪的"。因此，刑法的原意应是国家制定的关于什么行为应受刑罚制裁的法律，而犯罪法的原意则是国家制定的关于什么行为是犯罪的法律。这两个概念之所以被认为含义相同，主要有以下两个方面的原因：第一，从历史上看，将刑法结构区分为总则和分则两部分，在理论上将犯罪论与刑罚论区分为不同的命题，是近代刑事法律科学发展的结果。在古代的刑事立法中，绝大部分刑事法律规范的结构表现为"罪状（罪名）＋刑罚（法定刑）"。在这种规范结构中，离开了罪状，单独规定刑罚就毫无意义；而离开了刑罚，罪状亦变得没有意义。在这种情况下，无论是罪还是刑均包含两者兼备的含义。因而刑法与犯罪法也就可以被看成是一个意思。第二，在近代刑法理论及刑事立法中，虽然对犯罪与刑罚进行分别研究，甚至在立法上有时也分开规定，但二者是不可分的。应受刑罚处罚是犯罪成立的重要法律尺度之一，犯罪的成立又以刑罚的伴随为其法律后果。有的刑法学者认为，应受刑罚处罚可以还原为犯罪成立的要件；有的甚至认为应受刑罚处罚是犯罪的本质属性。因此，罪与刑是分不开的。刑法和犯罪法都是犯罪及其刑罚的法律，这两个概念的内涵与外延也是一样的。它们的区别只在于概念使用的侧重点不同。刑法是侧重于法律的刑罚特征而确定的名称，犯罪法是侧重于法定犯罪的特征而确定的名称。

在外国刑法中，刑法与犯罪法是两个意思基本相同的概念。如英语中的"Penal（刑法）"与"Criminal（犯罪法）"，法语中的"Droit Penal（刑法）""Driot Criminel（犯罪法）"，德语中的"Strafrech（刑法）"与"Kriminalfrecht（犯罪法）"，日语中的"刑法"与"犯罪法"等，在大多数情况下，可作同一含义的概念来使用。在我国刑法理论上，一般不使用"犯罪法"这一概念，而只称"刑法"，意大利也只称刑法。值得注意的是，在当代刑法中，尤其是在西方国家，刑法与犯罪法二词一意的观点已开始动摇。原因在于许多西方国家对犯罪人采取预防其人身危险性和社会危害性的措施——保安处分，以及对少年犯适用特殊的非刑罚的制裁方法，切断了犯罪与刑罚之间的必然联系。也就是说，犯罪的后果不仅仅是刑罚，离开了刑罚也不影响犯罪的成立。在这种情况下，使用"刑法"一词已不能完整地、准确地概括刑事法律的全部内容。而"犯罪法"一词，由于它不涉及制裁问题而仅从罪的角度确定刑事犯罪的概念，避免了"刑法"一词的不足。因此，作为与"刑法"这一概念含义有所区别的"犯罪法"一词，有在更大范围内使用的趋势。

（二）刑法与刑事法律

刑法与刑事法律这两个概念既有相同之处，又有区别，原因在于它们都可以在不同含义上加以使用。刑法一词，可以在两种含义上使用：一是专指国家编纂的系统的集中的刑事法律文件——刑法典（狭义刑法），如《中华人民共和国刑法》。二是泛指有关犯罪及其刑罚的刑事法律规范（广义刑法），包括刑法典、单行刑事法律（特别刑法）、非刑事法律中的刑法规范（附属刑法规范）和国际刑法等。在西方国家，还包括行政刑法等内容。刑事法律一词，可以在三种含义上使用：一是最狭义的刑事法律，指有立法权的国家机关制定的专门规定犯罪和刑罚的法律，如刑法典、惩治某种犯罪的单行刑事法规、条例等。二是一般意义上的刑事法律，泛指所有刑事实体法律规范。它不仅包括专门的刑事法律，而且包括附属刑法规范等内容。三是从最广的含义上使用刑事法律这一概念，不仅包括刑法法规而且将刑事诉讼法等法规也包括在内。其出发点是，认为刑法只是刑事实体法，而真正解决犯罪与刑罚问题仅凭实体法是不够的，还需要借助于刑事程序法律和刑事技术法规等法律规范，如刑事诉讼法、监狱法，以及关于刑事侦查方面的法规等。上述法律也是刑事性质的，它们与刑事实体法一起，共同包含在"刑事法律"这一概念中。这样从整体角度出发，超越实体法含义来使用"刑事法律"这一概念，被称为"全体刑法"。

第二节　刑法的性质

刑法的性质是涉及刑法的社会政治属性和其自身的法律属性问题。前者指的是刑法的阶级属性，后者指的是刑法与其他法律相比较，其本身所具有的不同于其他法律的特性。通过对刑法性质的剖析，一方面可以帮助我们认清刑法存在的社会政治根基；另一方面也可以帮助我们正确地认清刑法自身独具的法律属性。

一、刑法的政治性质

关于刑法的政治性质问题，随着法的阶级性争论的终结，在今天的学者看来，这似乎是一个有点不合时宜的问题。其实，要准确地把握刑法的精髓，必须弄清刑法的政治属性，如果不了解刑法的政治性质，也就不可能了解刑法的社会政治意义。正是在这一问题上，我们不仅应当而且必须准确地把握刑法的政治性质。

刑法在所有的法律当中，可以堪称历史最悠久的法律。可以这样说，一部人类法制的发展史，几乎就是刑法的发展史。刑法的产生，按照马克思主义的观点，是阶级社会的产物，因为在原始社会里，没有阶级，没有国家，也没有法律，因此规制犯罪行为的刑法也就无从谈起。至原始社会末期，随着阶级的分化，国家的诞生，法律的出现，也就同时产生了维护统治阶级利益的刑法，因此刑法是人类社会发展到一定历史阶段的产物，具有历史阶段性的特征。由于刑法的阶级性质决定于统治阶级的国家意志性，因此，从另一种意义上来讲，有什么性质的国家也就有什么性质的刑法。人类社会自古及今，就其阶级性而言，出现过四种不同类型的国家，即奴隶制国家、封建制国家、资本主义国家和社会主义国家。与此相适应，也就有四种不同类型的刑法，即奴隶制刑法、封建制刑法、资本主义刑法和社会主义刑法。奴隶制国家的刑法是建立在奴隶主阶级占有生产资料和生产者——奴隶这一生产关系的基础之上的，是反映奴隶主阶级意志的产物。封建制国家的刑法是建立在封建主阶级占有生产资料和不完全地占有生产者——农民和农奴这一生产关系的基础之上的，是反映封建主阶级意志的产物。资本主义国家的刑法是建立在资产阶级占有生产资料这一生产关系的基础之上的，是反映资产阶级意志的产物。因此，在一切剥削阶级社会里，尽管在不同的时代和不同类型的国家中，刑法所规定的内容及其表现形式有所差异，但都是建立在生产资料私有制基础之上的，它所反映的是剥削阶级的意志并直接为其服务的。因此，刑法的国家意志性作为刑法阶级性的重要体现，是刑法不可或缺的又一重要特征。

当然，刑法作为统治阶级国家意志的产物，所反映的是统治阶级的整体意志，而不是统治阶级内部个别成员的意志。这是因为，在统治阶级内部，每个成员的意志未必是完全一致的。在这种情况下，刑法所反映的意志只能是在经过激烈的争论之后而形成的统治阶级的整体意志，而不是某一个人的意志。

刑法虽然在本质上表现为统治阶级的国家意志性，但并不排除其对内部个别成员的惩治，这是因为，对统治阶级内部成员的惩治，不是统治阶级的自我惩罚，而是其个别成员的行为从根本上破坏了统治阶级的统治利益和统治秩序。通过对其内部个别成员的惩治，一方面可以达到剪除异己、用刑罚制伏对方的目的，从而保证统治阶级内部的相对稳定；另一方面，还可以借此向世人表明统治阶级的公正与坦荡，从而实现整个社会的外部稳定。

除此之外，在认识刑法的政治属性时，还有一个需要引起注意的问题，就是在刑法立法中，就其规定的内容来考察，在很多剥削阶级的刑法中，都包含着诸多有利于人民群众的条款，如杀人罪、放火罪、强奸罪等，它不仅对统治阶级的利益是一个保护，同时对人民群众的利益也是一个保护。但这是否就否认了刑法的政治属性呢？笔者认为，这种认识是不正确的。因为刑法的功能不仅表现在对敌对阶级的专政作用上，而且表现在维护社会的公序良俗的公共安全上。任何一个统治阶级都懂得，只有维护好社会的公共秩序和公共安全，才能有效地维护自己的利益。如果社会秩序混乱，公共安全得不到保证，不仅统治阶级本身的利益会受到损害，而且它的政治统治也难以维持。正如恩格斯指出的那样："政治统治到处都是以执行某种社会职能为基础，而且政治统治只有在它执行了这种社会职能时才能维持下去。"由此可见，维护公序良俗和公共安全，最终还是为了维护统治阶级的利益。

我国的刑法是社会主义类型的刑法，它是建立在生产资料公有制为主导的经济基础之上的，反映的是工人阶级和广大人民群众的意志，维护的是社会主义国家和广大人民群众的利益，是惩罚犯罪、保护人民的工具，因而它同一切剥削阶级的刑法有着本质的区别。这主要表现在：

第一，经济基础和反映的意志不同。我国刑法是建立在以生产资料公有制为主体的经济基础之上的，反映的是我国工人阶级和广大人民群众的意志，是保卫人民民主专政的国家政权的工具。而一切剥削阶级国家的刑法是建立在生产资料私有制的经济基础之上的，反映的是少数剥削者的意志，是少数人统治多数人的工具。这不仅是我国刑法有别于一切剥削阶级刑法的本质区别，也是我国刑法的优越性之所在。

第二，维护的利益和矛头指向不同。我国刑法维护的是社会主义制度和最广大人民群众的利益，其矛头指向的是危害国家安全的犯罪分子和其他严重刑事犯罪分子。而一切剥削阶级国家刑法所维护的是剥削阶级制度和少数剥削者的利益，其矛头指向的是广大人民群众。因此，我国刑法具有广泛的群众基础，而一切剥削阶级国家的刑法则缺少这一基础。

第三，指导思想和理论基础不同。我国刑法是以马克思列宁主义、毛泽东思想、邓小平理论、"三个代表"重要思想和科学发展观为指导思想，以辩证唯物主义和历史唯物主义方法论为理论基础的。而一切剥削阶级国家刑法是以形形色色的剥削阶级世界观和方法论为指导思想和理论基础的。这不仅是我国刑法有别于一切剥削阶级刑法的思想理论基础，也是我国刑法代表着世界先进文化方向的重要表现。

第四，职能与作用不同。我国刑法执行的是惩罚犯罪，保护人民，保护人民民主专政的政权与社会主义制度的职能，维护着人类历史上迄今为止最为优越的社会制度和最为先进的社会关系，推动社会按照人类发展规律前进，因而总是对社会起着进步的历史作用。而一切剥削阶级国家刑法执行的是维护剥削阶级制度和剥削阶级国家统治秩序的职能，在其所代表的剥削阶级处于上升时期时，对社会具有一定的进步作用，但是随着剥削阶级的腐朽与没落，其刑法就成为有碍于社会发展的巨大阻力。

二、刑法的法律性质

刑法的法律性质是刑法的阶级性质在法律上的表现形式，如果说刑法的政治性质反映的是不同时代不同国家刑法之间的根本差异，那么刑法的法律性质反映的则主要是在同一法律体系中不同的法律在其规定的内容和所调整的社会关系范围之间的差异。关于刑法的法律性质究竟有哪些？在理论上有以下几种不同的见解，有人认为，"刑法的法律特征就是指刑法与其他法的区别，即指刑法的法律性质。我国刑法作为社会主义法律体系中的重要组成部分，它与其他部门法在法律性质上有以下不同的特点：第一，规定的内容不同。第二，调整社会关系的范围不同。第三，违法制裁的严厉程度不同"。① 有人认为，"刑法的法律特征，是指刑法区别于其他法律的特有属性。与其他部门实体法（如民法、行政法、婚姻法等）相比，它也存在以下三个不同特征：第一，基本内容不同。第二，调整社会关系的范围不同。第三，制裁手段不同"。② 有人认为，"刑法具有区别于其他法律的特有属性，主要表现在以下几个方面：第一，特定性。第二，广泛性。第三，严厉性。第四，补充性。第五，保障性"。③ 笔者认为，就刑法所规定的内容及其调整的社会关系的手段和范围来看，与其他法律相比，它具有以下几个方面的属性：

（一）**独特性**。刑法的这一特征是就其规定的内容而言的。刑法之所以成为一个独立的法律部门，首先就在于其规定的内容与其他法律有着根本的区别。一般而言，刑法所规定的内容主要涉及的是犯罪与刑事责任两个方面。而

---

① 邓又天主编：《中国刑法总论》，四川人民出版社1990年版，第3—4页。
② 李培泽主编：《刑法学教程》，成都科技大学出版社1995年版，第4—5页。
③ 张明楷著：《刑法学》（上），法律出版社1997年版，第17—18页。

其他法律所规定的内容则主要是一般违法及其所应担负的法律后果问题。尽管在有的行政法规与经济法规中，有时在其法律责任或其罚则中附带规定有犯罪与刑事责任的条款，但这一内容的存在，并不能说明这些法律在性质上与刑法有任何相同之处，因为这些条款虽然规定于非刑事法律之中，但由于它在本质上属于刑法的内容，因此，在适用时只能由司法机关依照刑法的有关规定进行处理。刑法规定内容的独特性，不仅反映了刑法本身所独具的特色，同时也反映了刑法与其他法律之间的根本区别。

（二）广泛性。刑法的这一特性是就其调整的范围而言的。一般来讲，就所有的部门法而言，它们所调整的社会关系的范围是有限的。也即是说，它调整和保护的社会关系只是整个社会关系的一部分而已。如民法调整的只是平等主体间的财产关系以及部分与财产有关的人身关系；婚姻法调整的只是婚姻家庭关系；行政法调整的只是行政法律关系；经济法调整的只是经济法律关系，等等。而刑法所调整的社会关系却不同于以上各种部门法，其所涉及的社会关系领域相当广泛，诸如政治的、经济的、财产的、人身的、婚姻家庭的、社会秩序的等方面的社会关系都有可能进入刑法调控的领域。可以说，凡是其他部门法所调整的社会关系，刑法都要调整。也正是基于这一理由，凡是其他部门法所保护的合法利益，刑法都要给予保护。刑法所调整的社会关系范围的广泛性，不仅说明刑法具有强大的包容性，同时也表明刑法对于维护统治阶级利益和秩序的极端重要性。

（三）严厉性。刑法的这一特征是就其强制程度而言的。众所周知，任何法律都具有一个共同的特性，也就是它的强制性。一般来讲，任何侵犯法律所保护的社会关系的行为人，都要承担相应的法律后果，受到国家强制力的干预。然而，就其强制程度而言，刑法的强制程度是其他任何法律都无法比拟的。这是因为，在一般部门法中，对违法行为的制裁，其强制性是比较弱的，其后果多是赔偿损失、警告、行政拘留等，并且在很多情况下，当事人还可以自行和解，不需要国家机关采取强制措施。而刑法是国家法律体系中保护社会关系的最后一道防线，它是以追究刑事责任的方式来对付犯罪的。而刑事责任的主要方式是刑罚，刑罚是整个国家强制方法体系中最为严厉的一类。它不仅可以剥夺犯罪人的政治权利和财产权利，还可以剥夺犯罪人的人身自由，甚至对于情节特别严重的犯罪分子还可以剥夺其生命。不仅如此，在一般情况下，犯罪人与被害人之间还不能自行和解，只要行为人的行为构成犯罪，就要由国家机关依法强行追究其刑事责任。与刑法的强制程度相比，其他任何部门法都只能望其项背而自叹弗如。

（四）终极性。法国著名的启蒙思想家卢梭曾经说过："刑法在根本上与其说是一种特别法，还不如说是其他一切法律的制裁力量。"① 我国的刑法学者张明楷教授亦指出，"故刑罚之界限应该是内缩的，而不是外张的，而刑罚应该是国家为达其保护法益与维持法秩序的任务时的'最后手段'。能够不使用刑罚，而以其他手段亦能达到维护社会共同生活秩序及保护社会与个人法益的目的时，则务必放弃刑罚的手段"。② 所有这些论述都向我们表明，刑法是用来保障其他法律得以实施的力量，是对破坏其法律的行为的最终制裁规范。刑法作为统治阶级在社会防卫问题上设立的最后一道防线，它所起的作用是其他部门法不能比拟的。这是因为，其他部门法由于所调整的社会关系的范围和方法的局限，只能在一定的领域内起作用，亦即只能在其所规定的阈限内对社会起作用。而刑法由于其调整和保护的社会关系具有广泛性的特征，它已经超越了特定的部门法所规定的阈限，因此，在其他部门法对某种违法行为不能依法予以处置时，刑法就成为它们的后盾。因此，高铭暄教授精辟地指出："刑法是其他部门法的保护法，没有刑法作后盾、做保证，其他部门法往往难以得到贯彻实施。"③ 此话一语中的。只不过值得注意的是，我们在强调刑法的终极性时，要注意避免两种不良的倾向。一是认为刑法是其他部门法的最后保障，且其强制程度的威慑力均为其他法律所不能比拟，因而在立法时可以无限地扩大刑法的调控范围，企图将其他法律不能担负的职能全部移交给刑法。这种倾向导致的最终结果是刑法对社会关系调控范围的无限膨胀，而其他部门法调整和保护的社会关系将出现不应有的萎缩。二是认为在司法实践中，有了刑法作后盾，对其他部门法的规定在执法过程中可以不必太严格，因为有刑法作最后的防线，即使出现什么问题也无多大关系。这种认识带来的消极后果便是一般执法部门间的不负责任，互相推诿，最终导致矛盾激化，将本来可以处理好的问题弄得难以收拾。因此，在对刑法终极性的认识上，我们一定要树立正确的观念，否则就会给立法和司法工作带来消极的影响。

---

① [法] 卢梭著：《社会契约论》，商务印书馆1962年版，第63页。
② 张明楷著：《刑法学》（上），法律出版社1997年版，第18页。
③ 高铭暄主编：《中国刑法学》，中国人民大学出版社1989年版，第2页。

第三节 刑法的机能与功能

一、刑法的机能与功能的含义辨析

关于刑法的机能与功能,在很多专家与学者的眼中几乎是一个等同的概念,其实这是一种误解。为了弄清这一问题,我们有必要追根溯源,弄清"功能"与"机能"这两个概念的本来含义。按照《现代汉语词典》的解释,所谓功能,是指"事物或方法所发挥的有利的作用"。所谓机能,是指"细胞组织或器官等的作用和活动能力"。从《现代汉语词典》对它们的含义所作的阐释来看,尽管它们都包含着"对事物所产生的影响"的意思,但是就其产生作用的方式与机理来看,却有着相当大的区别。一是两者产生作用的本体不同,前者是指一般的事物或者方法;后者是指细胞组织或器官。二是两者产生作用的方向力不同,前者是指一事物或方法对外部产生的影响,而后者则是指细胞组织或器官对其内部产生的影响。从机能与功能自身所存在的差异来看,在刑法理论上究竟是采用刑法的功能还是刑法的机能比较科学?笔者认为,从刑法自身所发挥的内在作用来考察,称为刑法的机能较为科学,但从刑法对社会和个体产生的外在作用来考察,称为刑法的功能较为科学。

二、刑法的机能与功能的基本内容

(一)刑法的机能

关于刑法的机能的含义,目前在刑法学界尚有不同的看法。有人认为,"刑法的机能是指刑法现实或可能发挥的作用"。[1] 有人认为,"刑法的机能就是刑法的作用,也就是刑法所要实现的任务"。[2] 有人认为,"刑法的机能是指我国刑法所产生的积极的社会作用"。[3] 有人认为,"刑法的机能指刑法的作用"。[4] 从上述对刑法机能的定义来看,其共同性都是将刑法的机能解释为刑法的作用,除此之外,也有人将其补充解释为刑法所要实现的任务。笔者认

---

[1] 张明楷著:《刑法学》(上),法律出版社 1998 年版,第 21 页。
[2] 赵秉志、吴振兴主编:《刑法学通论》,高等教育出版社 1993 年版,第 14 页。
[3] 赵廷光主编:《中国刑法原理》,武汉大学出版社 1992 年版,第 10 页。
[4] 《中国刑法词典》编委会:《中国刑法词典》,学林出版社 1988 年版,第 7 页。

为,将刑法的机能与刑法的作用和任务完全等同起来,是不够科学的。因为刑法的机能所产生的作用来自于刑法内部,是刑法机理本身的活动所产生的影响,而不是笼统地表现为对事物产生的一般影响,更不是指刑法所要担负的职责。鉴于此,笔者认为,刑法的机能是指刑法机理活动本身所产生的影响,它是刑法本身所具有的内在作用的发动。一般来讲,刑法的机能所包括的内容有以下几个方面:规范机能、保障机能、谕示机能。

1. 刑法的规范机能

刑法的规范机能是指刑法为人们所从事的社会活动可以提供明文规定的标准,从而对人们的行为产生积极的社会影响。刑法的规范机能主要体现在:

(1) 刑法通过将一定的行为规定为犯罪,从而为人们的活动设置了一道警戒线。从刑法的禁止性规范中,人们可以了解到什么样的行为是刑法不允许的;从刑法的命令性规范中,人们可以了解到什么样的行为是刑法所要求实施的。通过对刑法规范的这一认识,就可以帮助人们树立这样的观念,要想避免误入犯罪的歧途,就必须自觉地遵守刑法的规范。

(2) 通过刑法的适用,对违反刑法规范的人给予定罪处刑,可以使人们认识到刑法的神圣不可侵犯性,从而使社会上的不稳定分子修正自己的行为轨迹,重新坚定守法的信念,严格按照刑法的有关规定行事。

需要指出的是,刑法的规范机能虽然有规范人们行为的作用,但是它不能代替其他法律规范或社会规范的作用。这是因为,在现实生活中,用以规范人们行为的标准是多元的,除了刑法规范之外,还有其他法律规范或社会规范也对人们的活动产生这样或那样的影响。因此,如果仅仅依靠刑法来规范人们的行为是远远不够的。其主要表现在:(1) 刑法只是为人们的行为提供了一个衡量、判断某一行为是否构成犯罪的标准,它没有也不可能为人们的行为提供一个普遍适用的标准。(2) 刑法调整的范围是有限的,它不可能将社会生活中所有的行为都纳入自己的调整范围,因此,在刑法之外,还存在着大量的不需要刑法调整的行为。(3) 不违反刑法的行为不一定就是合法的行为,刑法对于某些行为虽然没有明确禁止,但并不意味着刑法就支持或保护这些行为。

2. 刑法的保障机能

刑法的保障机能是指刑法具有保障公民个人自由不受国家刑罚权不当侵害的机能。根据罪刑法定主义的要求,刑法对任何在法律上没有明文规定为犯罪的行为适用刑罚处罚,这就在很大程度上限制了国家刑罚权的发动,从而保障无罪的人不受刑事追诉。例如,1215年英王签署的《大宪章》第39条规定:"对于任何自由人,不依同一身份的适当的裁判或国家的法律,不得逮捕、监禁、剥夺领地、剥夺法的保护或放逐出境,不得采取任何方法使之破产、不得施加暴力、不得使其入狱。"这一规定第一次将无罪的人不受刑事追究以国家大法的形式规定下来,从而充分地体现了刑法的保障机能。关于刑法的保障机能除了上述第一层含义外,其第二层含义是指即使对犯了罪的人也只能根据刑法的规定予以刑罚处罚,不得超出法定的范围科处刑罚,这就对有罪的人免受不当的刑罚处罚提供了重要的法律保障。从刑法的保障机能中,我们可以深切地感受到刑法既是"善良人的宪章",又是"犯罪人的宪章"的含义是多么形象。

3. 刑法的谕示机能

刑法的谕示机能是指刑法规范具有对广大人民群众进行宣传教育以及预防某些不稳定分子走上犯罪道路的机能。刑法的谕示机能主要是通过以下两种途径得以发挥作用的:一是刑法的制定和颁布,告诉人们应当实施什么样的行为,不应当实施什么样的行为,从而引导人们实施合法行为,不实施违法犯罪行为。二是通过对刑法加以广泛宣传,使人们了解我国刑法所规定的内容,从而自觉地同各种违法犯罪行为作斗争。刑法的谕示机能与刑法的规范机能有一定关系,它们对调整人们的行为方向都有一定的作用,但它们之间也不是完全相同的。这是因为,前者强调的是刑法所规定的内容对社会产生的外部影响,而后者则表现为刑法规定的内容本身所产生的影响。它们对人们行为的规范,一个是通过其规定的本身对社会产生作用,一个是通过对其规定的内容本身的宣传效果对社会产生作用。

(二)刑法的功能

关于刑法的功能的含义,目前在刑法学界认识也不一致。有人认为,"刑法的功能,是指刑法的作用与效果,它与刑法的性质是密切联系的问题,刑法的性质决定刑法的功能,刑法的功能反映刑法的性质"。① 有人认为,"刑法的功能,是指刑法对社会所发挥的效能,或者说是刑法对社会的作用与效果,刑法的功能与刑法的性质紧密相连,刑法的性质决定刑法的功能,刑法的功能反映刑法的性质"。② 还有人认为,"所谓刑法的功能,是指刑法作为一个有机整体可起的作用或发生作用的能力,西方刑法学者把它称为刑法的机能"。③ 但在刑法学界,也有人将刑法的功能与刑法的机能等同起来,认为刑法的功能与刑法的机能就其所指的内容而言是基本相同的。如有人认为,"刑法的机能是

---

①参见苏惠渔主编:《刑法学》,中国政法大学出版社1994年版,第18页。
②参见赵长青主编:《新编刑法学》,西南师范大学出版社1997年版,第21页。
③何秉松主编:《刑法教科书》,中国法制出版社1993年版,第14页。

指我国刑法所产生的积极社会作用"。① 另有人认为,"刑法的机能指刑法的作用"。② 笔者认为,正如一般意义上的机能与功能存在着较大的区别一样,刑法意义上的功能与机能也存在着本质的差异。这是因为,从本质上来考察,刑法的机能指的是刑法规范本身所产生的作用,而刑法的功能则是刑法规范对外部产生的作用。这一方面的作用主要有:评价功能、惩罚功能和促进功能。

1. 评价功能

所谓评价功能是指刑法对人们所实施的各种行为具有评价的作用。刑法作为法律规范之一,它既是一种行为规范,也是一种裁判规范。通过刑法的规定,首先,它为人们如何从事社会活动设定了一个基本的标准,人们可以根据刑法的规定,评价各种行为是否违反刑法、是否有害于社会。其次,刑法作为一种裁判规范,它又为司法工作人员定罪量刑提供了一个法定的标准,即司法工作人员可以根据刑法的规定,评价某种行为是否构成犯罪,以及构成何种犯罪,应当给予行为人以何种刑罚处罚。除此之外,一般公民在日常生活中也可以根据刑法的规定,对自己已经实施的行为和将要实施的行为是否合法作出自我评价,另外还可以根据刑法的规定评价他人的行为。刑法的评价功能与刑法的规范机能相对应,它们虽然在为人们确立活动规范与行为标准方面具有一致性,但是刑法的规范机能所起的作用是内敛的,而刑法的评价功能所起的作用则是外在的。它们从内到外两个不同的侧面对人们的行为起到约束作用。

2. 惩罚功能

惩罚功能是指刑法具有惩罚犯罪的功能。众所周知,刑法规定的是犯罪与刑事责任,它不仅为何种行为是犯罪设定了标准,同时还就什么样的犯罪行为应当负什么样的刑事责任作出了明确的规定。如果谁的行为违反了刑法,就要根据刑法受到严厉的惩罚。惩罚是犯罪的法律后果,也是刑罚的固有属性之所在。通过惩罚不仅可以预防已经犯罪的人重新犯罪,还可以预防没有犯罪的人实施犯罪。如果刑法没有惩罚的功能,实施了犯罪行为的人不能受到应有的惩罚,那么刑法就不可能抑制犯罪。惩罚功能与保障机能也是一对相互作用的刑法范畴,其中惩罚功能是针对犯罪的人而言的,而保障机能则是针对无罪的人而言的。刑法的惩罚功能与刑法的保障机能都只能在刑法规定的范围内发挥作用,才能产生良好的社会效果。要做到这一点,就要求司法机关既不能对非罪行为进行惩罚,也不能因为某人的行为构成犯罪就随意进行惩罚,否则就会使刑法丧失其保障机能,使公民的合法权益受到不应有的侵犯。

---

① 赵廷光主编:《中国刑法原理》,武汉大学出版社 1992 年版,第 10 页。
② 《中国刑法词典》编委会:《中国刑法词典》,学林出版社 1988 年版,第 7 页。

3. 促进功能

促进功能是指刑法具有促进社会关系正常发展的功能。刑法的这一功能是建立在刑法的保护功能之上的。刑法促进功能的发挥，不仅表现在它对某种社会关系具有保护的作用，同时还表现在它对一定的社会关系能够起到促进的作用。这是由于刑法是行为规范，它可以引导人们实施合法行为，在保护社会关系的同时还能够进一步促进社会关系的正常发展。例如，通过扫黄打非，不仅可以为我们的社会铲除各种不良的社会环境与场所，净化人们的生活空间，从而保证社会肌体的健康发育，同时还可以进一步促进社会主义精神文明建设的发展。又如，通过惩治假冒伪劣商品犯罪活动，不仅可以提高产品质量，保护消费者的合法权益，同时还可以进一步促进社会主义市场经济的发展。

第四节　刑法的价值

关于价值问题的研究，是目前法学界比较热门的话题。本书将价值问题的研究引入刑法领域，并非是为了追赶时髦，而是基于这一问题在刑法本体论中所占的重要地位来进行研究的。在我们日常的研究工作中，有很多学者常常将刑法的价值与刑法的功能、刑法的作用、刑法的目标、刑法的评价标准等同起来，这在认识上是错误的。本书所要研究的刑法的价值主要是指刑法作为客体对于主体——人的意义，是刑法作为客体对于人的需要的满足。从当今西方社会的法律价值所研究的核心问题来看，秩序、正义与自由被奉为法律价值的核心内容。本书也主要从这三个方面，对刑法的价值问题作一初步的探讨。

一、刑法与秩序

秩序，按中国的传统解释，秩，常也；秩序，常度也。秩序也作秩叙，亦可称为次序，指人或事物所在的位置，含有整齐守规则之意。按《现代汉语词典》的解释，秩序是指有条理、不混乱的情况。依美国著名的法学家埃德加·博登海默的解释："秩序的概念，意指在自然界与社会进程运转着某种程度的一致性、连续性和确定性。"① 秩序按其存在与作用的方式不同来划分，可将其分为社会秩序和自然秩序两大类。所谓社会秩序，是指人们交互作用的正常结构、过程或变化模式，是人们互动的状态和结果。它包含着行为秩序和状态

---

① [美] 博登海默著：《法理学：法哲学及其方法》（中译本），华夏出版社1987年版，第207页。

秩序，也包含着经济秩序、政治秩序、文化秩序，乃至生产秩序、工作秩序、教学秩序、科研秩序和生活秩序等。而自然秩序则是指事物的位置所在、结构状态和生活秩序等。法律所追求的价值意义上的秩序显然不是一般的秩序，更非指自然秩序，而是有益于人类的社会秩序。

秩序与刑法之间存在着非常密切的关系，因为刑法是维护社会秩序的重要工具，是对社会秩序进行调控的重要"安全阀"。不可想象，在一个没有法律保障尤其是没有刑法保障的社会里，其社会秩序将会是一个什么样的状况。可以这样讲，一个秩序井然的社会定有一个良好的法律环境和一部完善的刑法，而一个没有刑法保障的社会就定然不会存在良好的社会秩序。国民的安宁是最高的法律、公共安宁是最高的法律、国家安宁是最高的法律这样一些有名的格言，都充分说明了安宁对国家、对社会、对公民的至关重要性。因此，在任何一个时代、任何一个国家，统治阶级制定刑法的最终目的无不是为了市民的安宁和国家的安全。对于国家与社会公众而言，安宁意味着有条不紊的秩序，因而也是一种理想状态。在最广泛意义上，秩序是指自然界与人类社会运动、发展和变化的规律性现象；狭义的社会秩序，是指社会和平，即社会关系的稳定性、有规则性和连续性。"维持社会和平是实现其他法律价值的先决条件。如果某个公民不论在自己家中还是在家庭以外，都无法相信自己是安全的，或者不受他人的攻击和伤害，那么，对他奢谈什么公平、自由，都是毫无意义的。"① 刑法在维护社会安宁中起着十分重要的作用，说没有刑法就没有社会安宁，是一点儿也不过分的。

在我国，刑法意义上所说的秩序主要包括社会秩序、生产秩序、生活秩序、工作秩序和教学科研秩序五个不同方面的秩序，这五个方面的秩序基本上涵盖了刑法意义上所指的社会秩序的全部内容。为了更好地保护这五个方面的秩序，我国刑法在很多地方都作了明确的法律规定。其具体内容主要表现在以下方面：

一是刑法对社会秩序的保护。社会秩序是维持人们生存、发展不可缺少的基本保障。对一个社会而言，要想寻求发展，保证社会的长治久安，就不能不保持良好的社会秩序。这是一个人所共知的基本道理。正如邓小平同志曾经指出的那样，我们搞四化，搞改革开放，关键是稳定。中国的问题，压倒一切的是稳定。没有稳定的环境，什么都搞不成，已经取得的成果也会失掉。正由于社会秩序的稳定具有如此重要的地位，因此，为了维护社会秩序，我国1997年刑法对此作了非常细致而又全面的规定。根据1997年刑法和刑法修正案的

---

① 张明楷著：《刑法格言的展开》，法律出版社1999年版，第30页。

有关规定，涉及对社会秩序保护的内容主要集中规定于危害公共安全罪和妨害社会管理秩序罪两章之中。在危害公共安全罪中，一共规定了46种具体罪名，其中有相当大一部分涉及对社会秩序的刑法保护。而在妨害社会管理秩序罪一章之中，一共分为九节，其中绝大部分犯罪涉及的都是对社会秩序的刑法保护。

二是刑法对生产秩序的保护。生产秩序是维持社会生产的基本需要，生产秩序的好坏，不仅对公司、企业或者其他单位自身的发展有着十分重要的影响，而且对社会的安定有着间接的影响。随着当代社会经济的迅速发展，人们对于生产秩序的要求也越来越高。在我们的现实生活中，由于不讲生产秩序，对广大人民群众的生命、健康和重大公私财产造成的危害触目惊心。例如，由于某些公司、企业忽视生产安全，造成矿难事故频频发生，不仅给公司、企业的生产带来极大的损害，同时对广大人民群众的生命、健康也造成了无可挽回的损失，这一方面的教训是非常深刻的。因此，为了维护我国社会正常的生产秩序，1997年刑法和刑法修正案在很多地方都设置专条规定了有关破坏生产秩序的犯罪。如1997年刑法和刑法修正案在危害公共安全罪中规定的重大责任事故罪，重大劳动安全事故罪，危险物品肇事罪，工程重大安全事故罪，不报、谎报安全事故罪以及侵犯财产罪中规定的破坏生产经营罪等都是刑法对生产秩序加以保护的典型例证。

三是刑法对生活秩序的保护。生活秩序是维护广大人民群众日常生活的基本需要，良好的生活秩序不仅是人民群众安居乐业的基础，也是社会安宁的重要标志。如果人民群众的生活秩序陷入混乱，那么不仅会给人民群众的切身利益带来极大的损害，同时对国家利益和社会利益也会造成无可挽回的损失。这是任何一个对人民负责的政府都不能容忍的。因此，为了维护广大人民群众的生活秩序，我国刑法在很多章节专门就此规定了一系列的犯罪。例如，非法侵入住宅罪，侵犯通信自由罪，私自开拆、隐匿、毁弃邮件、电报罪，聚众扰乱公共场所秩序、交通秩序罪等一系列犯罪的规定，对维护广大公民的生活秩序无疑具有十分重要的意义。

四是刑法对工作秩序的保护。工作秩序是维护我国公司、企事业单位、机关和人民团体正常工作的基本需要。一个公司，一个企业，一个事业单位，一个机关，一个团体，如果没有正常的工作秩序，就不可能将各项工作搞好。工作秩序的好坏，不仅直接维系着公司、企事业单位、机关和人民团体的正常运转，同时也维系着这些单位的工作效率的高低。如果一个单位的工作秩序混乱，不仅会导致正常工作无法运行，同时也会给国家和社会利益带来无法弥补的损失。因此，为了维护正常的工作秩序，我国1997年刑法于妨害社会管理秩序罪一章专门规定了聚众冲击国家机关罪与聚众扰乱社会秩序罪等方面的犯罪。这些犯罪的设立，对维护社会的工作秩序无疑具有十分重要的意义。

五是刑法对教学科研秩序的保护。在现代社会，教学科研水平是一个国家软实力的重要体现，它不仅事关人才的培养，同时也事关国家科学技术的发展。一个良好的教学科研秩序不仅是维护国家正常的教学科研工作的基本需要，同时也是维系教育工作者、科学工作者的安身立命之本。如果正常的教学科研秩序被破坏，不仅对教育科技工作者，而且对整个国家软实力的竞争都会造成极大的危害。因此，为了保证正常的教学科研活动，我国刑法虽然对此没有规定明确的罪名，但是在有关章节和有关罪名的规定中却体现了对教学科研秩序的维护，诸如聚众扰乱社会秩序罪与教育设施重大安全事故罪，就包含着对教学科研秩序的刑法保护。

二、刑法与正义

"正义"一词，源于拉丁文Jusitia，系由Jus一词演变而来。从词源学上说，它具有正直、正当、公正等含义。自从人类社会发生公正与不公正的问题以来，正义一直被视为人类社会的美德和崇高理想，刑法作为维护社会稳定的"安全阀"，一直被视为维护和促进正义的工具。正义是刑法的精神实质和灵魂，刑法只有在正义中才能找到其存在的价值和应有的地位。因此，正义之于刑法，如影随形，是须臾不可分离的。如果刑法离开了正义，不仅不能实现人类对刑法固有价值的期盼，同时还会使刑法背负"恶法"之名。

古往今来，各个不同国家的思想家和哲学家们，通过长期不懈的研究，赋予正义以多方面、多层次的含义，其中，具有代表性的观点有以下几种：一是德行说，即把正义视为一种德行。这种德行的经典表述就是"己所不欲，勿施于人"，"己之所欲乃施之于人"。二是回报说，即把正义视为一种对等的回报。诸如我国古代的格言——以其人之道还治其人之身，西方人所说的公理——一个以某一方式对待别人的人，不能认为别人在同样情况下以同一方式对待他自己是不公正的，都表达了这种正义观。三是平等说，即把正义视为一种形式上的平等。如比利时法学家佩雷尔曼说：不管人们出自何种目的，在何种场合使用"正义"的概念，正义总是意味着某种平等。四是关系说，即把正义视为某种"自然的"从而也是理想的关系。不过，人们对什么是"自然的"、"理想的"关系的理解是不同的。古希腊某些思想家认为：社会上划分自由民和奴隶，"治人者"和"治于人者"，是"自然的安排"。如果大家都遵循这些关系，正义就在社会上实现了；资产阶级认为，"自由、平等和博爱"是理想的关系；马克思主义者认为，正义意味着消灭阶级和阶级差别，首先是消灭阶级剥削和阶级压迫。五是法治说，即把正义视为法治或者合法性。英国的哲学家、法学家金斯伯格认为，正义观念的核心是消除任意性，特别是消除任意权，因此合法性的发展就具有巨大的重要性。因此人是受法的统治而不是受人的统治的观念就涌现出来。正义的历史大部分是反对法的迟误，反对任意适用法律规范，反对法律本身不法的这些运动。这种意义的正义通常被法学家们称为"法律正义"。六是体制说，即把正义视为一种公正的体制。如美国法学家庞德指出：正义并不是指个人的德行，也不是指人们之间的理想关系，它意味着一种体制，意味着对关系的调整和对行为的安排，以使人们生活得更好，满足人类对享有某些东西或实现各种主张的手段，使大家尽可能地在最少阻碍和浪费的条件下得以满足。[①]

在以上所述的各种正义的含义中，社会体制即社会基本结构的正义具有决定意义，也是首要的正义。在这里，所谓社会基本结构是指一整套主要的社会制度、经济制度、政治制度、法律制度。社会基本结构的作用是把各种主要的社会组织一体化，在社会成员之间分配社会合作的负担和利益。人们之所以把社会基本结构的正义作为首要的正义，依据张文显教授的观点，乃是因为：(1) 社会基本结构对个人的生活前途起着渗透的、自始至终的影响。(2) 社会基本结构构成了个人和团体的行为发生的环境条件。(3) 关于人的行为公正与否的判断，往往是根据社会基本结构的正义标准作出的。刑法作为维护统治阶级利益的工具，是平衡统治阶级与被统治阶级之间关系的调节器。其与正义的关系超过它与任何一种价值形态的观念之间的关系。正义作为刑法的精髓，几乎可以说就是刑法的化身。刑法的正义就其社会基本结构而言，主要包含着以下三个方面的内容，这就是刑事立法的公正、刑事审判的公正和刑法执行的公正。

(一) 刑事立法的公正

刑事立法的公正是刑法正义性存在的基础，没有刑事立法的公正也就谈不上刑法的其他公正性。这是因为，刑事立法是刑事活动的起点，刑事活动的其他环节都不能脱离立法环节而独立存在。如果立法者在立法过程中不曾很好地解决刑法本身所应当具有的正义性问题，那么在司法实践中就不可能昭示刑法的正义性。正如马克思所说："如果认为在立法者偏私的情况下可以有公正的法官，那简直是愚蠢而不切实际的幻想！既然法律都是自私自利的，那么大公无私的判决还有什么意义呢？法官只能丝毫不苟地表达法律的自私自利，司法

---

① 以上观点引自张文显著：《法学的基本范畴》，中国政法大学出版社1993年版，第268—269页。

只能够无条件地执行它,在这种情形下,公正是判决的形式,而不是它的内容,内容早被法律所规定。"关于刑事立法的公正性主要表现在刑事禁止性规范设立的正当性、必要性与合理性上。在这里,所谓正当性是指立法者在立法过程中,应当尽量考虑统治者与被统治者之间的利益平衡,使刑事立法的内容在对统治者与被统治者利益的调整方面不致显得过分悬殊。当然,在有阶级的社会中,统治阶级为了维护自己的统治利益和统治秩序,在立法中不可能让利于被统治阶级,但从统治阶级本身长远的利益来看,这一观念是有害的,因为,一旦法律失去了平衡的基础,不仅有损于法律自身的公平与正义,甚至还有可能危及统治阶级自身的利益。所谓必要性是指立法者在立法过程中,只有对那些确有必要禁止的行为,才能在刑法上规定为犯罪,并予以刑罚处罚。在这里,刑事立法公正性的基础主要表现在对某些犯罪行为的规定与对该种犯罪行为刑事责任的追究是否有其必需的成分。当然,某种行为最终能否作为犯罪并追究行为人的刑事责任,关键在于考察该行为是否具有严重程度的社会危害性。只有当某种行为的社会危害性达到了应受刑罚处罚的程度,我们才能认为该种犯罪的设立有其必要性,因而也就具备了刑事立法公正性的基础。所谓合理性是指立法者在立法过程中,应当从宏观与微观两个侧面来充分地考察其立法的内容是否具有现实的合理性。首先,从宏观上来考察,对某种犯罪的设置是否与社会现实的政治、经济条件相适应。比如,新中国成立的半个世纪以来,我国的经济形态经历了三次大的历史性转型,从计划经济到有计划的商品经济再到目前的市场经济,每一次经济形态的转型,都给我国的刑事立法带来非常重大的影响。如法不随世移易,以昨日之法度今日之形势,显然有违于刑事立法的公正性。我国1997年刑法对旧刑法所规定的犯罪所作的修订与完善,就充分地说明了这一问题。其次,从微观的角度来考察,对某种犯罪的设置还应当充分地注意个罪之间的罪质轻重与刑事责任轻重的协调。如果对重罪配置轻刑,或对轻罪配置重刑,均有违于刑事立法的合理性,从而极可能导致刑事立法失去其公正的基础。

(二) 刑事审判的公正

古人云:"徒法不足以自行,徒善不足以为政。"在解决了刑事立法公正的基础上,下一步需要做的工作就是应当将公正的立法如何通过公正的审判来使其立法精神得到彻底的实现。一般而言,要做到审判公正,必须解决好以下几个方面的问题:首先,要做到审判公正,必须保证司法独立。所谓司法独立,即司法机关和审判人员在行使司法职能时有不受立法机关、行政机关和任何领导非法干涉的自由。如果没有这种独立和自由,就不可能有公正的司法。司法机关和审判人员作为执法的主体,只有绝对地服从法律,严格依法办事,才能实现审判的公正。如果在办案过程中，司法机关和审判人员不能自主地按照自己的意志进行裁判，而是违心地屈从其他机关或者领导的旨意，那么要想做到审判公正，完全是幻想。其次，要做到审判公正，必须严格执行回避制度。所谓回避制度，是指任何人不应当审理与自己有利害关系的案件。换言之，法律纠纷应当由超然于当事人的第三者来审理。如果由与某一案件有利害关系的人来审理，势必会渗入个人的感情因素，从而严重地妨碍审判的公正。最后，要做到审判公正，必须做到审判公开。所谓审判公开，是指审判活动对社会公开，即要求法院审理案件和宣告判决都公开进行，在不损害审判公正和其他合法利益的情况下，允许公民到法庭旁听，允许记者采访和报道。常言道，"阳光是最好的防腐剂"，"灯泡是最好的警察"。公开是公正的基础，没有公开也就无所谓公正。实行审判公开，不仅可以加强广大公民对司法活动的监督，防止司法专横和司法腐败，而且可以满足公民作为国家主人对国家权力及其运作的了解，从而使公众能够看到"正义是怎样实现的"。

（三）刑罚执行的公正

刑罚执行的公正主要是指在刑罚执行的过程中，对于被执行的对象在法律规定的范围内应当一视同仁，而不应当实行歧视或者差别待遇。其中最关键的问题就是对待犯人要将其当人看，尊重犯人的人格，维护犯人合法正当的权利。正如毛泽东同志曾经指出的那样："应该把犯人当人，反革命也是人嘛。我们的目的是把他们改造好。""要把犯人当做人，对他有所希望，对他有所帮助，当然也要有所批评。"这也就是行刑的人道化问题。随着当代行刑制度的改革，刑罚执行的公正性，除了强调行刑的人道化以外，同时还要注意行刑的个别化、开放化和社会化。所谓行刑个别化是指在刑罚执行的过程中，无论是在教育改造活动中还是在监督管理活动中，除了对犯人做好一般性的教育以外，还应当根据各个犯人自身不同的情况进行个别教育。所谓行刑的开放化是指在刑罚执行的过程中，对罪犯的改造不应当将其限定在一个封闭的空间，对于有条件在社会上服刑的罪犯尽可能不收监执行，从而克服封闭性改造方式给犯人及其家属所带来的消极后果。所谓社会化是指在刑罚执行的过程中，社会应当采用各种有效的方式对服刑的犯人进行教育和帮助，使他们感到社会并没有歧视和抛弃他们，从而增强其悔过自新的决心和信心，为刑事执行的顺利进行打下良好的基础。

三、刑法与自由

（一）自由的含义及其类属

"自由"一词，无论在东方国家还是在西方国家都早已有之。在西方，英语中的 Freedom 和 Libnty，包含着不受任何羁束地生活和获得解放等含义。在东方，汉语中的"自由"意即不受拘束地如意行动。自由作为一个令人憧憬和神往的字眼，自古以来，无论是东方还是西方，一直是历代的思想家、哲学家和法学家们千古萦怀而众说纷纭的问题。他们对自由的不同理解和认识，不仅给人类的思想宝库增添了丰富的内容，而且使人类对自由的认识，随着各种争论的深入而显得更为理智。

对于自由，在不同的人眼中，其自身的价值也有所不同。在世俗的人们眼中，自由似乎是一种无拘无束的散漫行动，意即为所欲为，想干什么就干什么，想说什么就说什么。其实这是对自由的极大误解。黑格尔曾经说过，如果把自由理解为想说什么就说什么，想干什么就干什么，这是一种粗鲁、浅薄、无知的表现。实际上，在现实生活中，任何自由都离不开法律的约束，只有在法律规定的范围内从事活动的人，才是真正自由的人。正是在这一意义上，西塞罗说："我们都是法律的奴隶，正因为如此，我们才是自由的。如果没有法律所强加的限制，每一个人都可以随心所欲，结果必然是因此而造成的自由毁灭。"[①]就刑法而言，对于不懂得法律与自由的关系的人而言，常常认为刑法是限制自由的，是对行为人行为的严厉羁束。其实不然，倘若没有刑法，则任何人都可以为所欲为，这样任何人的自由都有可能被他人侵犯。如果法律事先就将各种应受处罚的行为规定下来，那么任何人都没有侵犯他人自由的自由，于是任何人的自由都有了法律的保障。在认识到法律与自由的该层关系后，我们就会深深地体会亚里士多德所说的那句话的确是至理名言，即"公民们都应当遵守一邦所定的生活规则，让各人的行为有所约束，法律不应被当做（和自由相对的）奴役，法律勿宁是拯救"。[②]

英国著名的资产阶级启蒙思想家洛克根据其自然法理论，将自由分为自然自由和社会自由两类，并论证了所谓自然自由与社会自由的限制问题。他认为，自然自由是人类处于自然状态下的自由，这种自由不受人间任何上级权力的约束，不处于人们的意志或立法权之下，只以自然为它的准绳。自然法是对自然自由的限制，自然自由在自然法——理性限制下并不是放任。社会自由是人类处于社会状态下的自由。这种自由要经过人们同意在国家内所建立的立法权的支配，要受立法机关根据它的委托所制定的法律的约束。制定法是对人们社会自由的限制。但是不论是自然法对自然自由的限制，还是制定法对社会自

[①][英] 彼得·斯坦、约翰·香德著：《西方社会的法律价值》，王献平译，中国人民公安大学出版社1990年版，第174页。
[②][古希腊] 亚里士多德著：《政治学》，商务印书馆1980年版，第276页。

由的限制，其目的都不在于限制自由或者废除自由，而在于指导一个自由而且智慧的人去追求他的正当利益，在保护和扩大自由。从洛克对自由的划分来看，作为自由，不论其具体的类别如何，一般均有两个方面的属性，一是它的自然属性，二是它的社会属性。从自由的自然属性来考察，自由是绝对的、不受他律的自由。而从自由的社会属性来考察，自由是相对的、必须受到约束的自由。自由作为西方社会法律制度的三大基本价值之一①，在绝大多数思想家、哲学家和法学家的眼中，并不是不受任何限制的。相反地，他们认为自由与法律是相对的，法律应以自由为目的，但自由又必须接受法律的制约。例如，马克思在分析法国1793年宪法关于自由的规定时即写道："自由就是从事一切对别人没有害处的活动的权利。每个人所能进行的对别人没有害处的活动的界限是由法律规定的，正像地界是由国界标确定的一样。"按照马克思的这一基本思想，一个人所享有的自由权利是以不损害他人为前提的。这一思想反映到我国的立法中，就突出地表现为我国《宪法》第51条规定："中华人民共和国公民在行使自由和权利的时候，不得损害国家的、社会的、集体的利益和其他公民合法的自由和权利。"从我国宪法的规定来看，其立法精神与马克思的基本思想是完全一致的。这就是任何人在行使自己的自由权利时，必须以不损害他人的自由权利为前提。一个人只有在充分尊重他人的自由权利的前提下，才能更好、更充分地行使自己的自由。

（二）关于自由的国际法律保护

在当今世界上，为了切实保障公民的自由权利，联合国颁布了很多保障人权的国际公约。在这些国际公约中，尤以《世界人权宣言》最为重要。在这部公约中，对一个公民所享有的自由权利作了多方面的规定。如根据《世界人权宣言》第3条规定："人人享有生命、自由和人身安全。"人的生命、自由和安全之所以被宣布为权利，首先是因为人们享有这些利益本身并不构成对他人的任何威胁和侵害，以致每个人都有道德义务对他人的这些利益加以尊重，国家和法律应当（有义务）对它们加以保护。第4条规定："任何人不得使为奴隶或奴役，一切形式的奴隶制度和奴隶买卖，均应予以禁止。"由于一个人的自由并不对他人造成威胁和损害，所以人的自由不容侵犯，而将他人作为奴隶或者加以奴役，这是将自己的幸福建立在他人的不幸和痛苦之上，这是违反道德的基本戒律，所以应在禁止之列。第13条规定："人人在各国境内有权自由迁

---

① 英国法学家彼得·斯坦和约翰·香德在《西方社会的法律价值》一书中列举了西方社会法律制度的三大基本价值，这就是：秩序、公平和个人自由，在他们看来，一切法学家都只不过是用各种各样的方式，描述法律能够在什么程度上实现秩序、公平、个人自由这些基本的价值而已。

徙和居住。"同样，人们的自由迁徙和居住并不形成对他人的威胁和侵害，所以，人们的这种自由应当被尊重和保护。第19条规定："人人享有主张和发表意见的自由；此项权利包括持有主张而不受干涉的自由，和通过任何媒介和不论国界寻求、接受和传递消息和思想的自由。"享有主张和发表意见的自由以及传递消息和思想的自由本身及其行使对他人对社会首先是无害的，因此，它们有资格成为权利。由此看来，所有被《世界人权宣言》宣布为人权的权利或自由，都毫无例外地符合"不得损害他人"这一最基本的道德规范。也就是说，所有被称为"人权"的利益和自由，首先都具有无害性。由此可见，任何自由都不得以损害社会和他人的利益为代价。一个人只有在认真遵守既有的社会规范的前提下，才有可能获得最大限度的自由，否则，将因为滥用自由的权利对社会造成不利的影响。

（三）我国刑法对自由的保护及其惩治

在我国，无论是作为最高法律象征的宪法还是其他基本法律，对公民所享有的自由都给予了充分的规定，从而显示了我国社会主义制度的极大优越性。从我国的各种法律对公民自由的规定来看，在刑法意义上，对于决定行为人的行为性质具有影响的因素，主要有以下几个方面：

1. 我国刑法对政治自由的保护及对违反此种自由的惩治。政治自由是我国宪法赋予公民的一项最为重要的基本权利，也是一个公民从事国家管理和其他政治活动的基础。如果一个人的政治自由被剥夺，那么就会失去作为一个社会公民的最基本的权利。为此，我国《宪法》第34条规定："中华人民共和国年满十八周岁的公民，不分民族、种族、性别、职业、家庭出身、宗教信仰、教育程度、财产状况、居住期限，都有选举权和被选举权；但是依照法律被剥夺政治权利的人除外。""中华人民共和国公民有言论、出版、集会、结社、游行、示威的自由。"不仅如此，《宪法》第41条还明确规定："中华人民共和国公民对于任何国家机关和国家工作人员，有提出批评和建议的权利；对任何国家机关和国家工作人员的违法失职行为，有向国家机关提出申诉、控告或检举的权利。"从我国宪法对公民的自由的规定来看，它赋予了公民最广泛的政治权利。任何公民只要在宪法和法律的范围内活动，都可以获得充分的政治自由。为了确保我国公民的这些政治权利与自由，现行刑法根据宪法精神分别作出了相应规定。首先，为了确认和保护公民的选举权与被选举权，1997年刑法不仅于第256条专门规定了破坏选举罪，而且对作为附加刑的"剥夺政治权利"这一刑种的适用也作了严格的限制，即只有人民法院依照法定程序和法律规定才能对犯罪人适用。根据1983年3月5日第5届全国人民代表大会常务委员会第26次会议通过的《关于县级以下人民代表大会直接选举的若干规定》,只有因反革命案或其他重大刑事犯罪案被羁押、正在受侦查、起诉、审判之人,经人民检察院或者人民法院决定,在被羁押期间被停止行使选举权利外,其他公民,包括被判处有期徒刑、拘役、管制而没有剥夺政治权利的,被羁押正在受侦查、起诉、审判,人民检察院或者人民法院没有决定停止其行使选举权利的,正在取保候审或者被监视居住的,等等,其选举权均应受到尊重和保护。其次,为了确认和保护公民的监督权,在宪法规定的基础上,1997年刑法于第254条明确规定:"国家机关工作人员滥用职权、假公济私,对控告人、申诉人、批评人、举报人实行报复陷害的,处二年以下有期徒刑或者拘役;情节严重的,处二年以上七年以下有期徒刑。"公民的监督权利是指公民监督一切国家机关和国家工作人员的权利。它是公民的一项十分重要的权利,如果公民只有选举权而没有监督权,国家机关和国家工作人员就有可能做出违背民意的事情,公民的民主权利就有可能遭受侵害。因此,国家以刑罚对那些严重侵犯公民监督权的违法行为予以制裁,不仅是应该的,而且也是必需的。除了刑法的上述规定之外,我国刑法分则对于某些违背政治自由的行为也规定了具体的罪名及其应负的刑事责任。例如,刑法分则第一章危害国家安全罪中,1997年刑法规定了12种具体的罪名,这12种罪名均涉及对政治自由的违反,如背叛国家罪,分裂国家罪,煽动分裂国家罪,武装叛乱、暴乱罪,颠覆国家政权罪,煽动颠覆国家政权罪,资助危害国家安全犯罪活动罪,投敌叛变罪,叛逃罪,间谍罪,为境外窃取、刺探、收买、非法提供国家秘密、情报罪,资敌罪等,都是对我国的主权、领土完整和安全以及社会主义制度和人民民主专政的国家政权的侵犯,因此,对于此类严重危害国家安全的犯罪将其置于刑法分则之首是正确的。除此之外,有关涉及政治自由的犯罪,还有刑法分则第六章妨害社会管理秩序罪第一节中规定的非法集会、游行、示威罪,非法携带武器、管制刀具、爆炸物参加集会、游行、示威罪,破坏集会、游行、示威罪,侮辱国旗、国徽罪等犯罪亦属于违反政治自由所构成的犯罪。在我国刑法中,之所以要设立这些犯罪,是因为这些犯罪侵犯的对象均涉及我们国家的国体,这是我们国家和人民的根本利益之所在,将此类犯罪作为严重的犯罪规定于刑法之中,是完全必要的。

2. 我国刑法对言论自由的保护及对违反此种自由的惩治。我国《宪法》第34条规定:"中华人民共和国公民有言论、出版、集会、结社、游行、示威的自由。"从我国宪法对公民的政治自由所规定的内容来看,言论自由是公民所享有的第一位的自由权利。言论自由作为宪法赋予公民的一项重要权利,当然也是刑法应当予以保障的重要权利。但是在对言论自由的理解上,应当澄清两种错误认识,一是将言论归入单纯的思想范畴,认为言论自由就意味着想说什么就说什么,对言论不能治罪;二是将言论归入单纯的行为范畴,认为言论自由就是行为自由,凡是言论错误即可认定为犯罪。笔者认为,在对待言论自由的问题上,要严格将单纯以语言、文字等方式暴露思想的行为,同为了实现犯罪思想而采取的具体行为区分开来。前者是思想错误,属于批评教育的范畴,不能作为刑法惩罚的对象。而对于后者,则需要根据实际情况,在法律规定的范围内,依法追究行为人的法律责任。在这里,之所以强调必须在法定范围内追究行为人的法律责任,主要是因为,言论能否构成犯罪,只能依照法律的规定为据。根据我国现行刑法之规定,能够由言论构成的犯罪主要有煽动分裂国家罪、煽动颠覆国家政权罪、侮辱罪、诽谤罪和诬告陷害罪等。除此之外,在一般情况下,言论并不能构成犯罪。因此,对于言论能否构成犯罪,不能一概而论,而应当具体情况具体分析,既不能将一般的言论错误视为犯罪,从而冤枉好人,也不能将言论犯罪视为一般错误,从而放纵犯罪分子。

3. 我国刑法对经济自由的保护及对违反此种自由的惩治。党的十一届三中全会以后,为了全面振兴我国的经济,增强经济活力,提高经济效益,党中央及时把全党工作的重点由大规模的阶级斗争转移到经济建设上来,从而使得我国的经济进入一个非常辉煌的发展时期。从原来的社会主义计划经济到有计划的商品经济再到社会主义市场经济,短短三十多年间,我国的经济发展模式就经历了三次大的历史性转变,向前跨了两大步。党的十四大以后,随着我国社会主义市场经济的建立与进一步发展,我国的经济活力有了进一步的增强,经济竞争的自由度也进一步加大。随着我国经济体制的根本转变和经济发展政策的进一步放宽,我国刑法对经济领域的控制也有了观念性的转变,对于以往在经济领域中被视为非法且在刑法上被视为具有严重的社会危害性的行为非罪化,诸如旧刑法中所规定的投机倒把罪,伪造、倒卖计划供应票证罪等罪名在1997年刑法中被取消。相反地,某些在过去被认为是无罪的行为却被有罪化,从1997年刑法所规定的内容来看,这一方面的犯罪是大量的,诸如侵犯国有资产的犯罪、证券犯罪、洗钱犯罪、侵犯商业秘密犯罪以及不正当竞争方面的犯罪等,均为1997年刑法所规定的新罪名。从我国1997年刑法的规定来看,一方面我国刑法作为社会主义市场经济的保护神,为社会主义市场经济的发展起着保驾护航的作用,从而为合法正当的经济活动提供了施展抱负的广阔天地,在市场经济的天空自由地翱翔。但是,任何事物都是相对的,一定的经济活动只有在正当合法的限度内进行,才能对社会的发展带来益处,如果超越了正当合法的限度形成违法活动,当其触犯刑法时,就会受到刑法的制裁。与旧刑法相比,1997年刑法在对破坏社会主义市场经济秩序的保护方面,有了相当大的历史性进步,这一方面首先表现在1997年刑法修改了旧刑法所规定的类罪名，将破坏社会主义经济秩序罪改为破坏社会主义市场经济秩序罪，使其更富有时代气息。其次增设了大量的新罪名，使其更好地适应了我国社会主义市场经济的发展要求。旧刑法对于经济犯罪只规定了20多个罪名，而1997年刑法则规定了90余个罪名。而在90余个罪名中，除了全国人大常委会颁布的特别刑事法律所规定的新罪之外，大多数均系1997年刑法增设的新罪名。这些新罪名的增设，不仅适应了我国对经济犯罪进行惩治的需要，同时也适应了我国司法实践的需要。此外，为了更好地保护我国金融管理秩序，刑法修正案（五）和刑法修正案（六）对此又进行了大幅度修改，从而使刑法的法网更加严密。

4. 我国刑法对人身自由的保护及对违反此种自由的惩治。人身自由是我国宪法赋予公民的一项重要的权利，这一权利对于广大公民自由地从事社会生产、社会工作以及其他社会交往活动，提供重要的法律保障。根据我国《宪法》第37条的规定："中华人民共和国公民的人身自由不受侵犯。任何公民，非经人民检察院批准或者决定或者人民法院决定，并由公安机关执行，不受逮捕。禁止非法拘禁和以其他方法非法剥夺或者限制公民的人身自由，禁止非法搜查公民的身体。"为了落实宪法的这一规定，我国刑法对保护人身自由也作了多方面的规定。首先，对公民生命与健康权予以确认和保护。生命与健康乃是人的其他各种权利与自由的基础。为了体现刑法对生命与健康权利的高度重视，1997年刑法第232条至第235条在侵犯公民人身权利罪中，以显要的位置明确规定了各种杀人罪和伤害罪所应受到的刑罚制裁，从而突出了刑法对人的生命和健康权利的重点保护。其次，对妇女的性权利与自由给予了充分的确认与保护。妇女性权利与自由是一项仅次于人的生命与健康的权利，其基本内容是任何人不得以暴力、胁迫或者其他手段强行与妇女发生性关系。为了有效地打击侵犯妇女性的自主权和人身自由的犯罪，1997年刑法第236条、第237条明文规定了强奸罪和强制猥亵、侮辱妇女罪，从而体现了1997年刑法对妇女性权利与自由严密保护。再次，对人的生命、健康与性的权利以外的其他人身自由也作了强有力的保护。人身自由是指公民在国家法律认可的范围内有一切举止行动的自由。根据宪法和刑法的有关规定，公民人身自由的范围包括公民的人身自由、人格尊严、住宅不受侵犯和通信自由等。（1）就公民的人身自由而言，是指公民不受非法拘禁或者不被以其他方法非法剥夺人身自由，以及具有不被非法搜查身体、住宅的自由权利。它是人身自由的核心内容。我国1997年刑法第238条、第245条、第246条对此作出了明确保护性规定，并指出，对侵犯公民人身自由的犯罪行为视不同情况处十年以下有期徒刑，或三年以下有期徒刑、拘役、管制或者剥夺政治权利。（2）就公民的人格尊严而言,是指在人格中人性的不可侵犯的尊严,它是公民人格权与尊严权的统称。如果说人格权是公民参加各种法律关系享有权利和承担义务的主体资格,那么尊严权便是公民参加社会活动的起码条件,它指的是法律承认的人人所具有的自尊心、自爱心不受伤害,个人价值不遭贬诋的权利。人作为一种社会动物,要体面地参与各种社会活动,人格尊严是必不可少的。因此,对人格尊严的侵犯,无异于取消一个人作为社会参与者的主体资格。正因为人格尊严具有如此重要的意义,所以我国1997年刑法第246条规定:"以暴力或者其他方法,公然侮辱他人或者捏造事实诽谤他人,情节严重的,处三年以下有期徒刑、拘役、管制或者剥夺政治权利。"(3)住宅不受侵犯是公民人身自由的又一重大内容。住宅是公民家庭的物质表现形式。住宅不仅是公民私生活的主要领地,还是公民赖以从事社会工作和日常生活的基本物质条件。住宅以其自然属性和法律属性为公民提供了最大限度的自由空间和安全感。此外,住宅不受侵犯作为一种人身自由权利,又与许多其他公民权利(如休息权等)密切相关。正因为住宅不受侵犯对公民具有如此重大的意义,所以我国1997年刑法第245条规定:"非法搜查他人住宅或者非法侵入他人住宅的,处三年以下有期徒刑或者拘役。"(4)公民通信自由和秘密受法律保护是公民人身自由的又一重要组成部分。其内容是指公民享有非依法律其通信不受扣押、电信联络不被窃听,函件、包裹不被开拆、隐匿或毁弃的权利。换言之,公民通信自由和秘密受法律保护就是公民享有充分的通信自由,任何人不得对其非法干涉。当今社会已经进入信息化时代,信息对人们的个人生活与工作具有越来越重要的意义与作用。因而,充分有效地保护公民的通信自由与秘密就显得特别重要。所以,我国1997年刑法第252条规定:"隐匿、毁弃或者非法开拆他人信件,侵犯公民通信自由权利,情节严重的,处一年以下有期徒刑或者拘役。"

5. 我国刑法对公民婚姻自由的保护及对违反此种自由的惩治。婚姻是否自由,是衡量一个社会文明程度及公民解放程度的重要标志。无论是在我国封建时代,还是在中世纪的欧洲,公民是没有婚姻自由可言的。因此,不仅欧洲有《罗密欧与朱丽叶》的爱情悲剧,我国历史上也留下了《孔雀东南飞》的恋情悲歌。正如公民的其他自由、权利一样,公民的婚姻自由权利也是在几番艰苦卓绝的斗争之后才逐渐获得的。我国经历了漫长的封建专制统治,长期以来,对待婚姻大事皆采取"父母之命,媒妁之言"的办法来解决,因此,对于我国公民来说,婚姻自由更是来之不易。一般而言,婚姻自由的内容包括结婚自由与离婚自由两个方面。所谓结婚自由,是指符合法定结婚条件的公民,无论男女,是否结婚和谁结婚、在何时结婚或者以什么形式结婚,完全由婚姻双方当事人自己决定,任何个人或组织无权干涉。离婚自由是婚姻自由的重要内容，它是指解除婚姻关系的自由，即在符合法定离婚条件下，婚姻关系中的双方当事人，不论男女，均有权提出依法解除婚姻关系。家庭是社会的细胞，而婚姻又是家庭的根据和基础。没有自由的婚姻便不会有健康的家庭，而没有健康的家庭也就不可能有健全而充满生机的社会。鉴于此，我国刑法对公民的婚姻自由给予了强有力的保护，从而充分体现了刑法对婚姻自由的高度重视。根据我国1997年刑法第257条、第258条、第259条之规定，以暴力干涉他人婚姻自由的，处二年以下有期徒刑或者拘役。犯前款罪，致使被害人死亡的，处二年以上七年以下有期徒刑。有配偶而重婚的，或者明知他人有配偶而与之结婚的，处二年以下有期徒刑或者拘役。明知是现役军人的配偶而与之同居或者结婚的，处三年以下有期徒刑或者拘役。

6. 我国刑法对宗教信仰自由和少数民族风俗习惯的保护及对违反此种自由的惩治。"宗教是一种社会现象，它既是一股不可忽视的社会力量和社会实体，又是一种理论体系。作为前者，它是人类存在的一种方式；作为后者，它是社会意识形式之一种……比较宗教学的研究有力地证明：不管宗教的观点如何荒诞无稽，不管宗教的内容如何光怪陆离，也不管它表面上似乎远离现实生活，它归根结底是社会物质生活条件的反映，是处于一定物质生活条件下的精神需要。"[①]人类社会运动的历史早已揭示，宗教信仰在人们的精神生活乃至政治生活中占有十分重要的位置。因此，在当今世界各个文明的国度里，国家一般都以法律的形式来维护其国民宗教信仰的自由。根据我国《宪法》第36条的规定："中华人民共和国公民有宗教信仰自由。任何国家机关、社会团体和个人不得强制公民信仰宗教或者不信仰宗教，不得歧视信仰宗教的公民和不信仰宗教的公民。国家保护正常的宗教活动。任何人不得利用宗教进行破坏社会秩序、损害公民身体健康、妨害国家教育制度的活动。宗教团体和宗教事务不受外国势力的支配。"从我国宪法对公民宗教信仰自由的规定来看，公民信教与不信教均系宪法所保护的自由，任何单位和个人对公民的这一权利不得进行干涉。为了落实宪法赋予公民的这一权利，我国刑法对此作了严格的法律保护。正因为宗教信仰自由在人们的社会生活中占有十分重要的地位和作用，所以1997年刑法第251条规定："国家机关工作人员非法剥夺公民的宗教信仰自由和侵犯少数民族风俗习惯，情节严重的，处二年以下有期徒刑或者拘役。"除了对公民的宗教信仰自由在刑法上给予了确认和保护外，刑法还对少数民族风俗习惯给予了严格保护。美国学者西格尔曾经指出"习惯就是国王"，并认

[①] 陈荣富著：《比较宗教学》，世界知识出版社1993年版，第31页。

为"初民社会是没有法律的,人们的生活自动地受习惯的统治"。①对于这一论断是否符合历史事实姑且不论,但这一观点至少说明了一个问题:风俗习惯对于早期人类社会具有十分重要的意义。虽然今天人类历史的列车已经驶入 21 世纪,也许西格尔所描述的初民社会早已成为过去,但风俗习惯对于人类生活却依然具有极端重要的意义。我国幅员辽阔,民族众多,特别是众多的少数民族,虽然他们远非"初民",但婚丧嫁娶,农耕狩猎,按风俗习惯办事仍然是他们生活的重要规则。因此,确认和保护他们的风俗习惯,就是捍卫了他们的民族尊严与自由。正因为风俗习惯具有如此重要的意义,所以 1997 年刑法第 251 条明确规定,"国家机关工作人员非法侵犯少数民族风俗习惯,情节严重的,处二年以下有期徒刑或者拘役"。

第五节　刑法的阈限

刑法的阈限是指刑法存在的范围及其所涉领域的宽窄。由于刑法的存在在很多情况下,就其本体而言,除了其价值层面的问题之外,还有诸多方面的界限需要廓清,因此,研究刑法的阈限就有其现实性与必要性。一般来讲,刑法是以伦理道德为基础的,而伦理道德的核心又是围绕人性的善恶观念展开的。那么刑法与人性的善恶观念的关系如何,善恶观念究竟对刑法产生多大程度的影响,所有这些问题都值得从刑法的本体角度来进行研究。与此同时,刑法规范的设立与一定时代的刑法文化也有着非常紧密的联系,刑法规范与刑法文化的联系性及变异性究竟何在,也是刑法本体论中需要引起注意的问题,因此,本书特设专节对这一方面的问题进行一些粗浅的探究。

一、刑法与伦理

陈兴良教授在其所写的经典著作《刑法的人性基础》一书的题记中曾经写道:"刑法学是以犯罪为研究对象的,犯罪是一种恶。因此,刑法学可以说是一门研究恶的学问。正因为刑法学研究恶,才要求我们的研究者有一种善的冲动。在刑法学研究中,通过观察与剖析恶,使我们更加向往与信仰善。"他的这一精辟而独到的见解,向我们揭示了一个重大的伦理问题,这就是善恶观念与刑法的关系问题。

---

①[美] E. A. 霍尔著:《初民的法律》,中国社会科学出版社 1993 年版,第 22 页。

善恶观念问题实际上涉及的是人之本性的问题。人性究竟是什么？这是一个千古以来就争论不休的问题。在我国古代，有不少思想家就对这一问题提出了众多见解。如亚圣孟子即认为，人具有天赋的善端，故人性为善，"恻隐之心，人皆有之；羞恶之心，人皆有之；恭敬之心，人皆有之；是非之心，人皆有之"。也即"仁、义、礼、智"这"四端"是与生俱来的，善德先天存在于本心之内。"人性之善也，犹水之就下也，人无有不善，水无有不下"，"仁、义、礼、智，非由外铄我也，我固有之也"。因此，每个人都可以培养善端，发展善性，扩充"四德"，达到"尽心"、"知性"、"知天"、"事天"的境界，"人皆可以为尧舜"。与孟子的观点相反，战国末期哲学家韩非在人性的问题上则继承和发展了荀子的"性恶论"。他认为，人性的要求是名利，人际关系是利害关系，在社会生活中，人皆有利欲之心，都唯利是图，虽有表现形式不同，终由利欲之心使然。譬如医者不顾脏毒，造车匠盼人富贵，制棺者盼人早死。并非此仁彼恶，而都在于各人利欲不同。他还肯定趋利避害乃人之常情，治国应以此为依据。西汉的经学大师董仲舒在其创造的"天人感应论"的基础上则提出了"性三品"学说。他认为，人性受之于天，兼含善恶，徒有善质，而不可谓善，须待教化，然后可为善。因此，圣王承天意，施教化，使民成善。据此，他认为，人性分为不教自善"圣人之性"，教亦不能为善的"斗筲之性"，可为善亦可为恶的"中民之性"。而西汉文学家、哲学家杨雄则主张性善恶混合论。《法言·修身》云："人之性也善恶混，修其善则为善人，修其恶则为恶人。气也者，所以适善恶之马也与。"他认为人的本性是善恶相互混杂的，"气"是人走向善或恶两条路上所骑的"马"。杨雄认为人性善恶相混，是由于阴阳合成万物，阳为善，阴为恶，人能否行善去恶的关键在于修身，而修身的关键在于"治心"。南宋哲学家、教育家朱熹在人性问题上则继承和发展了程颢、程颐的人性二元论。将人性分为"天命之性"和"气质之性"，认为"心"可分为"道心"与"人心"，"道心"即天命之性，体现天理，纯善不杂；"人心"即气质之性，体现人欲，可善可恶，"一心之心，合道理底是天理，徇情欲底是人欲"，天理与人欲对立，不容共存，故应以道心主宰人心，以天理战胜人欲，以主观精神抑制物质欲望，"革尽人欲，复尽天理"。明代哲学家、教育家王守仁从主观唯心主义观点出发，认为心是宇宙万物的本体，"夫万事万物之理不外于我心"，心无所不包，性无所不善，故人的善性是居于先天的人性之中，但人有善有不善，其不善之原因是心之意念发动后被外物所累，为私欲所蔽，而产生恶性恶行，人欲兴则天理亡。他认为，"无善无恶是心之体，有善有恶是心之动，知善知恶是良知，为善去恶是格物"。因此，他提出"致良知"，因为天理和人欲可并立，只有去得人欲，方能识得天理，为了扬善去恶，就必须"灭人欲，存天理"。清代的思想家、文学家龚自珍在人性学说上，既反对孟子的性善论，也反对荀子的性恶论，而赞同老子的"性无善无不善"的观点，认为人性的善恶不是先天固有的，而是后天形成的，人的本性是无善无不善的，这个本性是永恒不变的精神本体，如同佛教的"自然清静心"；认为众生的本性与佛的本性既无差别，又统一于人所共同的"自然清静心"之中。他还认为，公私不能以善恶论，无私并非人性，人人都有追求私欲的本性，追求物质欲是合理的，无所谓善恶。近代民主革命家、思想家章炳麟的人性理论融进化论、性恶论、佛性论为一体，认为人类社会是"俱分进化"的，善与恶是并行发展的。"非由一方直进，而必由双方并进。""双方并进，如影之随形"，并且进化程度愈高，则善恶之力亦愈甚。譬如虎豹啖人，表现为恶，而人食牛羊，亦表现为恶，且虎豹不自残同类，而人却自相残害，是人恶更甚；又古人争战，仅以手足土石，杀伤不大，而今人战争，以戈矛剑戟进而火器，一战而伏尸百万，喋血千里，杀伤甚于太古；即使将来世界一统，弥兵不用，但以智谋攻取必尤甚于今，故"其善为进，其恶亦为进也。"他还以佛教的"熏习性"来解释人性恶产生的原因，认为人和生物的本性无善无恶，而其作用则可善可恶，善恶种子在进化中渐现渐行，故现行亦有善有恶。

  关于人性问题的研究，在西方国家亦有不同的观点纷争，如英国近代唯物主义哲学家托马斯·霍布斯在继承前人研究成果的基础上建立起唯物主义哲学体系。他以唯物主义的观点研究人性，认为人类是自然的物体，处于机械运动的因果链条之中，必须服从自然的规律。按照力学运动原理，从机械运动以及几何学、力学、物理学中可以认识到人的"本性"，客观事物是产生人的感觉和情欲的原因，客观事物本身无所谓善恶，故人的感觉和情欲也无所谓善恶。人世间并无区别善恶的绝对标准，凡是人所爱好的皆可为善，凡是人所厌恶的皆可为恶。因此，人为了保全自己的利益而斗争，这是合乎人性的，每一个人"可以有权利依据自己的判断去做他认为最有利于自己的事情"。世界上人人都趋乐避苦，由于人的利己主义的天性，在利欲场上的竞争导致了社会冲突，在社会冲突中，人最终不可能达到保存自己的目的，于是寄希望于和平。人的理性指使人们订立契约，将个人的权利托付给社会的共同权力，如此则形成了国家。法国伟大的思想家卢梭提出的抽象人性论认为，人类发展的初始阶段是一种"自然状态"，这种自然状态是关心自我保存然而并不损害他人保存的状态，每个人都生而自由平等，人与人之间的关系没有奴役和统治。人作为自由平等者，存在着先于理性而存在于人性中的自然感情，在于人的先天本性，卢梭认为，随着社会的发展，人类从自然状态向社会状态转变，私有制产生，从而破坏了人与人之间的平等关系，因此，在哲学家看来，使人文明起来又使人没落下去的东西是"铁和谷物"。

人之本性作为古今中外的思想大师们争论不休的话题，对其含义的理解真可谓仁者见仁，智者见智。如果将人性的善与恶这一基本的观念引入刑法学的研究之中，我们就可以发现，刑法与善恶观念的联系原来竟是这样的紧密。众所周知，刑法是用以规定什么行为是犯罪并如何追究其刑事责任的法律。作为维护社会安全与稳定的调节器，刑法的目的是以保护合法权益为己任，这一观念从相反的侧面说明了犯罪的本质是侵犯合法权益。因为保护恶就是侵害善，反之惩罚恶就是保护善，即惩罚恶行是为了保护恶行所侵害的利益。刑法之所以禁止犯罪，就是因为犯罪侵犯了合法权益。

对人性是善是恶的认识本身实际上涉及对某种行为的正义与邪恶的评价。如果说善恶问题涉及的是一个伦理问题，那么，对正义与邪恶问题的评价则涉及伦理评价问题。而对于正义与邪恶的评价标准问题，往往有赖于法律为人们所设立的衡量标准。而法律设立的衡量标准，在不同的时代对于不同的统治阶级而言又有所不同，这样决定了人们对同一行为的评价必然存在着不同的看法。统治阶级与被统治阶级由于各自所处的立场以及利益不同，决定了他们在对某一问题的认识上也必然存在着不同的意见分歧，这种截然不同的意见本身实际上反映了不同时代不同阶级对于某种行为的善恶评价。由于人们对善与恶的评价不同，因此，在刑法立法上，对于某种行为是否将其视为一种罪恶并对之予以刑事制裁，也有着不同的认识。

对人性善与恶的认识所持的态度不同，还涉及人们对犯罪的打击与防范的态度上的区别。一般来讲，大凡对人性持性善论者，一般都注重对人的教化，注重对人的品格的塑造，在对犯罪问题上多主张防患于未然，侧重于对犯罪的防范；而对人性持性恶论者，一般都特别强调对人的惩罚，在对犯罪的问题上，多侧重于对犯罪的打击。人们对善恶观念的这种认识，不仅决定了对于犯罪评价效果的迥然不同，同时也决定了人们对于犯罪所采取的刑事政策的差别。

二、刑法与文化

（一）文化及其对刑事立法的影响

什么是文化？关于这一概念，早在1871年，英国文化人类学家泰勒就曾为其下过一个比较权威的且为后人引用频率最高的定义，即文化是"包括知识、信仰、艺术、道德、风俗及社会成员所获得的能力、习惯等在内的复合体"。① 我国有学者认为,"文化是与人类纯粹的动物遗传性相对应而由后天获得的一切"。② 它包括人类在改造自然的过程中所创造的物质与精神财富的总和。有的学者认为,"文化,就是人们在长期的社会性生活中凝聚起来的生活方式之总体"。它包括思考方式与行为方式。"从横向看,文化是一个民族共有的一致的生活方式的总体;从纵向看,文化是凝聚在一代代人身上和历史财富中的生活方式"。③ 关于文化的分类,一般来讲,在我国可以将其分为两个方面:即广义的文化与狭义的文化。所谓广义上的文化是指人类在社会历史实践过程中所创造的物质财富和精神财富的总和。所谓狭义上的文化指的是一定物质资料生产方式基础上的精神财富的总和。文化作为一种现象,它的主要特质有以下几方面:

首先,文化是人类社会创造的区别于动物而标志着文明程度的复合体。大至意识形态、民族情感、生活、思维方式,小到风俗习惯、饮食、服饰,无不涵盖其中。其次,文化教育是一定社会的行为规范模式,文化教育以价值、观念、法律、道德、风俗习惯等形成社会规范。将社会性关系制度化、规范化,以此连接而又制约着人与人、人与群体、群体与群体之间的关系,保证了社会性的秩序即以文化规范构建了人的行为模式。再次,文化具有显著的多样性和差异性,文化的定义在全世界据说有几百种之多。这恰恰证明了世界各民族在改造自然、改造世界过程中,在不同的时间空间,在不同的地理环境中,创造的物质财富与精神财富极其丰富,文化模式的多样化,正是世界文体发展的巨大推动力。当然,在同一个社会中,文化模式的多样化会带来行为方式的多样化,其对社会秩序所带来的消极作用是无法避免的。最后,文化具有强大的稳定性,特别是在一个历史悠久的民族,"凝聚在一代代人身上的生活方式之总和,就成为民族性格;凝聚在历史财富上的生活方式总和,构成文化遗产"。④ 但文化传播与文化融合是不可逆转的世界性的文化发展趋势。文化的交流与碰撞,无疑又冲破文化内部旧有的稳定,以一个阶段社会性文化的无序为代价,迎来向更高层次的演进。

在我国,长期以来,对于其他领域的文化研究似乎比较活跃,但是对于刑法文化的研究尚嫌不足。实际上,和任何一门学科一样,刑法科学的产生与发

---

① [美] 泰勒著:《原始社会》(纽约),1962 年英文版,第 98 页。
② 转引自奚从清等主编:《社会学原理》,浙江人民出版社 1988 年版,第 96 页。
③ 沙莲香:《文化积淀与民族性格改造》,见《传统文化与现代化》,中国人民大学内部制印。
④ 沙莲香:《文化积淀与民族性格改造》,见《传统文化与现代化》,中国人民大学内部制印。

展无不打着文化的烙印。就文化因素对刑法的影响而言,它的作用主要表现在以下两个方面:一是文化因素对刑事立法的触引、促发作用。这一方面的作用主要表现为,在世界上不同的国家,其生产方式与生活方式都有所不同,但是在国与国的交往过程中,通过相互之间的文化交流,则可以将一国的文化传入另一国,这种文化的传播,对于一个国家的刑事立法也不可能不产生一定的影响。例如,在我国唐朝时期,由于法制健全,法度严明,形成了中国人引以为豪的中华法系。这一法系的形成,对世界各国都产生了极大的影响。在当时,派往中国的遣唐使,不仅深受中华民族文化的熏陶,而且在回国之后将我国唐朝的立法写入其本国的刑事立法当中。例如,日本刑法所规定的内容在很多方面就吸纳了中国唐律的内容,直至今日,在日本的刑事立法中还依稀可寻我国刑法文化的影响。诸如在日本刑法典中仍旧保留着杀害尊亲属罪,实际上这一罪名的存在就是中国封建社会的刑法文化在其立法中的历史积淀。二是文化因素对刑事立法的启示、引导作用。每一个时代都有一个时代的主文化,这一主文化的存在不仅对社会的变革起到先导作用,同时对刑事立法也产生一定的启示与引导作用。例如,在欧洲17、18世纪的资产阶级革命风暴中,资产阶级的启蒙思想家们所创造的以人文精神为主的文化,冲破了封建专制文化的禁锢,从而给刑法领域带来了历史性的重大变革。正是由于资产阶级启蒙思想家们的呐喊,才产生了贝卡利亚这样一位震撼世界法坛的刑法学大师,以至产生了罪刑法定主义、罪刑均衡原则和刑罚人道主义这三大有名的刑法原则。这一具有划时代意义的原则的提出,不仅成为后来各国刑事立法不可或缺的内容,也几乎成了一种文化的象征。而且这一文化所产生的巨大的冲击力,其影响的不仅是欧洲各国,而且波及整个世界。如我国1997年刑法中所确立的罪刑法定原则,就是这一刑法文化的最好反映。

  影响刑法立法的文化因素的主要内容:一般而言,任何一个时代的任何一部刑法的制定,都不可能不受到各种文化因素的影响。这种影响可以分为以下几种情形:一是影响刑法立法的传统文化因素。每一个国家都有自己的传统,这种传统的长期积淀,就会形成代表着某一时代的特有的文化。这种特有的文化对于刑法不可能不带来影响。例如,在我国长达二千多年的封建社会中,由于受到儒家思想的影响,由"君君、臣臣、父父、子子"的封建等级观念演绎出来的"十恶不赦"的大罪,就是这种文化的最好例证。直到今天,这种传统文化因素对刑法文化的影响依然存在。例如,我国现行刑法中所规定的杀人、放火、抢劫、盗窃、强奸等罪名,在我国古代的刑事立法中都能可寻其踪。二是影响刑法立法的外来文化因素。外来文化因素的影响对于刑法立法也是相当重要的。这是因为,一个国家处于这个地球上,不可能长期将自己禁锢在铁笼之中，为了加强国与国之间的合作，增进相互了解，从事一定的文化交流是十分必要的。当然，这种文化交流也包括刑法文化的相互沟通。例如，在我国清末，当时的清政府派出五大臣出国考察，并请日本的刑法专家修订《大清新刑律》。新修订的大清新刑律，在保留我国原有立法内容的基础上大量地引进了国外立法内容。我国现行刑法，也同样吸收了国外的刑事立法的内容。例如，1997年刑法第三条规定的罪刑法定原则，第四条规定的适用法律平等原则，第五条规定的罪刑相适应原则等。这些原则就其本身的渊源来讲，无一不受到外来文化因素的影响。三是影响刑法立法的不同时期的文化因素。一般来讲，在任何一个国家，由于不同时期的政治、经济形势的变化，对于刑事立法也不能不带来一定的影响。例如，我国1979年刑法，由于受当时的极"左"政治和计划经济等因素的影响，在刑事立法的指导思想上将刑法视为阶级斗争的工具，因此，将反革命罪，投机倒把罪，伪造、倒卖计划供应票证罪，聚众打砸抢罪等都纳入了刑法立法的范畴，这与我国当时的政治、经济形势是相适应的，从历史的角度来考察，并无不当之处。党的十一届三中全会以后，党和国家工作的重点发生了根本转变，由过去大规模的阶级斗争转移到大规模的经济建设上来，后来随着党的十四大的召开，在我国正式确定了社会主义市场经济模式，在这样的一种新的历史背景之下，我国新修订的刑法典根据政治、经济形势的发展需要，对1979年刑法作了大量的修改。新修订的刑法典不仅取消了反革命罪这一类罪名，而且对计划经济条件下诸多不合时宜的罪名也作了大量的修改与废除，从而更好地为社会主义市场经济保驾护航。综上所述，在任何一个时代、任何一个国家，任何一部刑法的制定，都不可能不受到特定时代的文化因素的影响。因此，我们在考察任何一部法律时，都不能不用文化的因素对其进行一番审视。

（二）刑法文化的主要特性

1. 刑法文化的趋同性。刑法作为世界各国法律体系一个重要的法律组成部分，既是法律规范的一个重要方面，也是法律文化的一个重要方面。只要我们对世界上不同国家的刑法典作一比较，就会发现，无论是在不同法系的国家，还在不同社会制度国家的刑法制度之间，除了少许不同点之外，在总体规定上相同点多于不同点。尤其是现代以来，各国刑法典由于相互借鉴，取长补短，其法律形式、法律体系、法律语言相互渗透，乃至出现相互融会的趋势。例如，英美法系中制定完整的国家日益增多，其刑法典的体系同大陆法系国家亦相类似，如世界上大多数国家在刑法体例的安排上基本上都分为总则与分则两大部分，而在总则的规定中，也基本上都是对犯罪与刑罚的一般原则性规定，而在分则中也基本上是对各种具体的法定刑的规定。大陆法系国家对于英美法系国家中一些行之有效的刑法制度。例如，缓刑与假释制度最早产生于英、美，但后来却为大陆法系国家所用。法人犯罪现象也是这样，以前只有英美法系国家才承认法人可以成为犯罪的主体，而现在越来越多的国家接受了法人能够成为犯罪主体这一事实。尽管目前世界上不同社会制度的国家在思想意识形态上各有差异，但是他们在刑事立法上却存在着诸多相同之处。比如在犯罪的分类上，几乎所有的国家都毫无例外地将犯罪分为故意犯罪与过失犯罪、自然人犯罪与法人犯罪（只是在我国将其称为单位）。在共同犯罪中，将共犯区分为实行犯、帮助犯与教唆犯等。甚至连各国刑法中所规定的具体罪名及其构成要件都毫无二致。比如杀人罪、伤害罪、放火罪、强奸罪、抢劫罪、盗窃罪等，几乎没有哪个国家不将这些行为规定为犯罪。此外，在刑法种类上，尽管各国刑法在刑罚种类的规定上各有特色，但是，在总体上不外乎生命刑、自由刑、财产刑与资格刑四种类型。在刑罚的适用上，不同社会制度之间则有更多的相似点。如对数罪进行并罚，对累犯从重或者加重处罚，对自首从轻处罚，对自首者可以从轻处罚以及对缓刑、假释制度的普遍适用等。不同的国度在经济基础与政治领域都存在着很大的差异，为什么在刑法立法上却出现了那么多的相似或相同之处呢？笔者认为，这是由人类对法律文化遗产的共同占有性所决定的。这是因为，通过各国之间的不断交往与文化交流的日益频繁，人们在不同的文化氛围的交互作用之下，形成了共同的认知。这种共同的认知所形成的文化现象，对于刑事立法不可能不发生影响。就目前来讲，在世界上不可能找到一部完全不同的刑法典（当然，笔者在这里指的是刑法所规定的内容，而非形式）。总而言之，由于人类所具有的共同文化心理的影响，这一点反映到刑事立法中是理所当然的。

2. 刑法文化的变异性。刑法作为一种文化现象，在不同的时代，其内容也是随之变化的。法国学者布律尔就曾说过："人的任何一个行为，本身都有无所谓无辜或有罪。在我看来最可憎的犯罪行为，如杀害父母罪，在某些群体里是允许的；而另一些在某些原始群体中受到严厉惩罚的犯罪行为，如违反某些宗教迷信的禁忌，在我们看来却是无所谓的。"[①] 布律尔的这一段话告诉我们，在不同的群体、不同的人当中，由于受不同文化背景的影响，人们对于某一行为性质的认识是各不相同的。不仅如此，在不同的时代，这种文化的差异性则表现得更为突出。例如，在英国，曾经有一条法律条文规定，如果天气预报不准确，预报人将被处以死刑。以今天的观点来看，所谓"天气预报不准确罪"简直近乎笑话，人们很难设想天气预报不准确究竟有多么严重的社会危害

---

① 亨利·莱维·布律尔著：《法律社会学》，上海人民出版社1987年版，第29页。

性，因而，后来这一罪名被废除。刑法的变异性，在刑法改革中有时表现得最为明显。如1986年法国进行了修改刑法的工作，刑法改革的内容就是要取消那些在法国现实生活中早已不被人们视为犯罪行为的规定。如亵渎圣物罪、通奸罪、妨碍公共风化罪、行乞罪、流浪罪、堕胎罪等。法国司法部长巴丹泰在解释这项改革时说，这些古老的罪行是19世纪的象征，目前风俗的变化已使之变得毫无意义。就以妨碍公共风化罪来说，现在法国的海滩上到处可见裸体浴场，民众已习以为常，熟视无睹，所以又何必要刑法来操心呢？① 巴丹泰的这一番话深刻地说明，随着时代的发展和文化的变异，刑法的规定也不得不随之修改。又如，在巴西，长期以来公众一直认为，丈夫杀死与他人通奸的妻子的行为是正当的，并认为这是丈夫们在"维护自己的荣誉"。虽然"维护荣誉说"从来没有为巴西的刑法立法所首肯，但是由于长期形成的传统文化的根深蒂固，在数以千计的男子杀妻案件中，律师居然以"维护荣誉说"这一辩护理由进行辩护而取胜。20世纪80年代以后，随着巴西女权运动的蓬勃发展，巴西公众对"杀妻"行为的感受逐渐发生变化并从根本上颠倒过来。80年代以后，巴西各滨海城市的陪审团越来越多地拒绝了"维护荣誉说"的辩护理由。至此，巴西男人们历来所享有的"荣誉"特权就失去了合法性。

在我国的刑法立法中，不同时代的立法内容也同样受到特定时代文化的制约，且同样表现出刑法文化的变异性。例如，在我国古代，由于受封建伦理纲常文化的影响，通奸、乱伦、大不敬等均为重罪，其中有的还是十恶不赦的大罪。这一文化传统在我国一直延续了上千年，直到新中国成立以前，通奸行为仍旧是刑法上规定的一大罪名。新中国成立以后，通奸行为被视为犯罪依旧存在了相当长的一段时间。直到1979年刑法的制定，通奸罪才正式从刑法罪名中废除，从而被纳入了道德调整的范畴。除此例证之外，从我国新旧刑法所规定的内容来看，也同样反映了特定历史条件下的特定文化对刑事立法的浓厚影响。例如，在我国1979年刑法制定之时，由于受当时的计划经济的影响，在刑事立法中也保留着大量的计划经济的立法痕迹，诸如有关投机倒把罪，伪造、倒卖计划供应票证罪等，都是计划经济时代条件下特有文化的产物。自从党的十四大确立了社会主义市场经济体制之后，我国传统的经济体制受到了前所未有的冲击，在这种新经济体制之下，原有的计划经济时代造就的特有文化也最终被新的市场经济文化所取代。正是在这样一种新的经济氛围中，我国1997年刑法对原刑法作了大量的修改和补充。1997年刑法不仅废除了计划经济时代的各种不合时宜的罪名，而且增加了大量的保护社会主义市场经济的刑

---

① 冯亚东著：《理性主义与刑法模式》，中国政法大学出版社1999年版。

法规定。这一巨大变化，无不反映着刑法文化的变异性。

3. 刑法文化的继承性。人类社会的历史是各个时代的依次交替。"每一个时代都利用以前各代遗留下来的材料、资金和生产力。"① 历史一再向我们表明，每一个时代的文化都不是从天上掉下来的，而是在继承、改造以前文化的基础上发展起来的。刑法作为一种文化现象，也同样具有继承性的一面。关于这一点，在历史上曾经有过诸多经验。例如，当列宁领导的布尔什维克党取得十月革命的胜利后，为了建设新的苏维埃政权，与老沙皇彻底决裂，在修铁路的问题上，党内曾就是否毁掉老沙皇时期修建的铁路重新建设新铁路进行了激烈的争论。列宁最后否定了这一愚蠢的做法。在对待文化的态度上，列宁也持保留态度。他在1922年给德·伊·库尔斯基的信中，谈到起草苏俄民法典时指出，"凡是西欧各国文献和经验中所有保护劳动人民利益的东西，都一定要吸收。"② 列宁的这段话里所说的"文献"，当然包括西欧各国资本主义的法律；它所包含的某些"保护劳动人民利益的条款"，主要是指工人阶级和广大劳动者同资产阶级斗争所取得的成果在法律上的反映，同时也包括这些法律中规定的维护社会公共事务的规范。当然，这里的规范也包括刑法规范在内。刑法文化的继承性，不仅说明刑法规范可以作为一种文化现象存在于社会之中，而且还会以其自身所具有的穿透力对后世产生重要的影响。这种情况的存在，一方面说明刑法文化的社会性，另一方面也说明刑法文化的延续性。

第六节　刑法的基本原则

一、刑法的基本原则的理论纷争

关于刑法的基本原则，从我国新旧刑法颁布前后的情况来看，由于受立法因素的影响，在1997年刑法颁布之前和1997年刑法颁布之后，各种专著教材对刑法的基本原则的表述也有所不同。从1997年刑法颁布之前的情况来看，主要有以下几种观点：

一是三原则说，这种观点认为，刑法的基本原则有以下三个方面：其一是

---

①《马克思恩格斯全集》（第3卷），人民出版社1956年版，第51页。
②《列宁全集》（第33卷），人民出版社1956年版，第173页。

罪刑法定原则；二是罪刑相适应原则；三是罪责自负原则。①

二是四原则说，这种观点又分为以下几种不同的观点：第一种观点认为，我国刑法的基本原则主要有以下四项基本原则：（1）罪刑法定原则；（2）罪刑相适应原则；（3）罪责自负、反对株连的原则；（4）惩罚与教育相结合的原则。② 第二种观点认为，刑法的基本原则有以下四个方面：一是罪刑法定原则；二是惩办与宽大相结合原则；三是公民在法律面前一律平等原则；四是罪责自负、不株连无辜原则。③ 第三种观点认为，刑法的基本原则有以下四种：一是罪刑法定原则；二是罪刑相适应与刑罚个别化相结合原则；三是公民在法律面前人人平等原则；四是罪责自负、不株连无辜原则。④

三是五原则说，这种观点包括以下几种不同的观点：第一种观点认为，我国刑法所特有的基本原则主要有以下五种：一是罪刑法定原则；二是罪刑相适应原则；三是罪责自负、反对株连的原则；四是主观与客观相统一的刑事责任原则；五是惩罚与教育相结合的原则。⑤ 第二种观点认为，刑法的基本原则有以下五种：一是罪刑法定原则；二是主、客观相一致原则；三是罪刑相适应的原则；四是罪责自负原则；五是改造罪犯成为新人的原则。⑥ 第三种观点认为，我国刑法的基本原则有以下五种：一是罪刑法定原则；二是罪刑相适应原则；三是主客观相一致原则；四是罪责自负、不株连无辜的原则；五是惩罚与教育相结合的原则。⑦

四是六原则说，这种观点包括以下几种不同的观点：第一种观点认为，我国刑法的基本原则，就是刑法中的犯罪、刑罚、犯罪与刑罚的关系，刑罚的种类与具体运用、罪章的分类、分则的体系等问题所据以确定的原则。主要包括以下六项：一是罪刑法定原则；二是罪刑相适应原则；三是法律面前人人平等原则；四是罪及个人原则；五是改造罪犯成为新人的原则；六是革命人道主义原则。⑧ 第二种观点认为，刑法的基本原则有以下六个方面，即国家主权原则；主观与客观相一致的原则；罪及个人、不株连无辜的原则；罪刑相适应原

---

① 杨春洗、杨敦先主编：《中国刑法论》，北京大学出版社1994年版，第15—19页。
② 高铭暄主编：《刑法学》，法律出版社1982年版，第36页。高铭暄、王作富主编：《刑法总论》，中国人民大学出版社1990年版，第36—43页。林准主编：《中国刑法教程》，人民法院出版社1989年版，第10—13页。高铭暄主编：《中国刑法学》，中国人民大学出版社1989年版，第32—37页。
③ 何秉松主编：《刑法教科书》，中国法制出版社1993年版，第30—33页。
④ 何秉松主编：《刑法教程》，法律出版社1987年版，第9—12页。
⑤ 王作富著：《中国刑法研究》，中国人民大学出版社1988年版，第25—34页。
⑥ 邓又天主编：《中国刑法总论》，四川人民出版社1990年版，第19—26页。
⑦ 赵长青主编：《中国刑法教程》，中国政法大学出版社1994年版，第15—17页。
⑧ 杨春洗等著：《刑法总论》，北京大学出版社1981年版，第24—32页。

则；惩罚与教育相结合，给出路的原则；法制原则。① 除此之外，还有一种观点也持六原则说。这种观点认为刑法的基本原则有：罪刑法定原则、罪刑相适应原则、罪责自负原则、主客观相统一原则、惩罚和教育相结合原则、刑罚人道主义原则。②

我国1997年刑法颁布以后，由于其第3条至第5条对刑法的基本原则作了明确规定，因此，在很多教材当中，刑法的基本原则基本上也固定化为三个基本原则，即罪刑法定原则；适用刑法平等原则（亦称罪刑平等原则、刑法面前人人平等原则、适用刑法人人平等原则等）；罪刑相适应原则（亦称罪刑均衡原则、罪责刑相适应原则等）。③ 只是在三原则之外，有的教材在刑法基本原则的写作方面，采取了立法与理论相结合的方法，将刑法的基本原则归纳为五个或者六个方面。其中五原则说认为，刑法的基本原则有以下五项：一是罪刑法定原则；二是刑法适用平等原则；三是罪责刑相适应原则；四是主客观相一致原则；五是刑罚人道主义原则。④ 六原则说认为，刑法的基本原则除了罪刑法定原则、适用刑法人人平等原则和罪责刑相适应三个原则之外，还有罪责自负原则、主客观相统一原则和惩罚与教育相结合原则。⑤

二、关于刑法基本原则的确立标准

在我国刑法理论界，关于什么是刑法基本原则，以及确立刑法基本原则的标准是什么？也存在着不同观点的争议。有的学者认为，我国刑法的基本原则，是指我国刑法这个部门法所特有的、贯穿于全部刑法内容的、对定罪量刑和刑罚的执行具有直接指导作用的准则。要解决什么样的原则是刑法的基本原则，必须遵循两个标准：一是这些原则必须是刑法所特有的，而不是各个部门法所共有的；二是这些原则必须是贯穿全部刑法的，而不是局部性的具体原则。有的学者认为，刑法的基本原则是指体现刑法指导思想、性质和特点的、

---

① 王作富著：《中国刑法研究》，中国人民大学出版社1988年版，第24页。
② 赵廷光主编：《中国刑法原理》（总论卷），武汉大学出版社1992年版，第25—31页。
③ 赵长青主编：《新编刑法学》，西南师范大学出版社1997年版，第33—42页。陈兴良著：《规范刑法学》，中国人民大学出版社2008年版，第42页。陈忠林主编：《刑法学》（上），法律出版社2006年版，第36—39页。陈兴良著：《本体刑法学》，商务印书馆2001年版，第101—117页。张明楷：《刍议刑法面前人人平等》，载《中国刑事法杂志》1999年第1期。陈明华主编：高等政法院校法学主干课程教材《刑法学》，中国政法大学出版社1999年版，第48—59页。高铭暄、马克昌主编：高等学校法学教材《刑法学》，中国法制出版社1999年版，第28—38页。
④ 陈明华主编：高等政法院校法学主干课程教材《刑法学》，中国政法大学出版社1999年版，第48—59页。
⑤ 高铭暄、马克昌主编：高等学校法学教材《刑法学》，中国法制出版社1999年版，第28—38页。

为刑法所固有并贯穿于全部刑事立法和刑事司法工作的关于评价、处理犯罪与刑罚问题的基本准绳。它的确认标准是：（1）必须体现刑法的指导思想和制定根据，反映刑法的阶级性质和特点；（2）必须是刑法本身所固有的并在适用时必须严格遵守的准则；（3）必须是贯穿于刑法中的带根本意义的原则。有的学者认为，所谓刑法的基本原则，是指在制定和适用刑法的过程中，必须严格遵守的原则。确立刑法的基本原则，应当掌握两条标准：第一，这些原则对刑法具有特殊的重要性。即它必须是刑法所固有的，带有全局性、根本性意义的原则。至于它是不是为各部门法所共有，并不重要；第二，这些原则必须是贯穿全部刑法的，而不是局部性的具体原则。还有的学者认为，刑法基本原则，是指刑法本身所具有的，贯穿于刑法始终，必须得到普遍遵循的具有全局性、根本性的准则。确定刑法的基本原则的标准有以下几点：首先，一般来说，刑法基本原则必须是刑法所特有的原则，而不是各个部门法所共有的原则。其次，刑法的基本原则必须是贯穿了刑法始终，具有全局性、根本性的准则。最后，刑法的基本原则必须是刑法的制定、解释与适用都必须遵循的准则。笔者认为，刑法的基本原则是刑法本身所特有的，在制定、解释和适用刑法的过程中，都必须普遍遵守带有全局性、根本性的准则。其确立的标准有以下三个方面：

第一，作为刑法的基本原则必须具有独特性。一个国家的法律体系，包含着众多的法律部门。每个法律部门都有其应当贯彻和遵守的基本原则。作为刑法的基本原则，它既不能是其他部门法所独有的原则，也不能是刑法与各个部门法所共有的原则，而必须是刑法本身所特有的原则。比如民商法中的诚实信用原则、刑事诉讼法中的保障诉讼参与人依法享有诉讼权利的原则，由于这些原则是民商法和刑事诉讼法这些法律部门所独有的原则，因此它们就不可能成为刑法的基本原则。另外，刑法与各个部门法所共有的原则也不能成为刑法的基本原则，比如有法可依、有法必依、执法必严、违法必究的原则，作为我国社会主义的法制原则是所有部门法都必须遵守的原则，也不能成为刑法的基本原则。作为刑法的基本原则，只能是刑法本身所特有的原则。基于以上认识，对于我国刑法第4条所规定的适用刑法人人平等原则，有不少学者对之颇有微词。他们认为，法律面前人人平等原则是一项宪法性原则，是通用于各个部门法的，因此，不宜作为刑法的基本原则。笔者认为，刑法第4条所规定的平等原则，虽然来自宪法的规定，但是，在刑法上已赋予其独特的含义，这就是刑法第4条的平等原则是针对犯罪人而言的，而非宽泛的"法律面前人人平等"，它是宪法规定的平等原则在刑法领域的具体体现，这一原则已具备了刑法基本原则应有的独特性，因此，是可以适用于刑法领域的基本原则。另外，从刑事司法领域来看，在司法实践中，某些地方还存在着个别以权压法、以言代法、徇私枉法、贪赃枉法的现象,以致发生了该立案的不立案、该判刑的不判刑、重罪轻判或者轻罪重判的现象,为了克服现实生活中存在的这种特权现象,在刑法领域中规定这样一个原则,是完全有必要的。

第二,作为刑法的基本原则必须具有全局性。从宏观上来讲,刑法的目的就是要解决定罪量刑问题。但是,为了实现这一目的,又必须在刑法体系中制定各种具体的规范,其中又包含着多种法律原则。然而,这些法律原则并不可能都成为刑法的基本原则,而只有那些贯穿全部刑法规范、对刑法规范的整体具有全局性意义的原则,才能成为刑法的基本原则。例如,我们在讲到刑法空间效力的时候有刑法空间效力的原则,在讲到时间效力的时候有刑法溯及力的原则,在讲到未成年人犯的时候有对未成年人犯罪从宽处罚的原则,在讲到定罪的时候有定罪的原则,在讲到量刑的时候有量刑的原则,在讲到数罪并罚的时候有数罪并罚的原则,在讲到累犯的时候有对累犯从重处罚的原则,诸如此类,不一而足。虽然以上所讲的原则都是刑法中不可缺少的原则,但由于这些原则都是一些阶段性的局部原则,它只能在特定的阶段起作用,因此均不能成为刑法的基本原则。

第三,作为刑法的基本原则必须具有根本性。也就是说,作为刑法的基本原则必须是对刑事立法和刑事司法具有指导和制约意义的根本准则。众所周知,某一原则一旦被确立为刑法的基本原则,就意味着这一原则成了刑法的灵魂,在刑法领域中就应当处处体现它的精神。首先,作为刑事立法来讲必须严格遵循它的精神。从宏观上看,刑法基本原则是制定或派生刑法典、特别刑法、附属刑法规范的理论支点,任何一部法律的制定都不能不接受刑法基本原则的指导;从微观上看,具体刑法条文的设置也要体现和遵循刑法基本原则,哪些严重危害社会的行为应当规定为犯罪,罪与刑的比例关系应当怎样设定,刑法条文的建立应当遵循怎样的模式,都应当在刑法基本原则指导下进行。例如,既然在刑法中设立了罪刑法定原则,就必须废除类推制度,这是因为类推制度在本质上是与罪刑法定原则相违背的。如若不然,就会对刑法的基本原则造成极大的损害。其次,作为刑事司法来讲也必须遵循它的精神。例如,既然以罪刑相适应原则作为刑法的基本原则,就不应当以犯罪及刑事责任以外的理由来影响刑罚的轻重,以免出现重罪轻判或者轻罪重判的司法错误。与此同时,从刑法的一般规定到具体的犯罪行为,都有一个正确理解和适用的过程,在这一过程中,司法人员对案件的定性和处理都不应当偏离刑法的基本原则。如若不然,刑法的社会保护机能和人权保障机能就会受到极大的损害。因此,无论是在刑事立法上还是在刑事司法上,都必须以刑法的基本原则作为指导和制约意义的根本准则。

三、刑法的基本原则的内容

（一）罪刑法定原则

1. 罪刑法定原则的基本含义

罪刑法定原则作为一项刑法的基本原则，是西方国家的"舶来品"。其基本含义是没有法律就没有犯罪，没有法律就没有刑罚。亦可译为"法无明文规定不为罪，法无明文规定不处罚"（Nuilium crimen sine lege，nuila poena sine lege.）。这一格言最先是由近代刑法之父费尔巴哈（A. Feuerbuch）于1801年在其所著的刑法教科书中用拉丁语表述出来的，而非出自罗马法。① 其含义是只要没有制定法的规定，就不存在犯罪与刑罚。我国现行《刑法》第3条明文规定："法律明文规定为犯罪行为的，依照法律定罪处刑；法律没有明文规定为犯罪行为的，不得定罪处刑。"这就是说，某种行为只有被法律明文规定为犯罪行为的，才能依照法律定罪处刑，如果某种行为没有被法律明文规定为犯罪行为的，不管其不法行为的社会危害性有多大，也不得对其进行定罪处罚。因此，无法无罪，无法无刑，便成为罪刑法定原则最经典的表述。

2. 罪刑法定原则的历史渊源

罪刑法定原则的思想源远流长，最早可以追溯至古罗马时代，这是因为古罗马时代的刑法就有"适用刑法必根据法律实体"的规定。② 只不过当时未涉及犯罪构成要件问题，仅仅是严格意义上的罪刑法定原则。作为近代意义上的罪刑法定原则，根据德国学者修特兰达1911年发表的《罪刑法定主义的原则的历史的展开》一文的研究，这一原则的思想最早源自于中世纪的英国大宪章。1215年，英王约翰在贵族、僧侣、平民等各阶层结成的大联盟的强烈要求下，签署了共49条的特许状，这就是著名的大宪章。其中第39条规定："凡是自由民除经其同级贵族依法判决或遵照国内法律之规定外，不得加以扣留、监禁、没收其财产、剥夺其法律保护权，或加以放逐、伤害、搜索或逮捕。"英国大宪章的这一规定被修特兰达认为是罪刑法定原则最早的法律渊源。这一观点为后世很多刑法学者所接受，成为刑法理论界的通说。

罪刑法定原则的产生得益于17、18世纪资产阶级启蒙思想家的推动和发展。应资产阶级反对封建特权、君权、神权的需要，伴随着资产阶级大革命的风起云涌，以近代启蒙思想家为成员的古典自然法学派提出了系统的人权理论与学说。人权理论一经提出，其内含的自由主义和个人主义原则以及追求"自

---

① 参见张明楷著：《刑法格言的展开》，法律出版社1999年版，第17页。
② 参见陈兴良著：《刑法适用总论》（上卷），法律出版社1999年版，第1页。

由、平等、博爱"的社会理想，必然要求各种违背人权原则的法律制度依据人权原则进行重建。而欧洲中世纪的封建刑法制度，由于"以法与宗教道德的不可分性、基于身份的不平等性、罪刑擅断主义、刑罚的残酷性为特色"①，特别是罪刑擅断所造成的法律的不确定性，成为侵害公民自由的最大元凶。启蒙思想家在猛烈地批判封建罪刑擅断的基础上，对保障公民自由的力量和方式进行了论述，酝酿了罪刑法定的思想片段。其中尤以洛克关于法律和自由关系的论断、孟德斯鸠提出的三权分立理论对现实政治的影响最大，它们为罪刑法定原则的诞生奠定了思想和理论基础。受启蒙思想家的影响，意大利刑法学家贝卡利亚在其《论犯罪与刑罚》一书中率先较为明确地阐述了罪刑法定原则的含义："只有法律才能为犯罪规定刑罚。只有代表根据社会契约而联合起来的整个社会的立法者才拥有这一权威。任何司法官员（他是社会的一部分）都不能自命公正地对社会的另一成员科处刑罚。超越法律限度的刑罚就不再是一种正义的刑罚。因此，任何一个司法官员都不得以热忱或公共福利为借口，增加对犯罪公民的既定刑罚。"②"代表社会的君主只能制定约束一切成员的普遍性法律，但不能判定某个人是否触犯了社会契约……这就是说，需要一个作出终极判决的司法官员，他的判决是对具体事实作出单纯的肯定或否定。"③ 罪刑法定原则由一种学说形态进化为一项法律原则得益于近代刑法学鼻祖费尔巴哈。他在前述启蒙思想家提出的学说的基础上，第一次在其所著的《刑法教科书》中使用"罪刑法定原则"这一概念，并极力倡导罪刑法定作为刑法的基本原则。

　　欧洲资产阶级革命胜利后，罪刑法定从理论上的学说演变为立法上的规定，首次明确地表现在1789年法国大革命之后的《人权与公民权利宣言》。其第8条规定："法律只应当制定严格的、明显的必需的刑罚，而且除非根据在违法行为之前规定、公布并且合法地适用的法律，任何人都不受处罚。"这一规定确立了罪刑法定原则的基本方向。1791年的法国宪法融化了这一精神，1810年的《法国刑法典》第4条进一步规定："没有在犯罪行为时以明文规定刑罚的法律，对任何人不得处以违警罪、轻罪或重罪。"这是最早在刑法典中规定罪刑法定原则的条文，它的历史进步意义在于使罪刑法定原则从宪法中的宣言式规定变为刑法中的实体性规定。由于受法国刑法典的影响，世界各国趋之若鹜，纷纷效仿，遂使这一原则成为在大陆法系刑法中通行的刑法基本原则

---

① 马克昌主编：《近代西方刑法学说史略》，中国检察出版社1996年版，第1页。
② [意] 贝卡利亚著：《论犯罪与刑罚》，黄风译，中国大百科全书出版社1993年版，第11页。
③ [意] 贝卡利亚著：《论犯罪与刑罚》，黄风译，中国大百科全书出版社1993年版，第11页。

之一。例如,意大利1968年10月修订的刑法第1条(罪刑法定主义)规定:"行为非经法律明文规定犯罪及刑罚者,不得定罪科刑。"联邦德国1976年修订的刑法典第1条(无法无刑)规定:"行为之处罚,以其可罚性于行为前明定于法律者为限。"1971年3月18日修正的《瑞士刑法典》第1条(罪刑法定主义)规定:"行为之处罚,以法律明文规定科刑者为限。"1994年生效的《法国刑法典》第Ⅲ-3条规定:"构成要件未经法律明确规定之重罪或轻罪,不得以其处罚任何人;或者构成要件未经条例明确规定之违警罪,不得以其处罚任何人。"这些刑法规定的内容虽然在具体条文位置和语言表述上有所差异,但所反映的思想基本相同。

罪刑法定原则从诞生至今已有200多年的历史。在当今世界上,罪刑法定原则比历史上任何时期都更广泛地规定在各国的立法中,也更严格地施行于各国的司法中,不仅如此,该原则业已成为国际社会公认的法制原则。在联合国的一些重要文件和国际公约中,罪刑法定原则被反复加以规定和强调。例如,1948年《世界人权宣言》第11条第2项规定:"任何人的任何行为或不行为,在其发生时依国家法或国际法均不构成刑事犯罪者,不得被判为犯有刑事罪。刑罚不得重于犯罪时适用的法律规定。"1966年12月16日通过的《公民权利和政治权利国际公约》第15条第1项在原封不动地重申了上述规定后,紧接着又予以补充:"如果在犯罪之后依法规定了应处以较轻的刑罚,犯罪者应予减刑",第2项规定:"任何人的行为或不行为,在其发生时依照各国公认的一般法律原则为犯罪者,本条规定并不妨碍因该行为或不行为而对任何人进行的审判和对他施加的刑罚。"由于罪刑法定原则为世界各国刑法和联合国的一些重要文件以及国际公约所规定,在现代世界各国法制日益完善的今天,该项原则已经深入人心,成为刑事立法与司法实践中被普遍遵循的基本原则。

对于我国来说,罪刑法定原则是西方国家的"舶来品"。清朝末年,罪刑法定思想由日本传入我国,光绪三十四年(1908年)颁布的《宪法大纲》规定:"臣民非按照法律规定,不加以逮捕、监察、处罚。"此后在宣统二年(1910年)颁布的《大清新刑律》第10条规定:"法律无正条者,不问何者行为,不为罪。"该条规定可以说是罪刑法定原则在我国刑律中的最早表现。1928年民国刑法与1935年民国刑法都在第1条规定了罪刑法定原则,即"行为时之法律,无明文科以刑罚者,其行为,不为罪"。中华人民共和国成立以后,1979年刑法典虽然没有明确规定罪刑法定原则,只规定了刑事类推制度,但是刑法学界大多数学者认为这部刑法典是实行有限类推为补充的罪刑法定原则或者叫相对的罪刑法定原则。1997年刑法在第3条明确规定了罪刑法定原则，这是我国刑事立法的一大进步。罪刑法定原则在我国 1997 年刑法中的正式确立，不仅有利于维护社会秩序，也有利于保障人权，它必将成为我国刑事立法发展史上一个重要的里程碑。

3. 罪刑法定原则的思想基础

罪刑法定原则的思想渊源有现代意义上的思想渊源与早期思想渊源之别。一般认为，罪刑法定原则的早期思想渊源是自然法理论、三权分立思想、心理强制说。①

(1) 自然法理论

自然法又有理性法、客观法、上帝法、永恒法等称呼。从渊源上讲，古代自然法传统可上溯至古希腊思想家的思想观念中。他们认为，自然法是宇宙法则或社会秩序原理的代名词或别称，是更高的或者终极的法律。② 17—18 世纪时成为资产阶级反对封建神学世界观的政治革命的理论武器。

关于什么是自然法，法国的霍尔巴赫在《自然政治论》、英国的洛克在《政府论》等书中都对其作了非常精辟的论述。根据他们的论述，自然法就是人类理性，是一种理念，人类除了遵循自己的理性之外，不应该有其他还需要遵循的规则，人类依据自己的理性行事是人的自然权利，而且这种自然权利不得依据任何理由被剥夺。但这种自然权利如果没有一定的存在方式，只是存在于人的观念之中，还难以形成统一的规则，难以形成所期待的秩序。因而人类理性的保有又必须具有一种形式，即组成国家，制定法律，这种形式在刑法上的表现就是罪刑法定，即用法律规定需要用刑罚惩罚的行为，以限制国家权力对国民的侵害，同时以自然法即人类理性作为法律的基本内容，以实现法律的正义目标。这样一来，自然法就是制定法律的依据，即以自然法作为制定法的实质依据，不依据自然法而制定的法律是不合理的，这样的立法是不公正也不符合人性的；同时，也是评判法律是否公正的标准。③

(2) 三权分立思想

三权分立思想由英国的洛克率先提出，法国的孟德斯鸠将其最终完成，它是罪刑法定原则的又一重要思想支撑。孟德斯鸠将国家权力划分为立法权、行政权和司法权，认为要保障公民的生命、自由与财产，必须要进行权力的分立和相互制约，这样才能有效地避免权力滥用。在实行专制的社会，君主大权独揽，法自君出，定罪量刑没有客观的、统一的标准，而这显然适合罪刑擅断，

---

① 张明楷著：《刑法格言的展开》，法律出版社 1999 年版，第 19 页。
② 参见李洁著：《论罪刑法定的实现》，清华大学出版社 2006 年版，第 25—26 页。
③ 参见李洁著：《论罪刑法定的实现》，清华大学出版社 2006 年版，第 26—29 页。

却绝不利于保障公民的自由。按照三权分立的学说，立法机关依据正当的立法程序制定法律，这种法律具有最大的权威性、最普遍的约束力；司法机关必须正确适用法律，作出合法的判决；行政机关必须认真执行司法机关已经作出的最后判决，不得非法变更。① 由此可见，为了防止罪刑擅断，立法、司法和行政权力不仅要分立，立法机关还应该以法律这种普遍、稳定的形式，对什么行为构成犯罪、对于犯罪处以何种刑罚，事先明文规定下来，司法机关只能根据立法机关事前的法律规定作出裁决。

三权分立说，实际上是提出了权力制衡的思想，这种思想从权力需要制衡的角度提出了罪刑法定的必要，"一个公民的政治自由就是一种产生人人自感安全的心境平安状态。为了享有这种自由，就必须要有一个谁也不必惧怕的政府。""如果立法权和行政权集中在同一个人或同一执政机关之手，自由便不复存在；因为人们将害怕同一个国王或议会制定暴虐的法律，并以暴虐的方式执行这些法律。如司法权不从立法和行政权中分离出来，自由也不复存在。如司法权与立法权合而为一，公民的生命与自由将被置于专断的控制之下，因为法官就是立法者。如司法权与行政权合而为一，法官将对公民施以暴力和压迫，如同一个人，或同一机构（无论是贵族还是人民的机构）行使这三种权力，即立法权、执行公共决议和审理个人案件的权力，则一切都完了"。② 在这里，三权分立说的设计者应该根据这样一个前提，即人具有滥用权力的恶性，否则权力制衡就没有必要，如果有全知全能且不受诱惑还可以有办法在人群中脱颖而出的圣贤，权力制衡就没有必要，这样的圣贤永远将公平、正义的阳光雨露普施于人类，法律也将失去价值，但不存在这样的圣贤，或者即使存在也无从将这样的圣贤选出，更难以保证被选出的人不被巨大的权力诱惑，因而权力的制衡才成为必需，权力制衡的观念也就必然成为罪刑法定的思想基础之一。

（3）心理强制说

心理强制说是近代刑法学之父、德国刑法学家费尔巴哈提出的观点。费尔巴哈受到边沁功利主义哲学的启迪，认为人类行为的基本规律就是避苦求乐，犯罪行为的产生也是内在的苦乐动机支配人们行为的结果，因此，运用刑罚使犯罪行为蕴涵痛苦，这样就能促使人们在实行犯罪与不实行犯罪的苦乐之间进行利弊的权衡比较，当犯罪之苦大于犯罪之乐时，避苦求乐的本能心理动机就会产生抑制、消除违法精神动向的效果，从而达到促使行为人选择适法行为的目的。为了使这种心理强制明确、可靠，立法机关就必须首先制定并公布一张

---

① [法] 孟德斯鸠著：《论法的精神》（上册），张雁深译，商务印书馆1961年版，第155页。
② [法] 孟德斯鸠著：《论法的精神》（上册），张雁深译，商务印书馆1961年版，第151—152页。

"罪刑价目表",通过明确规定犯罪与刑罚的范围和种类,使人们知道哪些行为是被刑法禁止的,实施这些行为将会遭受什么样的痛苦,这样人们就能够合理地计算选择自己的行为。按照费尔巴哈的设想,立法机关独立提前制定刑法,以成文的方式预告犯罪的种类与刑罚的幅度,人们就会在趋乐避苦心理动机的支配下,抑制犯罪意念和犯罪行为。如果刑法的规定含糊其辞,可以随意解释与适用,人们就不可能对"什么是犯罪"以及"犯罪应受什么样的刑罚惩罚"有一个明确的认识,从而无法预见到自己的行为与刑罚之间的联系,无法进行权衡比较,预防犯罪的刑罚目的就难以实现。如果法官不是按照立法者已经事先规定清楚的法律照章办事,而是听凭个人意见处理犯罪,或者对法律作出随意理解,那么就会破坏犯罪与刑罚之间的对应关系,就无法使人们作出稳定的行为预期。如果允许刑法效力溯及既往,那么人们就根本不可能预测自己的行为会不会带来刑罚惩罚的痛苦后果。因此,为了实现理想的立法威慑目的,立法机关应该事先公布明确的刑法,其效力不能溯及既往,司法机关也必须严格遵守实定法,做到有罪必罚、非罪不罚。由此可见,费尔巴哈的心理强制说为罪刑法定原则的产生提供了追求刑法安定性的思想基础。

以上所述的自然法理论、三权分立思想和心理强制说只是罪刑法定原则早期的思想基础,在当代西方国家,还有很多刑法学者一致认为,民主主义和人权主义乃是罪刑法定原则的真正理论基础。民主主义认为,人民是国家的真正主人,因此国家的事情应当由人民自己来决定;那么,什么是犯罪、对犯罪处以什么刑罚应当由人民说了算,但人民不可能每人都能参与立法,这就需要通过选举产生专门的立法机关,并由他们代表人民来进行立法;立法时规定什么行为是犯罪、处以什么刑罚,司法机关就必须严格按照立法规定来执行。人权主义的核心内容是:人的权利与自由在现代国家生活中处于十分重要的地位,国家有义务确保公民的权利和自由不受无端侵犯或限制。因此,为了既不妨害公民的权利与自由,又不至于使公民滥用权利与自由从而影响国家的正常生活秩序,就有必要使公民能够预测自己行为的性质和后果,以便他们能够选择有利于自己和社会的行为,故国家必须在事先规定什么是犯罪、对犯罪处以什么刑罚。

4. 罪刑法定原则的内容及其变迁

罪刑法定原则从产生之日起发展演变到今天,已经经历了几百年的历史。在这几个世纪中,世界各国的政治、经济、文化和社会状况都发生了深刻的变化,这些变化必然反映到立法上,使法律在不断地修改和完善,以适应社会生活的需要。罪刑法定原则也经历了从绝对到相对的转变,两种类型的罪刑法定原则在内容上的差别,也集中反映了刑法立法由只注重形式合理性到同时兼顾实质合理性的观念和立场转变。

(1) 绝对罪刑法定原则的内容

出于对封建罪刑擅断的恐惧，早期的罪刑法定原则是一种严格的、不容任意选择或变通的原则，它要求犯罪和刑罚的法律规定必须是绝对确定的，司法人员只能严格地执行既定的法律。在具体内容上，派生出四条原则：禁止类推和类推解释，排斥习惯法，禁止事后法，禁止绝对不定期刑。

第一，禁止类推和类推解释：严格的罪刑法定。

罪刑法定原则的首要含义是禁止类推，可以说，在罪刑法定原则与类推之间是存在逻辑上的矛盾的。

类推是一种法律适用方法，从一开始它就是为弥补成文法之不足而发明出来的。它的存在使成文法成为一种开放的体系。"有法者以法行，无法者以类举。"（《荀子》）在很大程度上，类推扩大了成文法制的涵括面，它使法律不仅适用于法律有明文规定的案件事实，而且适用于法律没有明文规定但与法律规定之间具有最相类似关系的案件事实。依法处理是建立在法律规定与案件事实之间在内容上具有同一性的基础之上的，而类推是建立在法律规定与案件事实之间在内容上具有类似性的基础之上的。

禁止类推是指如果对某一行为刑法并未加以明确禁止，那么就不能比照法律已有规定的最相类似的条文定罪量刑。如果允许类推入罪，就意味着法官造法，使其享有一种不经正常立法程序就可随时宣布某人的行为构成犯罪的权力，由于这种权力难以得到有效控制，这就为侵害公民的权利和自由留下了广泛的空间；此外，允许类推入罪，就等于否定成文刑法的存在价值，这是由于类推的广泛适用最终将会使成文刑法变成一纸空文；而且，运用类推也无法起到一般预防的作用，因为实行类推，对于一般公民而言，根本无法判断自己的行为在什么样的情况下会构成犯罪，因而无从实现一般预防的社会效果。刑法解释有很多方法。一般认为，罪刑法定原则只禁止类推解释，这是因为，类推解释是通过解释方法使法无明文规定的情形转化为法有明文规定的情形，因而与罪刑法定原则相背离；而扩大解释原则上并不禁止，这是因为，扩大解释是在法律有明文规定的情况下对刑法规定的某一内容所作的大于其字面含义的解释，从根本上讲没有违背罪刑法定原则的实质。但是，怎样明确界定扩大解释和类推解释的关系，是中外刑法都颇有争议的一个难题。

第二，排斥习惯法：书面的罪刑法定。

罪刑法定原则是以成文法为前提的。没有法律就没有犯罪，也就没有刑罚。这一格言中的法律，都是指成文法，这是毫无疑义的。因此，罪刑法定原则应当是书面的罪刑法定。当然，罪刑法定原则以成文法为前提并不意味着只要有成文法，就有罪刑法定原则。因为罪刑法定原则是以限制国家刑罚权，保障公民个人的权利和自由为精神的，因而在我国封建社会虽然存在着十分发达的成文法，但不能认为存在罪刑法定原则。

书面的罪刑法定是排斥习惯法的。习惯法一般是在人类社会生活中形成的一种不成文的社会规则，由此可见，习惯法是与国家制定的正式法相对应的。它具有约定俗成的性质，并且具有不成文性，是书写在社会生活中的法律。而且，各个地域、民族、风俗的不同，习惯法的内容也会有所不同，甚至各个行业也有自己的习惯法。例如，我国学者认为，中国传统社会的习惯法可以分为依靠宗法家族而形成的宗族习惯法、基于地缘关系形成的村落习惯法、依据神权而形成的宗教寺院习惯法、由于业缘关系而形成的行业习惯法和行会习惯法、依据秘密社会组织而形成的秘密社会习惯法，以及少数民族中通行的少数民族习惯法。[1] 由此可见，习惯法具有分散性的特征。应当指出，习惯法在其他部门法中，尤其是在民法中，可以作为国家制定法的补充，在民事司法中作为补充性的法源。但在刑法中则是排斥的，即司法机关不得依据习惯法对一个人定罪处刑。因为在法治国家，习惯法不得被认为是刑法的法源。

司法机关只能以立法者制定的公开的、成文的法律作为定罪量刑的依据。因为习惯法没有成文性、明确性等特点，无法使人们合理预测自己行为的效果，依据习惯法定罪量刑不仅难以起到心理强制的预防犯罪作用，而且还破坏了权力分立和立法权专属于立法机关的原则。

第三，禁止事后法：事先的罪刑法定。

罪刑法定原则要求对一个人定罪处刑必须依行为时生效的法律，即刑法不具有溯及既往的效力。在古代社会法律没有严格的形式与内容，因而具有极大的随意性。所谓言出法随、临事议制不预设法等，都是罪刑擅断的表现。在一个法治社会，法律对于公民来说具有可预见性，从而体现法的安定性。[2]

禁止事后法，首先是对立法权的一种限制。根据罪刑法定原则，立法机关不得制定事后法，即其立法对象是针对未然的行为，而非针对已然的行为，由此避免国家对已经发生的行为制定暴虐的法律并暴虐地加以适用，从而侵犯公民个人的权利和自由。

禁止事后法，其次是对司法权的一种限制。根据罪刑法定原则，司法机关也不得援用溯及既往的法律作为定罪量刑的根据。因为事后法是行为实行之后才制定的法律，只能针对它生效之后发生的行为。有了法律的事先规定，人们

---

[1] 参见高其才著：《中国习惯法论》，湖南人民出版社1995年版，第12页以下。
[2] 参见陈兴良著：《罪刑法定主义》，中国法制出版社2010年版，第53—54页。

才能合理安排自己的行为、预见行为的后果。如果对已经发生的行为适用追溯既往的法律，那么行为人既无法提前预知自己行为的后果，更谈不上有守法的可能性。

第四，禁止绝对不定期刑：确定的罪刑法定。

禁止绝对不定期刑，也称为刑法的明确性原则。在这里，不确定与确定是相对应的。罪刑法定原则要求刑法规定具有确定性，这里的确定性具有两层含义：一是立法上的犯罪构成要件和刑罚的规定必须明确，二是刑罚适用的结果必须确定。

具体来讲，禁止绝对不定期刑，一方面，是指立法机关制定的刑法条文不能对某种行为构成犯罪不规定具体的要件，亦不能只宣布某种行为构成犯罪而没有对该行为规定刑罚的具体后果。否则，按照费尔巴哈提出的"没有法定的刑罚就没有犯罪"的格言，该行为便不是犯罪，亦不得加以刑罚处罚。另一方面，禁止绝对不定期刑，也是指法官在裁量刑罚时不能只作不确定的刑期宣告，而必须作出具体的刑罚宣告。在世界刑事立法史上，法国1791年刑法典曾经规定了绝对确定的法定刑，意图完全排除法官的自由裁量权。其作出这一规定的缘由是完全基于对封建社会罪刑擅断主义的彻底否定。

(2) 相对罪刑法定原则的内容

徒法不足以自行。由于过分强调法律的明确性和确定性，而把司法活动视为一种简单的三段论式的推理，早期罪刑法定原则所提出的主张很快在实践中遭遇到严峻挑战。在追求实质合理性思想的影响下，传统的绝对罪刑法定原则被予以修正，发展为一种较为灵活的相对的罪刑法定原则。由此，上述四个派生原则也分别被注入了新的内容：

首先，在定罪的根据上，类推解释的要求经历了由禁止一切类推解释到只是禁止不利于被告人的类推解释的过程。也就是说，如果类推解释有利于行为人，则这样的解释是被允许的。因为刑法当中存在一些有利于被告人的规定，而这些规定由于文字表述以及立法疏漏的缘故，按照其文字含义适用时会造成不公平现象。所以，允许有利于被告人的类推解释，可以弥补严格规则导致的个案不公正，从而有助于从本质上实现对公民权利和自由的根本保障。

在我国，罪刑法定原则的确立与刑事类推制度的废除紧密联系在一起。在对1979年刑法进行修改的过程中，围绕刑事类推制度的存废问题，中国刑法学界展开了激烈的理论争鸣并最终形成了三种观点：永久保留说、暂时保留说和立即废止说。随着研讨的进一步深入，立即废止说成为占主导地位的观点，1997年刑法最终废止了刑事类推制度，并且在第3条规定了罪刑法定原则。刑事立法的这一变化，反映出我国绝大多数刑法学者的共识：类推制度与罪刑法定原则在价值上是冲突的，功能上是相悖的。

其次，在刑法的法源上，虽然习惯法的特点决定了它难以起到限制司法权力的作用，因而仍然不能成为刑法的渊源，但是，人们在解释犯罪成立的条件时，往往还要考虑到习惯法的因素；而且，如果行为人是根据有利于自己的习惯法而实施了某一行为，尽管客观上对社会造成了危害，但却可以缺乏违法性认识的可能性为由排除犯罪的成立。这是因为，最初的罪刑法定原则对习惯法的排斥不仅包括渊源，也包括法律解释。但这种绝对性随着历史的发展已有所改变，就目前来看，排斥习惯法一般是指法律渊源方面的排斥，而不包括法律解释上的排斥。因为事实上刑事审判实践的许多方面都有赖于习惯法的解释，比如日本学者对水利权、猥亵、不作为犯的作为义务等所作的解释，都是依据社会普遍习惯来加以认定的。

再次，在刑法的溯及力上，正是由于禁止事后法的目的在于保障公民的行为自由，所以如果行为后制定的法律对行为人更加有利，就可以追溯既往适用新法。禁止溯及既往原则演变成为允许采用从旧兼从轻的原则。即行为实施时的法律（行为时法）不认为是犯罪行为，虽行为实施后的法律（事后法）认为是犯罪行为，也不能依据行为实施后的法律定之为犯罪和加以处罚。但是如果行为实施后的法律（事后法）不认为是犯罪或者处罚较轻的，可以溯及既往。这是由于罪刑法定原则的根本宗旨在于保障人权和自由，这就使得各国刑法在坚持这一原则的过程中存在着一个例外：就是当事后法有利于被告人时，可以有溯及力。

最后，在刑罚的种类上，绝对确定的法定刑虽然能够排除法官的恣意妄为，但由于过分机械、僵硬，缺乏灵活性，反而不能实现刑罚正义。因此，现代各国的刑法都规定了相对确定的法定刑，即刑法在对刑罚种类作出明文规定的前提下，可以规定出具有最高刑和最低刑的量刑幅度，法官有权根据案件的具体情况，在法定的量刑幅度内选择适当的刑种和刑期。这种既确定又相对的法定刑种类，不仅能够有效限制法官可能滥用的自由裁量权力，而且有利于实现犯罪与刑罚的均衡。

在对罪刑法定原则具体内容的认识上，我国刑法学者对这一问题的认识并非完全一致，而是形成了不同的看法，其中较有代表性的观点认为罪刑法定原则包含三条基本要求：

一是法定性。即对于犯罪与刑事责任的规定都必须以成文法的形式确定下来。第一，犯罪的法定性，就是指"法无明文规定不为罪"，对于什么行为是犯罪必须有法律的明文规定。第二，刑事责任的法定性，就是指"法无明文规定不处罚"，对于各种犯罪如何处罚应以刑法的规定为依据。

二是合理性。即刑法对认定犯罪的范围必须合理,对犯罪所规定的刑事责任必须合理。第一,处罚范围的合理性,意味着立法者只能将值得作为犯罪处罚的行为规定为犯罪,而不能处罚不当罚的行为。也就是说,刑法不能介入公民生活的各个角落,只有在其他法不能充分抑止、预防某种危害行为时,才能由刑法进行规制。第二,处罚程度的合理性,意味着罪与刑的相适应,排斥残酷的、不均衡的刑罚。在刑事立法上做到罪刑相适应,一方面是指各种犯罪的法定刑应与该犯罪的社会危害性及其人身危险性可能达到的最高度与最低度相适应;另一方面是指各种犯罪的法定刑之间必须协调,不能对轻罪规定重刑,也不能对重罪规定轻刑。

三是明确性。即刑法对什么行为是犯罪,对什么样的犯罪行为应追究什么样的刑事责任,都应当作出明白无误的规定。明确性的要求有两点:第一,刑法对犯罪构成的规定必须明确。明确的标准是:刑法所作出的规定能够明确告诉一般人和司法工作人员什么行为是犯罪。第二,刑法对刑事责任的规定必须明确。其中主要是指对法定刑的规定必须明确。也就是说,在刑事立法上不允许对刑种、刑罚幅度不作任何规定的那种绝对不定期刑的存在。① 有的学者则认为,"法律主义原则、禁止事后法、禁止类推解释、禁止绝对的不定期刑和刑罚法规适当原则"② 是罪刑法定原则的基本内容。也有的学者指出:"'以往,刑法理论认为,罪刑法定原则的内容是成文法主义、禁止类推解释、禁止事后法、禁止绝对不定期刑,这被称为形式的侧面;后来又要求刑法的内容适当、正当,派生出禁止不明确的刑罚法规(明确性原则)、禁止处罚不当罚的行为与禁止残酷的、不均衡的刑罚的要求,这被称为实质的侧面。'事实上,罪刑法定原则的内容与要求是无限的,即凡是违反罪刑法定原则的思想基础或基本理念的,都是违反罪刑法定原则的。特别是民主主义原理决定了任何违反人民群众意志的解释与做法,都违反罪刑法定原则。"③ 对于以上各位专家学者的不同争议,笔者基本上赞同张明楷教授的观点,即认为罪刑法定原则的基本内容应当包括法定性、合理性和明确性三个方面的内容。

5. 罪刑法定原则在我国 1997 年刑法中的立法体现

修订后的 1997 年刑法和其后颁行的刑法修正案以及单行刑法中,罪刑法定原则的内在要求和基本精神都得到了更加全面、更加系统的体现,具体表现为两个方面,即罪之法定和刑之法定。

---

①张明楷著:《刑法学》(上),法律出版社 1997 年版,第 42—44 页。
②赵秉志主编:《刑法基础理论探索》,法律出版社 2003 年版,第 375 页。
③张明楷著:《刑法格言的展开》,法律出版社 2003 年版,第 30 页。

（1）罪之法定

犯罪法定化是刑罚法定化的基本前提，是罪刑法定原则的根本要求之一。我国刑法中的罪之法定，具体体现为：

其一，明确规定了犯罪的概念。我国《刑法》第13条规定："一切危害国家主权、领土完整和安全，分裂国家、颠覆人民民主专政的政权和推翻社会主义制度，破坏社会秩序和经济秩序，侵犯国有财产或者劳动群众集体所有的财产，侵犯公民私人所有的财产，侵犯公民的人身权利、民主权利和其他权利，以及其他危害社会的行为，依照法律应当受刑罚处罚的，都是犯罪。"这一概念从根本上回答了什么行为是犯罪以及犯罪行为的本质与基本特征等问题，为划分罪与非罪的界限提供了总的原则性标准。通过这一概念，我们可以将犯罪行为的特征概括为：社会危害性、刑事违法性、应受刑罚惩罚性。

其二，明确规定了犯罪构成的共同要件。修订后的刑法第14条至第18条明确规定了犯罪构成的共同要件：第14条规定了故意犯罪，即"明知自己的行为会发生危害社会的结果，并且希望或者放任这种结果发生，因而构成犯罪的，是故意犯罪"。第15条规定了过失犯罪，即"应当预见自己的行为可能发生危害社会的结果，因为疏忽大意而没有预见，或者已经预见而轻信能够避免，以致发生这种结果的，是过失犯罪"。第16条是对意外事件与不可抗力的规定，根据该条规定："行为在客观上虽然造成了损害结果，但是不是出于故意或者过失，而是由于不能抗拒或者不能预见的原因所引起的，不是犯罪。"第17条是对刑事责任年龄的规定，根据该条规定："已满十六周岁的人犯罪，应当负刑事责任。已满十四周岁不满十六周岁的人，犯故意杀人、故意伤害致人重伤或者死亡、强奸、抢劫、贩卖毒品、放火、爆炸、投毒罪的，应当负刑事责任。已满十四周岁不满十八周岁的人犯罪，应当从轻或者减轻处罚。因不满十六周岁不予刑事处罚的，责令他的家长或者监护人加以管教；在必要的时候，也可以由政府收容教养。"第18条与第19条是对刑事责任能力的规定，根据这两条规定，"精神病人在不能辨认或者不能控制自己行为的时候造成危害结果，经法定程序鉴定确认的，不负刑事责任，但是应当责令他的家属或者监护人严加看管和医疗；在必要的时候，由政府强制医疗。间歇性的精神病人在精神正常的时候犯罪，应当负刑事责任。尚未完全丧失辨认或者控制自己行为能力的精神病人犯罪的，应当负刑事责任，但是可以从轻或者减轻处罚"。"醉酒的人犯罪，应当负刑事责任。""又聋又哑的人或者盲人犯罪，可以从轻、减轻或者免除处罚"。这些规定表明，认定一切犯罪的成立都必须具备犯罪主体要件、犯罪主观要件、犯罪客体要件和犯罪客观要件。对犯罪构成共同要件的规定不仅是刑法关于犯罪构成理论在刑事立法中的体现，也为认定犯罪提供了一般的标准。

其三,明确规定了各种具体犯罪的构成要件,增强了法条的可操作性,为司法机关准确定罪提供了具体的法律依据。我国1979年刑法由于对各种具体犯罪的规定较为笼统,因此在司法实践中法条的可操作性不强,需要借助大量的司法解释来解决很多具体犯罪的适用问题。1997年刑法在立法规定上,克服了1979年刑法存在的诸多弊病与缺陷,在刑法分则中对于各种具体犯罪的构成要件从1979年刑法的粗线条逐步实行了细化,从而增强了法条的可操作性。例如,根据1997年刑法第110条规定:"有下列间谍行为之一,危害国家安全的,处十年以上有期徒刑或者无期徒刑;情节较轻的,处三年以上十年以下有期徒刑:(一)参加间谍组织或者接受间谍组织及其代理人的任务的;(二)为敌人指示轰击目标的。"该条的规定对于间谍罪的客观表现行为作了明确规定,给司法机关如何认定该罪提供了一个具体的法律依据。又如根据刑法第116条规定:"破坏火车、汽车、电车、船只、航空器,足以使火车、汽车、电车、船只、航空器发生倾覆、毁坏危险,尚未造成严重后果的,处三年以上十年以下有期徒刑。"该条不仅对破坏交通工具罪的客观行为方式及其后果作了明确规定,同时还对其犯罪对象作了明文规定。因此,在司法实践中,只要将具体的犯罪要件与司法实践中所发生的实际案件进行契合,就可以顺利地解决定罪的问题。

其四,紧随时代的变化,对刑法原有规定的不足之处,主要通过刑法修正案的方式及时进行增删修补的完善工作,使认定犯罪的范围、种类和条件更加清楚明确。自从1997年《中华人民共和国刑法》颁布实施以后,我国的政治、经济形势又发生了一系列变化,为了适应我国新的历史条件下对犯罪打击的需要,全国人大常委会审时度势,及时制定和颁布了一系列单行刑法,从而对刑法规定之不足作了弥补和完善。1997年刑法实施以后,全国人大常委会分别于1998年12月29日通过了《关于惩治骗购外汇、逃汇和非法买卖外汇犯罪的决定》、1999年12月25日通过了《中华人民共和国刑法修正案》、2001年8月31日通过了《中华人民共和国刑法修正案(二)》、2001年12月29日通过了《中华人民共和国刑法修正案(三)》、2002年12月28日通过了《中华人民共和国刑法修正案(四)》、2005年2月28日通过了《中华人民共和国刑法修正案(五)》、2006年6月29日通过了《中华人民共和国刑法修正案(六)》、2009年2月28日通过了《中华人民共和国刑法修正案(七)》、2011年2月25日又通过了《中华人民共和国刑法修正案(八)》。以上《决定》和《刑法修正案》对我国刑法规定之不足及时作了增删修补的完善工作,从而切实体现了刑法所规定的罪刑法定原则。

其五，在刑法第 12 条再次明确规定，我国在刑法溯及力问题上仍然采取从旧兼从轻原则。我国刑法关于溯及力问题的规定，在新中国成立初期的一些单行刑事法律中，采取的是从新原则，新的法律有溯及既往的效力。1979 年我国第一部刑法典，在溯及力问题上明确采取了从旧兼从轻的原则。1981 年以后，全国人大常委会又陆续颁布了一些对 1979 年刑法进行修改、补充的单行刑事法律。这些单行刑事法律在溯及力问题上，大多数采用的仍是刑法中所规定的从旧兼从轻原则，但也有少数法律采取了其他一些原则，如 1982 年 3 月 8 日全国人大常委会通过的《关于严惩严重破坏经济的罪犯的决定》，采取的是有条件的从新原则，它将犯罪分子是否在限定的日期内投案自首或坦白检举作为这一单行刑事法律有无溯及力的根据。又如，1983 年 9 月 2 日全国人大常委会颁布的《关于严惩严重危害社会治安的犯罪分子的决定》，采取的是从新原则，该决定第 3 条规定："本决定公布后审判上述犯罪案件，适用本决定。"这些单行刑事法律之所以在溯及力问题上作了一些变更，是出于严厉惩治某些犯罪的需要。尽管这对于打击犯罪会起到一定的作用，但事实上不利于对被告人的人权进行保障，而且这些不同的溯及力规定从本质上是与罪刑法定原则相抵触的。正因为这样，1997 年修订的刑法，根据罪刑法定原则的要求，在第 12 条中再次明确规定了从旧兼从轻的溯及力原则。根据 1997 年刑法第 12 条规定："中华人民共和国成立以后本法施行以前的行为，如果当时的法律不认为是犯罪的，适用当时的法律；如果当时的法律认为是犯罪的，依照本法总则第四章第八节的规定应当追诉的，按照当时的法律追究刑事责任，但是如果本法不认为是犯罪或者处刑较轻的，适用本法。本法施行以前，依照当时的法律已经作出的生效判决，继续有效。"

（2）刑之法定

刑罚法定化是犯罪法定化的自然延伸，是罪刑法定原则的重要内容之一，没有刑之法定仍不可能有效地保障公民的合法权益。修改后的我国刑法刑之法定化主要体现在：

其一，明确规定了刑罚的种类。根据我国刑法的规定，刑罚分为主刑和附加刑。主刑包括管制、拘役、有期徒刑、无期徒刑和死刑。附加刑包括罚金、剥夺政治权利、没收财产和驱逐出境。我国刑法对刑罚的种类及其适用的对象、条件都作了明文规定，这就要求司法人员必须根据案件具体情况依法适用刑罚，选择法定的刑罚种类。

其二，明确规定了量刑的原则和量刑的幅度。我国刑法第 61 条规定了关于量刑的一般原则："对于犯罪分子决定刑罚的时候，应当根据犯罪的事实、犯罪的性质、情节和对于社会的危害程度，依照本法的有关规定判处。"除此以外，刑法还对量刑的一系列具体原则作了相应规定。例如，根据犯罪主体的刑事责任能力规定未成年人犯罪的量刑原则，根据犯罪行为的特殊形态规定犯罪预备、中止与未遂的量刑原则，根据共同犯罪中行为人的作用、分工的不同规定主犯、从犯、胁从犯与教唆犯的量刑原则，等等。

其三，明确规定了各种具体犯罪的法定刑。我国刑法采用为具体犯罪设置相对确定的法定刑的方式，为司法人员在法定刑幅度内根据案件情况确定适当的宣告刑提供了法律依据，同时又避免了司法人员因无法可依而滥施刑罚的弊端。修订后的刑法关于具体犯罪法定刑的设置更加科学合理，它吸收了以往立法和司法实践的有益经验，从而更加具有可操作性。

（二）刑法适用平等原则

1. 平等的含义

平等一词，根据《现代汉语词典》的解释，其基本含义有二：一是指人们在社会、政治、经济、法律等方面享有相等的待遇。二是泛指地位平等，如平等互利或男女平等。从以上解释我们可以看出，平等最一般的含义就是一切社会成员应有相同的地位待遇。关于平等的类型，根据我国有的刑法学者的观点，可以将其分为两种，一种是实质的平等，即社会利益分配结果平等，社会成员待遇平等；另一种是机会平等，也叫程序平等，即承认和允许结果的不平等，但每个社会成员获取结果的机会和过程是平等的。① 尽管这一划分的科学性有待进一步验证，但是它从另一侧面告诉我们，平等是具有多种意义的。正如美国著名的法学家博登海默所言："平等乃是一个具有多种不同含义的多形概念。它所指的对象可以是政治参与权利、收入分配制度，也可以是不得势的群体的社会地位与法律地位。其范围涉及法律待遇的平等、机会的平等以及人类基本需要的平等。"② 由此可见，只有对多种意义的平等有一个全面的了解，我们才能从根本上把握平等的真正内涵。

关于刑法上的平等是单纯的司法平等还是立法平等与司法平等的统一，我国刑法学界对此认识不一，主要有以下几种观点：

第一种观点认为，刑法平等具有两个方面的内容：一是立法上的平等；二是司法上的平等。两个方面相辅相成，缺一不可；没有立法上的平等，司法平等就根本没有存在的前提，已有立法上的平等而没有司法的切实贯彻执行，立法的平等也只能是形同虚设。③

---

① 薛瑞麟、陈双吉：《刑法上的人人平等原则》，载《政法论坛》1998年第5期。
② [美] 博登海默著：《法理学——法律哲学及其方法》，华夏出版社1987年版，第280页。
③ 王作富主编：《刑法》，中国人民大学出版社1999年版，第22页。

第二种观点认为,刑法适用平等原则只是一种司法上的平等。如有论者指出:法律面前人人平等主要是一项司法原则,不应当包括平等在内。强调的是在定罪、量刑、执行刑罚以及诸如解决追诉时效、刑法的适用范围等问题时,都要一视同仁,平等地适用法律。① 在解释刑法平等的内涵时,有论者也认为:"法律面前人人平等原则,是指适用法律上的平等,即司法平等,并不包括立法平等,立法上是否平等,并不影响司法上即在适用法律上一律平等。"② 在这两种观点中,后者是现在学界中较为流行而占主导地位的观点。

另外,还有论者认为,从应然的角度来理解,刑法平等应当是立法平等与司法平等的统一,但是从我国刑法第 4 条的规定来看,似乎刑法平等强调的是司法上的平等。因此,从立法完善的角度来看,刑法第 4 条的规定是不科学的,应当加以修订。③

笔者认为,关于刑法上的平等应当如何理解,必须把握两个视角,即应然的视角与实然的视角。一般来讲,从应然的视角来看,刑法上的平等应当是立法上的平等与司法上的平等的有机统一,然而从我国刑法第 4 条的规定来看,它是"对任何人犯罪,在适用法律上一律平等",即从实然的角度来考察,刑法上的平等似乎更强调司法适用上的平等。但笔者认为,作为刑法上的平等,应当从应然的角度来把握,即刑法上的平等应当是立法与司法两者的有机统一。因此,我们建议立法机关在适当的时候,应对这一原则的含义重新进行界定,从而使这一原则在立法上达到科学化。

2. 平等的表征意义

在刑法领域中,平等作为一个具有多形的概念,其表征意义也是多方面的。

首先,平等意味着"人皆平等"。在这里,所谓人皆平等,是指在法律面前所有的社会成员都享有完全的平等权利,而不是指多数人或者绝大多数人在法律面前的平等。如果在一个社会里,法律只是为少数剥削阶级服务的工具,那么也就谈不上有任何意义上的平等。从人类历史发展的过程来考察,在原始社会里,由于没有阶级,没有国家,也没有法律,因此亦无其之后所出现的阶级社会里存在的等级观念,由于受低下的生产力水平的影响,人们在共同生产和生活的过程中,彼此之间形成的是一种平等的关系。当人类告别无阶级的原始社会进入有阶级的奴隶社会以后,由于奴隶制的法是公开宣扬不平等的法,

---

① 参见马克昌:《论我国刑法的基本原则》,载《国家检察官学院学报》1997 年第 4 期。
② 薛瑞麟、陈双吉:《刑法上的人人平等原则》,载《政法论坛》1998 年第 5 期。
③ 参见赖早兴著:《刑法平等论》,法律出版社 2006 年版,第 110 页。

奴隶被视为奴隶主的私有财产，可供奴隶主任意差使，因此，在整个奴隶制时代，人与人之间是根本不存在平等观念的。在整个封建制时代，虽然农民对封建地主的人身依附关系有了较大的改善，但是等级森严的封建制度仍旧未能改写人与人之间不平等的事实。当人类的历史进入资本主义社会后，随着声势浩大的反封建浪潮的冲击，资产阶级第一次将平等写进了其制定的宪法性文件中，从而在法律上第一次实现了形式上的平等。然而，由于资本主义私有制决定了这种平等只能是一种虚幻的平等，而不可能实现真正意义上的实质平等。正如法国的皮埃尔·勒鲁所揭露的那样："请你们查询一下统计数据，它会告诉你们哪些阶级要进监狱、苦役劳改所和上断头台。有一个社会，那里的人只要一犯罪就落入法网或宪兵的手中，那就是穷苦阶级。还有另一个社会，那里有些人几乎犯有种种罪行，但他们可以不受刑罚处分，或者至少不必害怕它，那就是富人阶级。"① 由于以财富的多少为标准取代了对犯罪的实质判断，因此，资产阶级法律中所宣称的平等也只是一种形式上的机会平等。

其次，平等意味着反对特权。特权是平等的对立物，在特权滥觞的地方，就不可能有平等的生存空间。但反过来，没有特权的存在，我们也就无从发现平等的价值；没有特权的存在，也就无从感受平等的可贵。虽然自古以来平等的观念就一直存在，但是与这一观念同时并存的特权观念也一直深深地根植于人们的思想之中。在世俗社会里，许多人把特权及其表现看成是一种荣耀，将没有特权视为无能，将具有特权的人视为上层人物，而将没有特权的人视为下层人物，甚至还有的人将权力视为特权，一旦自己掌握了某种权力就将其转变为特权。当然，在现实生活中，也并非只是有权的人才具有特权观念，实际上在某些普通人的心目中特权观念也并不淡薄。正如张明楷教授指出的那样，"一些人恨特权，是恨他人具有特权，而不是恨特权本身，反而朝思暮想自己有特权；一些人自己没有特权，但在办事时总想找个有权力的人为他行使特权；一些学生在谈论平等问题时慷慨激昂，但放寒暑假在车站排队购买车票的时候，总是先看看队伍前面有没有自己的同学以便插队。"② 虽然在普通人的心目中也有特权观念的存在，但其特权观念的危险性较之于有权的人来讲则要弱得多。倘若有权的人认为自己的权力可以不受法律制约，法律只是约束无权的人，那么这种观念的危险就非常严重了。正基于此，将权力限制在法律规定的范围内，就成为平等观念本身所应有的含义。当然，在现实生活中，反对特权也并非完全否定法律赋予某些人所享有的在某一方面的特别权力。从刑法的

---

① [法] 皮埃尔·勒鲁著：《论平等》，王允道译，商务印书馆1991年版，第29页。
② 张明楷：《刍议刑法面前人人平等》，载《中国刑事法杂志》1999年第1期。

角度来考察，只有当某些人享有的权力超越了刑法规定的范围，方可视之为特权。例如，就定罪而言，玩忽职守罪的主体是国家机关工作人员，构成该罪，只要行为人属于国家机关工作人员之列，不论是行政机关工作人员还是立法机关工作人员亦或是司法机关工作人员，均应依法予以认定。假如说，最高机关或者某一特定国家机关的工作人员构成玩忽职守罪而不予认定，这就是典型的特权。又如，就量刑而言，对于在犯罪事实、犯罪性质、情节和对于社会的危害程度方面不同的犯罪，依法判处不同的刑罚，对此不能谓之为特权。但如果对于在犯罪事实、犯罪性质、情节和对于社会危害程度方面相同的犯罪判处不同的刑罚，则应当谓之为特权。

最后，平等意味着尊重他人。人都有期望受到他人尊重的欲望。但是，我们应当清楚的是，如若你想得到别人的尊重，那么你首先就得尊重别人。一个人如果只想别人尊重自己，而自己不去尊重别人，就不可能有平等产生的土壤。我们这里所说的尊重他人，通俗地说，就是把他人当人看，以己度人，把别人看成跟自己一样的人，并充分地尊重他人所享有的社会权利。如果不把别人当人看，而将他人作为实现自己目的的手段，都不能称为尊重人。由于现实生活中的一切利益都终归属于人，因此，尊重人的观念自然也就包括了尊重人本身、尊重人所享有的利益的观念。从最古老的三大科学——医学、神学与法学的产生来看，它们之所以诞生，就是与它们尊重人和为了尊重人有关。医学医治人体创伤，神学拯救人的精神，法学解决人际纷争，它们的出现，无一不是因为尊重人而存在。由于法律是社会关系的调节器，具有"定分止争"、"除暴安良"等多方面的社会功效，因此，任何法律的制定，最终都是为了保护某一方面的利益。而这一方面的利益不管是属于国家的、社会的、集体的还是个人的，由于享受这些利益的主体最终都归属于人，所以法律的利益最终都是为了保护人的利益。但是，在现实生活中，社会关系的本质就是人与人之间的关系的总和。一个人的存在与另一个人的存在，一种利益的存在与另一种利益的存在，都是相对的。与自己是人一样，他人也是人；自己所享有的，他人也应当享有；他人不得实施的，自己也不得实施。所以，尊重他人，才会将自己看成与他人一样的人。而只有在把他人看成是与自己一样的人的基础上，这个社会才有平等观念的存在。如果不尊重他人，甚至把自己看成是高人一等的人，或者将他人看成是低人一等的人，就不会有平等观念的存在。

3. 刑法适用平等原则的缘起与演进

在源远流长的人类历史发展的长河中，人类追求平等的愿望和理想可以说与人类不平等的社会现实一样古老。早在公元前5世纪，古希腊政治家伯里克利斯就曾说过："我们的制度之所以被称为民主政治，因为政权在全体公民手中。解决私人争执的时候，每个人在法律上都是平等的。"①在中国近两千年的封建社会里，虽然"君君、臣臣、父父、子子"的封建等级观念鲜明地反映了人们在现实生活中不平等的事实，但是在我国春秋战国时期所产生的"刑无等级"、"法不阿贵"、"王子犯法与庶民同罪"以及"刑过不避大臣，善赏不遗匹夫"的思想，对后世与今世的人们却产生了深刻的影响。然而，由于根深蒂固的封建特权观念的惯性作用，"平等"二字在当时的历史条件下只不过是一个美好的愿望。

真正将平等作为社会的准则和理想，作为反对封建特权和专制的一种原则，是西方资产阶级革命的产物。在西方资产阶级革命的滚滚洪流中，平等的思想之所以能够深入人心并产生巨大的社会反响，则应归功于先声夺人的资产阶级启蒙思想家们。而在这些启蒙思想家中，最杰出的莫过于英国的洛克和法国的卢梭。洛克说："人类天生都是自由、平等和独立的。"②卢梭说："每个人都生而自由平等。"③ 资产阶级革命胜利后，平等思想在资产阶级宪法性文件中得到了确认和体现。其中最经典的表述是法国1789年的《人权宣言》。该宣言第1条规定："在权利方面，人们生来是而且始终是自由平等的。"第6条规定："法律是公共意志的体现，全国公民都有权亲自或由其代表参与法律的制定，法律对所有的人，无论是实行保护或处罚，都是一样的，在法律面前公民都是平等的，故他们都能平等地按其能力担任一定的官职和公共职位，除德行和才能上的差别，不能有其他差别。"在法国明文将平等原则载入《人权宣言》这一宪法性文件之后，欧美各资本主义国家纷纷效颦，使平等原则成为资产阶级宪法或者宪法性文件中的一项基本原则。平等原则作为一项宪法性原则，其基本含义有两方面：一方面是指任何公民，不分民族、种族、性别、职业、宗教信仰、受教育程度、社会地位等，都一律平等地享有宪法和法律规定的权利，也都平等地履行宪法和法律规定的义务。另一方面是指法律对所有公民的权利都一律平等地予以保护，对所有违法犯罪的公民都要一律平等地依法追究法律责任。

在我国，关于平等原则早在江西瑞金革命根据地颁布的《中华人民共和国宪法大纲》中就有明文规定，当时的规定是劳动人民"在苏维埃法律面前，一律平等"。新中国成立初期的宪法性文件《中国人民政治协商会议共同纲领》也规定了男女平等和民族平等的原则。1954年通过的第一部宪法更明确地规

---

① 李晓明著：《刑法学》，法律出版社2001年版，第216—217页。
② [英] 洛克著：《政府论》（下篇），瞿菊农、叶启芳译，商务印书馆1980年版，第59页。
③ [法] 卢梭著：《社会契约论》，何兆武译，商务印书馆2003年版，第5页。

定:"中华人民共和国公民在法律上一律平等。"在此之后,这一原则在《中华人民共和国法院组织法》、《中华人民共和国检察院组织法》和《中华人民共和国刑事诉讼法》等多部法律中均有所体现。1997年颁布的《中华人民共和国刑法》第4条规定:"对任何人犯罪,在适用法律上一律平等,不允许任何人有超越法律的特权。"将平等原则作为一项刑法的基本原则,这里的平等主要指的是一种机会上的平等,它强调的是对任何触犯刑法的人都应当一视同仁,根据其犯罪行为给予平等的追究,而不是意味着对任何犯罪不分罪行大小、不分情节轻重,一律给予相同的刑罚处罚。

4. 刑法适用平等原则的含义

刑法适用平等原则的基本内容应当包括哪些?这一问题在刑法理论上是有争议的。通说观点主要包括定罪上的平等、量刑上的平等和行刑上的平等三个方面的内容。但是,根据笔者的理解,它的基本内容主要包括以下几点:

(1) 对实施了犯罪行为的人,都必须严格依照法律进行定罪,即定罪上的平等。也就是说,对于任何实施了犯罪行为的人,都应当严格依据犯罪事实和刑法的规定认定犯罪,既不允许将有罪认定为无罪,也不允许将重罪认定为轻罪;反之亦然。行为人地位的高低、权力的大小、金钱的多少都不能影响犯罪的成否与轻重。

(2) 对实施了犯罪的行为人,都必须严格依照法律进行量刑,即量刑上的平等。也就是说,在犯罪性质相同、社会危害性相同、人身危险性相同的情况下,对犯罪人所处的刑罚也应当相同。该判重刑的不得判轻刑,该判轻刑的不得免除处罚;反之亦然。行为人地位的高低、权力的大小、金钱的多少都不能影响处刑的轻重。

(3) 对被判处刑罚的犯罪人,在刑罚的执行过程中应当享有相同的待遇,即行刑上的平等。也就是说,在犯罪人所判处的刑罚执行期间,监管部门对于犯罪人应当依法平等地执行。特别是在涉及罪犯减刑与假释的问题上,应严格依照刑法的规定,根据犯罪人在执行期间是否认真遵守监规、接受教育改造、确有悔改表现或者有立功表现等,进行全面考察,然后决定是否采取减刑或者假释。法定条件以外的非相关因素不能作为是否适用减刑、假释的取舍标准。

(4) 对没有实施犯罪行为的人,一律不得定罪量刑,即对无罪者保护上的平等。一般来讲,刑法上的平等主要是针对实施了犯罪行为的人而言的,而对于没有实施犯罪的人,是否也存在平等保护的问题呢?这一问题一般并不为人们所注意,更有甚者会认为这是小题大做。其实,在对没有实施犯罪的行为人的保护方面更应当注意。这是因为,对于无罪之人,若对之不依法给予平等的保护,也同样存在对其合法权益的侵害问题。而且这种侵害不仅涉及行为人自身的合法权益，甚至还会严重地损害司法机关的威信和形象。因此，对没有实施犯罪的人也必须给予平等对待，不能随意动用刑法侵犯其合法权益。

(5) 对任何遭受犯罪行为侵害的人，都应当一律给予平等的保护，即对被害者保护上的平等。被害人，或称受害人，是指犯罪行为所造成的损失或者损害即损害结果的承受者。① 被害人作为犯罪行为侵害的对象或者犯罪行为所侵害的社会关系主体，在我们的现实生活中，除了人所共有的一般特征之外，附着于各个社会关系主体的身份、地位等亦可能因人而异。那么，在这些拥有不同身份、地位的人受到犯罪行为侵害时，他们就成了犯罪行为的受害者。在受到犯罪行为侵害的情形相同的情况下，就不能因为被害人是普通公民，而对犯罪分子不予追究或者减轻其罪责。也不能因为被害人职高位重，而对犯罪分子施以重刑。因此，对于被害人给予平等的保护，也是刑法适用平等的应有之义。

5. 刑法适用平等原则在我国刑事立法中的具体体现

平等原则作为我国宪法所确认的一项基本原则，在我国的各个部门法当中都有所体现。从我国刑法所规定的内容来看，主要有以下几个方面：

(1) 地位平等。地位平等作为平等原则的重要内容之一，是指对法律所规定的犯罪在适用时，对任何公民都应当一视同仁，不能因其权力大小、身份高低或者财富多少而有所差别。例如，根据刑法第 6 条规定，凡是在中华人民共和国领域内犯罪的，除法律有特别规定的以外，都适用本法。这一规定就是公民适用刑法时地位平等的重要表现之一。其意思是指，凡是在中华人民共和国领域内犯罪的，不论是中国公民还是外国公民，不论是普通老百姓还是国家工作人员，除了在法律上有特别规定的，都必须一律适用我国刑法予以定罪处罚。又如，我国刑法第 61 条规定，对于犯罪分子决定刑罚的时候，只能根据犯罪的事实、犯罪的性质、情节和对于社会的危害程度，依照刑法的有关规定判处。这一量刑原则的规定，对于每一个犯罪人在量刑时都应当毫无例外地平等依法适用，除了在犯罪的事实、犯罪的性质、情节和对于社会的危害程度上有不同的情况出现以外，对于任何犯罪人都应当依照刑法所规定的各种具体法定刑依法裁量。

(2) 民族平等。民族平等是指在我国境内的各个少数民族依法平等地享有法律所规定的权利，各民族应当互相尊重，反对任何形式的民族歧视。我国是一个统一的多民族国家，各个民族不分大小，在法律上享有的地位是完全平等的。根据我国现行宪法第 4 条之规定："中华人民共和国各民族一律平等。国

---

① 储槐植、许章润等著：《犯罪学》，法律出版社 1997 年版，第 120 页。

家保障各少数民族的合法的权利和利益,维护和发展各民族的平等、团结、互助关系。禁止对任何民族的歧视和压迫,禁止破坏民族团结和制造民族分裂的行为。"新中国成立以来,由于我们党和政府在民族问题上制定了英明、正确的方针政策,因此,各族人民团结一致,共同奋斗,为我国的社会主义建设作出了应有的贡献。然而在现实生活中,极少数人缺乏对民族平等重大意义的认识,或者别有用心,制造民族矛盾,或者无事生非,挑起事端,或进行煽动民族仇恨、民族歧视的犯罪活动,或从事出版歧视、侮辱少数民族的作品的活动。由于这一方面的行为具有非常严重的社会危害性,因此,1997年刑法增设了煽动民族仇恨、民族歧视罪和出版歧视、侮辱少数民族作品罪,对于维护民族团结和各民族间的相互尊重、促进民族平等具有非常重大的现实意义。

（3）公私平等。公私平等是指在我国境内的所有公司、企业、单位或者其他个体劳动者,不论是公有制公司、企业、单位还是私有制公司、企业、单位或者个人在法律上均享有平等的保护,不因为公司、企业、单位或者个人在经济性质上有所不同而存在任何形式的差别。1997年刑法第11条规定："在法律规定范围内的城乡劳动者个体经济,是社会主义公有制经济的补充。国家保护个体经济的合法的权利和利益。国家通过行政管理,指导、帮助和监督个体经济。"这一规定不仅明确了个体经济在宪法中的法律地位,而且以根本法的形式着重强调了对个体经济的合法权益的保护。宪法颁布以后,随着我国经济体制改革的不断深化,私营经济在我国也有了长足的发展,为了切实加强对这一新型的非公有制经济的保护,1988年4月12日第七届全国人民代表大会第一次会议通过的《中华人民共和国宪法修正案》对宪法第11条增加规定："国家允许私营经济在法律规定的范围内存在和发展。私营经济是社会主义公有制经济的补充。国家保护私营经济的合法的权利和利益,对私营经济实行引导、监督和管理。"这一规定不仅明确规定了私营经济在宪法中的合法地位,同时也进一步扩大了非公有制经济在我国宪法中的保护范围。从我国宪法对个体经济和私营经济的规定来看,国家对非公有制经济的存在是持肯定态度的,并且对非公有制经济的地位和作用也作了充分的估价,此外还着重强调了国家对非公有制经济的合法权益的保护。既然我国宪法对非公有制经济的保护规定得如此明确,那么作为"宪法之子"的刑法,也应当在立法规定中作出明确的反映。在立法工作中,对于那些破坏和损害非公有制经济的各种具有社会危害性的犯罪行为,应以宪法的规定为依据,将其纳入刑事立法的视野,依法追究其刑事责任,这样才能将现行宪法的规定真正落到实处,从而使非公有制经济在我国得到法律的全面保护。为了与宪法的规定相一致,1997年刑法于分则第五章"侵犯财产罪"中将1979年刑法分则第三章"破坏社会主义经济秩序罪"

中规定的破坏集体生产罪修改为破坏生产经营罪，从而将公有制经济与私有制经济纳入了刑法同等保护的行列，改变了旧刑法只注重对公有制经济的保护而忽视对私有制经济保护的不良状况，真正实现了刑法对公私保护的平等。

6. 刑法适用平等原则的实现途径

平等作为人们不断追求的理想，要将其变为现实，并不因为它在宪法和法律上有了明文规定，就可以自然而然地得到实现。其实，与刑法所规定的其他原则相比，平等原则的实现更为艰难。就目前来看，要实现平等的原则，必须做到以下几点：

第一，改革司法体制，保证司法工作人员具有较高的素质并且能够依法独立审理刑事案件。我国目前的司法工作人员的整体素质相对于司法机关恢复重建时期有了很大进步，但是从依法治国和构建和谐社会的总体要求来看，司法工作人员的整体素质还有待进一步提高，因此，改革现行司法体制，保证司法工作人员具有较高的素质并且能够依法独立审理刑事案件，是实现刑法上所规定的平等原则的重要途径之一。

第二，需要改变执法观念，保证平等的执法观指导刑法的适用。在司法实践活动中，由于长期以来受到"官官相护"的执法观念的影响，对于同样的犯罪，由于行为人地位的高低、权力的大小、金钱的多少不一样，因此，在司法实践中所受到的处罚也可能完全不同，再加上长期以来"公私有别"的观念影响，对于实现公私平等也有着相当大的阻力，因此，在司法实践中要保证刑法的平等适用，改变司法人员的执法观念也是实现平等原则的一个重要途径。

第三，需要杜绝地方保护主义，保证刑法能够适用于任何地方任何人。由于各地的情况有别，东南沿海与内陆地区，经济发达与经济落后地区，由于受地区利益的驱动，导致司法实践中地方保护主义的色彩甚为浓厚。尤其是对于某些经济犯罪和职务犯罪，由于直接牵涉地方利益，因此，在对这些案件的处理上，往往存在着"上有政策、下有对策"的不正常现象，甚至有的地区在解决这一问题时"打擦边球"，从而直接导致刑法不能平等地适用于任何地方任何人，因此，彻底杜绝地方保护主义，做到刑法适用上的"全国一盘棋"，对于实现平等原则无疑具有十分重大的意义。

第四，需要党政领导率先增强法制观念，保证司法机关能够在党的领导与政府支持下平等适用刑法。要彻底消除地方保护主义，做到全国各地刑法适用上的平等，离不开党政领导的鼎力支持和协助，只有党政领导身先士卒，率先垂范，不断增强法制观念，模范地遵守法律法规，才能形成依法治国的强大动力，从而保证司法机关能够在党的领导与政府支持下平等适用刑法。

第五，需要全社会各方面的配合，以保证刑事案件能够顺利、迅速移送司法机关。司法机关要做到顺利、迅速地审理刑事案件，离不开社会各方面的配合。要做到平等地适用刑法，使刑事案件得到及时、迅速审理，不仅有赖于司法机关自身的努力，而且整个社会都应当积极配合司法机关的工作。只要发扬"人心齐、泰山移"的精神，再难的刑事案件也能够得到顺利、迅速的处理。

第六，需要所有公民树立平等观念，保证平等适用刑法有牢固的思想基础。在我国，由于受几千年封建特权等级观念的影响，平等意识在一般老百姓的头脑中非常淡薄。虽然自革命根据地时期至新中国成立以后，在这一方面做了大量的工作，但是落实到具体法律的适用上，仍旧存在着这样或那样的障碍。因此，在全体公民当中大张旗鼓地宣扬"法律面前人人平等"的观念，从而使平等观念、平等意识在老百姓的心目中打下牢固的思想基础，只有这样，刑法赋予公民的平等原则才能得以更好的实现。

（三）罪刑相适应原则

1. 罪刑相适应原则的内涵解析

罪刑相适应原则，又称为罪刑相当、罪刑均衡、罪刑等价或者罪刑相称原则。这些名称上的不同主要是由于翻译的原因或用语上的不同，其实并无本质差异。在我国1979年刑法适用期间，虽然当时在刑法立法上没有对罪刑相适应的原则作出明确的规定，但从我国1979年刑法总则与分则的规定来看，基本上是贯彻了这一原则的，不仅如此，在刑法理论上，罪刑相适应原则作为我国刑法的基本原则，几乎得到了所有的刑法专家与学者的首肯。关于罪刑相适应原则的含义，根据当时的权威解释，"罪刑相适应原则是指刑罚一定要和犯罪相称，即罚当其罪。换言之，决定刑罚的轻重要与犯罪危害性的大小相当，重罪适用重刑，轻罪适用轻刑。"① 我国1997年刑法在立法上正式规定了罪刑相适应原则。1997年刑法第5条规定："刑罚的轻重，应当与犯罪分子所犯罪行和承担的刑事责任相适应。"1997年刑法颁布以后，关于这一基本原则的名称及其含义，引起了很大的争议。有的称之为"罪刑相当原则"，并对其含义作出这样的解释："罪刑相当，就是罪重的量刑要重，罪轻的量刑要轻，各个法律条文之间对犯罪量刑要统一平衡，不能罪重的量刑比罪轻的轻，也不能罪重的量刑比罪重的重。"② 有的称之为"罪刑均衡原则"，并对其含义作出这样的解释，罪刑均衡原则是指，"在确定刑罚的时候，应当考虑以下两重因素：（1）所犯罪行。这里所犯罪行主要是指行为的社会危害性程度，包括客观危害性与主观恶性。（2）刑事责任。这里的刑事责任主要是指行为人的人身危险性

---

① 高铭暄主编：《中国刑法学》，中国人民大学出版社1989年版，第34页。
② 王汉斌：《关于〈中华人民共和国刑法（修订草案）〉的说明》。

程度，包括初犯可能与再犯可能。在量刑的时候，要综合考虑以上因素，并使所处刑罚与这些因素保持一种均衡态势，以求得最大限度的刑罚公正。"① 还有些学者将其称为"罪责刑相适应原则"，并对其含义作出这样的解释："罪责刑相适应原则的含义是：犯多大的罪，就应承担多大的刑事责任，法院也应判处其相应轻重的刑罚，做到重罪重罚，轻罪轻罚，罪刑相称，罚当其罪；在分析罪重罪轻和刑事责任大小时，不仅要看犯的客观社会危害性，而且要结合考虑行为人的主观恶性和人身危险性，把握罪行和罪犯各方面因素综合体现的社会危害性程度，从而确定其刑事责任程度，适用相应轻重的刑罚。"② 持这一观点的学者还解释说："罪、责、刑三者的关系是：罪行的大小决定刑事责任的大小，刑事责任的大小决定刑罚的轻重，刑事责任是罪行与刑罚的中介，刑罚是刑事责任的主要承担形式，也是罪行的法律后果。"③ 笔者认为，以上各种观点都有各自的道理，但是，从传统习惯上来看，还是称为罪刑相适应原则为妥。只不过随着刑法理论的不断进化，我们这里所称的罪刑相适应原则已非犯罪与刑罚相对应，而是犯罪与刑事责任相对应。至于其中的道理，笔者将于后文略抒浅见。

（1）罪刑相适应原则名称之适当性

众所周知，罪刑相适应原则作为资产阶级革命的产物，是近代资产阶级启蒙思想家竭力倡导的结果。虽然这一原则与罪刑法定原则均为刑法所确认的基本原则，但是与罪刑法定原则相比，它在名称上却并不统一，由于翻译上的原因所致，罪刑相适应原则的别名甚多。有的将其称为"罪刑相当原则"，有的将其称为"罪刑均衡原则"，有的将其称为"罪刑相称原则"，还有的将其称为"罪刑等价原则"。虽然这些别称在字面上有所不同，但是从其实质意义上来考察，却并无区别。1997年刑法颁布以后，很多学者根据1997年刑法第5条所规定的内容将"罪"、"责"、"刑"并列起来加以表述，并将这一原则称为"罪责刑相适应原则"或者"罪责刑相当原则"。笔者认为，作出这样的变化并无必要。其主要理由有以下几个方面：其一，从逻辑关系上来考察，我国1997年刑法第3条明文规定了"罪刑法定原则"，对于这一原则的确立在刑法学界几无异议。虽然这一原则中没有写明"责"的字眼，但它无疑包含了"责任法定"的基本精神。据此，从刑法基本原则表述的一致性和遵从约定俗成的习惯两个方面来考虑，用"罪刑相适应"一语概括1997年刑法第5条的内容，在

---

① 陈兴良著：《刑法疏议》，中国人民大学出版社1997年版，第77页。
② 高铭暄、马克昌主编：《刑法学》（上编），中国法制出版社1999年版，第33页。
③ 陈明华主编：《刑法学》，中国政法大学出版社1999年版，第54页。

逻辑上并无矛盾和遗漏之处。倘若刻意强调刑事责任在罪刑关系中的中介作用，那么在罪刑法定原则中也势必要插入一个"责"字，将罪刑法定原则表述为"罪责刑法定原则"。这种做法，无疑是画蛇添足之举。其二，从中外刑法中的刑事责任理论来看，"刑事责任"一词在不同场合具有多种语义。在我国，刑事责任一词指的是犯罪行为所引起的法律后果，是国家依据刑事法律对行为人所实施的犯罪行为所作的谴责与非难。作为刑法学的一个基本范畴，刑事责任与犯罪的故意与过失是两种完全不同的概念。正如张明楷教授所指出的那样："我国刑法与刑事诉讼法在使用刑事责任一词时，显然不是指一种'心理状态'，否则，人们无法理解刑事法律中的'追究刑事责任'、'负刑事责任'、'承担刑事责任'、'不负刑事责任'等用语。"① 而在国外的刑法理论中，刑事责任指的就是犯罪成立条件中的有责性，而有责性作为犯罪成立的三大要件之一，包括责任能力、责任形式和责任阻却事由三个方面的内容，而故意与过失的心理态度作为刑事责任的形式，基本上与刑事责任是同义语。由此不难看出，我国刑法理论中使用的刑事责任与国外刑法中所使用的刑事责任是完全不同的概念。如果我们在本已约定俗成的罪刑相适应原则之中人为地加入"责"的字眼，其多重语义势必导致人们在理解这一原则时多生歧义。其三，从法条内容上来分析，1997 年刑法将犯罪分子"所犯罪行"和"承担的刑事责任"并列作出规定，共同决定"刑罚的轻重"，这说明前两者都是后者的决定因素之一，它们当中的任何一种因素在价值上都不能与刑罚相对等。由此可见，将罪责刑三个并不对等的事物并列加以表述，在逻辑结构上不能说不缺乏严谨之处。换句话说，只有将"所犯罪行"与应"承担的刑事责任"视为一个共同体与"刑"相并列，才能相互匹配。这样"罪"也正好能够与其相适应。因为从刑法进化的角度来考察，"罪"是一个不断发展的概念，它完全可以包容有关犯罪人的责任因素，因此将 1997 年刑法第 5 条概称为罪刑相适应原则是恰当的，并无任何不妥之处。

（2）罪刑相适应原则中"罪"的界定

在我国刑法学界，对于罪刑相适应原则中的"罪"如何理解，由于其认识上存在的差异，不同的学者对这一问题的理解也有所不同。有些学者在对这一原则的认识上从形而上学的观点出发，无视"罪"的内容的发展变化，将这一原则中"罪"的含义仅仅限定于"已然犯罪行为的客观危害性"这一范畴，从而提出宜由兼容了"已然之罪"与"未然之罪"的罪责刑相适应的原则来取代罪刑相适应原则的主张。笔者认为，这是某些学者对罪刑相适应原则中的

---

① 张明楷著：《刑事责任论》，中国政法大学出版社 1992 年版，第 33 页。

"罪"的含义作了过分狭义的理解的结果。其实，正如罪刑相适应原则始终是一条发展的原则一样，其罪的内涵也随着罪刑关系的演进在不断地充实和发展。在罪刑相适应原则产生之始，由于这一原则是作为罪刑擅断主义的对立物而存在的，加之当时的刑罚理论深受结果责任论的影响，因此，罪的含义在那时是被严格限定在客观的犯罪行为及其危害结果的范围之内的；所谓罪刑相适应，也就是犯罪行为的客观危害性大小与刑罚的严厉性程度相适应。随着这种僵化与片面的刑罚理论为人们所逐渐认识，罪的内涵被加入了行为当时的罪过心理态度。从而将犯罪行为的主客观方面统一到"罪"的含义之中。19世纪末20世纪初，主观主义的刑罚理论开始在世界范围内兴起，以致在现代许多国家的刑法理论和司法实践中，犯罪人的个别情况受到普遍重视。例如，1996年《俄罗斯联邦刑法典》第6条即规定："对实施犯罪的人适用的刑罚和其他刑法性质的方法，应该是公正的，即与犯罪的性质和社会危害性的程度、实施犯罪的情节及犯罪人的身份相当。"由此可见，在现代国家的刑事立法中，有关犯罪人的因素又被注入"罪"的含义之中，从而成为罪刑相适应原则的重要内容。对于罪刑相适应原则的新发展，我国刑法学界也早就有所研究与反映。如高铭暄教授主编的《刑法学》教材即明确指出："罪刑相适应不是罪刑的绝对相等和机械对应。所谓'罪'，不是单纯地看犯罪行为及其所造成的危害结果，而要看整个犯罪事实，包括罪行和罪犯各方面因素综合体现的社会危害性程度。也就是说，要把犯罪的社会危害性与罪犯的人身危险性结合起来考虑。"① 综上所述，我们认为，罪刑相适应原则从产生之始一直发展到今天，其"罪"的内涵也经历了三次大的充实和发展，正如理论的发展是一个相互继承、不断扬弃的过程，我们在对罪刑相适应原则中的"罪"的认识方面，也应当不断地扬弃，不断地引入符合时代需要的新内容，而不能将其永远停留在某一水平上。鉴于以上认识，根据现代罪刑关系的新发展，我们认为，我国刑法规定的罪刑相适应原则中所指的"罪"，不能仅仅指犯罪人所实施的危害行为及其所造成的危害后果，而应当是整个犯罪事实包括罪行和犯罪人各方面因素所体现的社会危害性程度。因为只有这样，我们才能将1997年刑法第5条规定的"所犯罪行"与应"承担刑事责任"联为一体，从而真正揭示其"罪"的内涵。

(3) 罪刑相适应原则中"刑"的界定

在对罪刑相适应原则的解释中，长期以来，对其中的"刑"字无一不是将其界定为刑罚。我们通常所说的罪刑关系，一般指的就是犯罪与刑罚之间的关

---

① 高铭暄主编：《刑法学》，北京大学出版社1989年版，第40页。

系。犯罪是刑罚的前提和基础，刑罚是犯罪的必然结果，这是我国刑法学界众所周知的经典结论。然而，近年来，有的学者一改传统的观点，将其中的"刑"字界定为刑事责任，这无疑是一个重大的历史性进步。其主要理由是，犯罪的后果不止刑罚一种，还包括非刑罚处罚和单纯宣告有罪，这三种法律后果都是刑事责任的实现方式。因而把刑字解释为刑事责任，才能全面反映与犯罪的对应关系。① 我们非常欣赏并赞同这一观点。具体理由补充如下：①从逻辑关系上来看，刑事责任作为犯罪的法律后果，是刑罚的上位概念，无刑事责任则无刑罚，这在我国刑法学界是基本上已形成通说的观点。既然刑事责任是刑罚的上位概念，刑罚只是刑事责任的实现方式之一，那么，能够与犯罪相对应的只能是刑事责任，而不应是刑罚。况且刑事责任的实现方式除了刑罚之外，还包括非刑罚处罚措施和单纯宣告有罪，因此，在这么多的实现方式之中只选取刑罚与犯罪相对应，显然不能全面地反映与犯罪的对应关系，难免存在以偏赅全之嫌。②从刑法理论上来看，刑事责任与刑罚虽然有一定的联系，但是它们二者之间却是有严格区别的。它们之间的区别主要表现在：其一，刑事责任是犯罪人向国家担负刑事法律后果的义务，刑罚则是对这种义务的实际负担。其二，刑事责任是随着犯罪的实施而产生，刑罚则是随着法院的有罪判决生效而出现。其三，虽然刑事责任通常以刑罚作为自己的实现方式，但也并非有责必有刑。例如，虽然犯罪人因犯罪应当负刑事责任，但由于存在犯罪预备、中止等免除刑事责任的影响因素，法院就可以免除其刑罚处罚。由此可见，刑事责任是犯罪的直接结果，而刑罚只是犯罪的间接结果，刑罚的存在不能离开刑事责任，而刑事责任却可以脱离刑罚而独立存在。因此，在有些时候，刑罚与犯罪之间并不存在不可分割的联系。③从立法与司法情况看，在刑法分则中，尽管所有的犯罪都设定了与之相匹配的法定刑，虽然这些法定刑都是以刑罚的方式出现的。但实际上，这里的法定刑也只是刑事责任的一种规定方式，如果说它在罪刑关系中占了主导地位，也只能说它在刑事责任的规定方式中占了主导地位，因为，除了刑法分则中规定的法定刑之外，在刑法总则中还规定有非刑罚处罚措施，这种规定方式也是刑事责任的形式之一。尽管它在刑法分则中没有作出明文规定，但是我们知道，刑法总则规范对于刑法分则具有普遍的指导意义，这也就是说，对于刑法分则中规定的所有犯罪，在判处法定最低刑仍嫌过重的情况下，均可以适用非刑罚处罚措施。因此，与刑法分则中规定的所有犯罪相对应的不仅是刑罚，还包括非刑罚处罚措施。所有这些都

---

① 李卫红：《论罪刑相适应原则的立法完善》，载《刑法修改建议文集》，中国人民大学出版社1997年版，第164页。

充分表明,与犯罪相对应的并不是刑罚,而应当是刑事责任。

(4) 关于罪刑相适应原则中"相应性"的理解

通过前述讨论,我们对罪刑相适应原则名称的适当性及其罪与刑的含义都作了较为具体的分析,那么最后需要探讨的当然就是对这一原则中所涉及的"相应性"的理解问题。关于这个问题,我们拟从以下三个方面展开讨论。

第一,罪刑相适应原则中的"相应性"表明罪刑关系具有相对性。关于这一点,是由犯罪的无限性与刑事责任的有限性决定的。就现实的刑法而言,无论在犯罪的种类还是在犯罪的危害性程度上,都无法穷尽和确切地估计未来的犯罪究竟有多少。正是在这一意义上,犯罪具有无限性的特点。相对而言,作为犯罪后果的刑事责任则是有限的。它不仅表现在刑事责任的实现方式上是有限的,而且表现在刑事责任的严厉性程度也是有限的。因此,企图在无限的犯罪与有限的刑事责任之间寻求一一对应的相当关系,无异于缘木求鱼,是徒劳无益的。以故意杀人罪为例,犯罪人杀死一人最高可处以死刑,而犯罪人杀死十人最高也只能处以死刑。从表面上看,这种处罚的结果确使罪刑关系出现了失衡的现象,即犯罪人所犯的罪行与其承担的刑事责任极不相称。然而,就其实质而言,这种处罚既是公正的,也是相当的。因为公正立于个人责任的立场,超越这一立场的任何处罚都是不公正的;出于死刑的不可分割性,因为人的生命只有一次,无论是杀死一人还是杀死十人,对于犯罪人都只能执行一次死刑。因此,对最严重之罪处以最严厉之刑,这就是罪刑相适应。相反,只有对最严重之罪处以次严厉之刑,才是罪刑不相当。鉴于此,罪刑相适应原则永远是相对的、有条件的,而不是绝对的、无条件的。在现实生活中,罪刑相适应是以罪刑不相适应为参照的,我们只有在罪刑关系不平衡的状态中去寻求罪刑关系的平衡,才能领悟到罪刑相适应原则的真谛。

第二,罪刑相适应原则中的"相应性"表明罪刑关系具有相当性。关于这一点,是从罪刑相适应的性质上来界定的,即从质的方面看,罪刑相适应要求罪与刑在性质上务必相同或相近。正如美国学者赫希所说:"犯罪行为同等严重的人应该同等地受到惩罚。"[1] 因为,"相应的该当性原则只有在刑罚的差异反映正当地属于罪犯的谴责的差异的情况下,才允许在罪犯中存在刑罚的严厉性的差异。当罪犯被定同等严重性之罪时,他们因而该受严厉性相同的刑罚——除非人们能够认定特别的因素(如加重与减轻情节),而这些因素在其发生的具体背景下,比案件的普通状态更多或更少地应受谴责"。[2] 赫希的这

---

[1] 转引自邱兴隆著:《罪与罚讲演录》(第1卷),中国检察出版社2000年版,第183—184页。
[2] 转引自邱兴隆著:《罪与罚讲演录》(第1卷),中国检察出版社2000年版,第184页。

一观点关键在于强调平等性是相应性的一项基本要求，也即是说，对于相同性质的犯罪应当给予相同的处罚。从我国刑法对罪刑配置的情况来看，基本上体现了罪与刑的相当性。首先，我国刑法以同类客体为标准，规定了危害国家安全罪，危害公共安全罪，破坏社会主义市场经济秩序罪，侵犯公民人身权利、民主权利罪，侵犯财产罪，妨害社会管理秩序罪，危害国防利益罪，贪污贿赂罪，渎职罪和军人违反职责罪十大类犯罪，并大致按照社会危害性程度的大小由重到轻进行排列。与此同时，我国刑法还规定了主刑与附加刑九种刑罚方法，它们分别是：①主刑，包括管制、拘役、有期徒刑、无期徒刑和死刑；②附加刑，包括罚金、剥夺政治权利、没收财产和驱逐出境。上述九种刑罚分别归属于生命刑、自由刑、财产刑和资格刑四大类，其严厉程度也基本上由重及轻排列，从而使罪的属性与刑的属性之间形成较为合理的配置，基本上实现了重罪与重刑、轻罪与轻刑的相匹配。例如，对于侵犯人身权利的犯罪，有以剥夺人身权利的刑罚与之相匹配；对于侵犯财产权利的犯罪，有以剥夺财产权利的刑罚与之相匹配；对于弄权渎职的犯罪，有以剥夺政治权利的刑罚与之相匹配。所有这些，无不体现了罪与刑的相当性。当然，这里的罪与刑在质上的相当性也不能绝对化，这是因为，即便是性质完全相同的两种犯罪，但由于它们在犯罪构成之外的其他因素上存有差异，因此，犯罪人所受的处罚也可能不尽相同。然而，罪刑关系的相当性并不能因为有这样的差异而使罚不当罪的现象合理化。比如，对故意杀人者仅仅处以罚金，而对纯粹的财产犯罪则要处以死刑。如果这样的话，刑与罪在性质上就会相去甚远，形成极大的反差，刑法的公平性就无法体现。而一旦刑法失去其公平性，刑法就会沦为纯粹的法律工具，既无法建立刑法的威信，也无法产生刑法的规范功能。

第三，罪刑相适应原则中的"相应性"表明罪刑关系具有相称性。关于这一点，是从罪刑相适应的比例关系上来界定的。即从量的方面来讲，罪刑相适应原则要求罪与刑在比例上务必相称。一般来讲，刑事责任无论是刑罚抑或非刑罚处罚措施都具有一定的量的要素，如人的生命只有一次，自由刑有时间的长短，财产刑有数额的多少，赔偿经济损失有数量的大小等，但罪行就不尽然，虽然有的罪行可以进行量化，例如盗窃罪、诈骗罪等财产犯罪与某些经济犯罪，可以从其犯罪数额上反映其罪行的大小，但总的来说犯罪只有轻重之分，而犯罪的轻重是比较抽象的概念，要像刑事责任那样具体量化是很难做到的。这就决定了罪与刑在量上的相当也不是绝对的量化，而只能是比例上的相称。而要实现这种比例上的相称性，首先必须有赖于犯罪的等级化、系列化与刑格规定的合理化和科学化。在这一方面，美国学者赫希所提出的"基的相应性"与"序的相应性"对实现罪与刑的相称性无疑具有十分重要的意义。依赫希所言,"基的相应性是这样一项要求,即刑罚的绝对水平与犯罪行为的严重性之间应该保持一种合理的比例。"① "序的相应性是这样一项要求,即刑罚的严厉性的分级应该反映犯罪行为的严重性的分级。刑罚在幅度上应该被排序,以便其相关的严厉性与行为的相对的应受谴责性相适应。"② 赫希的设计对于刑事立法上如何确立罪与刑的相称性不仅具有重要的理论价值,而且具有较为现实的可操作性。例如,法国1997年刑法典为我们提供了一个最新范例。其第一卷总则第三编第一章明确规定了"刑的性质",即首先把刑罚分为对自然人适用的刑罚与法人适用的刑罚;其次分别规定了重罪刑罚、轻罪刑罚和违警罪刑罚。③ 这样就为不同类型的犯罪界定了轻重有别的基本的处刑范围,同时也为个罪的具体的裁量提供了相应的斟酌空间。上述立法例对于我国刑事立法进一步贯彻、实现罪刑相适应原则,无疑具有十分重要的参考价值。在司法适用上,应力求犯罪与刑事责任的具体相当。其特点就是在法定刑幅度同一的前提下,充分反映不同犯罪人之可罚性的差异性。这种差异性不是片面与犯罪人之可罚性相当的结果,而是犯罪的严重性制约之下的个别差异性。因此,罪与刑的相称性在一定意义上是由刑罚适用的一致性来体现的。罪刑之相当性并非一种个别判断,而是一种关系反映,即不同罪行之间的关系、不同犯罪人之间的关系、不同刑罚之间的关系、罪行与刑罚之间的关系,以及不同判决之间的关系。关于罪刑相应性的评价最后是通过不同判决之间的比较来实现的。刑法中从不存在犯罪与刑事责任之孤立的、个别的、绝对的相当。确切地说,作为适用刑罚时的罪与刑的相应性,应当包括以下两个方面的内容:一是不同法官之间适用刑罚的一致性。即要求不同地区的法官之间、不同法院的法官之间以及同一法院的法官之间对于相同或近似的案件作出相同或相近的判决,而不能存在过分的悬殊。二是同一法官对不同罪犯适用刑罚的一致性。即对于具有相似严重性的不同案件应该作出相似的判决;而对于情节差异明显的不同案件,应当作出不同的判决。如果对于两个情节相似的案件作出明显不同的判决,而对两个情节明显有别的案件却作出相同的判决,则违反了罪刑关系的相当性。

2. 罪刑相适应原则的理论基础

从罪刑相适应观念的产生到罪刑相适应原则的确立,古今中外的思想家们立于不同立场、从不同角度,对罪刑相适应进行了研究,可谓观点纷呈、学派

---

① 转引自邱兴隆著:《罪与罚讲演录》(第1卷),中国检察出版社2000年版,第167页。
② 转引自邱兴隆著:《罪与罚讲演录》(第1卷),中国检察出版社2000年版,第175页。
③ 参见罗结珍译:《法国刑法典》,中国人民公安大学出版社1995年版,第11—17页。

林立。早在古希腊时期，就出现了"绝对论"与"相对论"的对立。"绝对论"认为，刑罚是犯罪的逻辑结果，善有善报，恶有恶报，这是正义观念的必然要求，是绝对的自然法则。因此，对杀人者处死，对盗窃者处以罚金，这些都是理所当然的。亚里士多德是这种观念的首倡者。与此相反，"相对论"认为，刑罚是实现一定目的的工具，社会对刑罚的需要是相对的、有条件的，运用与否以及如何运用，均取决于国家的功利标准。柏拉图是这种理论的主要代表。他在《法律篇》中明确指出："刑罚并不是对过去的报复，因为已经做了的事是不能再勾销的。它的实施是为了将来的缘故。它保证受惩罚的个人和看到他受惩罚的人既可以学会彻底憎恶犯罪，还至少可以大大减少他们的旧习。"①由于"绝对论"与"相对论"还是一种比较朦胧且缺乏系统的刑罚理论，因而并未产生重大影响。在此后长达一千多年的中世纪欧洲，其黑暗的统治使刑法学的研究处于万马齐喑的沉寂状态。直到近代资产阶级启蒙运动的兴起，刑法学领域才出现了新的前所未有的繁荣景象。以康德、黑格尔为代表的思辨哲学派力主报应主义；以贝卡利亚、边沁等为代表的实用哲学派力倡功利主义。两种观念相互对立，内容悬殊，但殊途同归，共同得出了罪刑相适应的逻辑结论。它们对于正确理解罪刑相适应的原则均具有十分重要的意义。

（1）报应主义与罪刑相适应原则

"报应"一词，有多种含义。在汉语中，报，是指回报。例如《诗经》云："投之以李，报之以桃。"句中的"报"字说的就是回报的意思。应，是指反应，即对外部刺激的一种相应的反响。在佛教中，报应指种善因得善果，种恶因得恶果。约定俗成，报应更确切的是指恶恶相报。因此，报应往往是指两个事物之间具有因果关系：前者为因，后者为果，在因与果之间具有价值上的等同性。在英文中，报应一词为"retribution"，指对所受的损害之回复、回报或补偿，以满足由受害者自然产生的报复或报仇的本能要求。② 在日本，有的学者认为，报应原则就是根据以恶报恶的法则为复仇的正义限度奠定理论的基础。这是在原始社会未开化的社会规范中，曾经是正义观念的原始表现，成为报应原则最露骨的形态。它具有在加害与复仇之间谋求均衡，使其满足于报复的正义感而结束私斗的意义，并从此不允许加害人再进行报复。③ 这种以恶报恶的正义观念，是古代刑法思想的集中表现，称为报应刑论。

从刑法的角度来讲，报应主义的核心思想是，犯罪是刑罚的前提和基础；

---

① [美] 戈尔丁著：《法律哲学》，三联书店1987年版，第141页。
② [英] 戴维·M. 沃克等编：《牛津法律大辞典》，光明日报出版社1988年版，第772页。
③ [日] 我妻荣等编：《新法律学辞典》，董璠舆译，中国政法大学出版社1991年版，第636页。

刑罚是犯罪的必然结果。它们两者之间存在着内在的、必然的因果联系。刑罚作为惩罚犯罪的唯一手段,它不仅能够使受犯罪侵害的道德秩序和法律秩序得以恢复,同时亦可使社会公平和正义的理念得以实现。在报应主义者看来,刑罚的适用不应考虑是否有利于预防犯罪,即使无益于预防犯罪也必须为了实现正义而科以刑罚。刑罚只能是对已然之罪的回顾。康德、黑格尔、宾丁都是这种绝对报应刑论的大力倡导者,但他们各自所持的学说又有"等量报应"、"等值报应"和"法律报应"之别。

康德是德国著名的思想家、哲学家,是古典唯心主义哲学的创始人,是18、19世纪德国的唯心主义哲学的巨匠,以研究法的形而上学原理而著称于世。康德基于形而上学的立场主张绝对报应刑论。他认为,人类社会存在一个至高无上、永久不变、应当无条件遵守的道德原则,即法哲学观念上的"绝对命令"。对这种"实践性的绝对、至上命令"的违反的必然后果是"绝对的刑罚"。这样,绝对的刑罚本身就蕴涵着正义、均等(或均衡)的道德本质,就含有等量报复的报应刑的意义。他还认为,刑罚是对犯罪的"动的反动"(即等量反坐或反治)。① 他指出:"惩罚在任何情况下,必须只是由于一个人已经犯了一种罪行才加刑于他。""至于惩罚的方式和尺度是什么?公共的正义可以把它作为原则和标准,这就是平等的原则,根据这个原则,在公正天平上的指针就不会偏向一边。"② 据此,他还进一步指出:"任何一个人对别人所作的恶行,可以看做他对自己作恶。因此,也可以这样说:如果你诽谤别人,你就是诽谤了自己;如果你偷了别人的东西,你就是偷了你自己的东西;如果你打了别人,你就是打了你自己;如果你杀了别人,你就是杀了你自己。"③ 这就是平等原则,"这是支配公共法庭的唯一原则。根据此原则可以明确地决定在质和量两个方面都公正的刑罚。"④ 由于康德注重刑罚应当与作为侵害后果的事实相均等或相等量,也即强调具体的等同;并且这种具体等同的报应刑是绝对刑,不存在刑罚幅度的规定;也是单纯刑罚,即为刑罚而刑罚,刑罚不应追求其他目的;因而康德的报应刑被称为等量报应刑,其理论也被称为绝对主义。⑤

黑格尔是德国古典唯心主义哲学的集大成者。他将辩证法的否定之否定规律引入罪刑领域,主张绝对报应刑。他认为,理性是法的评价标准,人人都有

---

① 甘雨沛、何鹏著:《外国刑法学》(上册),北京大学出版社1984年版,第92页。
② [德] 康德著:《法的形而上学原理——权利的科学》,商务印书馆1991年版,第164—166页。
③ [德] 康德著:《法的形而上学原理——权利的科学》,商务印书馆1991年版,第164—166页。
④ [德] 康德著:《法的形而上学原理——权利的科学》,商务印书馆1991年版,第164—166页。
⑤ 马克昌主编:《刑罚通论》,武汉大学出版社1995年版,第28页。

第一章 刑法本体论

遵守这个行为标准的义务。人违反理性标准是对作为客观实在的否定。作为这一否定的动的反动或反坐即是刑罚，是否定之否定。这一否定的否定形式，正是辩证法的质量互变、对立统一的基本形式。① 黑格尔反对把犯罪与刑罚的关系简单地看做以恶制恶，从而达到善的关系。他说："如果把犯罪及其扬弃（随后被规定为刑罚）视为仅仅是一种祸害，于是单单因为已有另一种祸害存在所以要用这一种祸害，这种说法当然不能认为是合理的。"② "在讨论这一问题时，唯一有关重要的是：首先犯罪应予扬弃，不是因为犯罪制造了一种祸害，而是因为它侵害作为法的法。"③ 他强调指出，犯罪是对法的分割，是真正的不法。"侵犯了作为法的法就是犯罪。"④ 在这里，犯罪与刑罚的关系不是以恶制恶的关系，而是否定的否定关系，犯罪对作为法的法所加的侵害，表现为对法的扬弃。但是，作为绝对东西的法，不可能被扬弃，所以实施犯罪必然要遭到法的扬弃。"犯罪行为不是最初的东西、肯定的东西，刑罚是作为否定加于它的，相反地，它是否定的东西，所以刑罚不过是否定的否定。现在现实的法就是对那种侵害的扬弃。"⑤ 通过刑罚，扬弃了犯罪，并恢复法的原状。刑罚加于犯人的侵害是自在的、正义的，这不仅是因为这是作为法的必然要求，"而且它是在犯人自身中立定的法，也就是说，在他达到了定在的意志中，在他的行为中立定的法。"⑥ 这是作为具有理性的人在他基于自由意志实施犯罪行为中自为地承认的法。刑罚包含着犯人自己的法——这是黑格尔的一个很重要的思想。黑格尔的罪刑相适应原则，即罪刑关系上的价值等同论，就是从这个基本点出发的。由于黑格尔主张犯罪是对法的否定，而刑罚是对犯罪的否定，这种否定之否定，使被犯罪所破坏的法秩序得以恢复。正是刑罚对犯罪的这种扬弃，表示了犯罪的无价值性，显示了法的有效性。对于康德所持的等量报应的主张，黑格尔对此持明确的否定态度，并认为这种事实等同观念容易导出刑罚上同态复仇的荒诞不经的结论。他主张犯罪与刑罚的"等同"，不是侵害行为特种性状的等同，而是侵害行为自在地存在性状的等同，即价值的等同。⑦ 但他又说，这并不意味着可以废除死刑，杀人者仍然应当偿命。"因为生命是人的定在的整个范围，所以刑罚不能仅仅存在于一种价值中——生命是

---

① 甘雨沛、何鹏著：《外国刑法学》（上册），北京大学出版社 1984 年版，第 92 页。
② [德] 黑格尔著：《法哲学原理》，商务印书馆 1961 年版，第 101 页。
③ [德] 黑格尔著：《法哲学原理》，商务印书馆 1961 年版，第 102 页。
④ [德] 黑格尔著：《法哲学原理》，商务印书馆 1961 年版，第 98 页。
⑤ [德] 黑格尔著：《法哲学原理》，商务印书馆 1961 年版，第 100 页。
⑥ [德] 黑格尔著：《法哲学原理》，商务印书馆 1961 年版，第 103 页。
⑦ [德] 黑格尔著：《法哲学原理》，商务印书馆 1961 年版，第 104 页。

无价之宝——而只能在于剥夺杀人者的生命。"简而言之,由于黑格尔主张外在的刑罚概念和尺度,应当与犯罪行为的自我否定的内在同一性相一致,故其刑罚理论被称为等值报应刑论。

宾丁是德国刑法学家、规范学派的创始人。他基于规范说主张绝对报应刑论。他认为,规范与刑罚法规有严格的区别,犯罪是违反规范,而不是违反法规;不违反作为刑罚法规前提的规范,就不构成犯罪。刑罚法规对规范违反行为规定具体的法律后果,国家刑罚权的根据即在于此。当违反刑罚法规中的规范时,基于刑罚法规而发生刑罚权。刑罚根据国家对犯人的服从要求权,使否定规范的犯罪被否定而维持法律的权威。宾丁主张各个刑罚权的内容应当与犯罪的分量立于一定的关系,即犯人由科刑所受痛苦的大小,应当与法律秩序因犯罪所受损害的大小成正比。详言之,法律秩序由于犯罪所受的损害大,犯人由刑罚所受的痛苦也应当大;反之,法律秩序由于犯罪所受的损害小,犯人由刑罚所受的痛苦也应当小。宾丁从维护法律秩序的见地出发,主张报应刑论。由于他认为刑罚系根据法律以报复犯罪,因而他的报应刑论被称为法律报应主义。在国外,刑法学者一般认为,报应主义的刑罚理论由宾丁大致完成。[1]

综上所述,自康德首倡报应刑论以来,经历一个多世纪的演变,报应刑论得到了多方面的展开。日本刑法学者木村龟二博士归纳道:报应刑论的报应由三种因素组成。其一,报应是"动"与"反动"的对应,这种意义上的报应,在私刑法时代出于个人复仇;在国家的公刑法时代虽然成了一种"单纯的复仇",但它是原始冲动的复仇,是一种本能。其二,报应虽是动与反动的对应,但这种对应的关系是相当的、平等的、均衡的,在这一意义上来说是同复仇有区别的。并且这种动与反动的相当、平等、均衡的关系,在对待死刑和剥夺自由的认识上也是不同的。前者是指对杀人者处以外表上相同形式的刑罚,称为"杀人偿命"的理论,后者是指对盗窃他人财物者处以价值上相等的刑罚,判处10年以下惩役,也即剥夺自由,称为等价的报应论。等价报应论的说法在今天已被人们所承认。这样把"动"与"反动"进而到犯罪与刑罚两者之间的相当、平等的关系看做平等的正义,就意味着报应刑论的报应是"正确的报应",报应刑就是一种正义的刑法。其三,报应是对动的反动,而这种动是一种犯罪,犯罪是侵犯法律秩序的祸害,所以,作为对这种犯罪的报应刑罚,也必须对犯人还报祸害,报以一定的痛苦。如此报应刑论所指报应的内容是以祸害、痛苦为基础的,它强调刑罚的预防效果,一般和刑罚的威慑力量相

---

[1] 马克昌著:《刑法理论探索》,法律出版社1995年版,第415页。

结合。①

通过对以上诸种学说的介绍,我们不难看出,报应主义作为罪刑相适应原则的理论基础之一,它所强调的内容主要有以下几个方面:

第一,报应的形式是一种动与反动的对应关系,也即动与反动的辩证统一。古往今来,古今中外,虽然犯罪的认定范围、刑罚的严厉程度总在不断变化,但犯罪与刑罚的这种基本关系始终没有改变。报应作为一种动与反动的对应关系,它首先表明,动是反动的前提和基础,没有动(即犯罪)也就无所谓反动(即刑罚)。换句话说,刑罚只有在发生了犯罪的情况下才能发动;刑罚适用的对象只能针对客观的犯罪行为。由于报应主义非常注重犯罪与刑罚之间的互动关系,因此,它不仅使国家刑罚权发动根据客观化,同时也使刑罚权行使的限度标准化,从而对于防止罪刑擅断、罚及无辜,杜绝严刑苛罚、出入人罪具有重要的限制作用。其次,它也昭示,只要有动(即犯罪),就有反动(即刑罚)。这种动与反动的因果联系内化为人们的法律意识,既可以对社会上的不稳定分子起到警戒作用,也可以强化人们遵纪守法的观念。因而对于正常的法律秩序的建立亦具有重要的保障作用。最后,以反动制动,即发动国家刑罚权惩治犯罪,使犯罪人因其犯罪行为受到应得的惩罚,使受害人受伤的心灵得以慰藉,从而消除受害人的复仇心理,发挥刑罚安抚功能的作用。

第二,报应的内容是犯罪者所应承担的祸害或痛苦,这正是刑罚成其为"反动"的内在根据。报应的本意是恶恶相报,犯罪作为作恶者种下的恶果,刑罚作为惩治作恶者的必要手段,其内容除了给作恶者以祸害和痛苦,别无其他选择。这是因为,对于犯罪分子的不法侵害行为,如果不对其施以刑罚处罚,迅速剥夺其犯罪条件和犯罪能力,就无法切实保护国家和人民的合法利益;与此同时,也只有对其实施带有一定痛苦性的惩罚措施,才能使其在痛苦的体验中感受到刑罚的可怕,从而不敢为非作歹。如果我们对犯罪者依然采取学校教育或社会主导文化教育的方式,不仅显得天真可笑,而且是徒劳无益的。然而,对罪犯的教育和改造又是国家和社会义不容辞的责任,而对罪犯一定利益的剥夺,则是实施教育改造的必要条件。所以,祸害与痛苦作为报应的内容,其旨趣在于更好地发挥刑罚对罪犯的剥夺与感化功能的作用。

第三,报应的效果是动与反动的相当。即犯罪者所受的处罚应当与其犯罪事实相适应,也就是说,犯罪者所受的刑罚与犯罪应当是一致的。罪责越重,刑罚越重;罪责越小,刑罚越轻。这是因为,刑罚是对犯罪的报应,因此,刑罚不能超出犯罪本身的社会危害程度,即不能超出犯罪行为的客观侵害性与主

---

① [日] 木村龟二主编:《刑法学词典》,上海翻译出版公司1991年版,第406—407页。

观罪过性,刑罚应当与犯罪的社会危害性相适应。如果刑罚超出了犯罪本身的社会危害程度,那么就失去了报应本身所具有的对等性。

报应主义刑罚观虽然在一定程度上带有绝对公平与正义的意念,其本身所具有的内在价值是不容否定的。但是,报应刑论也并非完美无缺,而有其自身明显的不足与负面影响。其主要表现在以下几个方面:首先,绝对报应刑论否认刑罚的目的,既与国家设立刑罚制度的宗旨不符,也与其理论自相矛盾。国家规定犯罪与刑罚,并非单纯为了给予犯罪适当的报应,应当承认,其根本目的是维护统治阶级的利益和法律秩序。否定刑罚另有其他任何目的,实际上是古代同态复仇观念的思辨再现,正如马克思指出的那样:"黑格尔的等价报应论不过是古代报复刑——以眼还眼、以牙还牙、以血还血——的思辨表现罢了。"① 另外,黑格尔运用否定之否定规律,认为刑罚是对否定法律的犯罪的再次否定,以使法律恢复原状,这实际上就是刑罚目的,即使受到侵害的法律秩序得以恢复;至于宾丁的法律报应论,刑罚具有维持法律秩序的目的就更为明显了。其次,绝对报应刑论者大多主张杀人抵命,保留死刑,从刑法发展趋势上看,其立场势必导致重刑化倾向。因为,刑罚体系是由轻重不同的刑种与刑度,按一定顺序排列而成的一个完整的有机联系的整体。若法律规定死刑,与之相衔接的其他刑种与刑度将普遍增高;若取消死刑,整个刑罚体系的严厉程度将相应降低。因此,过分强调罪刑相适应,保留死刑,则必将导致刑罚整体趋重,而与世界范围内兴起的废除死刑与刑法轻刑化潮流相背离。最后,报应刑论以实现社会公正为宗旨,以同罪同罚为公正的标志。这里实现的是平等的、均衡的正义,即同等事物同等对待;而正义还有另外一层含义,即要求不同事物区别对待。这就意味着对于相同犯罪行为及其危害结果,因其犯罪原因与犯罪人的人格状态不同,也应考虑分别适用刑罚。如我们通常所说,为了挥霍与为了求医治病而盗窃,行为人的主观恶性就有显著不同,因而对其定罪量刑,必然是同罪异罚。这正是实践中有些犯罪以不处罚为宜、有的谋杀以不处死为妥的根据所在。绝对报应刑论忽略或排斥各种复杂因素对罪刑关系的适当影响,只重视在客观层面上的罪刑相当、同罪同罚;其得之于平均的正义,而失之于分配的、真正的正义,因而未能将公平、正义原则贯彻于罪刑关系的始终。

(2) 功利主义与罪刑相适应原则

"功利"一词,系英文"utility"的汉译,在一般意义上是指物质上的功

---

① 《马克思恩格斯全集》第 8 卷,第 579 页。

用、功效或利益。① 在哲学上，其基本含义是指注重行为的目的和价值。功利主义刑罚观认为，刑罚存在的根据并不在于它能满足抽象的社会公正观念，而在于功利，即通过惩罚犯罪人可以给社会带来一定的实际利益，其集中表现便是预防犯罪。因此，刑罚的目的是预防犯罪，刑罚的分量取决于预防犯罪的实际需要。

在我国刑法学界，关于功利主义刑罚观又可分为规范功利主义和行为功利主义，②也有的将其译为准则功利主义（rule-utilitarianism）和行动功利主义（act-utilitarianism）。③ 根据我国有关刑法学者的观点，前者以贝卡利亚、边沁和费尔巴哈等为代表，其"注重刑法规范中刑罚的存在对犯罪的一般遏制作用"；④ 后者以龙勃罗梭、菲利、加罗法洛和李斯特等为代表，其强调通过刑罚手段的运用，隔离、教育、感化犯罪人，使之复归社会，以收到刑罚特别预防的功效。然而，对于以上分类，在我国刑法学界尚存不同的看法，如中国政法大学何秉松教授认为，将贝卡利亚和龙勃罗梭等人的理论人为地归入规范功利主义和行为功利主义两支缺乏理论根据。⑤ 我们认为，关于贝卡利亚、边沁及龙勃罗梭、菲利等人的理论能否分别归入规范功利主义和行为功利主义两支，关键在于查明前者是否具有后者的基本理论内核。正如持否定观点的学者所言，规范功利主义是"依据在相同的环境里，每个人的行为所应遵守好或坏的效果，来判定行动的正确或错误"；⑥ 行为功利主义只按行动本身的结果（好或坏）去判断一个行动是否正当。"它仅根据行为所产生的好与坏的整个结果，即根据该行动对全人类的福利所产生的效果，来判断一个人行动的正确或错误。"⑦ 据此分析功利刑论者的理论，贝卡利亚、边沁等议论的"罪刑阶梯"和"刑罚轻重设置的五个规则"等，正是关注或致力于罪刑规范设置之合理性的适例；而龙勃罗梭等主倡的根据犯罪人的不同分类分别适用刑罚等，也正是将理论重心置于刑罚运用之效果，即行为之目的性的典型。由此不难看出，将功利主义分为规范功利主义和行为功利主义两支，是符合伦理哲学中关于功利主义划分的基本精神的。

规范功利主义刑罚论诞生于17世纪末18世纪初，在当时的资产阶级启蒙

---

① [日] 木村龟二主编：《刑法学词典》，上海翻译出版公司1991年版，第408页。
② 高铭暄主编：《刑法学原理》（第一卷），中国人民大学出版社1993年版，第189页。
③ 何秉松：《试论1997年刑法的罪刑相当原则》（下），载《政法论坛》1997年第6期。
④ 陈兴良、邱兴隆：《罪刑关系论》，载《中国社会科学》1987年第4期。
⑤ 何秉松：《试论1997年刑法的罪刑相当原则》（下），载《政法论坛》1997年第6期。
⑥ [英] 斯马特·威廉斯著：《功利主义：赞成和反对》，伦敦，1973年版，第9页。
⑦ [英] 斯马特·威廉斯著：《功利主义：赞成和反对》，伦敦，1973年版，第3页。

思想家的各种论著中初露端倪。如英国的洛克在《政府论》中指出:"处罚每一种犯罪的程序和轻重,以是否足以使罪犯觉得不值得犯罪,使他知道悔悟,并且警戒别人不犯同样的罪行而定。"① 还有法国著名的启蒙思想家孟德斯鸠在《论法的精神》中也指出:"惩罚犯罪应该总是以恢复秩序为目的。"② 此外,法国的卢梭在《社会契约论》中也指出:"刑罚频繁总是政府衰弱或者无能的一种标志。绝不会有任何一个恶人,是我们在任何事情上都无法使之为善的。我们没有权利把人处死,哪怕是以儆效尤,除非对于那些如果保存下来便不能没有危险的人。"③ 所有以上这些论述,都指明了刑罚的目的在于预防犯罪,以维护社会法律秩序。意大利的贝卡利亚由于受到上述启蒙思想家的启迪和影响,他在其名著《论犯罪与刑罚》一书中,首次系统地论述了刑罚的预防犯罪的作用。他指出:"刑罚的目的既不是摧残一个感知者,也不是要消除业已犯下的罪行……刑罚的目的仅仅在于:阻止犯罪再重新侵害公民,并规诫其他人不要重蹈覆辙。""只要刑罚的恶果大于犯罪带来的好处,刑罚就可以收到它的效果。"④ 因此,刑罚的程度不能超过这个界限,否则就是不公正的、蛮横的。他坚决反对残酷的刑罚,他认为,刑罚的残酷性会造成两个同预防犯罪宗旨相违背的有害结果。第一,不容易使犯罪与刑罚之间保持实质的对应关系。第二,严酷的刑罚会造成犯罪不受处罚的情况。他还指出,刑罚的确实性和必然性是罪刑相称的必然要求。"对于犯罪最强有力的约束力量不是刑罚的严酷性,而是刑罚的必定性。"⑤ 应当使人们认识到刑罚是犯罪的必然结果,即有罪必有刑,才能有效地预防犯罪。"如果刑罚并不一定是犯罪的必然结果,那么就会煽惑起犯罪不受处罚的幻想。"⑥

追随贝卡利亚预防犯罪思想的学者当数功利主义的创始人边沁。他说:"孟德斯鸠意识到了罪刑相称的必要性,贝卡利亚则强调了它的重要性,然而他们仅仅做了推荐,并未进行解释;他们未告诉我们相称性由什么构成。让我们努力弥补这一缺憾,提出计算这个道德原则的主要规则。"⑦ 紧接着,他提出了以下五个主要规则:第一,刑罚之苦必须超过犯罪之利。他说,为预防一种犯罪,抑制动机的力量必须超过诱惑动机的。作为一个恐惧物的刑罚必须超

---

① [英] 洛克著:《政府论》(下篇),商务印书馆1964年版,第9—10页。
② [法] 孟德斯鸠著:《论法的精神》(上册),商务印书馆1963年版,第200页。
③ [法] 卢梭著:《社会契约论》,商务印书馆1980年版,第47页。
④ [意] 贝卡利亚著:《论犯罪与刑罚》,中国大百科全书出版社1993年版,第81页。
⑤ [意] 贝卡利亚著:《论犯罪与刑罚》,中国大百科全书出版社1993年版,第81页。
⑥ [意] 贝卡利亚著:《论犯罪与刑罚》,中国大百科全书出版社1993年版,第60页。
⑦ [英] 边沁著:《立法理论——刑法典原理》,中国人民公安大学出版社1993年版,第68页。

过作为诱惑物的罪行。在这一点上,他与贝卡利亚是有区别的。贝卡利亚强调的是,只要刑罚的恶果大于犯罪所带来的好处就足够了,过于严厉的刑罚会带来有害的后果。而边沁却认为:"一个不足的刑罚比严厉的刑罚更坏。因为一个不足的刑罚是一个应该彻底抛弃的恶,从中不能得到任何好结果。"第二,刑罚的确定性越小,其严厉性就应该越大。或者说,刑罚越确定,所需严厉性越小。基于同样的理由,刑罚应当尽可能随罪行而发生,因为它对人心理的效果将伴随时间间隔而减弱。此外,间隔通过提供逃避制裁的新机会而增加了刑罚的不确定性。第三,当两个罪行相联系时,严重之罪应适用严厉之刑。从而使罪犯有可能在较轻阶段停止犯罪。边沁认为,当一个人有能力和愿望犯两个罪行时,可以说它们是相联系的。一个强盗可能仅仅满足于抢劫,也可能从谋杀开始,以抢劫结束。对谋杀的处罚应该比抢劫更严厉,以便威慑其不犯更重之罪。第四,罪行越重,适用严厉之刑以减少其发生的理由就越充足。边沁认为,刑罚的痛苦性是获取不确定好处的确定代价。对小罪适用重刑恰恰是防止小恶大量支出。第五,不应该对所有罪犯的相同之罪适用相同之刑。必须对影响感情的某些情节予以考虑。边沁认为,相同的含义之刑不是相同的实在之刑。年龄、性别、等级、命运和许多其他情节,应该调整对相同之罪的刑罚。① 为了使刑罚本身可以适应上面提到的比例相称规则,边沁认为,刑罚应当具有以下特质:1) 它应该具有多与少的可变性,或者说可分割性,以使之符合罪行严重性的差异。2) 本身平等——它应该在某种程度上对所有犯同样之罪的人都一模一样适应他们不同层次的感受力。3) 可成比例——如果一个人有机会犯两个不同之罪,那么法律应该促使其不犯更严重的那一个。4) 与罪行的相似性——如果刑罚具有某种与罪行相似或类似的特性,即与罪行有共同属性,那么就极易加深记忆,给人留下强烈印象。5) 示范性——一种不明显的实在刑罚将无法引起公众的注意。一个伟大的策略是增加刑罚的明显性而不增加其实在性。这一目的或者可以通过选择刑罚本身,或者通过引人注意的庄重的执行方式来实现。6) 经济性——刑罚的严厉程度应该只为实现其目标而绝对必需,所有超过于此的刑罚不仅是过分的恶,而且会制造大量阻碍公正目标实现的坎坷。7) 减轻或免除——必须指出所适用的刑罚不应该是绝对不可变异的,因为可能发生某些不幸的情况使所适用之刑罚缺乏法律根据。只要证明存在不完善的可能性,只要承认可能有骗人的表象,只要人们缺乏辨别某些真伪的标准,那么,确保两方安全的最重要的原则之一是不应认为刑法是绝对不可更改的,除非已经存在非常清楚的必要证据。从边沁对罪刑对称主要规则

---

① [英] 边沁著:《立法理论——刑法典原理》,中国人民公安大学出版社 1993 年版,第 68—69 页。

的设计到其对刑罚特质的论述,我们可以看出他的观点不仅十分精确而且具有一定的可操作性。当然,边沁也敏锐地觉察到罪刑之间的这种对称只是相对的。因而他指出:罪刑相称不应该是这种数学化的相称,从而避免法律的过分细微、复杂和模糊,简明与明确是更重要的价值。有时为了赋予刑罚更引人注目的效果,为了更好地鼓励人们对预备犯罪之恶的憎恨,可能牺牲彻底的相称性。①

继贝卡利亚、边沁之后,从规范功利主义立场进一步阐述罪刑关系的,是德国的刑法学家费尔巴哈。他受功利主义哲学的影响,认为人是理性的享乐动物,具有"趋利避害"、"避苦趋乐"的本性。于是,他提出了著名的"心理强制说"。其核心思想是:人是在受到"潜在于违法行为中的快乐"的诱惑与"不能得到快乐时所潜在的痛苦的压迫"情况下实施犯罪行为的。② 如果国家以法律的形式把刑罚作为犯罪的必然后果预先加以规定,并对实施犯罪者立即执行法律上规定的刑罚,那么,意欲犯罪者就不得不在心理上对犯罪的利弊进行仔细的权衡,并因恐惧受刑之苦而舍弃犯罪之乐,自觉地抑制"违法的精神动向",使之"不发展为犯罪行为"。费尔巴哈认为,犯罪是人类卑劣性格的表现,而刑罚是国家依据现实的制定法,凭据客观标准对犯罪人所实施的制裁。这种制裁与道德或神意制裁截然不同,其目的并不是正义的回复,而是借助法律的制裁力量以威慑社会,发挥心理上的强制作用,使人们不敢以身试法,从而主动抑制自己的卑劣性格。在费尔巴哈看来,刑罚的作用有二:其一,是在具体的犯罪发生后,国家依据刑法法规对特定的犯罪人实施处罚,是刑罚对具体犯罪的否定,对具体犯罪者的体现。其二,是在刑法制定和公布于社会后,通过其实施,对一般人产生心理强制作用,同时引起社会的注意,使大众提高对犯罪危害的警惕性,是刑罚对于一般犯罪的否定。

关于以上规范功利主义论者对罪刑相适应原则的确切解释,不同学者之间的看法也有所差异。美国学者戈尔丁认为:"到底能赋予罪刑相适应观念以什么意义呢?边沁详细讨论了这个问题,"这就是,刑罚的总量应当是:"1)足以抗衡对从事既定犯罪行为的诱惑;2)不多于足够的程度。"我国著名刑法专家陈兴良教授将规范功利主义的一般观点概括为:"刑罚不是与已然的犯罪相适应,而是应当与足以有效制止其他人犯罪相适应。"但对此观点,刑法学界也有持异议者。③ 从国外学者的观点来看,美国学者戴维认为:黑格尔提出衡

---

① [英]边沁著:《立法理论——刑法典原理》,中国人民公安大学出版社1993年版,第70页。
② 邱兴隆:《费尔巴哈早期刑法思想剖析》,载《外国法学研究》1986年第1期。
③ 何秉松:《试论1997年刑法的罪刑相当原则》(下),载《政法论坛》1997年第6期。

量罪行轻重的唯一标准是该犯罪行为对社会的危害程度,"这也正是贝卡利亚的观点。和黑格尔一样,贝卡利亚拒绝其他的衡量标准,诸如以罪犯的内心邪恶程度作为量刑标准……在这一点上,我们可以看出,贝卡利亚与黑格尔是一致的,他们都认为,对各种具体犯罪可能施以不同的刑罚,是因为在社会条件不同的情况下,各种犯罪给社会造成的危害后果不同。在一个不开化的和组织结构松散的社会中,一项表面上看来轻微的犯罪,可能会受到严厉的制裁。这是因为尽管是轻微犯罪,也会使社会秩序为之混乱。而在现代比较稳定的社会中,黑格尔与贝卡利亚都认为,可能而且应该减轻刑罚,因为同样的罪行可能摧毁一个野蛮的社会,而对一个文明的社会仅有轻微的影响。"①

笔者认为,虽然上述两种见解都对一般预防论者的罪刑相适应的主张作了说明,但仍嫌不尽确切。一方面,无论是贝卡利亚,还是边沁或费尔巴哈,他们的立论均未排斥适用刑罚与已然犯罪的联系。贝卡利亚是主张刑罚与已然犯罪相适应的,只不过"他的对称论比较注重整个刑罚体系在宏观上的层次性,认为只有通过刑罚阶梯的层次性,才能为人们提供一个切实的功利标准,使他们经过利弊衡量后放弃无利可图的犯罪意念,从而达到维护社会正常秩序的目的"。② 而边沁则明确指出:"当两个罪行相联系时,严重之罪应适用严厉之刑,从而使罪犯有可能在较轻的阶段停止犯罪。"③ 至于费尔巴哈的心理强制说则强调,刑罚的科处应以犯罪行为而非行为人为标准。由此可见,断言规范功利主义的观点为"刑罚不是与已然的犯罪相适应",实际上并未把握其精神实质。另一方面,将贝卡利亚与黑格尔相提并论也并非恰当。因为,贝卡利亚是典型的刑罚目的论者,他主张,除了已然的犯罪行为之外,还应当根据预防犯罪的实际需要,全面斟酌、决定与之相适应的刑罚。而黑格尔则是典型的等值报应论者,他主张从犯人的行为中去寻求刑罚的概念和尺度,其结论只能是,刑罚是犯罪的扬弃即报复。由此我们不难得出这样的结论:其一,规范功利主义并不否定已然犯罪行为的社会危害性对刑罚的决定作用;其二,行为的社会危害性不是决定刑罚的唯一根据,除此之外,还应当考虑影响预防犯罪的其他因素;其三,在罪刑关系中,刑罚宜趋于严厉,以起到威慑、警戒作用,但要控制在足够的限度以内。

行为功利主义刑罚论缘起于 19 世纪后半期。它是近代资本主义社会阶级矛盾日渐突出,现代自然科学的兴起和迅速发展,特别是法国实证主义哲学的

---

① [美] 戴维:《论贝卡利亚的刑法思想》,载《法学译丛》1984 年第 5 期。
② 黄风著:《贝卡利亚及其刑法思想》,中国政法大学出版社 1987 年版,第 115 页。
③ [英] 边沁著:《立法理论——刑法典原理》,中国人民公安大学出版社 1993 年版,第 69 页。

出现所产生的结果。其代表人物主要有意大利的龙勃罗梭、菲利以及德国的李斯特等人。龙勃罗梭是意大利著名的人类学家、解剖学家和精神病专家,刑事人类学派的创始人。他运用生物学方法研究犯罪人的生理特征,提出了以犯罪人身体素质分析为基础的"天生犯罪人论"、"犯罪遗传论"和新颖的社会防卫理论。龙氏及其后继者菲利和加罗法洛都对犯罪人进行了不同的分类,并强调依照不同犯罪人种类,给予与之相应的死刑、终身隔离或流放荒岛等不同的惩罚,① 以剥夺犯罪人的犯罪能力,真正起到控制和预防犯罪的作用。显而易见,龙勃罗梭、菲利等人的罪刑理论已完全摒弃了报应主义关于刑罚与已然犯罪相适应和规范功利主义关于刑罚与已然犯罪基础上的一般预防需要相适应的原则,而主张刑罚与犯罪人的社会危险性相适应。他们的这一理论的问世,不仅改变了人们长期以来对犯罪问题的研究方法,也打破了刑事古典学派的诸多主张,他们由注重对犯罪行为的研究代之以对犯罪人的研究,从而完成了由客观主义刑法向主观主义刑法的历史性转变。

同属近代学派但与龙勃罗梭的犯罪人类学立场截然对立的是法国里昂学派。其主要代表人物拉加萨涅是里昂大学的法医学教授。与龙勃罗梭一样,他在开始研究犯罪问题时,同样出于人类学的基本思考。但在研究中,他却得出了与人类学派相悖的观点,并最终形成了一整套同人类学派彻底决裂的理论。拉加萨涅主张"社会环境决定论",认为犯罪是特定的社会条件和特定的社会弊端所造成的。"每一个社会都有它咎由自取的罪犯。"② 这就是刑事社会学派之先声。刑事社会学派的杰出代表人物德国学者李斯特折中了近代学派中许多学者的观点,提出了二元的犯罪原因论,即犯罪有两个原因,一是社会原因,二是个人原因。并强调社会原因,认为大众的贫穷是培养犯罪的最大基础。因而,国家不应注重惩罚作为社会环境牺牲品的犯罪人,而应当借助刑罚来教育改善犯罪人,使其尽快复归社会。刑罚的运用,应以犯罪人的性格、恶性、反社会性为标准,进行个别的量定,以适应矫正的目的——这就是刑罚个别化。刑罚个别化不是对罪刑相适应原则的否定,而是对罪刑相适应原则的一种新的阐释。正如甘雨沛教授指出的那样,个别化过程所体现的罪刑相适应不是从行为上等量或等值报应刑论的罪刑相适应,而是从行为者个人各方面情况所决定的分配原则的罪刑相适应。这样的相适应是体现真实"平衡原则"的罪刑相适应。通常称此为"分配主义"的罪刑相适应,是实质性的罪刑相适应,也是现

---

① [意] 加罗法洛著:《犯罪学》,中国大百科全书出版社 1996 年版,第 126 页。
② 张筱薇著:《比较外国犯罪学》,百家出版社 1996 年版,第 102—103 页。

代刑罚体现实质合理化的具体措施之一。①

综上所述，无论是规范功利主义还是行为功利主义，二者都共同关注对犯罪人适用刑罚的实际效用。在预防犯罪的具体方略上，贝卡利亚、边沁和费尔巴哈等均以一般预防为侧重强调刑罚的威慑作用；龙勃罗梭及李斯特等重视特别预防，但是龙勃罗梭注重通过剥夺犯罪人的犯罪能力来防卫社会；李斯特则力倡教育刑论，强调充分发挥刑罚的改善、矫正作用。

功利主义刑罚观作为罪刑相适应原则的理论基础之一，与报应主义刑罚观相比较，在理论基础和研究方法上都有很大的突破，其中蕴涵着很多合理、进步的因素。例如，贝卡利亚、边沁等倡导的规范功利论一改近代刑法学注释性研究的方法论，充分运用当时先进的哲学思想和自然科学原理，对刑罚制度、死刑问题、犯罪定义及预防犯罪等课题都提出了切中时弊的精辟论述。又如，龙勃罗梭、李斯特等力倡的行为功利论一改古典学派规范学理论色彩，把对犯罪的抽象研究转向现实的对犯罪人的实证研究，进而提出了犯罪的多元原因论、刑罚个别化理论以及保安处分为特色的社会防卫理论，等等，其真知灼见在近代刑法理论发展中的作用是不可低估的。然而，尽管如此，功利主义刑罚观囿于其自身的局限性，其不足之处也是非常明显的。其主要缺陷有以下几点：其一，由于功利刑论片面关注刑罚适用之目的，强调刑罚的分量应决定于防卫社会的需要，否认已然的犯罪对于刑罚分量的决定作用，从而失去了刑罚与犯罪之间的对等关系，因此极易损害刑罚的公正价值。其二，行为功利刑论仅仅着眼于未然的犯罪可能性，将行为人的人身危险性作为处刑的基础，这种不以行为人的客观危害与主观恶性作为定罪处刑的标准的做法，容易使罪刑相适应原则失去客观性与科学性。其三，功利刑论片面强调刑罚的某种直接功能，诸如威慑、剥夺、矫正功能等，而忽视刑罚整体效果的发挥，因而不利于刑罚目的的实现。

3. 罪刑相适应原则在我国刑事立法中的体现

罪刑相适应原则，作为我国刑法所确立的一项重要的基本原则，在我国刑事立法中，无论是刑法总则，还是刑法分则，都充分地体现了这一原则。

（1）罪刑相适应原则在我国刑法总则中的体现

刑法总则是我国刑法的重要组成部分，其规定的内容主要是关于犯罪与刑事责任的一般原理、原则的规范体系，这些规范是认定犯罪、确定刑事责任所必须遵守的共同的规则。因此，刑法总则部分所规定的内容对于整个刑法分则的适用都具有十分重要的指导意义。罪刑相适应原则在我国刑法总则中的体现

---

① 甘雨沛著：《比较刑法学大全》，北京大学出版社1997年版，第527页。

主要表现在以下几个方面：

第一，关于犯罪形态的相应性规定。

根据我国刑法的规定，犯罪形态可分为犯罪的完成形态与未完成形态两种不同的形式。其中犯罪的完成形态也就是犯罪的既遂，一般是指行为人所实施的犯罪行为已经完全具备刑法分则所规定的某种犯罪的全部构成要件。由于犯罪既遂是我国刑法分则设立的标准模式，在对某种犯罪进行定罪处罚时，即可直接按照刑法分则有关规定处理。

除了犯罪的完成形态之外，在我国刑法总则的规定中，还有三种未完成形态，这就是犯罪预备、犯罪未遂和犯罪中止。由于犯罪预备、犯罪未遂和犯罪中止处于不同的犯罪阶段，它们在客观危害和主观恶性上均有一定的差异，因此，刑法对其所规定的处罚原则的轻重也有所区别，从而体现了罪刑相适应的原则。

1) 预备犯的处罚原则

根据刑法第22条第1款之规定："为了犯罪，准备工具、制造条件的，是犯罪预备。"据此，所谓预备犯是指已经实施犯罪的预备行为而被迫停顿在预备阶段的犯罪人。关于预备犯的处罚原则，从各国立法例看，对其进行处罚的主张各有不同，有的主张不处罚预备行为，因而在刑法总则和分则中均无处罚预备犯的规定；多数国家主张原则上不处罚，只在刑法分则条文中有特别规定应予处罚的预备行为时，才予以处罚；有的主张在刑法总则中规定对一切预备犯都应当处罚。上述主张处罚预备犯的，对其处罚原则主要有两种主张：一是必减主义，即对预备犯必须比照既遂犯减轻处罚；二是得减主义，认为对预备犯可以比照既遂犯减轻处罚，是否减轻，由审判机关酌情决定。

我国刑法第22条第2款规定："对于预备犯，可以比照既遂犯从轻、减轻处罚或者免除处罚。"这一规定是符合我国国情的。因为预备犯在客观上实施了为顺利完成犯罪准备工具、制造条件的行为，主观上具有犯罪的故意，符合犯罪构成的特征，应当承担刑事责任。但是，犯罪预备毕竟没有造成实际的社会危害后果，距离完成犯罪不论从空间上还是时间上都还有一定距离，其危害一般不同于犯罪未遂或既遂，因此，刑法规定可以比照既遂犯从轻、减轻或者免除处罚。在审判实践中，应当根据预备犯的不同情况，遵循罪刑相适应的原则，对预备犯一般都可以比照既遂犯从轻、减轻或者免除处罚。但对于犯罪性质严重、情节特别恶劣、主观恶性大的预备犯，也可以不予从宽处罚。

2) 未遂犯的处罚原则

根据刑法第23条第1款之规定："已经着手实行犯罪，由于犯罪分子意志以外的原因而未得逞的，是犯罪未遂。"据此，所谓未遂犯是指已经着手实行犯罪，由于意志以外的原因而未得逞的犯罪人。未遂犯与预备犯相比，其社会危害性的程度要大，而与犯罪既遂相比，则要小。因此，刑法第23条第2款规定："对于未遂犯，可以比照既遂犯从轻或者减轻处罚。"

运用刑法对未遂犯规定的处罚原则时，应注意把握以下三点：

一是刑法规定对未遂犯可以比照既遂犯从轻或者减轻处罚，而未规定应当从轻或者减轻处罚。据我们理解，除少数犯罪性质特别严重、情节特别恶劣、主观恶性特别深、其他后果特别严重的未遂犯可以不从轻或者减轻处罚外，一般都可以从轻或者减轻处罚。

二是可以比照既遂犯从轻或者减轻处罚的未遂犯，在具体量刑时，应当考虑以下因素进行区别对待：①未遂行为距离犯罪既遂的远近程度。一般来说，距离犯罪既遂远的要比距离犯罪既遂近的从轻或者减轻的幅度大。②未遂行为的不同类型，反映了不同的社会危害程度。一般说，已了未遂的社会危害性相对大于未了未遂，能犯未遂相对重于不能犯未遂。如果其他情节相似，后者从轻、减轻的幅度要大。③实际损害的有无或大小，是从轻或者减轻处罚的重要参考。

三是刑法没有规定对于未遂犯可以免除处罚，这是因为未遂犯相对于预备犯而言，其距离犯罪既遂的程度更近，因此，对社会造成的威胁和危险性更大。所以，根据罪刑相适应原则，对于未遂犯没有规定可以免除处罚是正确的。但是，值得注意的是，如果未遂犯符合刑法第37条规定"犯罪情节轻微不需要判处刑罚的"条件，或者有其他法定免除处罚条件的，比如符合自首或立功免除处罚条件的，可以免除处罚。

3）中止犯的处罚原则

根据刑法第24条第1款之规定："在犯罪过程中，自动放弃犯罪或者自动有效防止犯罪结果发生的，是犯罪中止。"据此，中止犯是指犯罪行为符合犯罪中止特征的犯罪人。关于中止犯，各国刑法采取的主要是必减主义和得减主义两种原则。我国刑法根据罪刑相适应原则，对于中止犯也基本上采取的是上述两种原则。中止犯虽然在主观上具有犯罪的故意，客观上实施了危害社会的行为，应当负刑事责任。但是，其犯罪故意在犯罪过程中发生了变化，由追求犯罪结果转化为自动放弃犯罪，并停止了犯罪行为或者积极地防止了危害结果的发生。这不仅表明其主观恶性减少，而且在客观上也减轻了对社会的危害。因此，对中止犯的处罚应有别于预备犯、未遂犯。现行刑法第24条第2款明确规定："对于中止犯，没有造成损害的，应当免除处罚；造成损害的，应当减轻处罚。"这一规定，不仅明确将不同情况的中止犯的刑事责任区别开来，便于实际操作，而且充分体现了罪刑相适应原则，充分表明立法者鼓励犯罪分子自动中止犯罪的意图及区别对待的政策精神。

第二，关于共同犯罪人刑事责任的相应性规定。

根据刑法第25条第1款的规定："共同犯罪是指二人以上共同故意犯罪。"从共同犯罪的概念中，我们不难看出，共同犯罪的成立必须具备以下三个方面的特征：第一，犯罪主体必须是两个以上的自然人或者单位；第二，行为人在主观上必须具有共同的犯罪故意；第三，行为人在客观上必须具有共同的犯罪行为。

根据刑法第26条至第29条之规定，我国刑法依照犯罪人在共同犯罪中所起的作用以及犯罪分工情况，将共同犯罪人分为主犯、从犯、胁从犯和教唆犯四种。在以上四种共同犯罪人中，除了教唆犯具有其特殊性之外，其他三种犯罪人都是以犯罪人在犯罪中所起的作用为标准来划分的，因此，在对其处罚上也体现了罪刑相适应的原则。

1）主犯的刑事责任

根据刑法第26条第1款之规定："组织、领导犯罪集团进行犯罪活动的或者在共同犯罪中起主要作用的，是主犯。"从这一规定中，我们不难看出，主犯有以下两种情况：一是组织、领导犯罪集团进行犯罪活动的犯罪分子，即通常所说的组织犯，这种主犯只限于犯罪集团才存在。二是在共同犯罪中起主要作用的犯罪分子。这类主犯有以下三种情况：其一是犯罪集团中的其他主犯；其二是在某些聚众犯罪中起组织、策划、指挥作用的犯罪分子；其三是在一般共同犯罪中起主要作用的犯罪分子。

主犯历来是刑法打击的重点，各个国家对其刑事责任都采取从重的原则。刑法第26条第3款规定："对组织、领导犯罪集团的首要分子，按照集团所犯的全部罪行处罚。"第4款规定："对于第三款规定以外的主犯，应当按照其所参与的或者组织、指挥的全部犯罪处罚。"这两款规定的精神主要在于：

一是突出了对犯罪集团的首要分子的打击。犯罪集团的首要分子是指在犯罪集团中起组织、策划、指挥作用的犯罪分子。由于这种犯罪分子是整个犯罪集团的核心人物，是主犯之中的主犯，因此其社会危害性也属重中之重，因此，犯罪集团的首要分子不论是否参与实施了具体的犯罪行为，只要是犯罪集团共同犯下的罪行，都应当承担刑事责任。

二是对其他主犯也规定了具体的量刑原则。即按照其所参与的或组织、指挥的全部犯罪处罚。就此规定来看，对犯罪集团的其他主犯的处罚较之犯罪集团的首要分子显然为轻，即不是按照犯罪集团所犯的全部罪行，而是按照其本人直接参与的或者组织、指挥的全部犯罪处罚。这样规定，既体现了与组织、领导犯罪集团的首要分子区别对待的原则，又贯彻了主犯从重的精神。

2）从犯的刑事责任

根据刑法第27条第1款的规定："在共同犯罪中起次要或者辅助作用的，是从犯。"从刑法对从犯的规定来看，共同犯罪中的从犯主要有两种人：一是在共同犯罪中起次要作用的犯罪分子；二是在共同犯罪中起辅助作用的犯罪分子。由于从犯是相对于主犯而言的，其在共同犯罪中所起的作用较之主犯为轻，因此，根据罪刑相适应的原则，刑法对从犯的刑事责任采取的是必减原则。依据刑法第27条第2款的规定："对于从犯，应当从轻、减轻处罚或者免除处罚。"这里的"必减"，是针对刑法分则所规定的该项犯罪的法定刑而言的。至于具体应当从轻、减轻，还是免除处罚，则要根据犯罪的性质、犯罪的情节以及该从犯在犯罪中所起的具体作用决定。

3）胁从犯的刑事责任

根据刑法第28条的规定，胁从犯是被胁迫参加犯罪的共同犯罪人。所谓"被胁迫"是指受他人的威胁或逼迫，即受到精神上的强制。胁从犯是在他人威胁、逼迫之下不敢或不能反抗，是在不自愿或不完全自愿的情况下才作出犯罪决定的。因此，相对于从犯而言，胁从犯是在被动的情况下参与犯罪的，他与积极主动参与犯罪的从犯在社会危害性上是有所差异的。根据罪刑相适应的原则，对于胁从犯的处罚也应当轻于从犯的规定。正基于此，刑法第28条规定："对于被胁迫参加犯罪的，应当按照他的犯罪情节减轻处罚或者免除处罚。"相对于从犯而言，虽然在刑事责任的承担方式上，对胁从犯也是采取的"必减"原则，但是，在处罚程度上却有很大的差异，从犯有"从轻"、"减轻"、"免除"三个不同的档次，而胁从犯只有"减轻"、"免除"两个不同的档次，显然后者的处罚比前者要宽。

4）教唆犯的刑事责任

根据刑法第29条的规定，教唆犯是指教唆他人犯罪的人。具体来说，就是故意引起他人实行犯罪的决意的人。在共同犯罪人当中，由于教唆犯是一种比较复杂的类型，在定罪量刑上也具有一定的特殊性，因此对其需要引起重视。一般来讲，教唆犯成立的主要特征有以下两个方面：第一，在客观上，行为人必须实施了教唆他人犯罪的行为；第二，在主观上，行为人必须具有教唆他人犯罪的故意。关于教唆犯的刑事责任也体现了罪刑相适应的原则。其具体情形可分为以下三种：

其一，被教唆人犯了被教唆的罪的，对于教唆犯应当按照他在共同犯罪中所起的作用处罚。起了主要作用的，按照对主犯的处罚原则处罚；只起次要或者辅助作用的，按照对从犯的处罚原则处罚。教唆犯通常是主犯，但在个别共同犯罪案件中，教唆犯也可能只起次要或辅助作用，如教唆他人帮助别人犯罪，在另一教唆犯的威逼下教唆他人犯罪等。因此，在处理时，应考虑教唆犯在共同犯罪中的不同情况，区别对待。

其二，如果被教唆人没有犯被教唆的罪，对于教唆犯可以从轻或者减轻处罚。所谓被教唆的人没有犯被教唆的罪，包括以下三种情况：第一，被教唆人拒绝了教唆人的教唆；第二，被教唆人虽然当时接受了被教唆人的教唆，但事后又放弃了犯意，或者尚未来得及进行任何犯罪活动；第三，被教唆人虽然当时接受了教唆人的教唆，但实际上实施的并非被教唆的罪，而是其他犯罪，并且这种其他犯罪与被教唆人的教唆之罪没有重合关系。在被教唆人没有实施被教唆的罪的情况下，由于教唆人主观上具有教唆的故意，且客观上实施了教唆的行为，所以仍构成独立的教唆犯。但是，考虑到教唆行为没有造成实际危害结果，所以法律规定，对于这种教唆犯可以从轻或者减轻处罚。

其三，教唆不满18周岁的人犯罪的，应当从重处罚。这是因为未成年人思想不成熟，辨别是非的能力较差，容易听信坏人的教唆而误入歧途。教唆未成年人犯罪是最恶劣的。为了更好地保护青少年，使其健康成长，对这种教唆犯从重处罚是完全正确的。

第三，关于过当行为的相应性规定。

过当行为在刑法理论上是与正当行为相反的称谓，主要包括防卫过当和避险过当两种不同的情形。防卫过当是对正当防卫制度的不正确运用，在很多情况下表现为对正当防卫权的一种滥用。所以我国刑法规定，防卫过当是一种犯罪行为，应当承担刑事责任。但是，防卫过当作为一种犯罪行为，又毕竟不同于一般的犯罪行为。这是因为，防卫过当是防卫行为的正当性和损害结果的非正当性的统一。防卫行为的正当性是指，实施防卫行为时确有不法侵害存在；不法侵害正在进行；防卫的目的是保护合法权益不受非法侵害；防卫行为是针对不法侵害者实施。可见，在正当防卫的五个正当要件中，防卫过当具备了四个。从这个意义上讲，防卫过当具有正当性的一面。但是，从另一方面看，防卫行为的强度和力度明显超过了不法侵害的强度和力度，对不法侵害人造成了重大损害，从而使合法的防卫行为变成了不法的侵害行为，也使正当性的行为变成了非正当性的行为。然而，尽管如此，由于防卫过当的行为毕竟不同于一般的犯罪行为，因此，根据罪刑相适应的原则，在对防卫过当的行为进行处罚时，也应当与一般犯罪有所区别。正因为如此，刑法第20条第2款明确规定："正当防卫明显超过必要限度造成重大损害的，应当负刑事责任，但是应当减轻或者免除处罚。"如同防卫过当的行为一样，避险过当也同样是避险行为的正当性和损害结果的非正当性的统一。虽然避险过当的行为是一种犯罪行为，但同样不同于一般的犯罪行为。因此，刑法第21条第2款明确规定："紧急避险超过必要限度造成不应有的损害的,应当负刑事责任,但是应当减轻或者免除处罚。"

第四,关于追诉时效期限的相应性规定。

所谓追诉时效,是指法律规定追究犯罪人刑事责任的有效期限,超过法定期限,就不得再对犯罪人提起诉讼。在刑法中规定追诉时效制度,不仅符合我国刑罚预防犯罪的目的,而且有利于司法机关集中精力打击现行犯罪和社会的安定团结。

关于追诉时效期限的规定,从世界各国的刑事立法来看,主要有以下几种模式:一是以罪种为标准设置追诉时效期限,如法国刑法典;二是以刑期为标准设置追诉时效期限,如我国刑法;三是以刑种为标准设置追诉时效期限,如瑞士刑法典;四是兼采罪与刑的双重标准设置追诉时效期限,如 1960 年苏俄刑法典;五是采取罪与刑相结合的标准设置追诉时效期限,如越南刑法典。[1] 我国刑法在追诉时效的期限问题上采取的是以刑期为标准来设置追诉时效期限的模式。以刑期为标准设置追诉时效期限的时间长短,是指依照法定刑之轻重不同来确定不同犯罪的追诉期限,这一模式从不同刑期的长短出发,从而推导出不同的追诉时效的社会危害性轻重也有所不同。例如,根据我国 1997 年刑法第 87 条的规定:"犯罪经过下列期限不再追诉:(一)法定最高刑为不满五年有期徒刑的,经过五年;(二)法定最高刑为 5 年以上不满十年年有期徒刑的,经过十年; (三)法定最高刑为十年以上有期徒刑的,经过十五年;(四)法定最高刑为无期徒刑、死刑的,经过二十年。"根据这一规定,我们可以清楚地看出,我国追诉时效期限的长短与法定刑的刑期长短有着十分密切的联系,一般来讲,法定刑刑期越短,其追诉时效则越短;相反,法定刑刑期越长,其追诉时效则越长。由于法定刑刑期的长短代表着一定犯罪的社会危害性的大小,因此,某种犯罪的社会危害性越小,其追诉时效则越短;相反,某种犯罪的社会危害性越大,其追诉时效则越长。由此可见,我国刑法关于追诉时效期限的规定也同样体现了罪刑相适应这一刑法的基本原则。只是值得一提的是,我国现行刑法关于追诉时效的规定也存在少数不合理之处,没有完全实现罪刑相适应这一基本原则。例如根据我国刑法所采取的立法方式,对于不存在刑期长短问题的死刑,显然就无法适用刑期这一标准。尽管我国刑法对此采取了变通方式,将法定最高刑为死刑的犯罪的追诉时效与无期徒刑并列规定,意在解决此种标准的不足,但是却相对显得更不合理。因为将剥夺犯罪人生命的极刑与仅剥夺自由的无期徒刑适用同一追诉时效期限,在本质上无法体现二者

---

[1] 于志刚著:《追诉时效制度研究》,中国方正出版社 1999 年版,第 223—227 页。

在严厉程度上的差异。

（2）罪刑相适应原则在我国刑法分则中的体现

刑法分则亦是我国刑法的重要组成部分，其规定的内容是关于具体犯罪和具体法定刑的规范体系，这些规范是解决具体定罪量刑问题的标准。因此，刑法分则是刑法总则内容的具体化。刑法总则与刑法分则的关系是一般与特殊、抽象与具体、共性与个性的关系。罪刑相适应原则在我国刑法分则中的体现主要表现在以下几个方面：

第一，我国刑法分则类罪的建立体现了罪刑相适应的原则。

我国刑法分则共规定有十大类犯罪，它们分别为危害国家安全罪，危害公共安全罪，破坏社会主义市场经济秩序罪，侵犯公民人身权利、民主权利罪，侵犯财产罪，妨害社会管理秩序罪，危害国防利益罪，贪污贿赂罪，渎职罪和军人违反职责罪。这十大类犯罪的排列基本上是依据社会危害性的大小进行的，体现了罪刑相适应的原则。

我国刑法分则对各类犯罪的排列基本上是以其侵害的权益的大小为序进行的。因此，侵害社会权益的重要性是对犯罪的社会危害性进行评价的首要标准。在所有的社会权益中，国家安全是对社会生存最重要的价值物。因为国家安全是作为社会的管理者与公民个人权益的保护者的国家生命之所在。国家一旦被颠覆，政府一旦被推翻，社会因失去正常管理者而将全盘陷入混乱，经济活动必然瘫痪，公民个人的生命、健康、自由、财产等所有权益都将失去保障。这就是刑法分则之所以将危害国家安全罪置于各章之首的主要原因。社会公共安全也是对社会生存至为重要的价值物，因为其是不特定多数人的生命、健康以及财产等的保障。社会公共安全得不到保障意味着不特定多数人而不只是某一个人的包括生命、健康、财产等在内的不特定权益将丧失殆尽。因此刑法分则将危害公共安全罪列为仅次于危害国家安全罪的严重犯罪，也是有一定的道理。至于国家的经济管理秩序，直接构成对作为国家经济、社会与个人财富来源的经济活动即生产与流通活动正常进行的保障，经济管理秩序一旦受到破坏，经济活动必然陷入混乱，国计民生的经济基础随即失去有效的保障。因此，国家经济管理秩序因事关国计民生而构成对社会生存最重要的价值物。这也是刑法分则之所以将破坏社会主义市场经济秩序罪置于第三位的理由之所在。关于公民个人的人身权利与民主权利，直接构成对作为社会成员的公民的生命、健康与自由等切身利益以及社会政治权利的保障，人身权利与民主权利的丧失，意味着公民的私有权益和载体与实现一切权益的前提的丧失。因此，人身权利和民主权利系公民个人最基本的价值物而构成对社会生存至为重要的权益，与此相适应，侵犯公民个人人身权利与民主权利的犯罪，同样是客观危害严重的类罪。国家、社会与公民个人的财产安全，是作为国家、社会与个人经济生活来源的财产的正常占有、使用、收益和处分的保障。财产安全得不到保护，意味着正常的经济交往与生活无法正常进行。因此，财产安全事关国家、社会与个人的经济生活而构成对社会生存至为重要的价值物。相应地，侵犯财产的犯罪是客观危害严重的犯罪。国家对社会的管理秩序，直接构成对国家机关职能的行使、社会团体与公民个人的正常社会交往与活动的保障，是社会公共生活正常进行的前提。社会管理秩序被破坏，意味着国家机关职能的无法正常行使，社会团体与公民个人的社会交往与活动无法正常进行，社会公共生活势必因而处于混乱状态。因此，国家对社会秩序的管理，因事关社会公共生活的正常进行而构成对社会生存至为重要的价值物。与此相适应，妨害社会管理秩序的犯罪也是一类客观危害严重的犯罪。以上六章犯罪顺序的排列基本上是与该类犯罪所侵犯的权益的价值的大小相适应的，至于其他各章的顺序排列虽然有一定的特殊性，但都基本上反映了这一分类规律。由此可见，我国刑法分则对十大类罪的排列从总体上体现了罪刑相适应的原则。

第二，我国刑法分则各节与具体罪名的排列体现了罪刑相适应的原则。

我国刑法分则体系的建立，除了各章的内容是依照其所侵犯的权益的大小、依照罪刑相适应的原则进行排列的以外，从刑法分则每一章内部所规定的各节犯罪和各种具体犯罪的罪名排序来看，也基本上是按照各自侵犯的社会权益的大小程度不同来进行排列的。例如，刑法分则第三章规定的破坏社会主义市场经济秩序罪共有八节，为什么要将生产、销售伪劣产品罪置于各节之首？这主要是考虑到这一节的犯罪的涉及面广，给社会经济造成的负面影响大，在所有破坏社会主义市场经济秩序的犯罪中社会危害性最大，故被排在第一节。而走私罪则由于其直接侵犯国家的对外贸易管制，加上这一节的犯罪本身又会引起并发症，从而给社会带来极大的消极作用，故被排在第二节。其他各节的罪名排列无不是以犯罪行为对社会主义市场经济秩序的危害程度的大小来进行排列的。又如刑法分则第四章规定的侵犯公民人身权利、民主权利罪，之所以将故意杀人罪列为本章之首，就是因为故意非法地剥夺他人生命的行为，是一种罪行极其严重的犯罪，较之于其他侵犯公民人身权利、民主权利的行为，其社会危害性最大，故被排在该章各种具体犯罪之首。至于其他各章的罪名在排列顺序上也基本上体现了罪重刑重、罪轻刑轻这一规律。

当然，在谈及我国刑法分则中各节、各罪的排列顺序时，有一个值得注意的问题是，我国刑法分则体系的建立，主要是依据犯罪的社会危害性来决定的。但是在少数情况下，为了照顾法条之间的内在联系，也有某些例外情况出现。例如，在侵犯公民人身权利、民主权利罪一章中，过失致人死亡罪和过失致人重伤罪并不比故意伤害罪和强奸罪的社会危害性大,却被排在该两罪之前,这主要是考虑到它们与故意杀人罪以及故意伤害罪法条内容之间的内在联系。在其他章节所规定的犯罪中,也还有类似的情况存在,但这些只是例外,并没有从根本上改变按照犯罪行为所侵犯的权益大小来进行排列的一般规律。

第三,我国刑法分则法定刑的配置体现了罪刑相适应的原则。

在我国的刑事立法中,根据罪刑相适应原则的要求,不仅对于不同罪质的犯罪规定了不同的刑罚幅度,即便是相同性质的犯罪,由于受到情节、后果或者数额等因素的影响,在其法定刑的配置上也有所不同,从而为司法机关正确地量刑提供了有力的法律依据。

关于法定刑配置对于量刑的影响,从我国刑法分则立法所规定的内容来看,主要表现在以下几个方面:

1) 通过犯罪行为造成的后果轻重将法定刑分为几个不同的幅度,从而体现罪刑相适应的原则。这一方面的规定又分为以下几种情况:

一是以有无造成严重后果将法定刑划分为两个不同的量刑档次,从而体现罪刑相适应的原则。例如,1997年刑法第116条规定:"破坏火车、汽车、电车、船只、航空器,足以使火车、汽车、电车、船只、航空器发生倾覆、毁坏危险,尚未造成严重后果的,处三年以上十年以下有期徒刑。"第117条规定:"破坏轨道、桥梁、隧道、公路、机场、航道、灯塔、标志或者进行其他破坏活动,足以使火车、汽车、电车、船只、航空器发生倾覆、毁坏危险,尚未造成严重后果的,处三年以上十年以下有期徒刑。"第118条规定:"破坏电力、燃气或者其他易燃易爆设备,危害公共安全,尚未造成严重后果的,处三年以上十年以下有期徒刑。"第119条规定:"破坏交通工具、交通设施、电力设备、燃气设备、易燃易爆设备,造成严重后果的,处十年以上有期徒刑、无期徒刑或者死刑。"以上规定就是将上述危害公共安全的犯罪从危险犯与实害犯的角度,依其有无造成严重后果将其分为两个不同的法定刑档次的。

二是以造成严重后果的程度将法定刑分为几个不同的量刑档次,从而体现罪刑相适应的原则。例如,1997年刑法第132条规定:"铁路职工违反规章制度,致使发生铁路运营安全事故,造成严重后果的,处三年以下有期徒刑或者拘役;造成特别严重后果的,处三年以上七年以下有期徒刑。"又如第133条规定:"违反交通运输管理法规,因而发生重大事故,致人重伤、死亡或者使公私财产遭受重大损失的,处三年以下有期徒刑或者拘役;交通肇事后逃逸或者有其他特别恶劣情节的,处三年以上七年以下有期徒刑;因逃逸致人死亡的,处七年以上有期徒刑。"以上两条规定就是从行为人的行为所造成的严重后果的程度上来进行划分的,这种划分可以帮助司法工作人员依据不同的情形分别适用不同的法定刑。

2）通过犯罪行为的情节轻重将法定刑分为几个不同的量刑档次，从而体现罪刑相适应的原则。这一方面的规定也可以分为以下两种情况：

一是以情节是否严重将罪与非罪严格划分开来，从而体现罪刑相适应的原则。例如1997年刑法第409条规定："从事传染病防治的政府卫生行政部门的工作人员严重不负责任，导致传染病传播或者流行，情节严重的，处三年以下有期徒刑或者拘役。"本条所规定的情节是否严重就是划分是否构成犯罪的标准。本条规定的内容以情节是否严重作为区分罪与非罪的界限，从而体现了有罪必罚、无罪不罚的精神。

二是以情节严重的程度将法定刑分为几个不同的量刑档次，从而体现罪刑相适应的原则。这一方面的规定在刑法分则所规定的条文当中比较常见。例如1997年刑法第390条规定："对犯行贿罪的，处五年以下有期徒刑或者拘役；因行贿谋取不正当利益，情节严重的，或者使国家利益遭受重大损失的，处五年以上十年以下有期徒刑；情节特别严重的，处十年以上有期徒刑或者无期徒刑，可以并处没收财产。"又如第399条规定："司法工作人员徇私枉法、徇情枉法，对明知是无罪的人而使他受追诉、对明知是有罪的人而故意包庇不使他受追诉，或者在刑事审判活动中故意违背事实和法律作枉法裁判的，处五年以下有期徒刑或者拘役；情节严重的，处五年以上十年以下有期徒刑；情节特别严重的，处十年以上有期徒刑。"从以上法条对情节的规定来看，它们都是以情节严重和情节特别严重对行贿罪和徇私枉法罪的法定刑来分档作出规定的。这样的规定，明确了法定刑的阈限，便于司法人员依法进行裁量。

3）通过犯罪数额的大小将法定刑分为几个不同的量刑档次，从而体现罪刑相适应的原则。这一方面的规定可以分为以下几种情况：

一是在立法上通过明确的数额规定，将某种犯罪分为几个不同的量刑档次，从而体现罪刑相适应的原则。例如1997年刑法第140条规定："生产者、销售者在产品中掺杂、掺假，以假充真，以次充好或者以不合格产品冒充合格产品，销售金额五万元以上不满二十万元的，处二年以下有期徒刑或者拘役，并处或者单处销售金额百分之五十以上二倍以下罚金；销售金额二十万元以上不满五十万元的，处二年以上七年以下有期徒刑，并处销售金额百分之五十以上二倍以下罚金；销售金额五十万元以上不满二百万元的，处七年以上有期徒刑，并处销售金额百分之五十以上二倍以下罚金；销售金额二百万元以上的，处十五年有期徒刑或者无期徒刑，并处销售金额百分之五十以上二倍以下罚金或者没收财产。"又如，第383条规定："对犯贪污罪的，根据情节轻重，分别依照下列规定处罚：(一)个人贪污数额在十万元以上的，处十年以上有期徒刑或者无期徒刑，可以并处没收财产；情节特别严重的，处死刑，并处没收财产。(二)个人贪污数额在五万元以上不满十万元的，处五年以上有期徒刑，可以并处没收财产；情节特别严重的，处无期徒刑，并处没收财产。(三)个人贪污数额在五千元以上不满五万元的，处一年以上七年以下有期徒刑；情节严重的，处七年以上十年以下有期徒刑。个人贪污数额在五千元以上不满一万元，犯罪后有悔改表现、积极退赃的，可以减轻处罚或者免予刑事处罚，由其所在单位或者上级主管机关给予行政处分。(四)个人贪污数额不满五千元，情节较重的，处二年以下有期徒刑或者拘役；情节较轻的，由其所在单位或者上级主管机关酌情给予行政处分。对多次贪污未经处理的，按照累计贪污数额处罚。"

二是在立法上通过笼统的数额规定，将某种犯罪分为几个不同的量刑档次，从而体现罪刑相适应的原则。这一方面的规定在刑法分则中也较为常见，尤其是在经济犯罪与财产犯罪的立法条文中更为多见。例如，根据《刑法修正案(八)》第39条的规定："盗窃公私财物，数额较大的，或者多次盗窃、入户盗窃、携带凶器盗窃、扒窃的，处三年以下有期徒刑、拘役或者管制，并处或者单处罚金；数额巨大或者有其他严重情节的，处三年以上十年以下有期徒刑，并处罚金；数额特别巨大或者有其他特别严重情节的，处十年以上有期徒刑或者无期徒刑，并处罚金或者没收财产。"对于在立法中没有明确规定犯罪数额的，虽然给司法机关在量刑时会带来一定的困难，然而通过司法解释可以弥补这一方面的缺陷。如1997年刑法实施后，对于盗窃罪的数额标准如何确定，《最高人民法院关于审理盗窃案件具体应用法律若干问题的解释》第3条就对此作出了较为明确的解释。据该条解释："盗窃公私财物'数额较大'、'数额巨大'、'数额特别巨大'的标准如下：(一)个人盗窃公私财物价值人民币五百元至二千元以上的，为'数额较大'。(二)个人盗窃公私财物价值人民币五千元至二万元以上的，为'数额巨大'。(三)个人盗窃公私财物价值人民币三万元至十万元以上的，为'数额特别巨大'。各省、自治区、直辖市高级人民法院可以根据本地区经济发展状况，并考虑社会治安状况，在前款规定的数额幅度内，分别确定本地区执行的'数额较大'、'数额巨大'、'数额特别巨大'的标准。"以上立法规定与司法解释都体现了罪刑相适应的原则。

第二章 犯罪概念多元论

第一节 犯罪的概念

什么行为是犯罪？这是一个亘古以来就存在争议的问题。不同的时代、不同的阶级、不同的学者，由于受到历史等各种因素的局限，对于这一概念的理解也存在各自不同的观点。然而，在我国刑法学界，长期以来，在研究犯罪概念的问题时，总是侧重于从政治与法律二者相结合的角度来研究，尽管这种研究方法本身有其合理性，但是，笔者认为，对于犯罪概念的研究仅仅局限于这两个领域，尚不能对犯罪概念产生全面的认识。因此，在本书中，笔者打破常规，首次采取分层剖析的方法，对有关犯罪的概念问题从各个不同的侧面进行了较为具体、细致的探讨。

一、神学意义上的犯罪概念

在刑法学理论上，要探求犯罪概念最初的内涵，只能从神学意义上开始。这是因为，无论在国内还是国外，犯罪的观念一般均衍生于人类对神灵的敬畏。因此，最早的犯罪概念就诞生于人类对神意的亵渎行为之中，将犯罪视为是对神意的亵渎，这一学说的渊源非常古老。其主要特点是认为神是人世间万事万物的主宰，世俗社会的秩序是神的安排，是神的秩序的反射。犯罪既然侵犯了世俗的秩序，实际上便是违背了神的意志。国家作为神在人世间的代言人，神的意志的体现，也是神圣不可侵犯的。法律亦是神的旨意，它体现了神意，是神在世俗社会的代表人物（国王、皇帝、君主）的命令。侵犯国家秩序以及神授的王权，违反体现神意的法律，便是冒渎神意"获罪于天"。国家就会秉承神意、"代天行罚",予以制裁,所以,神学本质观认为犯罪违反世俗法律的本质在于破坏神的秩序和神的意志。这样便把犯罪看成是违反神的意志的行为。神学本质观在奴隶社会就比较流行,在封建社会虽广为延续但在中国却与"礼、道、理、天"等观念交叉、并行、结合,形成神学本质观的很多变种。比如,从"代天行罚"的神权法观点到老子的"自然法"、墨子的"法天",以及董仲舒的"天人感应"观、朱熹的"存天理,灭人欲"等,就包含犯罪是违反神意天意的看法。又如,在欧洲中世纪,封建神权与政权结合占统治地位后,教会的信条成了政治信条,圣经的词句在法庭上具有非常高的法律效力,一切都从属于宗教神学。这一时期的教会法,从捍卫神学的权威出发,认为犯罪就是亵渎上帝、违反教规的行为,因而将违反教义或宗教信仰的行为宣布为犯罪,把叛教、崇信异教、另立教派、行妖术、巫术及亵渎圣物都定为特别宗教犯罪,以上帝的名义处死。与此同时,为愚弄人民,维护教会法所确立的信条,把一切科学都看成是违背教义的异端邪说而严加禁止,并将许多有名的科学家、学者、进步思想家作为异端以违背教义的罪名处死。教会法不仅标榜神化的思想,而且对封建土地所有制和财产关系也进行了神化,把破坏封建财产关系、触犯封建等级特权的行为视为"违反天意、破坏社会秩序"、"破坏上帝安宁"的犯罪而重罚,甚至以惩罚异端的名义残酷迫害。

神学意义上的犯罪概念代表着人类对犯罪概念的早期认识,这一认识与当时的社会生产力水平低下具有直接的关联性,是适应维护奴隶制、封建专制的需要而存在发展的观念。它的出现固然有其历史的根源,但这并不能说明它就是科学的。相反地,这一概念既有其历史的局限性,同时又有其认识的反科学性。因此,其非科学性是显而易见的。首先,神学意义上的犯罪概念建立在唯心主义世界观的基础上。由于在现实世界中,根本就没有神的存在,因此,将对神意的违背作为犯罪予以处治,既缺乏现实的依据,也难以令人置信。其次,界定犯罪的概念若以神为出发点,显然有违于社会发展的历史规律,因而不可能正确认识客观的犯罪规律和本质,因此是反科学的。最后,以神学的观念来界定犯罪的概念,是一切剥削阶级为了维护自己的统治秩序而为其制定的法律罩上的一层神圣的灵光,它是欺骗和麻痹被统治阶级的手段和方法,除了从一个侧面反映犯罪的阶级本质外,其对犯罪概念的解释完全是无稽之谈。

二、政治学意义上的犯罪概念

所谓政治学意义上的犯罪概念,是指从犯罪的阶级本质的角度对犯罪进行科学的分析所得出的结论。政治学意义上的犯罪概念的出现,是人类历史上一次伟大的变革。这一概念打破了以往各种意义上的犯罪概念对犯罪所作的神秘性、表面性、片面性和非科学性的表述,从而第一次将隐藏于犯罪背后的阶级本质揭示出来,实现了犯罪概念由形式意义上到实质意义上的根本转变。政治学意义上的犯罪概念的创立,是马克思和恩格斯对刑法学理论的伟大贡献,可以毫不夸张地说,它是人类对犯罪这一社会现象最为深刻的认识,从而开创了犯罪概念研究的新纪元。

对犯罪的概念从其阶级性的角度进行分析,不仅仅是一个分析视角的转换问题,而且是社会科学研究领域的一场伟大的革命。马克思和恩格斯从人类社会各个不同的历史时期的犯罪规律出发,通过高屋建瓴的概括和总结,从而透过犯罪的现象真正地把握了犯罪的本质之所在。这一具有划时代意义的犯罪概念的出现,不仅克服了西方资产阶级刑法学家对犯罪概念所作的种种形式意义上的解释存在的缺陷,而且从根本上揭示了犯罪的社会危害性与国家意志性之间的密切关系。也就是说,任何时代,在任何国家,将某种行为是否作为犯罪,其关键在于该行为是否侵害了统治阶级的统治利益和统治秩序。正是在这一意义上,马克思和恩格斯在他们所写的名著《德意志意识形态》一书中就曾深刻地指出:"犯罪——孤立的个人反对统治关系的斗争,和法一样,也不是随心所欲地产生的,相反地,犯罪和现行的统治都产生于相同的条件。同样也就是那些把法和法律看做是某种独立存在的一般意志的统治的幻想家才会把犯罪看成是单纯对法和法律的破坏。"[①] 马克思、恩格斯关于犯罪概念的这一论断,至少从以下四个方面揭示了犯罪的政治内容。

第一,犯罪是反对统治关系的斗争。这一层面的含义揭示了犯罪最本质的内容在于其侵犯了统治阶级的统治关系。在这里,所谓统治关系,是指在上居于统治地位的阶级利用手中掌握的国家权力建立起来的有利于统治阶级的社会关系。它表现为统治阶级控制、压迫被统治阶级的关系,同时也包括协调社会各阶级之间以及统治阶级内部的关系。反对统治关系的斗争,一般来说,主要来自不甘心服从这种统治关系的被统治阶级,同时统治阶级内部也有人出于个人或者小团体利益的考虑,起来反对现行的统治关系。掌握政权的统治阶级为了维护自己的统治,就宣布反对其统治关系的行为是犯罪,并给予相应的刑罚制裁。可见,某种行为之所以被认为是犯罪,从根本上讲,就在于它破坏了现行的统治关系。

第二,犯罪是孤立的个人反对统治关系的斗争。这里所说的"孤立的个人"并非只对某个阶级、国家或者民族的分散的个人而言的,而是相对于阶级、国家或者民族而言的。这里的"个人"也不能理解为犯罪只能由单独的个

[①]《马克思恩格斯选集》第3卷,第397页。

人才能构成，而不能以共同的方式出现。这是因为在某些共同犯罪中，尽管从其表现形式上看，它们不是由一个个单独的个人所组成的，然而在实质上，他们参与共同犯罪活动仍然是以个人的身份参加的。至于孤立的个人反对统治关系，则是指某一行为人反抗现行关系的不自觉的原始表现形式，即某一行为人出于经济上、生活上或精神上的某种原因，而以自己的行为侵犯了社会、他人乃至国家的根本利益。

第三，犯罪和现行的统治都产生于相同的条件。这一论断是从社会经济发展的角度说明了犯罪与现行统治关系的产生所共同具备的物质生活条件。它一方面说明了犯罪的产生来源于现实社会自身的内在因素，另一方面也说明了犯罪与现行的统治关系所产生的物质条件是相同的，也就是说，任何一个时代的犯罪的产生、发展与消亡与其现行统治关系的滋生、发展与变化都是建立在同一物质基础之上的，它们既相互对立，又相互统一。其对立性表现为犯罪是对现行统治关系的破坏行为，它从根本上侵犯了统治阶级的统治利益和统治秩序；而其统一性则表明，犯罪的产生和发展与现行统治关系的产生和发展是同步的，即社会发展到哪一步，犯罪与现行统治关系也会发展到哪一步，而且这一发展规律是不以人们的主观意志为转移的。因此，无论是在有阶级对抗的社会，还是在无阶级对抗的社会，犯罪的产生永远不会脱离固有的物质生活条件而孤立地存在，它总是伴随着一个时代的物质生活条件的发展而不断地发展。

第四，犯罪是单纯地对法和法律的破坏。法与法律并非独立自在的一般意志，也不是任意产生的，一个国家为何要制定或认可一部法律，归根结底，是基于一定的物质生活方式，根据维护现行统治的需要制定的。正如恩格斯所指出的："政治统治到处都是以执行某种社会职能为基础，而且政治统治只有在它执行了它的这种社会职能时才能继续下去。"[1] 正是由于法律的这种特性，所以把犯罪单纯地看做对法和法律的破坏，则过于肤浅，而没有从本质上去揭示隐藏在其背后的阶级本质。所以，马克思、恩格斯对这种思维方式给予了严厉的批判。从这里我们不难看出，犯罪的本质不在于其对所制定的法和法律的破坏，而在于其侵犯了统治阶级的统治利益和统治秩序，也就是统治阶级的国家意志性。

马克思主义关于犯罪概念的一般表述，从根本上揭示了犯罪的阶级本质和社会属性。作为无产阶级革命的先驱，马克思、恩格斯对犯罪问题的论述超越了以往任何一个时代的思想家所确立的各种不同的犯罪观点，其意义是划时代的。然而，由于马克思、恩格斯所确立的犯罪概念主要是从政治意义上来进行

---

[1]《马克思恩格斯选集》第3卷，第219页。

界定的，因此，虽然这一论断对于刑法学意义上的犯罪概念的研究具有非常重要的指导意义，但是，我们在对刑法学意义上的犯罪概念进行研究时，不能以犯罪的阶级本质来取代对犯罪的法律形式的研究，而只有将两者紧密地结合起来，才能更好地、更全面地认识犯罪的阶级本质和犯罪的法律特征。

三、伦理学意义上的犯罪概念

刑法是规定犯罪与刑事责任的法律规范，是以规制人的行为为内容并处罚犯罪人的法律；而道德规范则是人们在某种社会关系中应当普遍遵守的行为规范，它以善恶法则为内容，以其本身所具有的非强制性与法律相区别。然而，在我们的现实生活中，法律与道德虽然有所不同，但是它们却是彼此相依的，道德是法律形成的基础，而法律则是对道德的进一步提炼。作为犯罪而言，它也同样存在这样的一个问题，即犯罪是一种破坏法律的行为，同时也是一种不道德的行为。正由于犯罪是一种不道德的行为，所以对犯罪行为的谴责就不仅包含着对其本身的法律评价，也包含着对其本身的伦理评价。

从伦理意义上赋予犯罪以特定的内涵，是研究犯罪概念的一种重要的方法。其道理就在于，对犯罪行为的评价不仅仅是一个法律评价问题，还是一个道德评价问题，而且在一般情况下，对犯罪行为的评价首先是一个道德评价。只有当我们对某种行为在作出是否道德的基础上，然后才能评判其行为是否违反了法律，乃至最终其行为是否构成犯罪。正是在这一意义上，意大利犯罪学家加洛法罗就曾经指出："犯罪是违反社会的怜悯和诚实二道德情感的行为。"他对犯罪概念所下的这一定义，其目的就在于使犯罪概念与某一时期特殊的条件与要求、某个立法者特殊的观点相分离，从而在伦理意义上将犯罪行为所固有的属性抽象出来。这一方面固有的属性就表现为怜悯和诚实这两种最基本的道德情感。另外，荷兰犯罪学家赫尔曼纳斯·比安基也从伦理的角度提出了这样的一个概念，即犯罪是一种有罪孽的、受到伦理谴责的、挑衅性的错误行为。此外，有关犯罪的伦理概念，还有如下一些表述，如有人认为犯罪是出于不道德的动机而实施的不道德行为，犯罪的本质就在于犯罪人为了实现个人自由而实施侵害他人自由的行为。[①] 所有上述概念，都从道德上对犯罪的含义作了较为明确的规定。从以上几种比较典型的犯罪的伦理概念所揭示的内容来看，作为伦理学意义上的犯罪概念，一般来讲，具有以下几个方面的特性：

第一，犯罪是一种出于不道德的动机所实施的不道德行为。这一观点首先向我们表明，犯罪行为人所实施的行为，在主观上是出于不道德的意图，在客

[①] 参见刘广三著：《犯罪现象论》，北京大学出版社1996年版，第18页。

观上则是实行了不道德的行为。这种主观上的不道德意图,一般是在行为人不道德的动机直接推动下形成的。而促使行为人将不道德的意图付诸不道德行为时,行为人本身所具有的道德情感和道德意志对于其犯罪的最终形成起着十分重要的作用。

第二,犯罪是违背人类所固有的怜悯与诚实这两种道德情感的行为。怜悯与诚实,作为伦理意义上的犯罪概念所具有的两大基本要素,怜悯代表着人性的善的一面,而诚实则代表着人性的忠的一面。行为人实施某种犯罪,就是从根本上违背了这两大道德法则。如有关杀害无辜的行为,就违背了怜悯这一道德情感;而有关欺诈性行为,则违反了诚实这一道德情感。由于这两种道德情感是人类本身所固有的,因此任何伤害这两种情感之一的行为,都是对人类的犯罪。

第三,犯罪是有罪孽的、受到伦理谴责的错误行为。伦理学意义上的这一犯罪的属性,从两个方面揭示了其犯罪的特性。一是作为犯罪必须是有罪孽的行为,这一行为是伦理意义上的犯罪概念的核心特征,如果行为人没有罪孽的存在,也就不存在犯罪的问题(关于罪孽,其本义属于神学观念,在这里,由于它与伦理问题有关,故在此进行研究)。二是作为伦理意义上的犯罪概念,必须是受到伦理谴责的行为,这是伦理意义上的犯罪概念必须具备的限制性特征。这是因为,在我们的现实生活中,如果某种行为是不应当受到伦理谴责的,这种行为也不应当被视为犯罪。

总之,伦理意义上的犯罪概念所揭示的内容,只是从单纯的道德层面对犯罪的特性所作的说明。它与犯罪的其他意义上的概念相比,为犯罪的行为规定了一个共许的前提,这就是作为犯罪,必须首先是违背道德的行为,如果某种行为根本就不应当受到道德的谴责,就说明该行为不是犯罪。尽管伦理意义上的犯罪概念,没有从本质上揭示犯罪的政治内涵,也没有揭示其社会属性,但是它却为其他犯罪概念的确立提供了一个可供参照的道义标准,从而具有其本身所固有的认识价值。

四、社会学意义上的犯罪概念

犯罪作为阶级社会的产物,从它出现的那一天起,就对人类社会的发展起着非常消极的作用。这一消极作用的主要表现形式,就在于它给社会的公共秩序、社会规范和社会安宁带来了十分不利的影响。正是基于这一点,犯罪的概念包含着十分广泛的社会内涵。有关这一方面的论述相当丰富,例如,意大利犯罪学家菲利认为:"犯罪乃具有一定决意之权利侵害性的反社会行为。"英国分析法学派代表边沁认为:"犯罪是对公共秩序侵害的行为,是给社会造成的痛苦大于快乐的邪恶的行为。"除此之外，还有人认为，"犯罪是侵犯社会规范的行为（至于哪些行为属于此类行为，应由法律明文规定，法官不能任意解释，也不允许类推）；任何人在其罪行没有得到证明之前，根据法律应认为是无罪的（无罪推定）。""一切国家的法律，必须以人民的安宁为唯一目的。因此，凡反对和破坏这种安宁的行为，都应当认为是犯罪行为。""从社会文化、信仰和观点看来，犯罪是无价值的、同所确定的整个社会秩序相抵触的行为。""犯罪是危害社会的侵犯人类基本权利的行为。因此，种族歧视、性别歧视、殖民主义、经济剥削、侵略战争等也属于犯罪行为。"[①] 社会学意义上的犯罪概念主要是将着眼点放在犯罪的社会属性上。从以上几种关于社会学意义上的犯罪概念的表述来看，关于社会学意义上的犯罪概念具有以下几个方面的含义。

（一）**犯罪是一种反社会的行为。**犯罪是人类社会发展过程中产生的副产品，作为一种特殊的、消极的社会现象，这种行为突出地表现在行为人的行为对社会的破坏方面。而就其一般意义上而言，这种反社会的行为主要表现为对现存社会关系的敌视、蔑视和轻视。正如恩格斯曾经指出的那样："蔑视社会秩序最明显、最极端的表现就是犯罪。"[②] 一般来讲，人们的行为总是在一定的意识支配下实施的，作为犯罪的反社会行为也同样会受到行为人的反社会意识的制约。而行为人反社会意识的形成与行为人的家庭状况、所接受的教育、自身的人格和个性倾向性等具有较为密切的联系。一般来讲，家庭是社会的细胞，也是人格的塑造基地，家庭和睦温暖、重感情、守信义，则是孕育健全人格的良好环境；反之，如果家庭破裂、冷酷无情和唯利是图，则可能导致儿童的人格朝着异常的方向发展。与此同时，行为人所受的教育及其程度如何，对于一个人反社会人格的形成也具有很大的影响。行为人如果没有接受过教育或在接受教育的过程中受到了反面、消极的影响，都容易走上与社会正常轨道相背离的道路，从而形成对社会的敌视态度。另外，行为人若自身人格出现障碍或者缺损，也会形成偏离正常的反社会性格。此外，行为人的个性倾向性对于其反社会性格的形成也具有较大的影响。一般来讲，个性倾向性对心理活动的影响，主要表现在心理活动的选择性，对事物的不同态度、体验和行为模式上。不符合社会要求和个人需要、利己主义的动机、不良的兴趣、缺乏正确理想以及错误的信念和世界观等个性倾向性，与犯罪心理的形成关系极为密切。由于以上各方面的因素所形成的反社会性格，极易促使行为人实施反社会的行为。一旦这方面的行为触犯了刑法，就构成了犯罪。

[①] 参见刘广三著：《犯罪现象论》，北京大学出版社1996年版，第18页。
[②]《马克思恩格斯全集》第2卷，第416页。

（二）犯罪是对社会的公共秩序、社会安宁和社会规范进行破坏的行为。 在任何一个时代或者任何一个社会，统治阶级为了维护社会秩序和社会安宁，都要通过一定的形式建立一套为社会成员所必须遵守的社会规范。当这些社会规范通过立法机关以法律的形式表现出来时，就成为每个社会成员必须遵守的行为准则。因此，国民的安宁是最高的法律、公共安宁是最高的法律、国家安宁是最高的法律，所有这些著名的格言都充分说明了社会安宁对国家、对社会、对公民的至关重要性。正基于此，制定法律的任务就是为了社会的稳定、公民的安宁和国家的安全。而犯罪作为一种严重危害社会的行为，不仅在于其从形式上违反了刑事法律的规定，而且更重要的在于其破坏了社会的公共安宁，从而扰乱了社会的公共秩序，使社会公共准则陷入混乱。因此，单纯地从社会学意义上来讲，将行为人对社会公共准则的侵犯行为视为犯罪是比较科学的。然而，由于这一界定仅仅指出了犯罪行为是对社会的危害这一属性，而没有深入地揭示犯罪的阶级本质及其外在的法律特征，因而也存在相当大的历史局限性。

（三）犯罪是一种无价值的、与所确定的整个社会秩序相抵触的行为。 如前所述，犯罪作为人类社会发展过程中产生的副产品，就其存在的意义而言，显然是毫无价值的。不仅犯罪行为对于社会来讲没有任何价值可言，而且由于其行为对公共秩序与社会规范的破坏，还会给社会带来诸多消极的负面价值。与此同时，犯罪行为不仅无价值，而且也是与整个社会秩序相抵触的行为。作为社会学意义上的犯罪的这一特征，它不仅说明了犯罪行为本身的反社会性，而且进一步揭示了统治阶级之所以将这一行为确立为犯罪的根本原因。从这里我们不难发现，统治阶级在将某种行为确立为犯罪时，首先必须考虑的是行为人的行为是否符合一般社会规范的要求，是否与现存的社会秩序有不和谐之处。如果行为人的行为违背了一般社会规范的要求，同整个社会秩序相抵触，那么，就意味着这种行为已经达到了应当作为犯罪来进行处罚的程度。

五、刑法学意义上的犯罪概念

刑法学意义上的犯罪概念是从犯罪的法律表现形式上对犯罪所作的描述。这种描述由于受法律表现形式的约束，因此，在很大程度上无法摆脱形式意义上的犯罪概念的束缚和影响。尽管这一类型的犯罪概念，在很多情况下没有揭示犯罪的本质内涵，但是它却为我们在刑法上如何界定犯罪的概念提供了一个可供参考的外部形式。综观各种类型的形式意义上的犯罪概念，发现它们具有一个共同的特点，就是把犯罪概括为违反刑法并且应当受到刑罚处罚的行为。但是从具体表述的角度来看，它又有以下几种不同的表述方法：其一，认为犯罪是违反刑事法律的行为。例如，贝林格认为："犯罪是法律类型化了的行为。"美国联邦法院的判例解释："犯罪是一种违反公法上所禁止的作为或不作为。"其二，认为犯罪是依法应当受到刑罚处罚的行为。例如，德国刑法学家宾丁认为："犯罪乃是违反刑罚制裁的法律行为。"意大利刑法典第39条规定："本法规定应处罚之可罚性行为分为犯罪行为和违警行为。"其三，认为犯罪是违反刑法、应受刑罚处罚的行为。例如，法国的刑法学家盖洛认为："犯罪乃是有事先制定法律规定由刑罚相威胁或禁止的行为。"美国纽约州刑法典规定："依法所禁止的，经过宣判应受惩罚的行为是犯罪。"刑法学意义上的犯罪概念来自"罪刑法定主义"这一影响广泛的原则。这一原则在反对封建司法专权制度方面，所产生的作用是相当巨大的。然而，这一概念所揭示的只是法律的外在表现形式，是犯罪行为的形式性危害，因此，它从根本上回避了犯罪的阶级本质及其社会政治内涵，抹杀了犯罪行为给社会造成的实质性危害。因而，单纯从刑法意义上来理解犯罪的概念是比较科学的，但是如果我们透过犯罪的表面现象深入到犯罪的本质来考察，则会发现其非科学性是非常明显的。这主要是因为，任何行为要构成犯罪，尽管从形式上看都是因为违反了刑事法律的规定使然，但是，这种纯刑法意义上的违法性特征只是一种表象，我们穿越这一表象就不难发现隐藏于其背后并起决定作用的是统治阶级的国家意志。因为无论是哪一个时代，也无论是哪一个国家，能够将某种行为确定为犯罪并给予其刑罚处罚的，是统治阶级通过对各种危害其统治秩序和统治利益的分析和鉴别的结果，而不是由刑事法律规定本身所决定的。因此，犯罪概念虽然离不开刑事违法这一形式特征，但是将某种行为能否最终认定为犯罪，却离不开统治阶级意志这一实质性的特征。

六、犯罪学意义上的犯罪概念

犯罪学是以犯罪本体、犯罪现象、犯罪原因和犯罪预防为研究对象的科学。作为研究犯罪问题的科学，如何界定犯罪的概念，也是犯罪学必须解决的一个重要内容。然而，在犯罪学界，对犯罪的概念究竟应当如何界定，在不同的学者之间也存在着不同的看法。其主要观点如下：第一种是等同说，即认为犯罪学中的犯罪概念应当等同于刑法学中的犯罪概念，即认为犯罪应当是指"严重危害社会的违反刑事法律的应当受刑罚处罚的行为"。例如美国著名的犯罪学家萨瑟兰教授即认为：犯罪是破坏刑法的行为，不是刑法所禁止的任何行为都不是犯罪。另一名美国学者斯蒂芬也认为：犯罪只存在于法律意义上，犯罪的条件是法律规定，所以犯罪是破坏公共秩序以刑法规定应受惩罚的行为。此外，刑事古典学派的著名代表人物克拉拉认为，犯罪的本质不在于事实，而在于法律，犯罪不在于行为而在于其破坏（法律）。① 在当今世界上，有很多犯罪学家都主张以法律为着眼点来看待犯罪，认为如果离开法律，任何一种行为本身都无法确定是否为犯罪。所以强调犯罪是法律禁止的行为，没有刑法就没有犯罪。不管行为人的主观恶性多么深，行为的社会危害性多么大，如果没有为法律规范所禁止，那也不是犯罪行为。第二种是差别说，即认为犯罪学中的犯罪概念不应等同于刑法学中的犯罪概念，它的外延应当大于刑法学意义上的犯罪概念。根据这种观点，所谓犯罪学意义上的犯罪，是指"严重危害社会的应受制裁的行为"。从这一定义中我们不难看出，犯罪学意义上的犯罪概念与严格的刑法学意义上的犯罪概念有"一点半"是相同的。严重的社会危害性是犯罪学意义上的犯罪概念与刑法学意义上的犯罪概念共许的前提。它们二者均反映了犯罪最本质的特征。这是因为，没有严重程度的社会危害性，既不构成刑法学意义上的犯罪，也不构成犯罪学意义上的犯罪。应受制裁，既包括刑罚处罚也包括非刑罚处罚。在这里，非刑罚处罚的含义既指不是刑事性制裁也指现行刑法虽未规定处罚但通过修改刑法应当规定为刑罚处罚。"应受制裁"，在外延上要宽于"刑罚处罚"，二者有部分重合，所以说二者有"半点"相同。它们之间的不同点主要在于是否内含"刑事违法"要素。虽然犯罪学意义上的犯罪概念和刑法学意义上的犯罪概念有某些相同之处，即犯罪学意义上的犯罪概念为刑法学意义上的犯罪概念的确立提供了可供参照的阈限，而刑法学意义上的犯罪概念则是对犯罪学意义上所研究的犯罪概念的法律认可。尽管如此，但是它们在研究的视角和重心上仍有很大的差异。刑法学意义上的犯罪概念主要是从法律的角度界定的，而犯罪学意义上的犯罪概念则主要是从社会的角度界定的。一般来讲，犯罪学意义上的犯罪概念的外延要大于刑法学意义上的犯罪概念。犯罪学意义上的犯罪概念不仅包括在刑事立法上被规定为犯罪的行为，还包括在刑事立法上没有被规定为犯罪的其他犯罪行为。也就是说，犯罪学意义上的犯罪概念并不以现行刑事立法的内容为限。第三种是兼顾说，即认为要使犯罪的概念既适用于刑法学又适用于犯罪学，必须在刑法学意义上的犯罪概念的基础上适当扩大其涵盖的范畴，从而使同一概念对二者都适用。从这一思路出发，该种观点认为，犯罪是具有社会危害性、违犯刑事法律应受刑罚处罚或者必须予以社会监控或矫治的行为。这个概念既全盘吸收了当代犯罪概念的内容，又增添了能够涵盖无刑事责任的未成年人、精神病人所实施的一切属于刑法规定的相对刑事责任时期及完全刑事责任时期的人实施的那些危害社会、应负刑事责任，而且又不与刑法学的刑事责任能力、可罚性原理相悖。它

---

① 王牧著：《犯罪学》，吉林大学出版社1992年版，第33页。

同时还告诉人们,社会监控或矫治,虽然不属于刑罚范围,但只要刑事立法予以采纳,就可与刑事立法中所规定的免予处罚等的犯罪处理相等同。笔者认为,犯罪学意义上的犯罪概念与刑法学意义上的犯罪概念虽然都是以犯罪作为各自的研究对象,但是这两种意义上所使用的犯罪概念本身应当是有所区别的。因此,无论是采取等同说还是兼顾说均有所不妥。这是因为,采取等同说,实际上是抹杀了刑法学意义上的犯罪概念与犯罪学意义上的犯罪概念之间的区别,缩小了犯罪学意义上所研究的犯罪概念的外延;而采取兼顾说,虽然貌似全面,两者兼顾,但由于刑法学意义上的犯罪概念与犯罪学意义上的犯罪概念毕竟有所不同,且它们各自的内涵与外延亦有所不同,因此,要想用一个相同的犯罪概念来统摄两个不同的研究领域,既无必要,又无实际意义。基于以上理由,笔者认为,在犯罪学与刑法学这两门不同的学科中,还是采取分立的方式来确定不同的犯罪概念更符合实际。其道理主要是,犯罪学意义上的犯罪概念中所包括的犯罪与刑法学意义上的犯罪概念中所包括的犯罪虽然都是建立在刑法规定的基础上,即不论是哪种意义上的犯罪概念,都必须具有严重的社会危害性,但是它们二者在犯罪概念的外延上却有所不同。刑法意义上的犯罪概念的外延只能是刑法上所规定的犯罪行为,而犯罪学意义上的犯罪概念的外延则不但包括刑法上所规定的犯罪行为,而且还包括其他法律所包括的违法行为以及有可能发展为违法犯罪的不良行为。从这种意义上来考察,我们可以将刑法学意义上的犯罪概念称为狭义的犯罪概念,而将犯罪学意义上的犯罪概念称为广义的犯罪概念。

通过对以上六个方面的犯罪概念的考察,我们不难发现,犯罪的概念在不同时代、不同阶级的学者眼中,并非完全相同。但是,通过这些不同的犯罪概念,我们又可以看到,每一种犯罪概念都有其自身的特点。第一,就神学意义上的犯罪概念而言,虽然以今天的观点来看未免显得有点荒诞,但是,从神学意义上的犯罪概念中,我们却可以找到犯罪概念的起源,知晓最早的犯罪观念是来自人类对神意的违背。第二,就政治学意义上的犯罪概念而言,这一概念第一次打破了犯罪的法律表象,从而将隐藏于犯罪背后的统治阶级意志从幕后推到台前,实现了对犯罪概念研究的历史性突破。因此,其意义是非凡的。第三,就伦理学意义上的犯罪概念而言,虽然从法律规范的角度来考察,它无法对某种行为是否构成犯罪作具体而明确的评判,但是从其对犯罪概念所作的解释中,却给我们在对某种犯罪行为进行谴责与非难时找到了其道德基础。第四,就社会学意义上的犯罪概念而言,这一概念虽然从社会本质上找到了犯罪行为之所以成为犯罪行为的理由,但是,任何犯罪概念一旦脱离了阶级本质,对其社会本质的揭示就会显得苍白无力。因为,任何被认为是对社会秩序、社会安宁和公共规范有所破坏的行为，都不能不包含统治阶级的国家意志的评判。因此，离开了犯罪的阶级本质，我们对犯罪的社会危害性就无从评判。第五，就刑法学意义上的犯罪概念而言，这一概念从罪刑法定主义原则出发，通过揭示犯罪的法律特征，从而建立真正规范意义上的犯罪概念。但是，如前所述，仅仅从法律表现形式上来界定犯罪的概念，尚缺乏应有的科学性。这是因为，脱离了犯罪的阶级本质，任何形式上的犯罪概念都是残缺不全的。第六，就犯罪学意义上的犯罪概念而言，这一概念通过对各种犯罪现象的研究，为刑法学意义上的犯罪概念的确立打下了坚实的基础，但是，由于犯罪学意义上的犯罪概念在犯罪概念的外延上毕竟有别于刑法学意义上的犯罪概念，因此，它们二者之间既不能相互等同，也不能相互取代。一般来讲，通过对犯罪学意义上的犯罪概念的研究，可以为刑事立法提供可资参考的基础。

通过以上分析，笔者认为，作为刑法学基本范畴之一的犯罪概念，当然不应当采纳神学意义上的犯罪概念，至于其他几种意义上的犯罪概念，则可以根据其所揭示的内容择而用之。一般来说，作为刑法学中的犯罪概念，应当以政治学意义上的犯罪概念为轴心，以刑法学意义上的犯罪概念为基础，同时兼采其他几种意义上的犯罪概念的合理成分来构建。这是因为，政治学意义上的犯罪概念揭示了犯罪的阶级本质，指明了犯罪的实质之所在，为犯罪概念的确立提供了明确的方向，是科学化的犯罪概念的建立必不可少的内容。而刑法学意义上的犯罪概念则揭示了犯罪的形式特征，指明了犯罪的法律属性，是罪刑法定主义原则在犯罪概念中的具体表现，也是犯罪概念的建立不可或缺的内容。至于犯罪学意义上的犯罪概念，虽然它所研究的犯罪概念的外延远远大于刑法学意义上的犯罪概念的外延，但是它们两者之间所具有的共同性却超过其差异性，因此，犯罪学意义上的犯罪概念可以为刑法学中的犯罪概念的建立提供可资参考的基础。至于社会学意义上的犯罪概念与伦理学意义上的犯罪概念似乎与刑法学中的犯罪概念相去甚远，但是不能忽视的是，刑法学中的犯罪概念实际上也隐含着社会性与伦理性的要求，虽然在刑法学中的犯罪概念中没有写明这两方面的内容，但是它们实际上已为犯罪的社会危害性所涵盖，从而成为刑法学中的犯罪概念建立的社会基础与伦理基础。如自然犯罪在很大程度上就包含着对行为人所实施的行为的伦理评价。因此，当我们对某种行为依法将其确定为犯罪并依法追究其刑事责任时，这里面实际上就已经包含了对这种行为的社会否定评价与道义谴责。综上所述，笔者认为，如果要给犯罪的概念下定义的话，一般应当将政治学意义上的犯罪概念与刑法学意义上的犯罪概念融为一体，将犯罪的社会政治本质与犯罪的法律形式特征紧密地结合起来，才能得出正确的结论。

第二节 犯罪的特征

　　所谓犯罪的特征，是指犯罪这一特殊的社会现象本身所具有的征象或者标志。犯罪的特征是犯罪概念的必然引申，要弄清犯罪的概念必须弄清犯罪的特征。然而，从我国刑法学界对犯罪特征的研究情况来看，却存在着不同观点的理论聚讼。据笔者所收集的资料来看，有关犯罪特征的观点主要有以下几种。

　　（一）**六特征说**。这种观点认为犯罪的特征有六个方面：（1）行为的客观性：犯罪行为必须是既成事实，即在客观世界上发生了或者存在着；（2）行为的及物性：它触及我国刑法所保护的社会关系；（3）行为的客观危害性：行为对社会造成的实际危害和严重后果；（4）行为人的主观意识性：行为人在其实施危害社会的行为时主观心理状态上所具有的故意或者过失；（5）行为的违法性：该行为依照法律规定是被禁止的；（6）行为的应受惩罚性：该行为依照法律应当受刑罚处罚。①

　　（二）**五特征说**。这种观点认为犯罪的基本特征有五个方面：社会危害性、违法性、罪过、应受惩罚性和不道德性。此说系前苏联刑法学家 H.Ⅱ.杜尔曼诺夫于 1948 年在其题为《犯罪概念》的博士论文中第一次提出来的。②

　　（三）**四特征说**。这种观点认为犯罪的特征有四个方面：（1）犯罪行为，首先必须是危害无产阶级专政的国家和社会制度，破坏社会秩序和公民的各项权利等对社会有危害的行为；（2）行为触犯刑事法律，它是犯罪的社会危害性这一本质特征在法律上的集中体现；（3）犯罪是人的故意或者出于严重过失的行为；（4）犯罪行为应当承担法律责任中最重的责任即刑事责任。③ 除此之外，还有一种观点认为，犯罪的四个特征是：一是犯罪必须是对于社会有危害性的行为；二是犯罪必须是危害刑法所保护的对象的行为；三是犯罪必须是依照法律应当受刑罚处罚的行为；四是犯罪必须是行为人的主客观的一致。④ 此外还有一种观点认为犯罪的四个特征是：社会危害性、刑事违法性、故意或过失的罪过性、应受惩罚性。⑤

---

① 高铭暄主编：《新中国刑法科学简史》，中国人民公安大学出版社 1993 年版，第 74 页。
② 赵秉志主编：《刑法争议问题研究》，河南人民出版社 1996 年版，第 159 页。
③ 李光灿主编：《中华人民共和国刑法论》（上），吉林人民出版社 1984 年版，第 108—113 页。
④ 高铭暄主编：《新中国刑法学研究综述》，河南人民出版社 1986 年版，第 89 页。
⑤ 马克昌主编：《刑法学全书》，上海科学技术文献出版社 1993 年版，第 33 页。

（四）三特征说。这是我国刑法学界大多数刑法学者所持的观点，即通说的观点。它认为犯罪的特征有三个方面：(1) 犯罪是危害社会的行为，即具有社会危害性，或者说具有相当严重程度的社会危害性；(2) 犯罪是触犯刑律的行为，即具有刑事违法性；(3) 犯罪是依照刑法应当受刑罚处罚的行为，即具有应受惩罚性。并据此认为："犯罪是具有一定的社会危害性、刑事违法性并应当受刑罚处罚的行为。"① 在通说之外，还有其他两种三特征说，即赵廷光教授提出的"主客观统一性、相当严重的社会危害性和刑事违法性"② 和陈兴良教授提出的"实体法上的犯罪特征、证据法上的犯罪特征及程序法上的犯罪特征"。③ 除此之外，在前苏联的刑法理论中还有一种三特征的观点认为，犯罪的基本特征除了社会危害性之外，还有应受惩罚性和罪过，即犯罪的基本特征有三，也即犯罪的社会危害性、应受惩罚性和主观罪过性。这是前苏联著名的刑法学家 A. A. 皮昂特科夫斯基在 1948 年出版的刑法总则教科书中提出的。④

（五）二特征说。这种观点认为犯罪的特征有两个方面。而二特征说又有以下几种不同的观点：第一种观点认为，犯罪的基本特征应当是：(1) 犯罪的本质特征——行为的严重社会危害性；(2) 犯罪的法律特征——行为的刑事违法性。⑤ 第二种观点认为，犯罪的基本特征有两个方面：(1) 犯罪是危害社会的行为，即具有社会危害性；(2) 犯罪是触犯刑律的行为，即具有刑事违法性。⑥ 第三种观点认为，犯罪的基本特征有两个方面：(1) 应受刑罚惩罚的社会危害性；(2) 刑法的禁止性。⑦ 第四种观点认为，犯罪有两个基本特征：应受刑罚惩罚的社会危害性和依法应受刑罚惩罚性。⑧

从以上所介绍的各种不同观点来看，关于犯罪的特征，可以说是仁者见仁，智者见智。尽管不同的专家、学者对犯罪特征的认识不相一致，但是他们都有其各自所持的理由。因此，对于这些观点的是非优劣，笔者不想妄加评论。根据笔者的观点，既然犯罪的概念应当是政治学意义上的犯罪概念与刑法学意义上的犯罪概念的有机统一，那么它同时也就表明犯罪的基本特征有两个

---

① 高铭暄主编：《中国刑法学》，中国人民大学出版社 1989 年版，第 72 页。
② 赵廷光主编：《中国刑法原理》（总论卷），武汉大学出版社 1992 年版，第 107 页。
③ 陈兴良著：《本体刑法学》，商务印书馆 2001 年版，第 164—168 页。
④ 赵秉志主编：《刑法争议问题研究》，河南人民出版社 1996 年版，第 159 页。
⑤ 马克昌主编：《犯罪通论》，武汉大学出版社 1991 年版，第 16 页。
⑥ 何秉松主编：《刑法教科书》，中国法制出版社 1993 年版，第 67—74 页。
⑦ 张明楷著：《犯罪论原理》，武汉大学出版社 1991 年版，第 54 页。
⑧ 赵秉志主编：《刑法争议问题研究》，河南人民出版社 1996 年版，第 169 页。

方面。因此，在以上各种不同的犯罪特征中，笔者比较倾向于二特征说，但在其具体内容的表述方面，可能与其他学者的观点有些许差异。笔者认为，根据我国刑事立法的规定，结合犯罪本身应有的属性，可将犯罪的特征分为以下两个方面：一是犯罪的实质特征——应负刑事责任的社会危害性；二是犯罪的法律特征——刑事违法性。任何犯罪都是这两个方面特征的统一，若缺少其中之一，则不能对某种行为是否成立犯罪作出正确的评判。

一、犯罪的实质特征——应负刑事责任的社会危害性

（一）将应负刑事责任的社会危害性作为犯罪的实质特征的理论根据。就一般意义而言，实质特征是表明某一事物区别于其他事物的根本标志。从实质特征的这一含义出发，我们不难看出，所谓犯罪的实质特征，是指犯罪这一特殊的法律现象有别于其他法律现象的根本标志。既然要将犯罪这一特殊的法律现象与其他法律现象区别开来，那么就必须找到犯罪现象区别于其他法律现象的根本标志。那么，区别犯罪行为与一般违法行为的标志究竟是什么？关于这一问题目前在刑法理论界尚未达成共识。在以往的刑法理论中，有很多学者将行为的社会危害性作为犯罪的实质特征，这一观点很快受到了刑法学界其他学者的批评，提出异议的观点主要认为，行为的社会危害性不仅在犯罪的行为中存在，在一般的违法行为中也同样存在，因此行为的社会危害性实际上是一般违法行为与犯罪行为共有的特征，它并不能直接将一般违法行为与犯罪行为区别开来，因而这种观点有失科学性。行为的社会危害性这一观点遭否定后，为了寻求犯罪与一般违法行为相区别的根本标志，有的学者在社会危害性之前加上了"一定"或者"严重"的字样，即犯罪的实质特征是"行为具有一定的社会危害性"或者犯罪的实质特征是"行为具有严重的社会危害性"。那么在社会危害性之前加上这些限定词之后是否就可以将犯罪与一般违法行为之间的界限划清了？笔者认为，后两种表述相对于前一表述而言有一定的进步，然而由于"一定"与"严重"这两个词语本身具有相当的模糊性，因此，在犯罪行为与一般违法行为的划分上，究竟应当如何来确定行为人所实施的行为有无达到"一定"或者"严重"的社会危害性，则不宜严格加以划分。因为，在司法实践中，有些看似具有严重的社会危害性的违法行为，但在刑事立法当中却并未将其规定为犯罪，而有些在刑事立法中被确定为犯罪的行为，实际上却不一定比某些违法行为的社会危害性大，关于这一方面的例证在 1979 年刑法适用期间可以找到很多。因此，用"行为具有一定的社会危害性"和"行为具有严重的社会危害性"作为区分犯罪行为与一般违法行为的根本标志，似乎仍有不妥之处。鉴于以上两个方面的表述仍有不科学之处，有的学者在社会危害性之前

加上了"应受刑罚惩罚"这样的限定词。主张用"应受刑罚惩罚程度的社会危害性"作为犯罪的实质特征。用"应受刑罚惩罚程度的社会危害性"来代替"严重程度的社会危害性",虽然就其程度而言,也并未达到几何般的精确程度,但是相比较而言,"应受刑罚惩罚的程度"较之"严重的程度"要更明确一些。正如提出这一主张的学者指出的那样:"所谓'严重'的相对性要更大一些,而'应受刑罚惩罚'的确定性要更大一些。严重的并不一定就达到了应受刑罚惩罚的程度,而应受刑罚惩罚的则一定已达到严重的程度。刑罚是最严厉的法律制裁手段,当一种行为的社会危害性严重到立法者认为非动用刑罚不可的程度,那么该种行为的社会危害程度应当说已经昭然若揭了。"① 笔者认为,用"应受刑罚惩罚程度的社会危害性"作为犯罪的实质特征,较之"严重程度的社会危害性"的确有相当大的进步。因为应受刑罚处罚既是犯罪的法律后果,也是犯罪行为区别于其他行为的一个重要标志,在行为的社会危害性之前冠以"应受刑罚处罚的程度"确实比使用"严重的程度"更为明确。但是,这一观点的不足之处在于,刑罚惩罚只是犯罪的法律后果中的一种,是刑事责任实现的方式之一,仅仅以应受刑罚惩罚作为某种具有社会危害性的行为成立犯罪的标志,还显得有点美中不足。因此,以应受刑罚惩罚的社会危害性作为犯罪的实质特征,仍不尽如人意。鉴于此,笔者认为,作为犯罪的实质特征,应当以"应负刑事责任的社会危害性"来表述则显得更为科学。其理由是:(1)依据我国刑法之规定,刑事责任是犯罪的法律后果,而刑事责任的实现方式包括刑罚处罚和非刑罚处罚方法两种情况。对某种犯罪行为科处刑罚是刑事责任的实现方式,而对某种行为以非刑罚方法处罚,也同样是刑事责任的实现方式。因此,作为犯罪的法律后果的刑事责任,不仅包括刑罚处罚这一种情况,而且还包括非刑罚处罚这一种情况。因此,仅用"应受刑罚处罚"这种法律后果作为犯罪实质特征的社会危害性的根本标志,并没有完全涵盖犯罪的法律后果的全部内容,而将其称为"应负刑事责任"则显得更加完备。(2)一般来说,刑事责任只是法律责任的实现方式之一,而在法律责任中,除了刑事责任外,还包括民事责任、行政责任和经济责任等,与这些法律责任相对应的违法行为分别为民事违法行为、行政违法行为和经济违法行为等。而在以上这些违法行为中,也同样存在着社会危害性,而这些违法行为的实质特征,如若依照犯罪的实质特征来表达,可以这样表述:民事违法行为是应负民事责任的社会危害性行为;行政违法行为是应负行政责任的社会危害性行为;而经济违法行为则是指负经济责任的社会危害性行为。根据以上这些表述方式,我们不难

---

① 赵秉志主编:《刑法争议问题研究》,河南人民出版社 1996 年版,第 171 页。

看出,将应负刑事责任的社会危害性作为犯罪的实质特征,是可以将犯罪行为与其他违法行为相互区别的重要标志。

(二)关于犯罪的社会危害性的理解及其争论。所谓社会危害性即某种行为所具有的危害社会的特性,也就是指行为人的行为对社会秩序和社会关系所造成的各种损害的事实特征。在这里,危害是一种事实,特性是指社会对这种事实的特殊属性的概括和评价。由于社会危害性是与一般违法行为和不道德行为共同的特性,因此,我们在研究犯罪行为的社会危害性时,有必要在社会危害性之前冠以"应负刑事责任"的字样,以表示对其研究范围与对象的限定。这也是以上笔者所研究的理论根据的本旨之所在。那么,什么是犯罪的社会危害性?关于这个问题,目前在刑法学界尚存在争议。有人认为,所谓社会危害性,就是对国家和人民造成或可能造成一定的危害。① 有人认为,所谓社会危害性,是指对我国刑法所保护的利益的危害。② 还有人认为,所谓社会危害性,是指行为对我国的社会主义社会关系实际造成的损害或者可能造成的损害。③ 笔者认为,对犯罪的社会危害性可以从以下两个层面来进行界定:一是从犯罪的阶级本质属性来看,犯罪的社会危害性就是某种行为在一定历史时期内对统治阶级的利益和统治秩序造成的损害。这一层面上的社会危害性反映的是犯罪的社会政治本质,它从根本上说明了刑法之所以将某种行为规定为犯罪行为的深层原因。二是从犯罪的法律表现形式上看,犯罪的社会危害性就是指某种行为对刑法所保护的社会关系造成的这样或者那样的损害。这一层面上的社会危害性反映的是犯罪的法律属性,它所揭示的是刑法之所以将某种行为规定为犯罪行为的表层原因。

弄清了犯罪的社会危害性的含义之后,我们需要掌握的就是犯罪的社会危害的内容和范围。在司法实践中,犯罪行为的表现形式可以说纷繁复杂、千姿百态,但是如果从总体上来讲,不管是哪一方面的犯罪行为都从不同的角度侵犯了我国社会主义的改革和建设事业。犯罪的社会危害虽有其本身所固有的含义,但它也并不是笼统、抽象或漫无边际的,而是以我国现行刑法的规定为依据,在危害的内容及其范围上均有相对的确定性。从我国1997年刑法第13条的规定来看,犯罪的社会危害性的表现形式可以根据其具体内容概括为以下四个方面:一是危害国家和社会的政治基础,也就是对国家的主权独立和领土完整、人民民主专政的国家政权和社会主义制度构成了危害。这一方面的内容从

---

① 高铭暄主编:《中国刑法学》,中国人民大学出版社1992年版,第67页。
② 何秉松主编:《刑法教科书》,中国法制出版社1993年版,第67页。
③ 马克昌主编:《犯罪通论》,武汉大学出版社1991年版,第18页。

我国1997年刑法分则的规定来看，主要贯穿在危害国家安全罪、危害国防利益罪、渎职罪等章之中。二是危害国家和社会的经济基础，也就是对我国社会主义市场经济制度和社会主义公共财产所有关系的破坏和侵犯。这一方面的内容从我国1997年刑法的规定来看，主要贯穿于破坏社会主义市场经济秩序罪、侵犯财产罪和贪污贿赂罪等章之中。三是危害公民的各项合法权益，也就是对公民人身权利、民主权利、婚姻家庭权利以及公民私人财产的所有关系的侵犯。这一方面的内容从我国1997年刑法分则的规定来看，主要贯穿于侵犯公民人身权利、民主权利罪和侵犯财产罪等章之中。四是危害社会的公共安宁和秩序，也就是对我国社会的公共安全和社会管理秩序的危害和妨碍。具体来讲，就是危害了不特定多数人的生命、健康与重大公私财产的安全以及我国社会主义的社会秩序、生产秩序、工作秩序、教学科研秩序和人民群众的生活秩序。这一方面的内容从我国1997年刑法分则的规定来看，主要贯穿于危害公共安全罪和妨害社会管理秩序罪等章之中。行为人的行为对以上四个方面之中的任何一个方面内容的危害，都是对我国社会主义社会关系的侵犯，最终都会危及国家与人民的根本利益。

犯罪的社会危害性作为犯罪行为对刑法所保护的社会主义社会关系的损害，其表现形式也并不是单一的，而是多种多样的。首先，从其侵害的后果来考察，可以将犯罪的社会危害性分为现实性危害与可能性危害两种。所谓现实性危害，是指犯罪行为的发生对国家和人民的利益已经造成的实际损害；所谓可能性危害，则是指犯罪行为虽未给国家和人民的利益造成实际损害，但是已经对国家和人民的利益构成了重大威胁。在司法实践中，我们不仅要注意前一种情况给社会带来的社会危害性，而且要注意后一种情况给社会带来的社会危害性。其次，从其表现形态上来考察，可以将犯罪的社会危害性分为物质性危害与非物质性危害两种。所谓物质性危害，又称有形损害，是指行为人的行为改变了其侵害对象的原状、性能和关系所造成的物质性损害，诸如损害健康、毁坏财物、侵犯所有权、破坏经济秩序等即属此列，物质性危害是可以具体确定和度量的有形损害。所谓非物质性危害，又称无形损害或者精神损害，是指行为人的行为给国家机关、社会组织、家庭与个人的正常活动、威信和名誉、人格和心理造成的非物质性危害。诸如侮辱、诽谤和诬告陷害等行为对公民的人格、名誉的损害即属此列，由于非物质性危害是不能具体确定和度量的无形损害，因而比较隐蔽，所以往往为人们所忽视。因此，我们在考察犯罪行为的社会危害性时，既要注意有形损害，同时也要注意无形损害。这是因为，无形损害虽然看不见，摸不着，但也是一种实实在在的损害。

在弄清了犯罪的社会危害性的含义、内容与范围以及类型之后，我们在研究社会危害性时，还有两个方面的问题需要引起足够的注意。这两个方面的问题是：（1）社会危害性是属于行为的客观要素，还是属于行为的主客观统一的要素？关于这一问题，持客观说者认为，社会危害性具有客观的性质，如果在社会危害性中加入了行为人主观方面的因素，那就把行为的社会危害性程度与行为人的刑事责任等同起来。因此，要认定某种行为构成犯罪除了其客观上的社会危害性之外，还必须具有主观上的罪过性。而持主客观统一说者认为，根据我国刑法规定，社会危害性首先表现为客观上的危害，这是毫无疑义的，我国刑法分则规定的许多犯罪，都以物质性或非物质性的客观损害结果作为犯罪构成的必备要件之一。但是造成这些客观损害结果的行为是受人的主观意识和意志支配的，是主观恶性的体现，是主观见之于客观的存在。因此，任何犯罪都是主观与客观的统一。笔者赞同后一种观点。这是因为，社会危害性及其程度，不只是由行为客观上造成的损害来说明的，而且包括行为人的主体要件和主观要件。例如，根据我国1997年刑法第16条之规定："行为在客观上虽然造成了损害结果，但是不是出于故意或者过失，而是由于不能抗拒或者不能预见的原因所引起的，不认为是犯罪。"根据这一规定，行为人的行为尽管在客观上造成了损害的结果，但由于行为人在主观上既无故意又无过失，不存在主观的罪过问题，因此，属于不负刑事责任的意外事件，不具有社会危害性。又如，同样都是伤害他人身体的行为，即使行为人造成的伤害程度完全相同，但两者的社会危害性程度却不一定相同。在这里，相同的行为造成相同的损害，而社会危害性程度却不相同，其主要原因不在于其客观因素，而取决于行为人实施该伤害行为时的主观要素，也就是说，行为人在当时的情况下是出于故意还是出于过失。如果行为人是基于故意而实施该种伤害行为的，其社会危害性肯定比基于过失而实施这种伤害行为的社会危害性要大；反之，如果行为人是基于过失而引起某种伤害结果的，其社会危害性肯定比基于故意而实施这种伤害行为的社会危害性要小。由此可见，要考察某种行为有无社会危害性及其程度的大小，仅从其客观属性上来把握，而否定其主观因素的作用，既有违于认定犯罪必须坚持的主客观相一致的基本原则，同时也有违于我国刑事立法的规定。（2）社会危害性是属于纯质的要素，还是质与量的统一要素？关于这一问题，在我国刑法学界基本上已达成共识。一般认为，任何犯罪都具有自身质与量的规定性，是危害社会的质与量的统一。这一结论告诉我们，犯罪是具有社会危害性的行为，但是并不意味着任何具有社会危害性的行为都是犯罪。这是因为，只有当某种行为的社会危害性达到一定的严重程度时，才有可能认定为犯罪。假如某种行为虽有社会危害性，但是情节轻微危害不大的，因其未达到应负刑事责任的程度，就不能认定为犯罪。因此，在这里，行为人所实施的行为的社会危害性，也就是其社会危害性的轻重大小，就成为划分罪与非罪的一个重要标准。如前所述，犯罪行为与一般违法行为、不道德行为的界限，就是以是否达到应负刑事责任程度的社会危害性的标准来衡量的。如果我们在认定某种行为时，脱离质与量的统一这一标准，那么在司法实践中就会导致错案的产生。

（三）**犯罪的社会危害性的具体考察**。所谓犯罪的社会危害性，是指犯罪行为对具体社会关系的损害程度的"深浅"或"轻重"。社会危害性是一个综合性指数，它是由一系列主客观因素决定的，这些因素从犯罪的过程来看就是一个个具体的犯罪情节，因此，犯罪的社会危害性也就是罪行的轻重，归根结底是由决定犯罪性质的情节和犯罪过程中发生的其他情节来决定的。社会危害性越严重，罪行也就越大，判刑也就相应较重，反之，社会危害性相对较轻，罪行也就越小，判刑也就相应较轻。可见，反映社会危害性程度的情节制约着定罪量刑及罪刑相适应原则的具体实现。从司法实践的角度来考察，关于犯罪的社会危害可以从以下几个方面的因素来进行考察：

1. **行为人的行为所侵犯的客体**。按照我国刑法理论之通说，所谓犯罪客体是刑法所保护的为犯罪行为所侵害的社会关系。社会关系作为人们在生产和共同生活中所形成的人与人之间的相互关系，具体可包括物质关系与思想关系两个方面的内容。由于社会关系的性质和范围不同，因此，行为人的行为侵犯的社会关系不同，其社会危害性也就有所不同。如果行为人侵犯的社会关系不具有特别重要的意义，例如一般的友谊关系、恋爱关系、婚约关系等，其行为的社会危害性就不大，因而也就不构成犯罪。如果行为人侵犯的社会关系具有特别重要的意义，诸如国家主权、人民民主专政制度和社会主义制度等，其行为的社会危害性当然也就非同一般，不能不依法作为犯罪处理。如果行为人所侵犯的社会关系较为一般，诸如公民的生命与健康、公私财产所有权、社会公共秩序等，行为的社会危害性是否达到严重程度，还需要根据其他因素进行分析，才能得出最后的结论。由此可见，犯罪的客体不同，犯罪的性质也就不同，犯罪对社会的危害性也就不同，从而决定了该罪的法定刑轻重也有所不同。犯罪的客体按照其侵犯的社会关系范围的大小不同，又可以分为一般客体、同类客体与直接客体。一般来讲，由于某种同类客体和直接客体本身的性质不同，因此它所反映的社会危害性也有所差异。从我国刑事立法规定的情况来看，犯罪客体在刑事立法中的表现形式有直接规定法与间接提示法两种。所谓直接规定法，是指在刑事立法中对某种犯罪行为侵犯的直接客体作出了明确的规定。所谓间接提示法，是指在刑事立法中对某种犯罪行为侵犯的直接客体没有作出明确的规定，而是通过其他间接的方式进行提示性的说明。如有的是通过指出某种犯罪违反的法规来说明，有的是通过指明犯罪客体的物质表现来说明，还有的是根据某种犯罪行为的性质来说明。为了正确地定罪量刑，准确地估量犯罪的社会危害性，在对行为人的行为所侵犯的客体进行分析的过程中，还应当注意弄清犯罪对象与犯罪客体之间的关系。因为不同的犯罪对象，由于其所代表的社会关系的性质不同，因此，它对某种行为的社会危害性的影响也就不同。此外，根据我国刑法立法的有关规定，有的犯罪的直接客体是复杂客体，即某种犯罪行为同时侵犯了两个以上的社会关系。由于复杂客体侵犯的社会关系较多，因此其性质相对于简单客体而言更为严重，因此其社会危害性相对也要严重一些。

2. 行为人实施犯罪行为的方式、方法与时空状态。一般来讲，犯罪是由人来完成的，而完成某种犯罪必须通过一定的行为来实施，如果没有危害行为就不可能产生一定的危害结果，也就无所谓犯罪问题。从我国的刑事立法与司法实践来看，不同性质的犯罪由于行为人所采取的方式与方法不同，其社会危害性也就有所不同。如抢劫、抢夺与盗窃等罪同属于侵犯财产罪的范围之列，它们在犯罪的主体和主观要件等方面均有相似之处，但由于它们在客观上所使用的方式、方法有所不同，因而它们各自的社会危害性也有所不同，因此在法定刑轻重的规定上也就有所差异。这是不同性质的犯罪之间由于行为人采取的方式方法不同而对其社会危害性的影响。即使在同一性质的犯罪中，因为行为人采取的方式方法不同对其社会危害性也同样存在着重要的影响。除了犯罪的方式方法对社会危害轻重有所影响之外，一定的犯罪时空状态有时也直接影响到某种行为的社会危害性。例如在刑事立法中对某种犯罪所具有的特定时空状态作了特别规定的情况下，行为人所实施的行为是否处于这一特定的时空状态，对于其行为的社会危害性也具有重要的影响。如刑法规定的非法狩猎罪、非法捕捞水产品罪在犯罪构成上均有特定的时空状态的要求，这些特定的时空状态对于这两种犯罪的构成与否及其社会危害性的大小，均具有重要的影响。

3. 行为人实施的行为所造成的危害结果。根据我国刑法理论之通说，刑法意义上的危害结果，是特指危害行为给客体即社会主义社会关系造成的损害。① 除此之外，还有的学者在对其表述上提出了不同的看法，如有的人认为，"所谓行为的危害结果，是指主体的行为对客体已造成的实际损害。"② 另有人认为，危害结果是危害行为给刑法所保护的社会关系所造成的具体侵害事

---

① 高铭暄主编：《中国刑法学》，中国人民大学出版社 1992 年版，第 100 页。
② 何秉松主编：《刑法教科书》，中国法制出版社 1993 年版，第 148 页。

实。① 还有人认为,危害结果是指危害行为对刑法所保护的社会关系所造成的实际损害和现实危险。② 从以上各种不同的观点之中我们可以看出,尽管它们对危害结果的表述有所不同,但在以下两个方面是相同的,即（1）危害结果是对客体的损害；（2）危害结果是对客体造成的实际损害。笔者认为,作为刑法中的危害结果,不应当将其与犯罪行为对社会关系的侵犯等同起来,也不能将其扩展到对社会关系所造成的危险这一范畴。因此,危害结果是指犯罪行为对刑法所保护的社会关系造成的具体的、实际的损害。从这一概念出发,要正确地估量犯罪对社会的危害程度,必须认真地考察犯罪的危害结果。一般来讲,危害结果是由危害行为引起的,不是由危害行为引起的后果,就不是危害结果。如无刑事责任能力的精神病人的行为、睡梦中无意识的行为以及自然灾害造成的损害事实,就不是刑法意义上的损害结果。由于危害结果是危害行为造成的,因此,危害结果的性质是由危害行为的性质来决定的。如故意伤害行为造成他人死亡的结果,这里的死亡结果就是故意伤害行为造成的结果,而不是故意杀人罪的结果。危害结果是由危害行为造成的,但不能反过来说任何危害行为都必然造成危害结果。在有些情况下,尽管行为人实施了某种危害社会的行为,但如果其造成的结果不属于某种犯罪的构成要素,则对此结果不能视为危害结果。如甲与乙有仇,一日开枪朝乙射击,由于没有瞄准,将从乙身边通过的一条疯狗打死,而乙却安然无恙。在这里,这只狗的死亡是由甲的危害行为引起的,但是由于这一结果不属于对国家和人民利益的损害事实,因此,并不能反映其社会危害性,不能视为犯罪。危害结果按其表现形式可以分为物质性危害结果与非物质性危害结果,前者是有形的、可以具体计量的,而后者是无形的、不可具体计量的。一般来讲,对于物质性危害结果比较容易确定其社会危害程度,而对于非物质性危害结果也可以通过犯罪的事实、情节确定其社会危害程度。因此,司法机关在对某种行为的社会危害性进行评价时,既要重视物质性危害结果,也要重视非物质性危害结果。除此之外,对某种行为的社会危害性进行评估时,不仅应当考察其直接危害结果,还应当考察其间接危害结果。根据我国刑事立法的规定,有的犯罪是以发生严重的危害结果作为犯罪成立的条件的,如果没有严重后果的发生,就不构成犯罪,如我国刑法分则中规定的过失犯罪即属此列。有的犯罪则是以行为人所造成的危害结果的轻重作为量刑轻重的标准,如故意伤害罪按其损害程度来划分,可以分为轻伤、重伤和伤害致死三个不同的结果,与此相适应,对于这三种不同程度的损害结

---

① 苏惠渔主编：《刑法学》,中国政法大学出版社 1994 年版,第 114 页。
② 马克昌主编：《犯罪通论》,武汉大学出版社 1991 年版,第 16 页。

果，在刑法规定的法定刑上也有三个不同的量刑幅度。

4. 行为人实施犯罪行为时的主观心理状态。犯罪虽然是一种危害社会的行为，但是，这种危害社会的行为并非一种纯客观的外部活动，而是受人的主观意识和意志支配的。如果一个行为人的行为只有外部活动，而没有主观意识和意志的支配，那么，这种行为就不能成其为刑法意义上所说的行为。因此，任何犯罪人所实施的行为均系主观要件与客观要件的统一。只有客观上的危害行为，而没有主观罪过的，不构成犯罪。然而，行为人的主观罪过就其表现形式而言又有不同。由于行为人的行为在主观罪过形式上的差异，因此，不同的罪过形式对于其社会危害程度的影响也有所区别。一般来讲，行为人实施犯罪时的主观罪过主要包括故意和过失两种不同的形式。所谓故意一般是指行为人明知自己的行为会发生危害社会的结果，并且希望或者放任这种结果发生的主观心理态度。犯罪的故意又可分为直接故意与间接故意两种类型。从行为人的主观心理状态来看，犯罪的故意无论是直接故意还是间接故意，行为人对危害结果的发生均持肯定或者容忍的态度，也就是说，行为人在主观上都不存在反对危害结果发生的心理。而所谓过失一般是指行为人应当预见自己的行为可能发生危害社会的结果，由于疏忽大意而没有预见或者已经预见自己的行为可能发生危害社会的结果而轻信能够避免以致发生了这种结果的心理态度。犯罪的过失可分为疏忽大意的过失与过于自信的过失两种类型。从行为人的主观心理状态来看，犯罪的过失无论是疏忽大意的过失还是过于自信的过失，行为人对危害结果的发生均持否定或者排斥的心理，也就是说，行为人在主观上对危害结果的发生均持反对的态度。由于犯罪的故意与犯罪的过失相比，行为人的主观恶性有着较大的差异，因此，它们对犯罪的社会危害性的评估也有着重要的影响。一般来讲，由于故意犯罪的行为人在主观上的恶性较大，在法定刑的配置上也应当较重；而过失犯罪的行为人在主观上的恶性较小，因而在法定刑的配置上也应当较轻。行为人实施犯罪行为时的主观心理态度除了罪过形式之外，还有犯罪的目的与动机对其社会危害性的评估也具有较大的影响。一般而言，犯罪目的是行为人通过实施某种犯罪行为所希望得到的结果。作为直接故意犯罪的主要内容，行为人在主观上有犯罪目的比没有犯罪目的的社会危害性要大，因此行为人在主观上犯罪目的之有无对于量刑的轻重也有较大的影响。此外，犯罪动机作为促进和推动行为人实施某种犯罪的内在起因，虽然一般来讲对于犯罪构成与否不产生影响，但是不同的犯罪动机对于量刑却有着一定的影响。诸如激于义愤的杀人与图财害命的杀人，为生计所迫的盗窃与贪图享乐的盗窃，由于行为人在主观动机上有所不同，因此对前者的量刑应当酌情从轻，而对后者则应当酌情从重。

5. 行为主体的自身情况。犯罪作为受人的主观意识和意志支配的危害行为，一般都离不开一定的行为主体。也就是说，任何危害后果如果不是由人的行为引发的，则不能视为犯罪，诸如自然灾害、动物的自然袭击所造成的损害，由于这一方面的损害与人的因素无关，因此，对于这一方面的损害后果也就无法从刑法上进行评判。那么，是否由人的行为所引发的危害都是犯罪呢？关于这一问题的答案是明确的。这就是某一行为人要成为犯罪的主体，必须符合一定的条件，只有当行为主体符合一定的条件时，才能作为犯罪的主体。而这一方面的条件就是行为人必须达到刑事责任年龄，具有刑事责任能力。对于某些特殊主体来讲，还必须具有某一方面的身份。而行为人是否具有这一特殊的身份，对犯罪的社会危害性有着十分重要的影响。从我国刑法对某些犯罪的规定来看，行为人有无某种特定的身份，不仅关系到某种犯罪能否成立，而且对于其社会危害性的轻重有着十分重要的影响。有些犯罪，虽然其客观行为无异，但由于其行为主体有别，构成的犯罪也有所不同。例如，同为利用职务之便非法占有本单位财物的行为，若其行为主体系国家工作人员，则构成贪污罪；若其行为主体系公司、企业或者其他单位的人员，则只能构成职务侵占罪。又如，同为利用职务之便索取或者收受他人财物的行为，若其行为主体系国家工作人员，则构成受贿罪；若其行为主体系公司、企业的工作人员，则构成公司、企业人员受贿罪。此外，为了体现对国家工作人员从重处罚的精神，对于某种相同的犯罪行为，有国家工作人员这一特定的身份与无此特定身份的非国家工作人员，由于其社会危害性不同，因此在处罚时也有所区别。例如，根据我国1997年刑法第243条第2款之规定，国家机关工作人员犯诬告陷害罪的，从重处罚。这是因为，国家机关工作人员与非国家机关工作人员相比，无论在政纪、法纪以及思想与专业教育等方面都超过了非国家机关工作人员，因此，对他们在触犯某一相同的犯罪时给予从重处罚是正确的。

6. 行为人实施犯罪时的具体情节。所谓刑法上的情节，根据我国有的学者的观点，是指表明行为是否具有社会危害性和行为人是否具有人身危险性以及社会危害和人身危险程度轻重的主客观事实情况。[1] 从以上观点不难看出，行为人实施犯罪时的具体情节不同，对社会危害性轻重的影响也就有所不同。刑法中的情节以情节对各阶段中刑事活动的作用来划分，可分为非罪情节、定罪情节、量刑情节与行刑情节。而以情节出现的时间、顺序为标准可将其分为罪前情节、罪中情节和罪后情节。无论是以上所述的哪一方面的情节，由于各情节本身的情况不同，因此，它们对某种犯罪的社会危害性的评估也具

---

[1] 赵廷光主编：《中国刑法原理》，武汉大学出版社1992年版，第285页。

有重要的影响。例如，行为人是属初犯、偶犯还是再犯、惯犯或者累犯，行为人的行为一贯表现是否良好，行为人的犯罪动机是否卑鄙，行为人有无真诚的悔悟等，对于如何评价其社会危害性有着十分重要的作用。

除了以上六个方面的因素之外，对犯罪的社会危害性进行具体考察时，还有一个特别值得注意的因素，就是社会形势对犯罪的社会危害性的影响。在我国古代就已经产生了"三典治国"的经验，即"刑新世用轻典，刑平世用中典，刑乱世用重典"。这一方面的经验告诉我们，在使用刑法治理国家的过程中，应当根据其具体形势的变化而变化。一般来讲，同样的犯罪在不同的形势下，其社会危害性也可能有所变化。这是因为，任何犯罪都是在一定的政治、经济形势下发生的，且反过来又作用于一定的政治、经济形势。因此，犯罪的社会危害性与社会的政治、经济形势，尤其是与社会的治安形势有着十分密切的关系。鉴于此，我们在估量犯罪的社会危害性时，就要审时度势，根据具体的政治、经济形势和治安状况对刑事政策不断地进行调整，从而正确地处理好重点打击与一般预防、从重从快与综合治理的关系，更好地实现社会的长治久安。

二、犯罪的形式特征——刑事违法性

（一）**刑事违法性的含义及其属性。**所谓刑事违法性，即某种行为违反刑事法律所具有的特性。具体而言，是指行为人违背刑法规范的要求，实施了为刑法所禁止的行为，或者拒不实施刑法命令实施的行为而严重违反了刑事法律义务而具有的特性。刑事违法性作为犯罪的形式特征，是评价某种行为能否构成犯罪的法律标准，虽然社会危害性对于某种行为能否成立犯罪具有举足轻重的地位，但是如果离开了刑事违法性，社会危害性也就失去了其存在的法律基础。因此，在犯罪的社会危害性之外，刑事违法性是犯罪的又一大基本特征。刑事违法性作为犯罪的形式特征，其违法性指的是对所有的刑事法律规范的违反，它不仅包括对刑法总则规范的违反，而且包括对刑法分则规范的违反。除此之外，还包括对所有的特别刑法与附属刑法规范的违反。在这里，值得注意的是，对于附属刑法规范（即非刑事法律中的刑事条款）的违反，虽然有时候因法律的名称不属刑事法律之列，可能被误认为不具有刑事违法性，但是对这一方面的刑事违法性的认识，就不能仅从形式上来看，而应当从本质上来认识。尽管附属刑法规范的名称不叫刑法，但是其中有关刑事处罚的规定，仍属刑法规范之列。因而在这些附属刑法规范中所规定的犯罪，同样具有刑事违法性。只不过，这些附属刑法规范中的刑事违法性，一般都是建立在行政违法性或者经济违法性的基础之上的。如果某种行为本身不具有行政违法性或者经济违法性,那么也就谈不上刑事违法性。或者某种行为本身仅限于行政违法与经济违法之列,也不能将其上升为刑事违法。在国外刑法中,违法性有客观的违法性与主观的违法性之分,"客观的违法性理论将法解释为客观的评价规范,违反作为客观的评价规范的法的行为,认为是违法,从而,为了认定行为是违法,行为者是否有理解法的规范意义的能力即责任能力,在所不问。与此相反,主观的违法性理论,将法解释为命令,因为命令只有对有理解命令意义的能力者才有意义,所以,只有对有理解命令意义的能力者才有意义,所以,只有有理解命令意义的能力者即责任能力者的行为,违反作为命令的法,才应认为是违法。"[①] 上述争论是资产阶级刑法学者把犯罪构成、违法性与有责性割裂开来的结果。由于他们长期将违法性与有责性分离开来,因此,在西方国家的刑法理论上"违法是客观的,有责是主观的"的观念基本上居于通说的地位。在我国刑法中,长期以来坚持的是主客观相统一的原则,对于某种犯罪的构成而言,不仅规定了犯罪的客观要件,而且规定了犯罪的主观要件。因而我国刑法中犯罪的刑事违法性,是主观与客观的统一。只有当行为人的行为客观上是违法的,主观上又有责任能力和罪过时,才谈得上行为的刑事违法性。如果某种行为只是在客观上违法,行为人不具有责任能力或者没有罪过,那么就不存在刑事违法性的问题。因此,在我国刑法理论上,刑事违法性只能是主观与客观要件的有机统一体,不存在单纯的客观违法与主观违法的问题,这与我国长期以来所坚持的犯罪构成是主客观的统一有着非常密切的关系。

(二)刑事违法性与社会危害性的关系。刑事违法性作为犯罪的形式特征,它与犯罪的社会危害性之间有着非常紧密的联系,且这种联系的紧密性如影随形,对于认定任何犯罪都是不可缺少的。一般来讲,人的行为就其性质而言,可分为三大类:第一类是有利于社会的行为,简称良性行为,如各种对社会发展有益的行为;第二类是既无利亦无害的行为,简称中性行为,如自杀、自损行为等;第三类是有害于社会的行为,简称恶性行为,如杀人、放火等。但是良性行为与恶性行为随着社会的变迁可能发生根本性的转变,中性行为因为某些附属因素的存在,也会向着良性和恶性两个方向转变,如助人自杀行为与安乐死行为在主观上的目的不同,因而其行为性质也就有着根本的差异。然而,什么样的行为是有益于社会的行为,什么样的行为是有害于社会的行为,不是任何单位或者个人就能进行评价且能进行裁判的,只有国家依据一定的标准予以认定并作出肯定或否定的评价,才具有裁判上的意义。一般来讲,当行为人

[①] 转引自马克昌主编:《犯罪通论》,武汉大学出版社1991年版,第24页。

的行为危害社会，触犯了法律规定，国家就依法根据其社会危害性的不同，认定该行为是一般违法行为还是犯罪行为。至于行为人所实施的行为的社会危害性是否达到了犯罪的程度，以及达到了犯罪的何种程度，这就要由刑法规范来评价并予以认定。因此，某种有害于社会的行为是否应负刑事责任就其表现形式来讲最终都必须取决于刑法规范的评价。由此可见，犯罪的社会危害性与刑事违法性互为表里，应负刑事责任的社会危害性是刑事违法性的基础，而刑事违法性则是犯罪的社会危害性在法律上的表现。它们两者之间既相区别又相联系，共同构成认定具体的行为是否成立犯罪的统一体。

（三）**刑事违法性与具体的犯罪构成之间的关系**。刑事违法性作为犯罪的法律特征，不仅与应负刑事责任的社会危害性具有密切的联系，而且还与某一具体的犯罪构成之间存在着千丝万缕的联系。这是因为，刑法规定的具体犯罪构成，是行为的社会危害性达到应负刑事责任的衡量标准，是行为成立犯罪的法定模式。因此，刑事违法性不是抽象、空洞的概念，而是行为人的行为符合刑法分则所规定的某一具体犯罪构成。例如，同为伤害的行为，对这种行为是否具有刑事违法性进行考察时，就要注意这种行为是否符合刑法分则当中所规定的具体犯罪构成的要求。如果行为人实施的这种伤害行为是出于故意且已给被害人造成轻伤以上的程度的，由于其符合刑法分则第234条规定的具体犯罪构成，因此应以故意伤害罪论处。如果行为人实施的这种伤害行为是基于过失且已给被害人造成重伤以上程度的，由于其符合刑法第235条规定的具体犯罪构成，因此应以过失重伤罪论处。但如果行为人实施的伤害行为是出于正当防卫，由于这种行为是对社会有益的行为，不符合刑法分则第234条和第235条所规定的具体犯罪构成，因此不能作为犯罪行为追究行为人的刑事责任。另外，如果行为人实施的伤害行为造成了某种损害结果，但这种损害结果不是出于故意或过失，而是由行为人不能预见或者不能抗拒的原因引起的，则属于意外事件。由于意外事件亦不符合刑法分则第234条和第235条所规定的具体的犯罪构成，因此亦不能作为犯罪来追究行为人的刑事责任。由此可见，离开法定的犯罪构成模式，就失去了对应负刑事责任的社会危害性的评价标准，同时也就没有认定犯罪的法律依据，从而缺乏追究其刑事责任的基础。所以，法定的犯罪构成模式既是揭示某种行为是否具有社会危害性及其达到何种程度的法律标准，又是确认刑事违法性的唯一依据。除了行为符合法定的犯罪构成模式之外，再没有别的标准来认定刑事违法性。因此，我们在考察犯罪的刑事违法性的时候，千万不能忽视它与犯罪构成之间的有机联系。

（四）**刑事违法性在犯罪特征中的地位**。从刑事违法性与社会危害性之间的关系来看，社会危害性是刑事违法性的前提和基础，而刑事违法性是社会危害性的法律表现形式，尽管刑事违法性相对于社会危害性而言只是一种表现形式，但是这并不影响刑事违法性的独立地位。这是由于刑事违法性虽然取决于犯罪的社会危害性，但它对犯罪的社会危害性又有一定的制约作用。刑法规定某一行为成立某种犯罪必须具备的条件，是对该行为具有应负刑事责任的社会危害性的科学概括。如果某种行为不符合刑法规定的某一犯罪构成条件，该行为就不是应负刑事责任的危害社会的行为，因而也不具有刑事违法性。这就是说，什么行为是应负刑事责任的危害社会的行为，不能由任何单位和个人来决定，而只能由国家立法机关通过法律程序加以规定。而国家立法机关对应负刑事责任的危害社会的行为常常是通过制定刑法的形式来加以确认的。而刑法对某种应负刑事责任的危害社会的行为的确认，最终又是通过各种具体的犯罪构成来定性的。如果离开刑法规定的具体的犯罪构成标准，就容易导致对我国社会主义法制的破坏，从而违背我国刑法所确立的罪刑法定主义原则。由此可见，刑事违法性作为犯罪的法律表现形式，既依赖于应负刑事责任的社会危害性，同时又反过来对应负刑事责任的社会危害性产生一定的制约作用。因此，它们二者之间既相互联系，又相互独立，共同构成认定犯罪的两大基本特征。

第三节　犯罪的分类

一、关于犯罪分类的总体意义

所谓犯罪的分类，是指依照各种不同的标准或者从不同的角度对法律上所规定的或者现实中存在的全部犯罪进行的划分或者归类。大凡现代科学都十分重视分类的作用。美国学者 M. W. 瓦托夫斯基说："这种分类的意义在于，它比之单纯的识别具有更多的内容；因为在分类中，被识别的事物间的关系以分类关系的形式得以表示。这就使得有可能发展起一种具有形式体系的一切性质的分类的形式体系，即以如此一种方式阐明观察到的关系并进行鉴认，从而允许按规则进行推理。"[①] 对犯罪进行分类，不仅为深入、具体地研究某一类犯罪现象提供了切实的基础，同时对刑事立法与司法工作也有一定的指导作用。依据不同种类的犯罪进行研究，不仅可以加深人们对某一方面的犯罪问题的认

[①]［美］M. W. 瓦托夫斯基著：《科学思想的概念基础——科学的哲学导论》，求实出版社 1982 年版，第 217 页。

识，同时还可以通过对这一方面的研究，去廓清各种类型的犯罪之间的界限。一般来讲，对犯罪进行分类具有以下几个方面的意义。

（一）**通过犯罪分类，可以帮助我们进一步加深对犯罪概念的理解**。概念是客观事物特有属性在人们头脑中的反应。而概念从不同的角度依据不同的标准，又可以分为不同的类别。例如，就"人"而言，从性别上来划分，可分为男人与女人；从年龄上来划分，可以分为未成年人与成年人；从国籍上来划分，可以分为本国人与外国人；从精神状况来划分，可分为正常人与非正常人等。通过对"人"这一集合概念所作的以上划分，可以使我们对人的概念有一个更为明确的认识，从而也可以进一步加深我们对人这一概念的理解。犯罪概念作为刑法的基础概念之一，也可以从不同的角度进行划分，例如，从犯罪主体的角度进行划分，依据国籍可以将犯罪分为本国人犯罪与外国人犯罪，依据年龄可以将犯罪分为未成年人犯罪与成年人犯罪，依据性别可以将犯罪分为男性犯罪与女性犯罪，依据精神状况可以将犯罪分为正常人犯罪与非正常人犯罪等。例如，从犯罪心理的角度进行划分，可以将犯罪分为故意犯罪与过失犯罪。其中，对故意犯罪又可分为直接故意犯罪与间接故意犯罪，过失犯罪又可分为疏忽大意的过失犯罪与过于自信的过失犯罪。所有以上这些分类，不仅可以帮助我们从不同的侧面对犯罪概念有一个更为确切的认识，而且可以帮助我们将抽象的犯罪概念通过不同侧面的划分变得更为具体、更加实在。

（二）**通过犯罪分类，可以为刑法立法提供有益的参考**。犯罪的分类不仅可以帮助我们更好地去理解犯罪的概念，而且可以帮助立法机关在立法过程中对各种各样的具体犯罪作出科学的划分。例如，我国新旧刑法在分则体系上对各种具体犯罪的划分，就是建立在对各种具体犯罪的同类客体的分析的基础之上。故而，犯罪的分类客体在我国刑法立法中占有十分重要的地位。例如，我国1997年刑法分则共有10章，第1章为危害国家安全罪，侵犯的同类客体为国家安全；第2章为危害公共安全罪，侵犯的同类客体为公共安全；第3章为破坏社会主义市场经济秩序罪，侵犯的同类客体为社会主义市场经济秩序；第4章为侵犯公民人身权利、民主权利罪，侵犯的同类客体为公民的人身权利、民主权利；第5章为侵犯财产罪，侵犯的同类客体为公私财产所有权；第6章为妨害社会管理秩序罪，侵犯的同类客体为社会管理秩序；第7章为危害国防利益罪，侵犯的同类客体为国防利益；第8章为贪污贿赂罪，侵犯的同类客体为国家的廉政制度；第9章为渎职罪，侵犯的同类客体为国家机关的正常活动；第10章为军人违反职责罪，侵犯的同类客体为国家的军事利益。这个体系结构就是建立在对其同类客体进行划分的基础之上的。如果没有对犯罪客体的类别进行如此划分，我们就不可能创造出现行的刑法分则这样十分严谨而又非常科学的体系。

（三）**通过犯罪分类，可以为刑事司法提供有针对性的预防措施。** 犯罪的分类不仅对于刑事立法具有非常重要的意义，而且对于刑事司法具有相当广泛的意义。在司法实践中，由于受人的主观恶性的影响，不同的犯罪人的主观恶性不同，反映在其人身危险性上亦有不同程度的区别。因此，通过对各种不同的犯罪人进行分类，可以为司法机关确定打击重点，对加强某些重点人口的管理具有非常重要的意义。例如，根据犯罪人的主观恶性程度之差异，可将犯罪人分为初犯、偶犯、惯犯和累犯等。由于初犯与偶犯，行为人在主观上的恶性较小，因此，在对他们施加刑罚处罚时，应当考虑到其主观恶性较小这一特点，对其给予较轻的处罚；相反地，由于惯犯和累犯在主观上的恶性较大，因此，在对他们制定预防措施时，则应当与前两者有别。鉴于此，对各种不同的犯罪进行分类，可以为刑事司法部门制定相应的预防措施提供有力的依据。

（四）**通过犯罪分类，可以为监管部门对罪犯的改造提供分类关押的依据。** 犯罪的分类不仅可以使犯罪概念由抽象变得具体，为刑事立法提供有力的参考，为刑事司法提供有力依据，而且还可以为监管部门对犯罪分子实行分类关押提供有效的方法。从司法实践的角度来看，各种不同的犯罪，由于行为人自身以及其他方面的情况，可以对其进行不同的分类，例如，根据性别可将罪犯分为男犯与女犯；根据年龄可将罪犯分为成年犯与未成年犯；根据行为人的主观恶性可将罪犯分为初犯、偶犯、惯犯与累犯等。对于罪犯的这些分类方法，不仅便于监管部门对罪犯进行分类关押，而且可以针对不同罪犯的实际情况对其实行特别帮教。

二、关于犯罪分类的主要内容

目前，在世界各国，随着各种犯罪的日益增多，其类型也显得越来越纷繁复杂，除了各种传统型的犯罪之外，许多新型的犯罪也不断出现，从而引起了各国刑法学家、犯罪学家和社会学家的广泛关注。正因为如此，历来的犯罪学研究都将犯罪分类的研究当做其研究的重要内容。从国外犯罪学者的研究情况来看，有关犯罪的分类，其代表性的观点主要有以下几种：

第一种分类方法是按照犯罪行为的社会危害性大小将犯罪分为三大类：一是直接破坏社会或使其代表者死亡；二是侵犯公民个人安全、生命、财产和荣誉；三是与法律所规定的每个公民应当作为或不应当作为相抵触的行为。这一分类方法为古典刑事学派的创始人贝卡利亚所首倡。

第二种分类方法是依据行为人有无反社会性（反道德性）将犯罪分为两大

类：一是自然犯罪；二是法定犯罪。所谓自然犯罪，就是指犯罪违反一般人所共有的怜悯与诚实的道德情感之行为。而所谓法定犯罪，就是指行为本身并不一定具有反社会性、反道德性，只是因为法律上规定其行为应受一定之处罚，因而成为犯罪行为。这一分类方法为意大利犯罪学家加罗伐洛所主张。

第三种分类方法是依据犯罪行为所侵害的法益将犯罪分为三大类：一是侵犯个人法益的犯罪；二是侵犯社会法益的犯罪；三是侵犯国家法益的犯罪。此种分类方法为国外某些国家的刑事立法所采纳。

第四种分类方法是依据犯罪行为的性质将各种犯罪分为五大类：一是财产犯罪，即以获得财物为目的的犯罪；二是暴力犯罪，即以自身力量或借助于器具等的犯罪；三是智能犯罪，就是运用智慧的犯罪；四是风俗犯罪，即违背社会善良风俗的犯罪；五是破坏犯罪，即实施叛乱、放火以及各种破坏社会秩序的犯罪。

此外，有的犯罪学者还根据犯罪行为受惩罚的程度将犯罪分为重罪与轻罪。从法律渊源角度将犯罪分为普通法罪和制定法罪；根据犯罪构成的形态为标准可以分为完整罪和不完整罪；根据犯罪主体的数量，将犯罪分为单独犯罪与共同犯罪；根据犯罪主体的心理状况，将犯罪分为故意罪和过失罪；根据犯罪行为所侵犯的社会利益，可以分为侵犯人身罪、侵犯住宅罪、侵犯财产罪、损害公共道德罪、危害公共秩序罪、妨害政府管理罪等。还有的根据犯罪演变的状况将犯罪分为传统型犯罪与新兴型犯罪。另外，还有的根据行为人的精神状况，将犯罪分为正常的、精神病的、智力落后的、有脑病理变化的，等等。

在我国，关于犯罪的分类，主要有以下几种观点：

第一种观点是从理论与立法的角度对犯罪进行的分类。这一分类方法首先从理论的角度将犯罪分为以下四类：(1) 自然犯与法定犯。所谓自然犯，又称刑事犯，是指违反公共善良风俗和人类伦理，由刑法和单行刑法所规定的传统型犯罪。而法定犯，又称行政犯，是指违反行政法规中的禁止性规范，并由行政法规中的刑事罚则（附属刑法的一种）所规定的犯罪。(2) 身份犯与非身份犯。所谓身份犯是指以国家机关工作人员、公司企业管理人员、科学技术人员等一定身份作为犯罪构成主体要件的犯罪；而非身份犯，则是指身份犯以外的，刑法对其犯罪主体未作特别限定的犯罪。(3) 行为犯与结果犯。所谓行为犯，是指以侵害行为之实施为构成要件的犯罪，或者以侵害行为实施完毕而成立犯罪既遂状态的犯罪；而结果犯，则是指以侵害行为产生相应的法定结果为构成要件的犯罪，或者以侵害结果的出现而成立犯罪既遂状态的犯罪。(4) 实害犯与危险犯。所谓实害犯，是指以出现法定的危害结果为构成要件的犯罪；而危险犯，则是指以实施危害行为并出现某种法定危害状态为构成要件的犯罪。其次，从立法的角度将犯罪分为以下三大类：（1）国事犯罪与普通犯罪。前者是指危害国家政权、社会制度及国家安全的犯罪；后者是指除国事犯罪以外的其他各类普通刑事犯罪。（2）故意罪与过失罪。故意罪是指明知自己的行为会发生危害社会的结果，并且希望或者放任这种结果发生，从而构成的犯罪；过失罪是指应当预见自己的行为可能发生危害社会的结果，因为疏忽大意没有预见，或者已经预见而轻信能够避免以致发生这种结果的犯罪。（3）亲告罪与非亲告罪。亲告罪，是指告诉才处理的犯罪，它们不属于公诉案件，必须由被害人或其近亲属到人民法院提起诉讼时，法院才予以受理。除亲告罪以外的其他犯罪，都是非亲告罪，需要由公安、检察机关立案侦查，并由检察机关代表国家提起公诉。①

　　第二种观点也是从理论与立法的角度对犯罪进行的分类。首先，从理论上对犯罪进行分类，将犯罪分为以下四大类：（1）重罪与轻罪。此说认为，我国刑法虽然没有将犯罪分为重罪与轻罪，但从理论上仍然可以将犯罪分为重罪与轻罪。根据我国刑事立法之规定，可以考虑将法定最低刑为三年以上有期徒刑的犯罪称为重罪，其他犯罪则为轻罪。（2）形式犯与实质犯。此说认为，刑法以保护合法权益为目的，任何行为都是因为严重侵犯合法权益才被刑法规定为犯罪，在此意义上说，不存在形式犯；要区分形式犯与实质犯，可以从其侵犯的法益是否特定的角度来加以考虑，实质犯的被侵害法益是比较特定的，而形式犯的被侵害法益是很不特定的。（3）自然犯与法定犯。此说认为，对于自然犯与法定犯基本上可以从伦理道德的关系上进行区分，即自然犯是明显违反伦理道德的传统型犯罪；法定犯不是明显违反伦理道德的现代型犯罪。（4）隔隙犯与非隔隙犯。隔隙犯是指在实行行为与犯罪结果之间存在时间的、场所的间隙的犯罪。其中实行行为与犯罪结果之间存在时间间隔的犯罪称为隔时犯；实行行为与犯罪结果之间存在场所间隙的犯罪称为隔地犯。实行行为与犯罪结果之间没有时间、场所间隔的犯罪，则是非隔隙犯。其次，从立法上对犯罪进行分类，可将其分为以下四类：（1）国事犯罪与普通犯罪。刑法分则规定了10类犯罪，其中第一章所规定的"危害国家安全罪"属于国事犯罪，这类犯罪危害的是国家的政权、社会制度与安全。第二章至第十章规定的犯罪，相对于国事犯罪而言，属于普通犯罪。但其中第十章所规定的"军人违反职责罪"又属于普通犯罪中的一类特殊犯罪，故也可以说刑法将犯罪分为国事犯罪、军事犯罪与普通犯罪三类。从刑法理论上说，国事犯罪与普通犯罪相结合的犯罪，称为混合犯罪。（2）身份犯与非身份犯。身份犯是以特殊身份作为犯罪主体要件

---

① 肖扬主编：《中国1997年刑法学》，中国人民公安大学出版社1997年版，第51—53页。

的犯罪；非身份犯是不以特殊身份作为犯罪主体要件的犯罪。(3) 亲告罪与非亲告罪。亲告罪是告诉才处理的犯罪。根据 1997 年刑法第 89 条的规定，告诉才处理，是指被害人告诉才处理，如果被害人因受强制、威吓无法告诉的，人民检察院和被害人的近亲属也可以告诉。告诉才处理的犯罪，必须有刑法的明文规定。刑法没有明文规定为告诉才处理的犯罪，均属于非亲告罪，即不问被害人是否告诉、是否同意起诉，人民检察院均应提起公诉的犯罪。(4) 基本犯、加重犯与减轻犯。基本犯是指刑法分则条文规定的不具有法定加重或者减轻情节的犯罪；加重犯是指刑法分则条文以基本犯为基础规定了加重情节与较重法定刑的犯罪；减轻犯是指刑法分则条文以基本犯为基础规定了减轻情节与较轻法定刑的犯罪。①

第三种观点认为，是根据一定的标准，对犯罪所作的分类。作为刑法理论上对犯罪的分类，往往具有对应性。各种犯罪类型之间也可能存在重合和交叉。犯罪的分类可作如下划分：(1) 刑事犯与行政犯。刑事犯是指由刑法或者说刑事单行法规所规定的犯罪；行政犯则是指由行政法规中的刑事法所规定的犯罪。(2) 国事犯与普通犯。国事犯是指严重危害国家安全的犯罪；普通犯也称常事犯，是指对个人或社会方面的法益的侵害行为构成的犯罪。(3) 结果犯与行为犯。结果犯是指以侵害行为发生一定的危害结果作为构成要件的犯罪；行为犯是指只以发生一定的侵害行为为构成要件的犯罪。(4) 实害犯与危险犯。实害犯是指法律规定以发生实际的危害结果作为构成要件的犯罪；危险犯是指法律规定不以发生某种实际危害结果为要件，而以具有发生这种危害结果的危险为要件的犯罪。(5) 既成犯与继续犯、状态犯。既成犯是指犯罪行为实施完毕以后，犯罪即告结束的犯罪，既不存在犯罪行为的继续，也不存在不法状态的继续。继续犯是指犯罪的行为和状态都在继续中的犯罪。状态犯是指实施一定的侵害行为以后，其对于合法权益的不法侵害处于继续状态的犯罪。(6) 亲告犯与身份犯。亲告犯是指告诉才处理的犯罪；身份犯是指法律规定必须由具有一定身份的人实施才能构成的犯罪。(7) 隔时犯与隔地犯。隔时犯是指犯罪的实行与作为犯罪构成要件的结果发生在不同时间的犯罪；隔地犯是指犯罪的实行与作为犯罪构成要件的结果发生在不同场所的犯罪。②

笔者认为，关于犯罪的分类，虽然可以从不同的角度、不同的侧面进行划分，但是，对犯罪进行分类，不仅仅是为了分类而分类，而是通过对犯罪的分类使之产生一定的社会效益。诸如给刑事立法、刑事司法和刑事执法带来适用

---

① 张明楷著：《刑法学》（上），法律出版社 1997 年版，第 90—92 页。
② 郑伟主编：《1997 年刑法学专论》，法律出版社 1998 年版，第 84—89 页。

上的便利和可操作性，或者在理论上能够自成一体，使犯罪分类的逻辑体系更为严密。基于这一思路，笔者拟根据我国犯罪构成的四大要素，结合刑事立法的规定，以为刑事司法实践服务为目的，将犯罪分为以下几大类型。

（一）犯罪主体分类法。这一分类方法主要是根据犯罪主体所具有的表征意义不同进行划分的。犯罪主体是指实施了严重危害社会的行为并且应当对自己的行为承担刑事责任的个人或单位。不同的犯罪主体，由于他们在法律上的意义与地位均有所不同，因此，以犯罪主体所特有的表征意义进行划分，对于立法与司法实践所产生的作用及其社会效果也有所不同。一般来讲，根据犯罪主体的表征不同，对犯罪可作如下分类：

1. 本国人犯罪与外国人犯罪

这一犯罪的分类主要依据是犯罪人的国籍。所谓本国人犯罪是指拥有本国国籍的公民所实施的犯罪；所谓外国人犯罪是指拥有外国国籍的公民或者无国籍人所实施的犯罪。在国际法上，国籍是区别本国人与外国人的重要标志。对犯罪人作这种划分，在适用刑法时，可以根据其所在的国籍不同，适用不同的管辖原则。根据我国刑法之规定，对于我国公民在我国领域内实施犯罪的，除了民族自治区域、特别行政区和特别刑法有规定的以外，一律适用我国刑法进行处理。对于我国公民在我国领域外实施了刑法上所规定的犯罪的，原则上也要适用刑法的有关规定进行处理，但是，按照刑法规定的最高刑为三年以下有期徒刑的，可以不予追究。对于外国人在我国领域内实施犯罪的，除了享有外交特权和豁免权的外国人可以通过外交途径解决之外，对于其他外国人实施犯罪的，一律应当依照我国刑法的有关规定进行处罚。对于外国人在我国领域外对我国国家或者公民实施犯罪，而按照刑法规定的最低刑为三年以上有期徒刑的，也可以适用刑法的有关规定进行处理，但是按照犯罪地的法律不受处罚的除外。由以上规定不难看出，我国刑法对于本国人犯罪与外国人犯罪在行使管辖的原则和标准方面均有所不同，因此，对于这一方面的法律规定在适用时也应当注意加以区分。

2. 自然人犯罪与单位犯罪

这一犯罪分类的主要依据是犯罪人本身所具有的性质特征。也就是说，犯罪人究竟是否法律所拟制的人。一般来讲，所谓自然人犯罪是指达到刑事责任年龄、具有刑事责任能力的人所实施的犯罪。自然人犯罪根据行为人本身所具有的不同身份又可分为自然人犯罪的一般主体与自然人犯罪的特殊主体。自然人犯罪的一般主体是指达到刑事责任年龄、具有刑事责任能力、实施了危害社会的行为的人。而自然人犯罪的特殊主体是指行为人除了须具备年龄与能力两方面的要求外，还应当具有某种特定的身份的犯罪主体。而单位犯罪则是指公司、企业、事业单位或者机关、团体在本单位共同意志的支配下所实施的犯罪。单位犯罪与自然人犯罪一样，按其有无特定身份的要求，可将其分为单位犯罪的一般主体和单位犯罪的特殊主体。自然人犯罪与单位犯罪的联系主要表现在二者要构成犯罪的主体均须具有刑事责任能力，均须实施了依法应负刑事责任的危害社会的行为。它们之间的区别主要表现在自然人犯罪是有机生命体实施的犯罪；而单位犯罪是社会组织体实施的犯罪。自然人犯罪是出于行为人个体的意志，而单位犯罪则是出于单位的集体意志。在司法实践中，要考察某种行为是属于自然人犯罪还是单位犯罪，除了要考察行为人所实施的行为是以个人名义出现的还是以单位名义出现的，行为人所实施的行为有无单位的授权之外，还有一个重要的因素，就是要考察行为人所实施的行为是否为了单位的利益以及是否基于单位的集体意志。因此，尽管在一般情况下自然人犯罪与单位犯罪不会发生混淆，但在单位的主管人员或者其他直接责任人员以单位的名义为个人牟取私利时，以及以个人的名义为单位谋取利益时，如何分清自然人犯罪与单位犯罪就显得很有必要。

3. 成年人犯罪与未成年人犯罪

这一犯罪分类的主要依据是犯罪人的年龄和认知能力。所谓成年人犯罪是指已满18周岁的人所实施的犯罪；而未成年人犯罪则是指未满18周岁的人所实施的犯罪。在刑法中作出这样的划分，主要是基于年龄上的差异和社会认知能力的差异。年龄是犯罪人的自然条件之一，一般来说，未成年的犯罪人，由于年龄尚小，身心发育尚未成熟，他们缺乏自制力、判断力等而容易实施冲动行为而触犯刑律。其可塑性强，易于矫正，所以其反社会性较小。而成年人，由于思想已经定型，并且犯罪是经过深思熟虑的，所以其反社会性较强，犯罪恶习较深，难以矫正。因此，在司法实践中，对于未成年人与成年人犯罪从审理到执行，都应当体现区别对待的精神。

4. 男性犯罪与女性犯罪

这一犯罪分类的主要依据是犯罪人的性别特征。所谓男性犯罪是指男性公民所实施的犯罪；所谓女性犯罪则是指由女性公民所实施的犯罪。性别是人的自然属性之一。女性犯罪人与男性犯罪人由于其生理与心理特征均有较大的差异，所以他们犯罪的特点也各不相同。在犯罪现象上，由于性别所造成的影响，自1899年犯罪学鼻祖龙勃罗梭首先对女性犯罪人作人类学的分析后，逐渐引起学者们的注意。然而，女性犯罪人的数目，无论在哪一个国家，较之男性来说都要少得多，女性不仅在生理、心理上，而且其生活负担及社会地位均与男性不同，因此，无论是在犯罪现象、原因还是方法上，均表现出异于男性犯罪的特殊性。心理学与生理学研究表明，女性容易冲动，偏重感情，不善于规划未来，不能有效地控制自己等心理特点与女性的月经活动有关。因此，男性与女性由于性别的差异，直接影响了他们犯罪的种类及比例，从而影响到犯罪人反社会属性的大小。一般认为女性在实行犯罪行为上所采取的方法，较男性更富于隐蔽性、曲折性。阿沙芬堡说："一般来讲，女性犯罪具有不诚实性，而男性犯罪则具有暴力性。"① 所以，性别的差异对于犯罪人的反社会性大小有着直接的影响。将犯罪分为男性犯罪与女性犯罪，其意义在于，对于不同性别的犯罪人，由于他们在生理、心理以及生活方式等方面均有所不同，因此对他们在教育和改造的方式方法上也应当体现不同的差别。

5. 正常人犯罪与非正常人犯罪

这一犯罪分类的主要依据是犯罪人的精神状态。所谓正常人犯罪是指精神正常的人所实施的犯罪；所谓非正常人犯罪则是精神不正常的人所实施的犯罪。在现实生活中，由于正常人具有辨认和控制自己行为的能力，因此，对于一般的正常人犯罪的，应当依法予以追究。而非正常人犯罪由于他们要么完全丧失辨认与控制自己行为的能力，要么有时丧失辨认与控制自己行为的能力，要么部分丧失辨认与控制自己行为的能力，因此，对于他们在应否对自己的行为负刑事责任时，就应当区别不同的情况分别进行处理。在我国刑事立法中，有关精神不正常的人主要包括精神病人、间歇性精神病人和限制刑事责任能力的精神病人三种。依照1997年刑法第18条规定，精神病人在不能辨认或者不能控制自己行为的时候造成危害结果，经法定程序鉴定确认的，不负刑事责任，但是应当责令他的家属或者监护人严加看管和医疗；在必要的时候，由政府强制医疗。间歇性精神病人在精神正常的时候犯罪，应当负刑事责任。尚未完全丧失辨认或者控制自己行为能力的精神病人犯罪的，应当负刑事责任，但是可以从轻或者减轻处罚。

6. 单独犯罪与共同犯罪

这一分类的主要根据是犯罪主体的数量。所谓单独犯罪一般是指行为人一人基于故意或者过失而独立实施的犯罪；而共同犯罪则是指二人以上基于共同故意而实施的犯罪。共同犯罪作为一种特殊的犯罪形式，与单独犯罪相比，有以下几方面的不同特点：一是数人共同作案，人多势众，能够实施单个人难以实施的犯罪；二是它可以有组织、有计划地实施犯罪，犯罪容易得逞；三是犯罪后互相包庇，毁灭证据，易于逃避侦查和审判。因此，共同犯罪历来是我国刑法打击的重点。根据我国刑法之规定，共同犯罪的成立必须符合三个方面的条件，即共同犯罪的主体必须是二个以上具备法定条件的人；共同犯罪的客观

---

① 转引自张甘妹著：《犯罪学原论》，汉林出版社1985年第4版，第105页。

方面必须是二个以上的共同犯罪行为；共同犯罪的主观方面必须是二个以上的共同犯罪故意。与共同犯罪的构成条件不相符合的行为，诸如共同过失行为、单方故意与单方过失结合的行为、先后犯、同时犯、超出共同故意以外的犯罪行为、事前无通谋、事后提供帮助的行为、有共同故意而无共同行为等，都不构成共同犯罪。我国刑法按照共同犯罪人在共同犯罪中所起的作用同时兼顾共同犯罪人的分工，将共同犯罪人分为主犯、从犯、胁从犯和教唆犯，并根据不同共同犯罪人的作用大小，对他们规定了不同的刑事责任。

7. 初犯、再犯、惯犯与累犯

这一犯罪的分类主要依据是犯罪人的犯罪次数和主观恶性。所谓初犯是指第一次实施犯罪行为，依照刑法的规定应当对自己的行为负刑事责任的人。所谓再犯是指行为人在受过有罪判决之后再次实施犯罪。从司法实践的角度来考察，构成再犯主要有以下两种情况：一是第一次有罪判决后在服刑期间又犯罪或者服刑期间逃跑后又犯罪；二是在第一次有罪判决的刑罚执行完毕后又犯罪。所谓惯犯是指以某种犯罪为常业或者以犯罪所得为主要生活来源或腐化生活来源，或者犯罪已成习性，在较长时间内反复多次实施某种犯罪的人。惯犯主要包括常习犯和常业犯两种。但不管属于上述哪种惯犯，他们一般都具有以下两个方面的特征：一是从客观上看，行为人犯罪的时间长，次数多，社会危害性大；二是从主观上看，行为人的主观恶习深，已形成习惯性的心理定式。所谓累犯是指受过一定的刑罚处罚，于刑罚执行完毕或者赦免之后，在法定期限内又犯一定之罪的犯罪分子。根据我国 1997 年刑法之规定，累犯可分为一般累犯与特殊累犯两种情况。所谓一般累犯是指被判处有期徒刑以上刑罚，于刑罚执行完毕或者赦免以后，在五年以内再犯应当判处有期徒刑以上刑罚之罪的犯罪分子；而特殊累犯则是指因犯危害国家安全罪被判处刑罚，在刑罚执行完毕或者赦免以后，在任何时候再犯危害国家安全罪的犯罪分子。初犯与累犯，由于行为人在主观恶性以及人身危险性上具有很大的差别，因此，在对他们进行处罚时也应当有所不同。一般而言，初犯系初次涉足犯罪，行为人的主观恶性较小，尽管其行为给社会造成了一定的危害，但根据其具体情况，可以酌情从宽处理。而再犯、惯犯与累犯均系一犯再犯，其犯罪行为的反复性与犯罪数量的多次性，均表明行为人的主观恶性已经达到相当顽固的程度，也就是说，行为人虽然经过刑罚处罚，但并未从中幡然悔悟。这表明行为人无论在社会危害性与人身危险性方面均已非初犯所能比，因此，根据我国刑事立法之规定，对于累犯应当从重处罚。这一规定是完全正确的。

8. 身份犯与非身份犯

所谓身份犯是指法律规定必须由具有一定身份的人实施才能构成的犯罪；

所谓非身份犯是指法律规定不需要具备一定身份的人即可构成的犯罪。在我国刑事立法中,身份犯所具有的身份主要包括职务上的身份、职业上的身份、职责上的身份和其他基于一定的法律关系而产生的身份等情况。对于法律规定只能由特殊主体才能构成的身份犯,在认定时必须注意查明犯罪主体的身份,否则就会导致出入人罪,混淆罪与非罪、轻罪与重罪的界限。因此,研究身份犯,不仅具有重要的理论意义,而且具有重要的实践意义。首先,从立法上来看,某些犯罪的成立,只能由具有某种特定身份的人才能构成,若无此特定身份,就不能构成这一方面的犯罪。在这里,某种特定身份之有无,是判断其行为是否构成犯罪的关键之所在,也是判定某种行为罪与非罪的重要标准。诸如刑法分则第九章规定的渎职罪,一般只能由具有国家机关工作人员身份的人才能构成,若无这一特定的身份,就不能构成这一方面的犯罪。在我国的刑事立法中,特定的身份不仅对罪与非罪的成立有着重要的影响,而且对构成重罪或轻罪也有重要的影响。诸如刑法分则第八章规定的贪污贿赂罪,该类犯罪的主体多为具有国家工作人员身份的人构成,若行为人无此特定的身份,即使实施了相同的行为,在定罪处罚上也有很大的差异。譬如同为盗窃行为,若系国家工作人员利用职务之便实施,则应当以贪污罪定性处罚。若系非国家工作人员所为,则只能以盗窃罪定性处罚。其次,从司法实践的角度来看,身份犯的存在对于共同犯罪中非身份犯的定性具有十分重要的作用。在我国以前的司法解释中,对于身份犯与非身份犯共同实施犯罪的,是以其中起主要作用的犯罪人的罪质进行认定的,这一规定由于没有很好地体现对身份犯应当从重处罚的精神,故有失科学性。看来,对于这一方面的共同犯罪依照其中的身份犯所实施的罪名进行定罪,就解决了这一问题。例如,国家工作人员与非国家工作人员相互勾结监守自盗的,应当依国家工作人员这一特定的身份定为贪污罪,而不应定为盗窃罪。

(二) **犯罪心理分类法。**这一分类方法主要是根据行为人实施犯罪行为时对其危害行为或者危害结果所持的心理态度进行划分的。行为人对犯罪所持的心理态度如何,不仅直接反映了行为人的主观恶性大小,也间接地预示着对该犯罪分子的改造难易程度。与此同时,行为人主观恶性的大小,又与行为人所应负的刑事责任大小紧密相关,因此,从心理学的角度来对犯罪进行划分,对于正确地定罪与量刑均具有十分重要的意义。一般来讲,从犯罪心理的角度划分,可以将犯罪分为以下几类:

1. 故意犯罪与过失犯罪

这一分类的主要根据是行为人在主观上的心理态度。所谓故意犯罪是指行为人明知自己的行为会发生危害社会的结果并且希望或者放任这种结果发生的主观心理态度。故意犯罪的主要特征在于：(1) 从其认识因素来考察，行为人对自己的行为将要产生的危害结果既存在可能性认识，也存在必然性认识，即无论行为人具备哪种程度的认识，均符合故意犯罪的认识因素的要求。(2) 从其意志因素来考察，行为人对其行为将要产生的结果持的是希望或者放任的态度。在这里，所谓希望的态度是指行为人对自己的行为会造成危害社会的结果持的是积极争取、刻意追求的心理态度。所谓放任则是指行为人对自己的行为会造成危害社会的结果持的是有意放纵、无意制止的态度。而过失犯罪则是指行为人应当预见自己的行为可能发生危害社会的结果，因为疏忽大意而没有预见，或者已经预见而轻信能够避免而未能避免，以致发生了这种结果所持的主观心理态度。过失犯罪的主要特征在于：(1) 从其认识因素来考察，行为人对自己的行为将要造成的危害结果只存在可能性认识，而不可能存在必然性的认识。(2) 从其意志因素来考察，行为人对自己的行为造成的危害结果是出于疏忽大意或者过于自信。在这里，所谓疏忽大意是指行为人应当预见而没有预见；而过于自信则是指行为人在预见某种危害结果可能发生的情况下，相信借助于某一方面的条件可以避免这一结果的发生但最终未能避免。故意犯罪与过失犯罪虽然同属犯罪之列，但是它们在以下几个方面却有着较大的区别：(1) 这两种类型的犯罪在主观认识因素与意志因素上有着根本的不同。故意犯罪的行为人不仅认识到危害结果发生的必然性与可能性，在主观意志上对危害结果的发生持的也是肯定的态度；而过失犯罪的行为人在主观认识上只存在可能性认识，在主观意志上对危害结果的发生持的是否定的态度。(2) 这两种类型的犯罪在其成立条件上对结果的要求也有所不同。一般来讲，大多数故意犯罪的成立，除了间接故意犯罪之外，有无特定的结果发生，对于其行为是否构成犯罪并无影响。而对于过失犯罪而言，其犯罪的成立必须要有危害结果发生才能成立，若无特定的危害结果发生，则不构成犯罪。(3) 这两种类型的犯罪在立法上的范围也有所不同。根据我国刑事立法的精神，对于故意犯罪和过失犯罪，在立法上一般都是以处罚故意犯罪为基础，而以处罚过失犯罪为例外。正因为如此，1997年刑法第14条第2款规定："故意犯罪，应当负刑事责任。"而1997年刑法第15条第2款则规定："过失犯罪，法律有规定的才负刑事责任。"这一分类方法的立法意义主要在于：将犯罪分为故意犯罪与过失犯罪，可以明确判断行为人实施犯罪时的主观恶性大小，以便根据行为人的主观恶性程度确立不同的法定刑等级，从而为司法机关正确地量刑提供有力的法律依据。

2. 直接故意犯罪与间接故意犯罪

这一分类的主要根据是实施故意犯罪的行为人在意志因素上存在的差异。

所谓直接故意是指行为人明知自己的行为会发生危害社会的结果,并且希望这种结果发生的主观心理态度。行为人在直接故意心理支配下所实施的犯罪即为直接故意犯罪。而间接故意则是指行为人明知自己的行为会发生危害社会的结果,并且放任这种结果发生的主观心理态度。行为人在间接故意心理支配下所实施的犯罪则为间接故意犯罪。直接故意犯罪与间接故意犯罪虽然同属于故意犯罪的范畴,但是,两者之间是有严格区别的。首先,从认识因素上来考察,直接故意犯罪的行为人在认识上对危害结果的发生既包括必然性认识,亦包括可能性认识,即行为人明知自己的行为必然或者可能发生危害社会的结果;而间接故意犯罪的行为人在认识上对危害结果的发生只存在可能性认识,即行为人明知自己的行为可能发生危害社会的结果。其次,从意志因素上来考察,直接故意犯罪的行为人对危害结果的发生持的是希望的心理;而间接故意的行为人对危害结果的发生持的是放任的心理。这是两者之间的本质区别。在直接故意犯罪与间接故意犯罪的划分标准上,有一种观点值得重视,就是行为人在明知自己的行为必然造成某种危害结果的情况下,而放任这种危害结果发生,在司法实践中是否存在?如果存在的话,这种情况应该定为直接故意犯罪还是间接故意犯罪?关于这一问题,目前在刑法理论上主要有以下几种不同的观点:第一种观点认为,行为人在认识到必然性的情况下而放任其危害结果发生的案件,在现实生活中是根本不存在的,这种观点只是一种理论上的杜撰。① 第二种观点认为,如果行为人预见自己行为的结果必然发生,即不可避免地发生,那就不能说他对结果发生或不发生持听之任之的态度了。因为在这里,他的预见中根本不存在结果不发生的问题,从而也就不能说他是放任结果发生。② 第三种观点认为,只要行为人是希望结果发生的,不论行为人认识到结果必然或可能发生,都是直接故意犯罪;如果行为人是放任结果发生的,不论行为人认识到结果必然或可能发生,便都是间接故意犯罪。也就是说,区分故意罪过的不同形式,只能以意志因素"希望"或"放任"为依据,而不能以认识因素"可能"或"必然"为转移。③ 笔者同意第三种观点,主要理由如下:(1)从我国刑事立法的规定来看,"明知自己的行为会发生危害社会的结果",这是一切故意犯罪成立的共许前提,这里的"会"不论作何解释,对于直接故意犯罪与间接故意犯罪来说都是一致的,而不应当有所区别。(2)从人的心理活动过程来看,认识虽然是心理过程的前提和基础,但在人的心理活动中,起决定作

---

① 参见赵秉志:《试论直接故意与间接故意的划分标准》,载《江海学刊》1987年第3期。
② 参见高铭暄主编:《刑法学》,中国人民大学出版社1989年版,第128页。
③ 马克昌主编:《犯罪通论》,武汉大学出版社1991年版,第320页。

用的是人的意志而非认识。就故意犯罪而言,行为主体的主观罪过同样是由意志因素而不是由认识因素决定的。因此,凡是行为人对危害结果的发生,持的是希望的态度,尽管行为人明知其可能性,仍然构成直接故意犯罪。同理,凡是行为人对危害结果的发生,持的是放任的态度,即使行为人明知其必然性,也只能构成间接故意犯罪。(3) 从法律对罪过心理的谴责来看,罪过是行为主体应受道义和法律谴责的一种心理过程。而在对危害结果的认识和决意这两个要素中,认识因素并不包含这种应受谴责的性质,只有意志才包含这种应受谴责的性质。这是因为,行为人的罪过并不在于他是否认识到了自己行为的危害结果,而在于他认识到了这种结果,却仍然有意放任这种结果的发生。倘若他没有放任这种结果的发生,那么无论他具有什么样的认识,也丝毫不会受到法律的谴责。(4) 从行为人的情感因素来考察,认为间接故意犯罪在认识程度上不包括必然性认识也是错误的。因为,人的整个心理过程,并非只包括认识和意志两个因素,而是包括知、情、意三个因素。在间接故意犯罪中,行为主体对危害结果采取何种意志倾向,并不取决于其认识程度如何,而取决于他对危害结果所处的情感状态如何。情感是人们对客观事物所持的好恶倾向,正是这种不同的好恶倾向而不是认识程度推动了行为人去采取不同的意志行动。因此,用行为人的认识程度来推论其意志倾向,无疑是不可靠的。

3. 确定的故意犯罪与不确定的故意犯罪

这一分类的主要依据是故意犯罪的行为人在主观上的认识内容的确定程度不同。所谓确定的故意犯罪,是指行为人对于构成犯罪之事实已有具体确定的认识,进而决定使其产生的行为。在确定的故意犯罪的场合下,行为人对于自己的行为构成犯罪的有关事实已经具有确定性,即行为人对自己的行为会发生危害社会的结果已经有了明确肯定的认识;而不确定的故意犯罪,则是指行为人对于构成犯罪之事实无具体明确的认识而使其产生的行为。在不确定故意犯罪的情况下,行为人在主观上对自己的行为会发生一定的危害结果已有认识,但究竟会发生何种危害结果却不很明确。正如我国有的学者指出的那样:"不确定故意,谓行为人对行为之客体,或行为预见之结果,不能具体确定,但认许其犯罪事实可能发生之故意也。"① 不确定故意根据行为人故意犯罪的认识内容,具体又可分为未必故意、概括故意与择一故意。所谓未必故意是指行为人明确地认识到某种危害结果发生的可能性,但又不是积极地追求这种结果发生,而是以未必即发生的意思加以实行,致使该结果发生。所谓概括故意是指行为人对危害结果的发生有明确的认识,但对于结果发生的对象不特定,只存

---

① 褚剑鸿著:《刑法总则论》,台湾正中书局 1972 年版,第 192—193 页。

在概括性认识。即是说，行为人对于对象的数量以及哪个对象的发生结果不确定时，即为概括故意。所谓择一故意是指行为人对于自己的行为可能会导致两个结果中的一个结果的发生具有确定性，即行为人认识到两个结果不会同时发生，但会发生其中一个结果，就是择一故意。将犯罪分为确定的故意犯罪与不确定的故意犯罪，其意义主要在于，在司法实践中，对于这两个方面的犯罪在进行处罚时，一般来讲，由于确定的故意犯罪的行为人在主观上对自己的行为造成的后果有确定的认识，因此，在对其进行处罚时可适当考虑从严处罚；而对于不确定的故意犯罪在一般情况下则可以考虑从宽处罚。当然，究竟应当如何处罚，还得通过对行为人所实施的犯罪行为在主客观两方面的情况作出综合判断后方能得出正确的结论。

4. 预谋故意犯罪与突发故意犯罪

这一分类的主要根据是某种故意犯罪的主观犯意形成时间的长短，即故意与实施犯罪行为之间相隔的时间长短所作的分类。所谓预谋故意犯罪，一般是指行为人在实施某种犯罪行为之前的一段时间其主观犯意就已经形成的情况。这种故意犯罪的特点是行为人为了追求某种特定的犯罪结果，而在着手实行犯罪之前就已经作了一定的筹划和考虑，具体可表现为行为人几经思想准备方决意开始实施某种犯罪行为，或者在决意实施某种犯罪之后又经过深思熟虑再着手实施犯罪行为。所谓突发故意犯罪，一般是指行为人产生犯罪故意后立即实施犯罪行为的情况。这种故意犯罪的特点是行为人犯罪行为的发生带有突然性，即在特定的情景之下，由于行为人受到外来的刺激，而突然决定实施犯罪行为。将犯罪分为预谋故意犯罪与突发故意犯罪，其主要意义在于，从人身危险性来讲，预谋故意犯罪的行为人在主观恶性上较之突发故意犯罪要大得多，因而在对犯罪分子进行刑罚裁量时，也应当注意其刑罚处罚程度的相当性。从世界上其他一些国家的刑事立法来看，它们都比较重视故意犯罪的这种分类方法。如1994年3月1日生效的《法国刑法典》第221-1条规定："故意致他人死亡之行为成立故意杀人罪。故意杀人罪处30年徒刑。"第221-3条又规定："有预谋地故意杀人为谋杀。谋杀罪处无期徒刑。"从该法典的规定来看，预谋犯罪在处罚上明显重于一般故意犯罪。但是在理论界，这种分类方法也遭到众多学者的反对，他们认为预谋故意犯罪的危害程度并不一定重于突发故意犯罪。而且，犯罪在犯罪前是否经过深思熟虑，并没有也不可能有一个判断、衡量的标准。[1] 笔者认为，一般来讲，从行为人的行为给社会造成的客观危害的角度来考察，在有些情况下，突发故意犯罪的确并不一定比预谋故意犯罪

---

[1] 参见马克昌主编：《犯罪通论》，武汉大学出版社1991年版，第322页。

轻，但这种评判仅仅是从客观主义出发的。如果从行为人的行为产生的主观恶性的角度来考察，很显然，预谋故意犯罪较之突发故意犯罪，其人身危险性要大得多。由于对这一方面犯罪的划分主要强调的是行为人实施犯罪行为之前的主观犯意形成的时间长短，因此，从主观主义的角度出发，对有预谋的故意犯罪和无预谋的故意犯罪，分别给予不同程度的处罚是合理的。

5. 疏忽大意的过失犯罪与过于自信的过失犯罪

这一分类的主要根据是实施过失犯罪的行为人对于自己的行为可能发生的危害结果在意志因素上存在的差异。所谓疏忽大意的过失，是指行为人应当预见自己的行为可能发生危害社会的结果，因为疏忽大意而没有预见，以致发生了这种结果的心理态度。在疏忽大意的过失中，由于行为人对危害结果的发生没有预见，因此这种过失亦称为无认识的过失。它具有两个基本特征：（1）行为人应当预见自己的行为可能发生危害社会的结果。这里所说的应当预见，是指行为人在行为时对危害结果的发生既有预见的义务，又有预见的能力。这是疏忽大意的过失有别于意外事件的关键。在这里，所谓预见的义务是指行为人在行为时对危害结果的发生负有预见的责任，如果行为人对危害结果的发生没有预见责任，即使在当时的情况下能够预见，也不能认为是应当预见。预见的义务一般是由法律或者规章制度规定的，在没有相应的法律或者规章制度时，一般应根据共同生活准则或生活经验来确定。所谓预见的能力则是指行为人在行为时对危害结果的发生有预见的现实条件和实际可能性。一般来讲，预见义务与预见能力是有机的统一，法律只能对有条件可能预见的人提出预见的义务。因此，即使行为人对危害结果的发生负有预见义务，但在当时的情况下不具备预见的条件，不存在预见的能力，不可能预见，即使发生严重的损害结果，也不能要求行为人对此负刑事责任。（2）行为人由于疏忽大意没有预见到自己的行为可能发生危害社会的结果。所谓"没有预见到"，是指行为人在实施行为当时没有想到自己的行为可能发生危害社会的结果。这种主观上对危害结果的无认识状态，是疏忽大意过失心理的基本特征和重要内容，也是行为人在毫无警觉的情况下引起危害社会的结果发生的根本原因。刑法之所以对因疏忽大意的过失构成犯罪的行为人予以刑罚处罚，首先是由于行为人主观上的过失造成了危害社会的严重后果。其次是通过惩治这种对国家和社会利益严重不负责任的行为，可以促使行为人和其他人消除疏忽大意的心理，谨慎行事，从而达到防范过失犯罪发生的社会效果。所谓过于自信的过失，是指行为人已经预见到自己的行为可能发生危害社会的结果，但轻信能够避免，以致发生这种结果的心理态度。由于行为人事先已经预见到自己的行为可能发生危害社会的结果，因此这种过失又称为有认识的过失。它有两个方面的特征：（1）行为人已经预见到自己的行为可能发生危害社会的结果。在过于自信的场合，行为人对自己行为的危害结果的预见，只能是预见到这种结果可能发生，而不能是预见到这种结果必然发生。因为过于自信的过失的特征是轻信能够避免这种结果发生，而只有在预见危害社会结果可能发生的条件下，才会轻信能够避免这种结果发生。否则，如果预见危害结果必然发生即不可避免地发生，那就不会相信能够避免这种发生了。（2）行为人轻信能够避免，以致发生了这种危害结果。所谓轻信能够避免，一般包含着以下三方面的意思：一是行为人相信危害结果不会发生，即对危害结果的发生，行为人是持否定态度的，是希望能够避免危害结果发生的。二是相信能够避免危害结果的发生有一定的实际根据。这就是说，行为人不是毫无根据地认为不会发生危害社会的结果，而是有实际的根据才相信可以避免，行为人为避免结果发生所采取的积极行动，可能是行为人本人的熟练技巧或较强的体力，也可能是行为人对客观环境或自然规律的熟悉。三是相信能够避免危害结果的发生的根据并不可靠。这就是行为人过高地估计了能够避免危害结果发生的根据，实际上这些根据并不足以避免危害结果的发生，以至于最终还是发生了危害结果。正因为如此，这种过失才称为过于自信的过失。将过失犯罪分为疏忽大意的过失犯罪与过于自信的过失犯罪，其最重要的意义在于确定过失行为负刑事责任的范围，准确区分各种不同的罪过形式，揭示过失犯罪的主观心理结构和恶性程度。然而，由于过失犯罪的行为人对自己的行为可能造成的危害结果在主观上均持的是排斥和反对的态度，因此，无论是就疏忽大意的过失犯罪而言，还是就过于自信的过失犯罪而言，与故意犯罪相比较，它们之间不存在绝对的恶性程度上的差异。因此，过失犯罪的这种划分方法对于量刑来讲，其意义并不是很大。

6. 普通过失犯罪与业务过失犯罪

这一分类方法是根据行为人所违反的是否为业务上的注意义务来进行划分的。所谓普通过失犯罪，是指行为人在日常生活中或者一般的社会交往中，违反一般注意义务，从而引起某种危害结果发生的行为。普通过失犯罪一般具有以下两方面的特征：一是该类犯罪的主体只能是一般犯罪主体；二是行为人违背的是日常生活中和社会交往中一般的社会生活公共准则。若果不符合以上两方面的特征，则不能视为普通过失犯罪。在我国的刑事立法中，诸如过失致人死亡、过失致人重伤、失火、过失决水、过失爆炸、过失投毒、过失破坏交通工具、过失损坏交通设施、过失损坏电力设备、过失损坏广播电视设施、过失损坏公用电信设施等过失犯罪即属此列。所谓业务过失犯罪是指行为人在日常的业务活动中，违反业务上的注意义务，从而引起某种危害结果发生的行为。业务过失犯罪是相对于普通过失犯罪而言的，其主要特征也有两个方面：一是该类犯罪的主体只能是特殊主体；二是行为人违背的是日常业务活动中应当遵守的规章制度。如果行为人的行为不符合以上两方面的特征，则不能视为业务过失犯罪。在我国的刑事立法中，属于业务过失犯罪的罪名较多，诸如重大飞行事故罪、铁路运营安全事故罪、交通肇事罪、重大责任事故罪、重大劳动安全事故罪、危险物品肇事罪、工程重大安全事故罪、教育设施重大安全事故罪、消防责任事故罪、医疗事故罪、环境监管失职罪、传染病防治失职罪、商检失职罪、动植物检疫失职罪、失职造成珍贵文物损毁罪等过失犯罪即属此列。

随着现代科技革命的日益发展，各种新技术的广泛推广应用，以及交通运输事业的日渐繁忙，因为业务上的过失所构成的犯罪也出现日益增长的势头，由此带来的社会危害性也日趋严重。从司法实践中发生的过失犯罪来看，业务过失犯罪基本上占绝大多数。但是，我国1979年制定的旧刑法，由于受立法当时的条件所限，立法机关对这一方面的犯罪没有予以足够的重视，不仅刑法中规定的业务过失罪名少，而且在有关立法技术上也存在某些不足之处，如旧刑法对普通过失犯罪与业务过失犯罪没有区别开来，并进而确定不同的刑事政策，这不能说不是一大立法缺憾。实际上，由于两类过失犯罪违反的规范、发生的场合均有所不同，因而在罪过认定、犯罪构成和量刑政策等方面，都存在较大的差异；除此之外，由于两者形成的规律各不相同，因而与之相对应的防范对策也应当有所区别。总而言之，将普通过失犯罪与业务过失犯罪区别开来，不仅具有重要的理论意义，而且具有现实的实际意义。我国1997年颁布的1997年刑法一改旧刑法之面貌，在刑法分则的规定中，不仅加强了对过失犯罪的惩治力度，而且在普通过失犯罪与业务过失犯罪的立法上也取得了历史性进展。这一方面的进展主要表现在：（1）1997年刑法根据司法实践的需要，增加了业务过失犯罪的条文数量。我国1979年旧刑法对有关业务过失犯罪一共才规定四个具体的罪名，即交通肇事罪、重大责任事故罪、违反危险品管理规定肇事罪和玩忽职守罪。而1997年刑法根据我国司法实践的需要则将业务过失犯罪的罪名增加到20余个。这样不仅极大地丰富了我国刑事立法的内容，同时也满足了司法实践的迫切需要。（2）1997年刑法适当降低了少数普通过失犯罪的法定最高刑，相应地提高了某些业务过失犯罪的法定最高刑，从而突出了对业务过失犯罪应当从严处罚的国际立法惯例。1997年刑法为了突出对业务过失犯罪的惩治，对少数普通过失犯罪的法定最高刑作了适当的降低，如1979年旧刑法对过失杀人罪规定的法定最高刑为有期徒刑十五年，而1997年刑法对过失致人死亡罪的法定最高刑则降为有期徒刑七年。为了加强对某些业务过失犯罪的惩治，1997年刑法提高了某些犯罪的法定最高刑。如1979年旧刑法对玩忽职守罪规定的法定最高刑为有期徒刑五年；而 1997 年刑法对本罪的法定最高刑则提高到有期徒刑十年。

（三）犯罪行为分类法。这一分类方法主要是根据行为人所实施的犯罪行为的表现形式进行划分的。犯罪行为是犯罪主体在自己的主观罪过的支配下所实施的侵犯了一定社会关系的行为。犯罪行为作为犯罪构成的重要因素，是犯罪客观方面的必要要件，离开了这一要件，一切犯罪就无从谈起。然而，在现实生活中，犯罪行为的表现形式包罗万象、形形色色，从不同的角度、采取不同的标准，又可以将其分为不同的类型。具体来讲，依据犯罪行为可以将犯罪分为以下几种：

1. 作为犯罪与不作为犯罪

这一分类方法是根据行为人所实施的犯罪行为的表现形式所作的划分。所谓作为的犯罪是指行为人违反刑法的禁止性规范，以积极的方式实施了为刑法所禁止的行为。刑法上的作为是由人的一系列积极活动所组成，而不是指人的某一个别的活动或环节。作为有如下基本特征：（1）作为是以运动方式表现的身体活动，是身体的运动而不是静止，它是外在的、动态的。（2）作为是一种积极的身体活动，它表现为行为人基于自己意识与意志的支配主动去实施刑法禁止的行为。（3）作为是人的一系列言语、动作与举止的有机集合体，而不是单个的孤立的动作环节。从具体的作为方式来看，作为有以下五种表现形式：（1）利用身体的作为，即行为人直接借助于自己的身体所实施的危害行为；（2）利用物质工具的作为，即利用犯罪工具所实施的危害行为；（3）利用他人的作为，即利用无责任能力人和主观上无罪过的人实施危害行为；（4）利用自然力的作为，即利用自然现象所实施的危害行为；（5）利用动物的作为，即利用动物作为犯罪工具所实施的危害行为。所谓不作为犯罪是指行为人违反刑法的命令性规范，消极地不履行自己应当履行的法律义务的行为。不作为犯罪就其实质而言是行为人没有实施其应当实施的行为，因此，构成不作为犯罪，必须具备一定的条件。主要有以下三点：（1）行为人必须负有实施某种积极行为的义务，这是构成不作为犯罪的前提条件。如果行为人不负有这种特定的作为义务，刑法当然不能要求行为人必须履行。一般来讲，行为人所负有的特定作为义务的来源主要有以下几个方面：一是法律明文规定的义务；二是因特定职务或业务而产生的义务；三是由特定法律行为引起的义务；四是因行为人先前行为所引起的义务；五是行为人自愿承担的某种特定义务。只要行为人具备以上五个方面的特定义务，就可构成不作为的前提条件。（2）行为人能够履行自己所承担的作为义务，这是不作为犯罪成立的合理性条件。在这里，行为人能够履行自己所承担的作为义务，是指负有作为义务的行为人具备履行义务的主观能力和客观条件，能够实施特定的作为来避免危害社会的结果发生。如果行为人受主观能力的限制没有履行义务，或受客观条件的限制不可能履行义务，均不能构成刑法中的不作为犯罪。（3）行为人没有履行刑法要求的特定作为义务的行为。这是不作为犯罪成立的实质性条件。不作为犯罪的行为人之所以要对自己的行为负法律上的责任，从实质上来讲，就是行为人没有履行刑法要求的特定作为义务。至于行为人没有履行特定义务，有无造成特定的危害结果，则要依据行为人的主观罪过形式来确定。一般来讲，对过失行为和间接故意行为，都只有在造成了刑法所规定的特定危害结果时才构成犯罪。而对于直接故意行为则不论行为人的行为是否发生特定的危害结果，均可以构成犯罪。当然，鉴于不作为犯罪的特殊性，要对之作出正确的结论，必须依据行为人主客观方面的因素进行综合分析。将犯罪分为作为犯罪与不作为犯罪，其意义在于揭示犯罪行为的多样性，以及不同种类的犯罪行为对构成犯罪所起的特定作用。但是值得注意的是，作为犯罪与不作为犯罪虽然在其表现形式上有所不同，但对于构成特定的犯罪而言却没有罪质的差别。此外，无论行为人实施的行为是作为还是不作为，与行为人构成故意犯罪还是过失犯罪也不发生影响。因此，对于相同的犯罪，由于行为人采取的行为方式不同，在定罪量刑的问题上一般不应当有所区别。只有行为人所实施作为与主观方面的特定罪过形式结合起来在总体上重于以不作为方式实施该种行为时，方可给予不同的处罚。

2. 暴力犯罪与非暴力犯罪

这一分类方法主要是从行为人实施犯罪所采取的手段上来进行划分的。关于暴力犯罪的概念目前在我国刑法学术界尚有争议，有的认为，"刑法上讲的暴力犯罪是指在杀人、抢劫、强奸等犯罪活动中，使用暴力、威胁或者其他手段，使被害人不能反抗，达到剥夺他人生命、抢劫公私财物或奸淫妇女目的的犯罪行为。"[1] 有的认为，"暴力犯罪，是指盗枪抢枪、持枪杀人、爆炸杀人、驾车行凶、劫机劫船、绑架人质等重大恶性案件。"[2] 有的认为，"暴力犯罪，是指犯罪分子使用枪支弹药、爆炸物品、机动工具，采用非常强暴的手段，对社会造成严重危害或构成严重威胁的案件。"[3] 有的认为，"暴力犯罪，就是指行为人（也包括犯罪集团）以强暴手段，侵害国家或人民生命、财产安全，造成严重后果，并应当受刑罚处罚的犯罪行为。"[4] 有的认为，"暴力犯罪是指行

---

[1] 参见《暴力犯罪现状与对策》论文集，辽宁人民出版社1989年版，第10页。
[2] 参见《暴力犯罪现状与对策》论文集，辽宁人民出版社1989年版，第10页。
[3] 参见《暴力犯罪现状与对策》论文集，辽宁人民出版社1989年版，第107页。
[4] 张家源著：《暴力犯罪心理初探》，中国政法大学出版社1989年版，第2页。

为人故意以强暴手段,侵害他人的人身和公私财产,依法应当受到刑罚处罚的行为。"① 关于暴力犯罪的概念,笔者基本上同意第五种观点,即认为暴力犯罪是指行为人故意以强暴手段,侵犯他人的人身与财产权利,并应当受到刑罚处罚的行为。与此相对应,所谓非暴力犯罪则是指行为人故意以非强暴的方法,侵犯他人的人身与公私财产,依法应当受到刑罚处罚的行为。将犯罪分为暴力犯罪与非暴力犯罪,其意义主要有以下两点:一是由于暴力犯罪的社会危害性较之非暴力犯罪的社会危害性大,因此,按照罪刑相适应的原则,对刑法中所规定的暴力犯罪在对其处罚时也应当重于对非暴力犯罪的处罚。二是在1997年刑法对正当防卫的规定中,不法侵害者实施的是严重危及人身安全的暴力犯罪还是非暴力犯罪,对于防卫人是否可以采取无限防卫权有着直接的影响。如果属于严重危及人身安全的暴力犯罪,则可以适用无限防卫;不然,则只能适用普通防卫。

(四)**犯罪客体分类法**。这一分类方法主要是根据某种行为所侵犯的社会关系所作的划分。在刑法理论上,犯罪客体是指刑法保护的为犯罪行为侵害的社会关系。依据行为人所侵犯的社会关系的范围大小,我们可以将犯罪客体分为一般客体、同类客体和直接客体三种情况。在以上三种客体中,能够作为犯罪分类标准的是犯罪的同类客体。因此,依据各类犯罪所侵犯的客体不同,我们一般可以将刑法中规定的犯罪分为以下几种:

1. 同类客体分类法。所谓同类客体是指某一类犯罪所共同侵犯的客体,也就是某一类犯罪所共同侵犯的、为刑法所保护的社会关系的某一部分或者某一方面。在我国刑事立法中,无论是1979年旧刑法还是1997年刑法,刑法分则的体系基本上都是根据同类客体进行归类的。我国1997年刑法依据各类犯罪侵犯的同类客体不同,将其分为以下十大类别:(1)危害国家安全罪的同类客体——国家安全,即人民民主专政的国家政权和社会主义制度;(2)危害公共安全罪的同类客体——社会的公共安全,即不特定多数人的生命、健康与重大公私财产的安全;(3)破坏社会主义市场经济秩序罪的同类客体——社会主义市场经济秩序,即社会主义生产、流通、分配和消费等领域的秩序;(4)侵犯公民人身权利、民主权利罪的同类客体——公民的人身权利和民主权利;(5)侵犯财产罪的同类客体——公私财产所有权,即国家、集体和个人对其财产的占有、使用、收益和处分的权利;(6)妨害社会管理秩序罪的同类客体——我国正常的社会管理秩序;(7)危害国防利益罪的同类客体——我国的国防利益;(8)贪污贿赂罪的同类客体——国家的廉政制度;(9)渎职罪的同

---

①叶高峰主编:《中国暴力犯罪对策研究》,法律出版社1998年版,第9、11页。

第二章 犯罪概念多元论

类客体——国家机关的正常管理活动；（10）军人违反职责罪的同类客体——国家的军事利益。

2. 集合客体分类法。我国现有的刑法理论将犯罪的客体分为三个不同的层次，即犯罪的一般客体、同类客体和直接客体。然而，这三种层次的划分并不能满足现实的立法需要。因为根据我国1997年刑法的有关规定，对所有犯罪可依据其存在的范畴大小分为类罪、群罪和个罪三种形式。在这里，所谓群罪是指由某些具有相同性质的犯罪聚集在一起所形成的犯罪群。与类罪和个罪相比，群罪具有以下几个特征：一是群罪是由多种性质相同的犯罪组成的，若是数个性质不同的犯罪的组合，不能视为群罪；二是群罪一般是由多种性质相同的犯罪组合在一起，形成的一个有机的群体，其所侵犯的社会关系是相同的。从犯罪客体的层次划分上来看，它是介于类罪与个罪之间的一种犯罪类型。由于在刑法分则中存在这样一种犯罪类型，因此，某些犯罪在其同类客体之下并非直接客体，而是在其中间有一个连接点，这就是集合客体。在我国1997年刑法分则中，根据集合客体的理论，属于群罪范畴的内容主要有两章，一是刑法分则第三章所规定的破坏社会主义市场经济秩序罪之下所规定的八种犯罪。这八种犯罪的集合客体分别为：（1）生产、销售伪劣商品罪的集合客体——产品质量管理制度；（2）走私罪的集合客体——国家对外贸易管制；（3）妨害对公司、企业的管理秩序罪的集合客体——公司、企业的管理秩序；（4）破坏金融管理秩序罪与金融诈骗罪的集合客体——国家对金融活动的管理秩序；（5）危害税收征管罪的集合客体——国家税收管理制度；（6）侵犯知识产权罪的集合客体——知识产权管理制度；（7）扰乱市场秩序罪的集合客体——国家对市场的管理秩序。二是刑法分则第六章所规定的妨害社会管理秩序罪之下所规定的九种犯罪。这九种罪的集合客体分别为：（1）扰乱公共秩序罪的集合客体——社会的公共秩序；（2）妨害司法罪的集合客体——司法机关的正常活动；（3）妨害国（边）境管理罪的集合客体——国家对进出国（边）境的管理制度；（4）妨害文物管理罪的集合客体——国家对文物的管理制度；（5）危害公共卫生罪的集合客体——国家对公共卫生的管理制度；（6）破坏环境资源保护罪的集合客体——国家对环境资源的保护制度；（7）走私、贩卖、运输、制造毒品罪的集合客体——国家对毒品的管理制度；（8）组织、强迫、引诱、容留、介绍卖淫罪的集合客体——社会治安管理秩序；（9）制作、贩卖、传播淫秽物品罪的集合客体——国家对淫秽物品犯罪的正常管理活动。

第三章 犯罪构成集合论

第一节 犯罪构成理论的历史演进

一、犯罪构成理论在资产阶级国家的发展概况

犯罪构成在整个犯罪论体系中占据核心的地位，它不仅是整个刑法学理论大厦构建的基础，也是评判一切行为的罪之有无与罪之差别的标准。犯罪构成一词，如果从词源上来加以考察，可追溯到 13 世纪意大利宗教裁判所的纠问程序中所使用的 Constarede Delicti（犯罪的确证）一词，这种纠问程序可分为一般纠问和特殊纠问。一般纠问是指关于犯罪是否存在的确证，而特殊纠问则是指对特定的嫌疑人进行纠问。只有首先弄清犯罪是否存在之后，才能继而对特定的犯罪嫌疑人进行有目的的纠问。1581 年，意大利的刑法学家法里西斯最先将这种犯罪事实命名为 Corpus Delicti，以其表示按照刑事诉讼程序被证明的犯罪事实。作为刑事诉讼法上的概念，这里的 Corpus Delicti 强调的是如果不能按照严格的证据法则对客观的犯罪事实的存在进行确证，就不能进行特别纠问。1676 年，Corpus Delicti 这一概念传到德国，德国的刑法学家克莱因首次将其译为 Tatbestand，但在当时，这一概念仍然是在诉讼法的意义上使用的。Tatbestand 一词直到 19 世纪初才被德国的刑法学家费尔巴哈、施就别尔所用，才将其由刑事程序法意义上的概念变为刑事实体法意义上的概念。费尔巴哈从罪刑法定原则出发把刑法分则上关于犯罪成立的要件称为犯罪构成。他指出："犯罪构成就是违法行为所包含的各个行为的或事实的诸要件的总和。"他认为，构成要件特别地具有阻止或限制统治阶级任意定罪的作用。但

是，在整个 19 世纪，犯罪构成理论的发展非常缓慢，还没有形成一个系统完整的理论体系，更没有在整个刑法理论中占据重要的地位。直到 20 世纪以后，资产阶级的刑法学者经过几十年的努力，才使得资产阶级的犯罪构成理论有了长足的发展，并形成了若干各具特色的犯罪构成理论体系。

现代意义上的犯罪构成理论，形成于 20 世纪初。这一理论的创建首先应归功于德国的刑法学家贝林格，他于 1905 年和 1906 年分别出版了《刑法纲要》和《犯罪理论》两书，在这两本书中他首先提出了他的犯罪构成理论。贝林格认为，19 世纪的刑法总论从行为、因果关系、违法性等一些抽象的概念出发来论述犯罪成立的条件，几乎完全忽视了刑法分则及其犯罪构成要件。他强调必须以刑法分则条文规定的犯罪构成要件概念为中心来建立犯罪的概念。贝林格把犯罪概念规定为："犯罪是符合构成要件的、违法的、有责任的并对此有适合的处罚规定和满足处罚条件的行为。"他认为，"构成要件，从狭义上说，是表明犯罪类型轮廓的全部要素（特别构成要件）。"但是他又认为，这只是"犯罪类型的外部轮廓"，只是行为的纯客观的、外部的表现，并不包括任何主观的、规范的因素在内。所以贝林格的构成要件是纯客观的、记述性的，不包含任何价值判断的东西。贝林格认为，构成要件的符合性（该当性）、违法性和有责性三者之间是彼此独立、互不相关的，行为符合构成要件，但并不一定违法，也不一定有责任。因此，对三者要单独考察。贝林格对犯罪构成理论的最大贡献，就是把刑法分则的特殊构成要件系统化、理论化，并将其提升为刑法总则的犯罪概念的中心，使它与违法性、有责性等问题联系起来，共同组成犯罪概念，并通过构成要件的概念，使刑法总则与刑法分则有机地结合起来，建立一个统一的犯罪论体系。

到了 20 世纪 20 年代，以梅兹格为代表的刑法学者在批判贝林格的构成要件理论的基础上，使犯罪构成的理论又有了进一步的发展。梅兹格与贝林格一样，也是从罪刑法定原则的要求出发，也认为故意与过失不属于构成要件，而是属于责任的范畴。梅兹格认为，构成要件只包括行为及其造成的侵害法益的结果、行为与结果之间的因果关系等客观的违法要素。但是他不同意贝林格把构成要件理解为纯客观的、不包含任何主观因素的存在。他认为，某些作为违法性评价对象的主观因素，也属于构成要件的内容，是构成要件的主观违法因素，例如，法律要求必须具有某些特定的，或者某种主观倾向的犯罪以及法律要求行为者的外部行为必须是其自身意愿表现的犯罪等。这些特定的目的、主观倾向或确信就属于构成要件的主观违法要素。因此，梅兹格反对贝林格把构成要件与违法性对立起来。他认为，构成要件与违法性是结合在一起的。"构成要件是违法性的基础，符合构成要件的行为，只要不存在违法阻却的事由，就是违法犯罪。只要违法行为不是由于特殊的违法事由而被合法化，那么，构成要件就是违法性存在的根据。"按梅兹格的理论，构成要件的符合性与违法性不是两个独立的犯罪成立的要件，而是紧密地结合在一起，称为"构成要件的违法"。这是梅兹格的构成要件论与贝林格的构成要件论的一个重要的区别之所在。

时至 20 世纪 30 年代，特别是到了五六十年代，德国的刑法学者韦采尔、韦伯等人提出并建立了以目的行为论为中心的犯罪构成理论。他们认为，行为就是意志、身体动静和结果三者的结合，而 19 世纪以来的因果行为论把意志的内容完全排除在行为之外，这是完全错误的。由于它们强调目的是行为的本质要求，所以被称为目的行为论。以目的行为论为基础建立的目的行为论体系，就是目的行为论的构成要件论。用目的行为论来解释故意犯罪，逻辑上不存在任何矛盾，但是在解释过失犯罪时，仍有疑问，因为过失犯罪并无犯罪的目的性，目的行为论者为了克服这个严重的障碍，提出了各种各样的解释。这些不同的解释，决定了他们所建立的犯罪论体系的多样化，但他们有一点是相同的，即都未将故意和过失列入责任的范畴，而是将其作为行为的主观要素包括在构成要件之内。他们认为，故意（或过失）是行为的本质要素，也是构成要件的主观要素，而构成要件是违法类型，所以，故意（或过失）也是主观的违法要素。违法性是对法益和行为的否定评价。行为者实施行为的目的是什么、他应当具有什么义务以及行为的方式方法等决定行为的违法性。以上这些内容就是目的行为论对犯罪构成理论的新的发展。

从资产阶级犯罪构成理论的历史发展过程看，尽管关于构成要件的概念和内容一直存在争论，但总的趋势是逐步扩大构成要件的内容，把更多的主观因素和规范因素列入构成要件之内，并且强调构成要件的主客观因素的联系和统一，强调构成要件的整体性和统一性。

二、犯罪构成理论在前苏联及俄罗斯联邦的发展概况

（一）前苏联的犯罪构成理论的历史发展

前苏联的犯罪构成理论是世界上所有社会主义类型的国家犯罪构成学说中最具代表意义的理论。而前苏联的犯罪构成理论的产生、发展却经历了一个较为曲折的演进历程。一般来讲，前苏联犯罪构成理论的发展可以分为三个不同的发展时期：

1. 1917 年至 1936 年是前苏联犯罪构成理论孕育和诞生阶段。前苏联的犯罪构成理论是在同法律虚无主义和刑事社会学派思想影响的斗争中诞生的。1917 年苏联十月革命胜利后，以列宁为首的布尔什维克十分重视社会主义的

第三章 犯罪构成集合论

法制建设，但在当时的苏维埃刑法学界甚至在部分司法人民委员领导成员中，存在着严重的法律虚无主义和刑事社会学派的思想影响，严重地妨害了社会主义法制建设的进程，妨害了刑事立法的制定和犯罪构成理论的诞生。1922年在苏俄刑法典公布之前，苏维埃学界对是否需要制定刑法典以及制定什么样的刑法典进行了激烈的争论，正反两方面的意见势均力敌，堪称苏联刑事立法过程中一次激烈的思想交锋。这次刑法理论的大辩论，以及苏俄刑法典的诞生，为苏联的犯罪构成理论的问世奠定了基础。从20世纪20年代中期开始在前苏联出版的一批教科书中，开始论述有关犯罪构成理论。与此同时出版的一些著作及论文，也对刑法分则中各种犯罪的构成结合审判实践进行了法律分析，并结合审判实践对某些犯罪的定罪问题进行评述。犯罪构成的理论形成了较为迅速的发展趋势。但是，由于受到当时的法律虚无主义思潮的严重影响，继第一次辩论之后又开始了第二次大辩论，使刚处于襁褓之中的犯罪构成理论受到重创。因此，在这一阶段，刚刚诞生的苏联的犯罪构成理论，既没有形成体系，又没有确立其在刑法理论中的地位，相反，还受到了激烈的批判和强烈的反对，以至于濒临夭折的边缘。

2. 1937年至1957年是前苏联犯罪构成理论的确立阶段。在这一阶段，犯罪构成理论已基本上形成了自己的体系，并在刑法理论中确立了自己的地位。犯罪构成理论之所以于20世纪30年代末期开始在苏联的刑法理论中确立自己的重要地位，是基于以下两方面的原因，一方面是由于前述法律虚无主义和刑事社会学派思想遭到毁灭性打击的结果，另一方面也与当时的苏联强调加强社会主义法制建设，大力发展苏维埃法律科学有着密切的关系。1939年前苏联出版了由全苏法学研究所集体编写，供法律高等院校使用的《刑法总则》一书，该书对犯罪构成的理论体系进行了较为全面、系统的论述。它不仅对犯罪的客体、客观方面、主体和主观方面作了全面的论述，而且明确地指出了犯罪构成就是"构成犯罪的诸要件的总和"。1946年前苏联著名的法学家特拉伊宁教授撰写的《犯罪构成的一般学说》一书面世，这是前苏联第一部专门对犯罪构成理论进行研究的专著，它对犯罪构成的概念、要件、理论体系、意义及其相关的问题，都作了十分全面而又系统的论述，并对资产阶级犯罪构成理论从多方面进行了较为深入的批判。《犯罪构成的一般学说》的出版，以及此后《苏维埃国家与法》杂志于1954年至1955年期间在全国范围内组织的有关犯罪构成问题的讨论及其形成的研究成果，标志着前苏联犯罪构成理论已经成熟并在其刑法理论中正式确立起自己的地位。

3. 从1958年开始，前苏联的犯罪构成理论进入不断发展完善的新阶段。在这一阶段，前苏联的犯罪构成理论在原有的基础上得到了进一步的充实和完

善,并且在某些方面还有所突破。这些新的发展,主要表现在以下几个方面:
(1)关于刑事责任的根据问题在这一时期受到了严重的挑战。自从20世纪50年代中期前苏联提出"犯罪构成是刑事责任的唯一根据"这一命题以后,在理论界一度得到了最广泛的承认。但是60年代以后,这一命题再次受到严重的挑战。一些刑法学者提出,刑事责任的唯一根据不是犯罪构成而是犯罪人所实施的犯罪行为。还有学者重新提出,刑事责任的根据不是犯罪构成而是罪过。(2)刑事责任问题引起了广泛的重视。在50年代以前的刑法教科书中,对刑事责任问题没有作出专门的介绍,而在这一时期的刑法教科书中则增加了刑事责任的专门章节,并对刑事责任的概念、根据等问题展开了广泛的讨论。(3)将定罪问题纳入了犯罪构成理论。1963年,前苏联的库德里亚夫采夫教授撰写了博士论文《定罪的理论根据》,此书后改名为《定罪理论》于1972年再版,在学术界引起广泛的关注。许多高校都开设了《定罪理论》这门课程,专门讲授概念和原理及其方法问题。(4)对犯罪构成诸要件的研究进一步深化。除了以上几个重大理论问题的研究在这一时期有了突破性进展之外,在犯罪构成的其他理论问题的研究上也取得了较大的进展。如有的刑法学者指出,把犯罪客体仅局限于社会关系是不对的,因为有些犯罪直接侵犯的并不是社会关系,另外,对于不作为的关系问题,在刑法学界也产生了不同的看法。以上这些内容都丰富、发展了原有的犯罪构成理论,将犯罪构成的理论研究提到了一个新的高度。

(二)前苏联解体后的俄罗斯联邦刑法的发展变化

前苏联解体后,形成了众多独立的国家,其中俄罗斯是最强大的。现行的俄罗斯刑法理论与刑事立法的发展在众多的独联体国家中具有一定的代表性。虽然俄罗斯刑法理论与前苏联的刑法理论仍旧存在历史的联系,在很多方面都有所继承,诸如在犯罪的认定方面仍旧是依据犯罪构成的四大要件,在犯罪的主体范围上仍旧只承认自然人犯罪而排斥法人犯罪,但是,从其刑事立法的内容来考察,在以下几方面却存在本质的差别:(1)在刑事立法体系上,俄罗斯联邦刑法典较之原苏俄刑法典有很大的变化。虽然这两部法典在整体上仍将刑法分为总则与分则两大部分,但是在具体的体系安排上却有着较大的区别。原苏俄刑法典总则只有六章,条文只有63条;而俄罗斯联邦刑法典总则却增加到十五章,条文增加到104条。原苏俄刑法典分则只有十二章,条文仅265条;而俄罗斯联邦刑法典却增加到十六章,条文减少到255条。此外,在刑法分则内容的安排上,俄罗斯联邦刑法典也作了有别于原苏俄刑法典的规定,如为了突出对公民人身权利的保护,俄罗斯联邦刑法典将侵害人身的犯罪由原来的刑法分则第三章提前到分则第一章,使其居于刑法分则各章之首。(2)在刑事立法的内容上，虽然在很多方面俄罗斯联邦刑法典仍旧保留着原苏俄刑法典的许多规定，尤其是在刑法分则部分继承的成分更多，但是俄罗斯联邦刑法典却增加了很多原苏俄刑法典所没有的内容，并对原苏俄刑法典所规定的内容作了较大的修改，诸如关于刑法的基本原则、犯罪种类的规定在原苏俄刑法典中不曾规定的内容，俄罗斯联邦刑法典对此作了明确的规定。又如对犯罪的概念、有关犯罪故意与过失的规定，有关犯罪预备、未遂与中止的规定、共同犯罪与排除社会危害性的行为均作了较大的修改和补充。

三、犯罪构成理论在我国的发展概况

我国的犯罪构成理论是 20 世纪 50 年代从前苏联引进的，它是在吸收其他国家犯罪构成理论，总结我国司法实践经验的基础上建立起来的。我国刑法学界对犯罪构成理论的探索也有不同的观点，有的学者认为可分为两个阶段：一是恢复阶段，即重新恢复犯罪构成理论在刑法学体系中的地位。在这个阶段，对犯罪构成理论的介绍多于创新。二是探索阶段，即不满足于 50 年代从前苏联移植过来的犯罪构成理论，开始进行理论上的突破与探索，并发表了大量有关犯罪构成理论探索性的论文。[①] 但也有学者将其分为三个时期，其一，移植期。即解放初期，全面引进前苏联的犯罪构成理论，并且几乎是完全照搬前苏联的犯罪构成理论。当然，在当时的社会历史条件之下，这也是必要的。其二，消沉期。1957 年反右斗争开始后，犯罪构成理论遭到了尖锐的批判和全面的否定，犯罪构成被说成是"资产阶级的东西"，成了一个"禁区"。其三，发展期。党的十一届三中全会以后，我国法学领域中的"禁区"一个个被打破，尤其是我国第一部刑法的颁布，使刑法理论进入了繁荣的发展时期，沉睡了 20 年的犯罪构成理论才获得新生。[②] 笔者认为，根据我国刑法理论与刑事立法的历史发展过程，可以将其分为四个不同的阶段：第一阶段是犯罪构成理论的引进与介绍阶段。新中国成立以后，随着社会主义制度在我国的建立，在法学领域中也必须建立与之相适应的意识形态，为了高举马克思列宁主义的伟大旗帜，在刑法学领域中引进前苏联的犯罪构成理论，是一种历史的必然。加上我国当时也没有其他方面的蓝本可以参考，因此，全面引进前苏联的犯罪构成理论无可厚非。如果在当时的历史条件下不作出这样的历史选择，我国后来的犯罪构成理论的发展就会失去其基础。第二阶段是犯罪构成理论的批判与否定阶段。1957 年以后，随着我国反右斗争的开展，在思想领域中也出现了暂

---

① 参见高铭暄主编：《新中国刑法科学简史》，中国人民公安大学出版社 1993 年版，第 83 页。
② 郑伟主编：《1997 年刑法学专论》，法律出版社 1998 年版，第 96～97 页。

时的"倒车"现象，一些被实践证明为科学的理论受到了不应有的批判。由于犯罪构成理论在这一时期被斥为"资产阶级的东西"，因而被打入冷宫，一直沉寂了20年。第三阶段是犯罪构成理论的恢复与发展阶段。党的十一届三中全会以后，我国法学领域中的很多禁区被——打破，犯罪构成的理论因其在刑法科学中的核心地位而得以恢复。由于犯罪构成理论在刑法学领域沉寂了20年，因此，在其被恢复以后的最初几年中，刑法学界研究的主要任务是对这一理论的介绍，因而创新的内容并不太多。随着对犯罪构成理论研究的进一步深入，我国广大的刑法学者已不满足于对犯罪构成理论的一般介绍，而是在这一理论的基础上进行了大胆的探索。诸如，对犯罪构成的概念、要件、分类以及犯罪构成的体系等都进行了不同于传统理论的反思与重塑，从而使我国的犯罪构成理论的研究进入一个重要的发展时期。第四阶段是犯罪构成理论的创新与突破阶段。自从我国进入社会主义市场经济时代以后，为了使刑法成为社会主义市场经济的保护神，我国刑法学界紧紧围绕这一主题开展了大量学术研究活动，这些研究活动的开展，不仅使我国对犯罪构成理论的研究取得了新的进展，而且在有关具体犯罪的构成方面还取得了突破性进展。我们相信，随着我国社会主义市场经济的不断发展与完善，加上广大刑法理论工作者不懈的努力，一个具有中国特色的社会主义的犯罪构成理论体系一定会建立起来。

第二节 犯罪构成的理论体系

在当今世界各国的刑法理论上，存在两种不同的犯罪构成体系。一个是西方大陆法系的资本主义国家的犯罪构成体系，另一个是前苏联创造的社会主义国家的犯罪构成体系。这两种不同的犯罪构成体系，作为两种不同阵营的国家犯罪构成理论的代表，各具特色，从而对不同国家的刑法理论与实践都起到了一定的促进作用。

一、我国的犯罪构成理论体系

在我国，根据刑法学界之通说，所谓犯罪构成是指我国刑法所规定的，决定某种行为构成犯罪所必须具备的主观要件与客观要件的有机整体。作为认定犯罪的规格和标准，犯罪构成是由一系列要件构成的。犯罪构成的要件作为犯罪构成的基本单元，是犯罪构成整体的各个有机组成部分。如果离开了犯罪构成的要件，那么一切犯罪就无从谈起。关于犯罪构成的要件有哪些？目前在我国刑法理论上存在以下几种不同的观点：

第一种为"四要件"说，该种观点认为，构成任何犯罪，都必须具备犯罪客体、犯罪客观方面、犯罪主体、犯罪主观方面四个要件。其中，犯罪客体是指我国刑法所保护而为犯罪行为所侵犯的社会主义社会关系；犯罪客观方面是指犯罪活动在客观上的外在表现；犯罪主体主要是指实施犯罪行为，达到一定年龄并且具有刑事责任能力，依法对自己的罪行应当负刑事责任的自然人；犯罪主观方面是指犯罪主体对其所实施的社会危害行为及发生的危害结果所持的心理态度。① 此说为我国刑法理论界之通说。

第二种为"五要件"说，该种观点认为，犯罪构成（要件体系）应该由五个要件组成，这五个要件是：危害社会的行为，危害行为的客体，危害社会的结果及其与危害行为之间的因果关系，危害行为的主体和行为人的主观罪过，这里所使用的"危害社会的行为"就是指对社会造成客观危害的行为。所谓"危害行为的客体"，是指危害行为所侵犯的为我国刑法所保护的社会主义社会关系。危害社会的结果及其与危害行为之间的因果关系，是指危害行为与危害结果之间的引起与被引起的关系。危害行为的主体就是实施危害行为并应承担刑事责任的自然人和法人。行为人的主观罪过就是行为人实施危害社会行为时的主观心理态度。主要是指故意、过失、动机、目的以及认识错误等。②

第三种为"三要件"说，该种观点认为，犯罪构成是由三个方面的要件构成的。三要件说具体又可分为三种：第一种观点主张，犯罪构成要件体系应该由主体、危害社会的行为、客体三个部分构成，作者称为"三位一体"的构成要件体系，并认为所谓"危害社会的行为"包括四个部分：行为的主观罪过，即行为人在主观上必须具有故意或过失；行为的客观形式即作为与不作为；行为的危害结果；因果关系。③ 第二种观点认为，犯罪构成要件体系包括犯罪主体、犯罪客观方面和犯罪主观方面三个要件，犯罪客体不是犯罪构成的要件。④ 第三种观点认为，犯罪构成是由犯罪主观方面、客观方面和客体组成，犯罪主体不是犯罪构成的要件。⑤ 第四种观点认为，犯罪构成的要件由罪体—罪责—罪量三位一体的体系构成。其中，罪体是客观要件，罪责是主观要件，罪体可以独立于罪责而存在，罪责则必须以罪体为前提。罪量是犯罪的数量规

---

① 高铭暄主编：《中国刑法学》，中国人民大学出版社1989年版，第80页。
② 周密著：《论证犯罪学》，群众出版社1991年版，第52—63页。
③ 顾永忠：《犯罪构成理论新探》，载《政法论坛》1985年第3期。
④ 张明楷：《论我国刑法中的犯罪构成》，载《全国刑法硕士论文荟萃》，中国人民公安大学出版社1989年版，第118—119页。
⑤ 傅家绪：《犯罪主体不应是犯罪构成的一个要件》，载《法学评论》1984年第2期。

定，它当然以罪体与罪责为前提。①

　　第四种为"二要件"说，该种观点认为，犯罪构成的要件只有两个方面。二要件说又分为两种。第一种观点认为，犯罪主体和犯罪客体都不是犯罪构成的要件，只有主观方面和客观方面才是犯罪构成要件。理由是犯罪构成研究的是行为而不是行为人，不把主体作为构成要件对认定犯罪没有影响。主体是解决行为人应否负刑事责任的问题，这是在查明犯罪构成要件前要解决的前提条件，没有必要把它作为犯罪构成要件。至于客体，它是附属于行为的，任何犯罪行为都必然侵犯一定的客体，在一般情况下，通过行为要件的性质就可以确定侵犯的是什么客体；同时，构成要件都必须是由刑法规定的，我国刑法对客体没有作规定，只是某些条款中可以反映出侵犯的客体，因此，客体不能作为犯罪构成要件。② 第二种观点认为，犯罪构成要件体系应由行为要件和行为主体要件组成，并认为应把犯罪构成的概念修正为："犯罪构成是我国刑法所规定的构成某一犯罪所必须具备的关于行为和行为主体的诸要件的总和。"其理由是，任何犯罪的内部构成都不是四个要件的并列，而是以行为为核心组成的整体，在这个整体中行为的主体要件只有从属组成的整体性，比起传统并列的区分四个要件更能反映各个要件在整体中的地位及其与其他要件的内在联系，更能科学地反映犯罪构成的内部结构。③

　　笔者认为，在以上有关犯罪构成要件的诸学说中，传统的四要件说是科学、合理的。这也是它迄今为止仍然在我国法学界占据统治地位的根本原因。为了说明四要件说的科学性与合理性，我们有必要对其他几个方面的观点进行剖析。首先就五要件来说，作者将危害行为从犯罪的客观方面抽出来作为一个单独的要件，意在突出危害行为在犯罪构成中的地位，但综观其全部内容，这种观点除了将危害社会的行为从犯罪的客观方面中抽出来单独作为一个要件外，其他方面与传统的构成要件并无本质上的差异。至于三要件说中的第一种观点构筑的"三位一体"的构成要件体系，就其形式来看，相对于传统的四要件在数量上减少了一个，但从其具体的内涵来看，它与四要件说并无本质的区别。而且这种观点将罪过包含于行为之中，并认为罪过与行为本来就是密不可分的，这一观点从逻辑上很难说得通。这是因为，罪过作为人的主观心理活动，它只能依附于行为主体而存在，而不是依附于行为，其实行为本身是谈不

---

① 陈兴良著：《规范刑法学》（第二版），中国人民大学出版社 2008 年版，第 107 页。
② 高铭暄主编：《新中国刑法科学简史》，中国人民公安大学出版社 1993 年版，第 85－86 页；赵秉志主编：《刑法争议问题研究》，河南人民出版社 1996 年版，第 185 页。
③ 高铭暄主编：《新中国刑法科学简史》，中国人民公安大学出版社 1993 年版，第 85 页；何秉松：《建立有中国特色的犯罪构成理论新体系》，载《法学研究》1986 年第 1 期。

上有什么罪过的。如果认为罪过可以包括在行为之中，那么罪过是由行为主体产生的，是否也可以将主体纳入行为之中呢？此外，这种观点将危害结果与因果关系作为行为的一部分，混淆了行为与结果、行为与因果关系的区别。如果结果也属于行为，那么实际上就取消了刑法上的因果关系，行为与结果之间的关系也就变成了行为与行为之间的关系。由此可见，将罪过与行为连为一体的危害社会的行为，除了对犯罪构成的主观要件和客观要件作了形式上的改造之外并无实质上的变化。因此，以"三位一体"的构成要件体系来代替四要件说，没有实质性意义。至于另外三个"三要件说"，即认为犯罪客体不是犯罪构成的要件或者犯罪主体不是犯罪构成的要件，这两种观点也有值得商榷之处。这是因为，犯罪的客体作为某种犯罪行为侵犯的社会关系，是一切犯罪构成都必须具备的要件。如果没有犯罪客体，那么一切犯罪就无从谈起，因此，舍弃犯罪构成的客体，也就无所谓犯罪构成。因而将犯罪客体从犯罪构成中剔除的观点是不科学的。此外，犯罪主体是某种危害社会的行为的实行者，也是行为人主观罪过的发动者。离开了犯罪主体，既失去了某种犯罪的刑事责任的承担者，也失去了支配某种犯罪行为实施的主观因素的源点。因此，离开了犯罪主体，实际上也就使整个犯罪构成失去了支点。因而这一观点也是不能成立的。至于"二要件说"中的第一种观点将犯罪主体与犯罪客体均不视为犯罪构成的要件，其非科学性如上所述，在此不再赘述。"二要件说"中的第二种观点将犯罪构成分为行为要件与行为主体要件，这一观点相对于"四要件说"而言，从形式上看少了两个要件，但是就其内容来看，它与四要件说并无本质区别。因为这一观点是将"四要件说"中的主观要件、客观要件与客体要件合而为一，并将其统称为行为要件，实际上并未对四要件的体系作出实质的改变。因此，这些改头换面的变形方法，都未能从根本上改变传统的四要件体系的实质内容，虽然对这一方面的创新精神值得鼓励，但是对犯罪构成的体系如果只是进行一些换汤不换药的改革，这种研究的本身又有什么意义？因此，笔者认为，对于我国的传统犯罪构成要件体系的内在价值应当予以充分肯定，而不应当轻易地否定其存在的价值。我们要做的是从不同的方面来论证其存在的合理性，只有持有这样的态度，才能使我国的犯罪构成要件体系在原有基础上得到进一步发展。当然，我们强调对现有的犯罪构成要件理论体系的珍视，并不意味着故步自封，无所作为，实际上，现有的犯罪构成要件也并非完美无缺，它在各个构成要件自身方面的确还存在一些具体方面的问题，诸如犯罪的对象是否为客体内含的因素，刑法上的因果关系是否为犯罪客观方面的构成要素，刑事责任年龄是自然人犯罪主体中一个独立构成要素还是隶属于刑事责任能力的要素，刑法上的认识错误是置于犯罪的主观方面研究比较好，还是置于定罪部分研究比较好，等等，都值得进一步研究。

根据我国传统的刑法理论，犯罪构成的要件体系应当是由四方面的要件组成的。这四个方面的要件如上所述包括犯罪客体、犯罪客观方面、犯罪主体和犯罪主观方面四个要件。任何行为要成立犯罪，都必须具备这四方面的要件，若缺少其中之一，即不能构成犯罪。由于我国的犯罪构成要件是主观与客观要件的有机统一，因此，它不仅内含了违法性的要素，而且也是行为人负刑事责任的重要依据。关于犯罪构成的四大要件的科学性与合理性，上文已经作出了说明，那么，对于我国刑法中的犯罪构成理论的四大要件究竟应当如何排列，目前理论上有以下几种不同的观点。

（一）关于完整的犯罪构成四要件排列顺序之争

关于这一种类型的争议观点，主要有以下五种：

第一种观点是我国传统的观点，即认为犯罪构成四要件的排列顺序应当是犯罪客体、犯罪客观方面、犯罪主体和犯罪主观方面。这一排列顺序是从发现和认定犯罪的角度出发对犯罪构成要件进行排列的。①

第二种观点认为，犯罪构成应当按犯罪主体、犯罪主观方面、犯罪客观方面和犯罪客体的顺序进行排列。其理由是，在这四个要件中，犯罪主体排列在首位，因为犯罪是人的一种行为，离开了人就谈不上犯罪行为，也就谈不上被行为所侵犯的客体，更谈不上人的主观罪过。因此，犯罪主体是其他犯罪构成要件成立的逻辑前提。在具备了犯罪主体要件以后，还必须具备犯罪主观方面：犯罪主观方面是犯罪主体的一定罪过内容。犯罪行为是犯罪主体的罪过心理的外化，因而在犯罪主观方面之后是犯罪客观方面。犯罪行为必然侵犯一定的客体，因而犯罪客体是犯罪构成的最后一个要件。②

第三种观点认为，犯罪构成的排列顺序是犯罪主体、犯罪客体、犯罪主观方面、犯罪客观方面。这种排列顺序的理由是在犯罪构成的最高级层次结构中，犯罪主体是整个犯罪活动过程的发动者、驾驭者和控制者。犯罪主体和犯罪客体是犯罪构成这个系统结构的两极，客体的性质和特点决定了满足主体需求和欲望的范围和程度；而主体与客体是通过联结它们的中介即犯罪活动的主观方面和客观方面的相互联系、相互作用完成的。③

第四种观点认为，为发挥犯罪构成理论和实践的双重功能，我国刑法中的构成要件应当按照犯罪的客观要件、犯罪客体、犯罪的主观要件、犯罪主体要

---

① 高铭暄主编：《中国刑法学》，中国人民大学出版社1989年版，第80页。
② 赵秉志、吴振兴主编：《刑法学通论》，高等教育出版社1993年版，第84—85页。
③ 何秉松主编：《犯罪构成系统论》，中国法制出版社1995年版，第117—119页。

件的顺序排列。①

第五种观点认为，以认定与处理犯罪的过程为标准，犯罪构成的排列顺序应为犯罪客观要件、犯罪主体要件、犯罪主观要件、犯罪客体要件；以行为自身形成过程与发展规律为依据，犯罪构成要件的排列顺序应为犯罪主体要件、犯罪主观要件、犯罪客观要件、犯罪客体要件。这两种排列顺序基于不同标准，从不同方面揭示了犯罪构成诸要件之间的逻辑关系，不能彼此替代。②

（二）关于增减构成要件基础上的排列顺序之争

第一种观点主张按照犯罪客观要件、犯罪主体要件、犯罪主观要件顺序进行排列，认为犯罪客体不是构成要件。③

第二种观点主张按照犯罪的发生顺序，犯罪构成要件应该遵循犯罪主体要件、犯罪主观要件、犯罪客观要件的逻辑顺序。④

（三）关于犯罪构成要件排列顺序之笔者见解

我们认为，犯罪构成要件的排列不只是一个形式与逻辑顺序问题，而是一个关系到人权保障、刑法学研究方向与犯罪构成理论深化的问题，传统的排列顺序具有妥当性；如果采取"三要件说"也应当按客观要件、主体要件与主观要件的顺序排列；以犯罪主体开始的新的排列顺序值得商榷。

首先，坚持从客观到主观这一认定犯罪的顺序是保障公民权利免受侵害的要求。自从"犯罪是行为"这一命题产生后，刑法理论便极力主张由客观到主观认定犯罪，国外通行的构成要件符合性—违法性—有责性的体系，也是由客观到主观认定犯罪。因为"客观"指人的活动及结果，"主观"指人的主观心理；前者容易认定，后者不易认定；没有前者就不应"认定"后者，这便可以杜绝"先抓人，后找事实"的做法。正因为如此，由客观到主观的排列顺序存在利于保障公民的自由权利。由主观到客观的排列顺序则不利于保障公民的自由权利。因为这种观点认为"犯罪构成其他三方面要件都是以犯罪主体要件为基础的"，⑤ 而社会上绝大多数人都具备犯罪主体"要件"，在"客观"之前查"主观"也是没有根据的，这便隐含着侵犯公民自由权利的危险。

其次，犯罪客体、犯罪客观要件、犯罪主体、犯罪主观要件的传统顺序是

---

① 参见王充：《从理论向实践的回归——论我国犯罪构成要件的排列顺序》，载《法制与社会发展》2003 年第 3 期。
② 参见赵秉志：《犯罪构成要件的逻辑顺序》，载《政法论坛》2003 年第 6 期。
③ 参见张明楷：《刑法学》（第二版），法律出版社 2003 年版，第 136－139 页。
④ 参见肖中华：《犯罪构成及其关系论》，中国人民大学出版社 2000 年版，第 217 页。
⑤ 赵秉志、吴振兴主编：《刑法学通论》，高等教育出版社 1993 年版，第 91 页。

按照司法机关认定犯罪的顺序、途径排列的，即首先是合法权益受到侵犯；然后查什么行为侵犯了合法权益，造成了何种具体结果；再查什么人实施了行为；最后查行为人在什么心理支配下实施了行为。犯罪主体、犯罪主观要件、犯罪客观要件、犯罪客体的顺序则是按犯罪发生的过程排列的。但是，刑法学不是犯罪学与犯罪心理学，不应具体研究犯罪发生的过程；刑法学要为司法机关认定犯罪提供理论指导，而司法机关不可能按犯罪发生的过程认定犯罪。因此，由主观到客观的排列顺序存在使刑法学偏离研究方向的危险。

最后，"四要件说"将客体放在前面有利于其他构成要件的确定，有利于犯罪构成理论的深化。刑法规定任何犯罪构成都是为了保护合法权益，首先明确刑法规定某犯罪构成的具体目的，然后才能确定犯罪构成的具体内容。对此具体目的的理解不同，所确定的犯罪构成的具体内容便不同。换言之，对客体的内容理解不同，对其他构成要件的解释就有异。例如，如果认为刑法规定非法侵入住宅罪是为了保护住宅权（客体），则凡是违反住宅权人的意志而进入的均属侵入住宅；如果认为刑法规定本罪是为了保护住宅人的安宁（客体），则只有以危险方式或怀有恶意而进入的才是侵入住宅。正因为客体内容左右其他构成要件内容，故国外刑法理论总是在犯罪概念之后讨论保护法益是什么，然后才探讨构成要件。既然我们采取"四要件说"，就理应先确定犯罪客体，再据此确定其他要件内容，这也有利于犯罪构成理论深化。

总之，如果采取"四要件说"，犯罪构成共同要件的顺序应当是：犯罪客体要件、犯罪客观要件、犯罪主体要件、犯罪主观要件。即使采取"三要件说"，其排序也应当是：犯罪客观要件、犯罪主体要件、犯罪主观要件。

依据传统的犯罪构成四要件的理论及其排列顺序，犯罪构成体系可以分为以下四个不同的层次。这四个不同的层次可以图示如下：

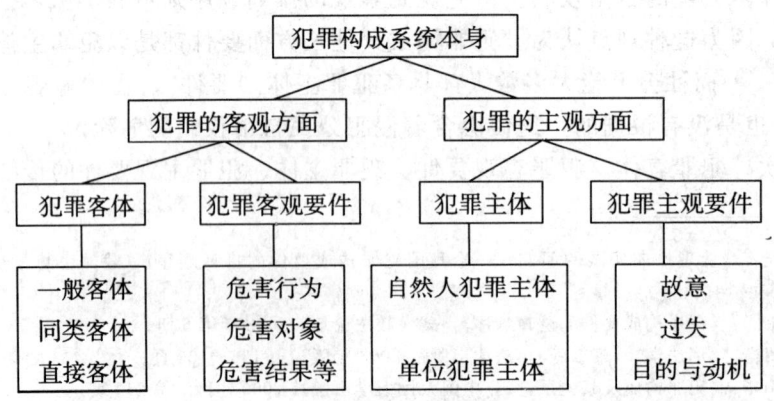

从以上图示当中我们不难看出，犯罪构成的系统可以划分为四个不同的层次。犯罪构成的第一层次是犯罪构成的系统本身。在这一层次上犯罪构成指的是由刑事法律规定的、决定某一行为成立犯罪所必需的主观要件和客观要件的有机整体。这一层次的犯罪构成处于整个构成系统的顶点，是最高层次的范畴。犯罪构成的第二层次是犯罪构成系统的两大组成部分，即犯罪的客观方面和犯罪的主观方面。前者反映的是行为人客观方面的基本特征，后者则反映的是行为人主观方面的基本特征。犯罪构成的客观方面与主观方面是犯罪构成的两大支柱，若缺少其中之一，犯罪构成的系统就不会存在。犯罪构成的第三层次是犯罪构成的两大部分之下的四个构成要件，这一层次的内容是犯罪构成的主观要件与客观要件进一步划分的结果。它分别包括犯罪的客观方面之下的犯罪客体和犯罪客观要件，以及犯罪主观方面之下的犯罪主体与犯罪主观要件。在犯罪构成的四大要件之中，犯罪客体是指我国刑法所保护的为犯罪行为侵害的社会关系。它是用以说明某种犯罪行为危害了什么利益的要件，是说明犯罪的社会危害性有无的要件，是犯罪的本质特征在犯罪构成要件体系中最集中的反映。犯罪的客观要件是指刑法规定的、决定犯罪行为客观方面性质及表现形式的事实特征的总和。它是用以说明我国刑法所保护的社会关系是通过行为人什么行为侵犯，在怎样的情况下受到侵犯，以及何种程度的侵犯的要件。犯罪主体是指实施了危害社会的行为并对自己的行为负刑事责任的自然人和单位。它是用以说明某种危害社会的行为是由何人或者必须由何人实施的要件。犯罪的主观要件是指刑法规定的支配或者影响犯罪主体实施犯罪行为的内在心理状态。它是用以说明行为人是在什么样的心理状态支配下实施危害社会的行为的要件。犯罪构成的四大要件是犯罪构成形成的重要基础和核心，在犯罪构成体系中占有非常重要的地位。犯罪构成的第四个层次是犯罪构成要件内部各个要件的进一步划分，是说明其内部组成的更为具体的事实特征。例如，犯罪客体之下根据犯罪行为所侵犯的社会关系的范围大小，又可以将犯罪客体分为犯罪的一般客体、同类客体与直接客体。在犯罪的客观要件之下，又可以分为危害行为、危害对象、危害结果等多方面的事实特征。在犯罪主体之下又可分为自然人犯罪主体与单位犯罪主体。在犯罪的主观要件之下，又可以分为故意、过失与犯罪的目的和动机等。

由于犯罪构成的完整体系包含有四个不同的层次，因此，其不同的排列与组合将形成千差万别的犯罪构成的结构形式，这就使犯罪构成的结构变得更加复杂。不过，也正是这一复杂的犯罪构成结构，才适应了社会生活中纷繁复杂的犯罪现实的需要，从而使其能够为认定各种形式的犯罪提供具体的规格和标准。所以，充分认识犯罪构成的多层次性和结构形态的复杂性，全面了解刑事法律对犯罪构成要件的一般规定与特殊规定，对我们科学地认定每一种具体的犯罪，都具有十分重要的意义。

二、外国的犯罪构成理论体系

犯罪构成理论体系在我国被称为犯罪构成理论，而在国外则被称为犯罪成立的理论或者犯罪理论。根据犯罪成立的理论体系，犯罪构成要件的该当性、违法性与有责性是犯罪成立的三大要件。而由这三大成立要件构成的犯罪成立要件与犯罪构成要件不是不同的概念。这是因为，犯罪成立要件是一般的构成要件，又可称为概念构成要件或总则要件。犯罪构成要件则是指特别构成要件，又可称为具体要件或分则要件。因此，犯罪成立的要件就是指构成要件该当性、违法性和有责性。其具体内容分述如下。

（一）构成要件的该当性

所谓构成要件的该当性，即构成要件的符合性，是指一种行为该当符合分则各罪类型的具体的、特别的构成要件。在这里，所谓构成要件是刑法分则规定的个别犯罪行为的类型。根据国外的犯罪构成要件理论，构成要件所包括的诸因素主要指如下几个方面：一是犯罪主体。犯罪主体，又称行为主体，指实施属于构成要件内容的人。作为犯罪行为的实施者，主体是实施犯罪行为的人，同时又是承受刑罚的对象。犯罪的主体既包括自然人，也包括法人。尽管这一问题在国外刑法学界至今仍有争议，但不少国家的刑事立法已经确立了法人的犯罪主体资格。二是犯罪客体。犯罪客体，又称行为客体，它是犯罪行为所侵害的客体，是犯罪构成要件的本质性要素。犯罪客体可分为侵害客体和行为客体两种类型。在一般意义上所使用的犯罪客体指的是行为客体，即犯罪行为所指向的对象，即一定的人和物。一般来讲，一定的行为总是要指向一定的客体，但是在某些特别情况下，也确有不指向一定的客体的行为。因此，在构成要件中犯罪客体并非一个必备的要素。三是犯罪行为。行为的一般意义指的是基于人的意思的身体动静。而刑法意义上的行为则是指行为人本身在有支配或者控制可能的情况下，所发动的身体活动并且是由此而产生的一定的客观结果的举动状态。刑法上的行为具有两个方面的特征：其一是意思支配的可能性；其二是外部的态度。依据不同的标准可以分为不同的类型，以行为人实行行为的方式为标准可分为作为与不作为。作为是行为人实施为刑法所禁止的行为；不作为是不实施依法应当实施的行为。但不论是哪种形式，均须基于人的意思实行。以行为在构成要件中的地位为标准，可分为构成要件的行为和非构成要件的行为。构成要件的行为是指刑法分则规定的完成某一具体的犯罪行为所必不可少的实行行为。而非构成要件的行为则是指刑法总则规定的对构成要件行为起补充作用的行为,包括犯罪预备行为以及共同犯罪中组织、筹划、指挥和教唆、帮助行为。四是结果。刑法中的结果是指人的行为对刑法所保护的法益所造成的损害。结果具有三个方面的特征:其一,特定性,即它是由人的行为所造成的损害;其二,危害性,即它对刑法所保护的公私权益所造成的损害。其三,客观性,即它已经是表现于外部的客观危害。五是因果关系。所谓因果关系是指一定事实的存在或发生,与另外一种事实的存在或发生之间所具有的前后必然联系。刑法中的因果关系是把发生的结果作为构成要件的结果而归属于实行行为的要件,当实行行为与所发生的结果之间没有因果关系时,犯罪就只能是未遂。因果关系在构成要件中所起的作用是多方面的。它对所有的实质犯或结果犯、结果加重犯、不作为犯、过失犯、故意犯以及确定故意范围上,都具有非常重要的意义,而对不问行为结果的形式犯则不具有重要意义。六是行为情况。在有的犯罪构成要件中,以行为具有一定的状况为构成要素,否则便不构成某种犯罪,那么在该类犯罪类型中,行为状况也属于构成要件的要素。七是主观构成要素。主观构成要素本来属于犯罪成立中的责任要素的范畴,但是,主观构成要素也并非与违法性及其他构成条件无关,在某些情况下,正是一定的主观要素的存在才可以说明行为具体侵害法益的客观危险。因此,在现代国外的刑法通说的观点之中,主观构成要素也被列入构成要件之中。

(二) 违法性

违法性与构成要件的该当性、有责性作为犯罪成立的三大要件之一,在国外的犯罪构成体系中是一个重要的因素。离开了违法性这一要件,犯罪就不能成立。在这里,违法意味着行为对法的命令、禁止事项的违反。亦即是说,现实的行为事实与以法规定的某种犯罪类型相符合,就是违法。违法的内容不是指行为人的行为违反了社会文化的一般规范,而是违反法律、法令、条例中规定的有作为遵守义务的规范。违法是一种法律意义上的评价,而这种评价的内容与对构成要件的内容的评价是一致的,也就是说,构成要件就是违法行为的类型,构成要素也是违法要素。一般来讲,违法性所研究的内容主要有两个方面:一是违法的实质;二是违法阻却事由。在违法性论中,关于违法性的实质问题,存在于形式的违法性与实质的违法性;客观的违法性与主观的违法性;行为无价值论与结果无价值论,可罚的违法性等理论。关于违法阻却事由一般是指排除符合构成要件行为的违法性的消极事由。如正当防卫、紧急避险等即是。但在法律没有规定的场合,若从实质的违法性角度来考察,除了上述两种阻却违法的事由之外,还有自救行为、职务或业务上的正当行为、被害人的承诺行为和医疗行为等超法规的违法阻却事由。

（三）有责性

有责性作为犯罪成立的三大基本要件之一，与构成要件的该当性和违法性有着紧密的联系。一般来讲，有责性是指对于实施了符合构成要件的违法行为的行为人进行非难的可能性。有责性所涉及的内容依据传统的刑法理论之通说，主要包括责任能力、责任形式以及责任阻却事由等。所谓责任能力，是指行为人辨别是非和控制自己行为的能力。责任能力分为无责任能力与限制责任能力两种情形；无责任能力是指行为人完全不具备或者完全丧失辨别或者控制自己行为的能力；限制责任能力是指介于责任能力与无责任能力之间的责任能力情形，具体包括心神丧失者、心神耗弱者、喑哑人等。责任能力是有责性的重要内容，没有责任能力也就丧失了有责性存在的基础。所谓责任形式是指行为人承担责任必须具备的主观罪过形式，具体包括故意与过失两种情形。所谓故意，即犯罪的意思，即认识、预见符合构成要件的客观事实及实现犯罪事实的意欲或容认；所谓过失，是故意的对称，指违反注意义务即违反应当考虑避免犯罪事实实现的义务。故意与过失作为行为人犯罪成立的两种责任形式，在有责性之中处于非常重要的地位，离开故意与过失这两种责任形式，就谈不上有责的问题。所谓责任阻却事由一般是指排除符合构成要件的有责性的消极事由。在有责性的要件中，期待可能性属于责任阻却事由的范畴。所谓期待可能性是指根据行为人实施行为当时的具体情况来看，能够期待行为人避免该犯罪行为而实施合法行为。如果不能期待避免犯罪行为实施合法行为，即没有这种期待可能性时，即使能够认识犯罪事实或能够意识该事实的违法性，对行为人也不能给以规定的非难，即不能追究其故意责任或者过失责任。

从国外犯罪构成的理论体系来看，依据其成立条件所涵盖的内容，可以将犯罪的成立分为三个层次。图示如下：

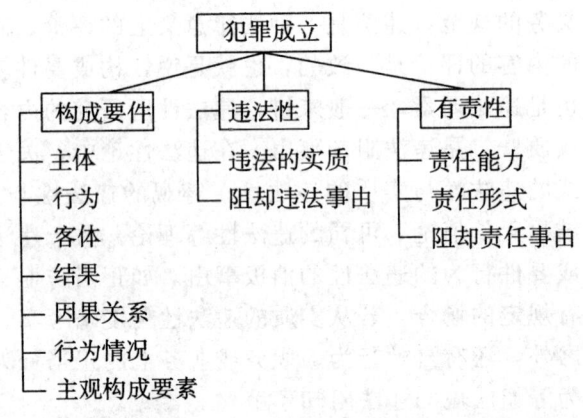

从以上图示我们可以看出，国外犯罪成立的理论体系可分为三个不同层次。第一层次是犯罪成立的系统本身，即任何犯罪的成立都必须是符合构成要件的、违法的、有责的行为。犯罪成立系统本身处于整个犯罪成立的理论体系的尖端，是对犯罪成立理论体系最高层次的概括与总结。第二层次是犯罪成立系统下面的三大要件，即构成要件的该当性、违法性与有责性。这三大要件是犯罪构成理论的基石，也是三个重要的基本范畴。第三层次是犯罪成立的三大要件之下的具体内容的进一步划分。其中构成要件的符合性包括主体、行为、客体、结果、因果关系、行为情况和主观构成要素等方面的内容。而违法性则包括违法的实质与阻却违法事由等方面的内容。至于有责性则包括责任能力、责任形式与阻却责任事由等方面的内容。

三、中外犯罪构成的理论体系比较

从我国犯罪构成的理论体系与国外犯罪成立的理论体系所包含的内容来看，它们的相同点都是由一系列条件或者要件构成的，这一系列要件所要说明的对象也是相同的，即犯罪行为。然而，由于两者在各自的体系性思路上有着明显的差异，且划分构成要件的标准也有所不同，因此导致各要件的内容也具有相当大的差异性。这些差异性主要表现在以下几个方面：

第一，关于犯罪构成的要件体系所包括的内容不同。在我国，犯罪构成的要件是犯罪客体、犯罪客观要件、犯罪主体和犯罪主观要件。其中犯罪客体是刑法保护的为犯罪行为所侵犯的社会关系，它可以分为一般客体、同类客体和直接客体三种不同的类型。犯罪的客观要件是刑法规定的、行为人实施犯罪行为的外在表现形式。它包括危害行为、危害对象、危害结果和因果关系等内容。犯罪的主体是具有刑事责任能力、实施了危害社会的行为的自然人和单位。它包括刑事责任年龄、刑事责任能力等方面的内容。犯罪的主观要件是行为人实施犯罪行为时的主观心理活动。它包括故意、过失与犯罪的目的与动机等方面的内容。而国外犯罪构成要件体系则是由构成要件的该当性、违法性和有责性三大要件构成。其中构成要件的符合性是指某种行为事实是否符合刑法所规定的构成要素。这些构成要素包括主体、行为、客体、结果、因果关系、行为情况和主观构成要素等方面的内容。而违法性则是指某种符合构成要件的行为是否违反了刑事法律的规定。其主要内容包括违法的实质与违法阻却事由两个方面。有责性则是指某种符合构成要件且违法的行为是否有责，它包括责任形式、责任能力和责任阻却事由等方面的内容。从以上规定内容来看，我国的犯罪构成体系中所包含的四大要件是紧密地联系在一起的，它们相互联系，构成了一个有机的整体。而国外犯罪构成要件体系所包含的内容则基本上是互相独立的，且相同的内容在不同的要件中有着不同的意义，因此，我们不能对其作与我国犯罪构成理论上的含义相同的理解。

第二，关于犯罪构成各要件的划分有所不同。在我国，关于犯罪构成的理论体系在其构成要件的划分上，是首先将犯罪行为视为一个整体，然后依照犯罪行为的各个方面应具备什么条件时才可以构成犯罪的思路而将犯罪行为分解为不同的部分来进行研究的。也就是说，把行为的不同构成部分划分为犯罪构成的各个要件。这种对犯罪行为的查证过程是采取回溯的方法完成的。按照发现、确认犯罪的顺序，首先是发现某种社会关系被侵害，然后查证这种被侵害的社会关系是通过行为人的什么行为造成的，造成了什么样的后果，接着进一步查找实施这种危害行为的人，在找到实施这种危害行为的人之后，需要进一步查明的是行为人实施这种行为时是受什么心理支配的。按照这样一种逻辑顺序，便形成了犯罪构成的客体、客观方面、主体与主观方面四大构成要件。而国外犯罪成立的理论体系则与我国大相径庭。它们首先将行为视为一个整体，然后从对这个整体的不同意义的把握上来划分犯罪的成立条件。即首先框定某类行为的外部特征，接着进一步从行为的社会、法律意义上对行为进行限定，最后从刑事政策的角度考虑对行为人的责任提出要求，从而形成符合构成要件、违法、有责三个犯罪成立条件。

第三，犯罪构成内部各要件的关联性有所不同。在我国，由于犯罪构成是通过将整个的犯罪构成整体分解为各个部分的方法来建立的，因此它就必然导致犯罪构成的四大要件之间具有密切的依存性。这种高度的依存性不但表现在四大要件的整体对犯罪的成立具有决定意义，而且表现在每个构成要件的存在均以其他要件的存在为前提。首先从犯罪构成的总体来看，我国犯罪构成的四大要件之间具有密切的关联性，即犯罪的客体、犯罪的客观方面、犯罪的主体与犯罪的主观方面对于某种犯罪的成立而言，必须同时具备，若缺少了其一，就不能成立犯罪。因此，我国犯罪构成的四大要件相互之间彼此依存，任何一个要件都不能脱离另一要件的存在而存在。其次从犯罪构成的某一要件来看也同样存在这种情况。如以自然人犯罪主体为例，我国的犯罪构成对自然人犯罪主体的要求，是达到法定刑事责任年龄且精神正常，具有刑事责任能力的人。但是并非所有具备这一条件的人均可以成为自然人犯罪主体，而只有在行为人实施了符合构成要件要求的行为，侵害了刑法所保护的社会关系，且行为人有罪过的时候，才可以成为犯罪的主体。如果其中有一个要件不符合，也就不存在犯罪主体的问题。而在国外的犯罪成立要件体系中，犯罪成立的三大要件之间则具有相对的独立性。当然，这里的独立性不是指各成立要件可以不依赖于其他条件的存在而单独决定某种行为是否构成犯罪，而是指各个成立条件之间一般不存在像我国犯罪构成体系那样的一存俱存、一损俱损的性质，因此，国外犯罪成立的三大要件可以不依赖其他条件而单独存在，并发挥其独特的评价功能。由于国外犯罪成立的要件体系具有这一方面的特性，因此，三大要件的意义也有所不同。构成要件的该当性的意义，在于说明该行为与刑法规定的某罪的类型是否相符合，也即是说，某种行为是否符合刑法分则中所规定的某种犯罪的构成要素。而就构成要件的该当性本身而言，对其行为的社会意义并未作出任何说明，因此，在犯罪成立要件中，构成要件的该当性带有无色、中性的性质。违法性的意义，是在于进一步说明符合构成要件的行为从法的本质上来考察是否应当被禁止，这一要件就其性质而言，明确地表现出统治阶级的意志倾向，它表明违法行为无论是由谁实施的，都是对刑法所保护的法益的侵犯，都破坏了统治阶级的统治秩序，因而应当被禁止。只是值得注意的是，符合构成要件的行为，并非全部都是违法的，在出现某种阻却违法事由的情况下，尽管行为人的行为从形式上看符合构成要件，但是不能将其作为违法性行为来进行处理。因此，并非所有的符合构成要件的行为都具有违法性。而有责性的意义在于说明对行为人可以进行非难，而且这种非难只有对那些具备刑事责任能力或者具备故意或者过失这两种责任形式的人才有意义，若符合构成要件且违法的行为是由无责任能力的人实施的或者行为人不具有责任形式意义的故意或者过失，对行为人就不能进行非难。在这种情况下，因为行为人无责任，因此也就无犯罪可言。所以，也并非符合违法性的行为都必然构成犯罪。

第四，对犯罪成立进行评价的次数不同。在我国，犯罪构成是由一系列主观与客观要件构成的有机整体。由于犯罪构成体系具有这一方面的特征，因此导致我国的犯罪构成是综合性的一次性评价的犯罪构成。我国的犯罪构成所包含的四大要件，由于它们之间存在着紧密的依存关系，因此对各个要件不能单独进行存在与否的评价。只有在全面地分析行为符合各要件的要求之后，才能进行综合性的评价，而这样的评价是一次性完成的。我国的犯罪构成体系所具有的这一特点，具有多方面的意义。首先，这种评价是犯罪构成符合性的评价，若某一行为的各个方面与刑法分则对某种犯罪的设定的条件相符合，就可以认为该行为已经构成犯罪。其次，这种评价是刑事违法性的评价。在我国，由于违法性要素已为犯罪构成的四大要件所包容，因此符合犯罪构成要件的行为就是犯罪行为。最后，这种评价还是有责性评价。在我国刑法理论中，犯罪是应负刑事责任的行为，犯罪与刑事责任是同时存在的，因此，符合犯罪构成要件的评价当然也是有责性评价。由此可见，在我国犯罪构成对具体行为所作出的综合评价，是集犯罪构成要件的该当性、违法性和有责性于一身的。符合犯罪构成要件的行为也就是违法性行为，而符合刑事违法性条件的行为，也就是应当负刑事责任的行为。只要三者之中具备其中之一，就足以表明其犯罪行为的性质。犯罪构成的这种高度统一性的特征，是我国刑法没有单独地将违法性与有责性作为犯罪成立的独立条件的根本原因。而国外的犯罪成立的条件体系则与我国的犯罪构成正好相反，它对于某种行为是否构成犯罪是采取多次评价的方式来完成的。由于它们所确立的犯罪成立要件不是一个有机统一的整体，而是各大要件之间均具有相对的独立性，因此，对于某种事实是否成立犯罪，必须经过三次评价。首先，要认定实际发生的事实是否符合刑法规定的某种犯罪的构成要件，这是一种事实性评价，也可以说是第一次评价。其次，在认定某种事实是否符合构成要件的基础上，接下来需要证明的是符合构成要件的行为是否违法，这是一次法律性评价，也可以说是第二次评价。最后，在认定某种行为符合构成要件且违法的情况下，需要证明的是行为人责任之有无，这是一次责任性评价，也可以说是第三次评价。一般来讲，要最后证明行为人的行为是否成立犯罪，必须是在经过上述三次评价都能够得出肯定结论的情况下，才能得出正确的答案。

第三节 犯罪构成的结构类型

犯罪构成的结构类型是指犯罪构成作为一个严密的整体，因其内部的构造形式不同而形成不同的类型。由于犯罪构成的结构类型有助于我们全面理解、掌握和运用各种类型的犯罪构成，指导我们准确地定罪量刑，因此有必要对此进行一番研究和探讨。关于犯罪构成的结构类型，从目前刑法学界研究的情况来看，主要有以下几种不同的观点：

一是二类型说。这种分类方法是将犯罪构成从总体上分为抽象的犯罪构成与同一犯罪的犯罪构成两大类型，然后根据各自的类型进行划分的。首先，从犯罪构成的角度进行分类，可分为以下两种：(1) 以犯罪构成的要件要素结构的繁简程度为标准，犯罪构成可以分为单纯的犯罪构成和复合的犯罪构成；(2) 以犯罪构成的要件要素是否被刑法条文完整地规定下来为标准，犯罪构成可以分为完结的犯罪构成和开放的犯罪构成。其次，从同一犯罪的犯罪构成的角度进行分类，可以分为以下两种：(1) 按照犯罪构成类型所依赖的犯罪形态是否典型，可将犯罪构成类型划分为基本的犯罪构成与修正的犯罪构成两种类型；(2) 按照犯罪构成类型中犯罪行为的危害程度的大小差别，同一犯罪构成可以分为普通的犯罪构成、加重的犯罪构成和减轻的犯罪构成三种类型。①

二是三类型说。这种分类方法有两种：有的学者从犯罪构成的形态、性质和内部结构等方面出发将犯罪构成分为基本的犯罪构成和修正的犯罪构成、普通的犯罪构成与派生的犯罪构成、简单的犯罪构成和复杂的犯罪构成。其中，基本的犯罪构成，是指刑法条文就某一犯罪的基本形态所规定的犯罪构成；修正的犯罪构成，是指以基本的犯罪构成为前提，适应犯罪行为的不同形态，对基本的犯罪构成加以某些修改变更的犯罪构成。普通的犯罪构成，是指刑法条文对具有通常社会危害性程度的行为所规定的犯罪构成；派生的犯罪构成，是指以普通的犯罪构成为基础，具有较轻或较重社会危害性而从普通的犯罪构成中衍生出来的犯罪构成，它包括加重的犯罪构成和减轻的犯罪构成两种情况。简单的犯罪构成，是指刑法条文规定的犯罪构成要件均属于单一的犯罪构成；复杂的犯罪构成，是指刑法条文规定的犯罪构成诸要件并非均属单一的犯罪构成。② 有的学者以犯罪构成的表现形态、立法结构和危害程度为标准将犯罪构成分为一般形态的犯罪构成和特殊形态的犯罪构成、单一的犯罪构成、择一的犯罪构成和复杂的犯罪构成以及基本的犯罪构成、社会危害性较大的犯罪构成和社会危害性较小的犯罪构成。③

三是四类型说。这种分类方法主要是从犯罪构成的形态、性质和内部结构等方面对犯罪构成进行的分类。如有的学者依此标准将犯罪构成分为基本的犯罪构成和修正的犯罪构成、叙述的犯罪构成和空白的犯罪构成、简单的犯罪构成和复杂的犯罪构成、单一的犯罪构成和结合的犯罪构成。其中，叙述的犯罪构成，是指刑法条文对犯罪构成的要件予以简要或者详尽的描述，非常完整而又明确地揭示了犯罪行为的一切特征的犯罪构成；空白的犯罪构成，是指刑法条文没有将犯罪构成的要件予以明确地揭示，而是指出应援引其他法律规范来说明的犯罪构成。单一的犯罪构成，是指刑法分则条文中所规定的犯罪构成只包括一个独立的犯罪行为的犯罪构成或者虽有数行为但只归属于某一罪名的犯罪构成；结合的犯罪构成，是指刑法条文中规定的一个犯罪构成中包括两个或者两个以上原为独立犯罪行为的犯罪构成。④ 有的学者依此标准将犯罪构成分为基本的犯罪构成和修正的犯罪构成、独立的犯罪构成与派生的犯罪构成、叙述的犯罪构成和空白的犯罪构成、简单的犯罪构成和复杂的犯罪构成。⑤

---

① 冯军、肖中华主编：《刑法总论》，中国人民大学出版社 2008 年版，第 137—145 页。
② 陈兴良著：《刑法总论适用》（上卷），法律出版社 1999 年版，第 133—134 页。
③ 樊凤林主编：《犯罪构成论》，法律出版社 1987 年版，第 150—160 页。
④ 赵长青主编：《新编刑法学》，西南师范大学出版社 1997 年版，第 86—88 页。
⑤ 高铭暄、马克昌主编：《刑法学》（上册），中国法制出版社 1999 年版，第 91—94 页。

四是五类型说。这种分类方法主要有以下两种：有的学者依照犯罪构成的形态、性质和内部结构等为标准将犯罪构成分为基本的犯罪构成和修正的犯罪构成、普通的犯罪构成与派生的犯罪构成、简单的犯罪构成和复杂的犯罪构成、叙述的犯罪构成和空白的犯罪构成、封闭的犯罪构成与开放的犯罪构成五种类型。其中，封闭的犯罪构成是指对于某一犯罪的构成特征在刑法条文中都作了确切规定的犯罪构成，此时，法官只需依照刑法条文的规定，而无须另外加以补充。开放的犯罪构成是指对于某一犯罪构成的特征在刑法条文中只作了抽象或者概括规定的犯罪构成。[1] 有的学者依照犯罪构成的法律性质、是否具有法定性、是否具有明确性、是否成立犯罪的判断方式以及犯罪形态等方面将犯罪构成分为实体的犯罪构成与程序的犯罪构成、法律的犯罪构成与理论的犯罪构成、明确的犯罪构成与模糊的犯罪构成、形式的犯罪构成与实质的犯罪构成、完结的犯罪构成与不完结的犯罪构成五种类型。[2]

五是七类型说。这种分类方法也主要是从犯罪构成的形态、性质和内部结构等方面对犯罪构成进行的分类。有的学者依此标准对犯罪构成的划分更为细致，将犯罪构成分为基本的犯罪构成和修正的犯罪构成、独立的犯罪构成与派生的犯罪构成、叙述的犯罪构成和空白的犯罪构成、完结的犯罪构成与待补充的犯罪构成、简单的犯罪构成和复杂的犯罪构成、单一的犯罪构成和结合的犯罪构成、积极的犯罪构成与消极的犯罪构成七种类型。其中对积极的犯罪构成与消极的犯罪构成的分类，是根据刑法条文的规定是积极揭示行为的犯罪性还是消极否定行为的犯罪性来划分的。所谓积极的犯罪构成，是指刑法条文规定的各个构成要件都是积极地揭示了行为的犯罪性的犯罪构成；所谓消极的犯罪构成，是指刑法条文所规定的一定类型的要件是否定某种行为的犯罪性的，这种行为的犯罪构成就是消极的犯罪构成。[3]

以上各种观点对犯罪构成的结构类型的表述有的比较粗糙，过于简单，有的细致入微，颇为周详，但是从总体上来看都显得有些重复、烦琐，不便于掌握。我们认为，为便于一般学者更好地掌握犯罪构成的结构类型，避免不必要的重复，对犯罪构成从大的方面来考察，可以将其分为以下几个方面的结构类型：

---

[1] 陈兴良著：《规范刑法学》（第二版），中国人民大学出版社2008年版，第108—112页。陈兴良：《犯罪构成的体系性思考》，载《法制与社会发展》2000年第5期。
[2] 彭文华：《犯罪构成范畴论》，中国人民公安大学出版社2009年版，第62—438页。
[3] 马克昌主编：《犯罪通论》，武汉大学出版社1999年版，第93—100页。

一、基本的犯罪构成

（一）基本的犯罪构成的概念和意义

所谓基本的犯罪构成，又称为一般形态的犯罪构成。从犯罪构成分类的意义上讲，它是与修正的犯罪构成相对应的概念，然而在对其含义的解释上，不同的学者有不同的观点，有的认为它是指刑法条文就某一犯罪的单独的既遂状态所规定的犯罪构成。[①] 有的认为，它是指刑法条文就某一犯罪的基本形态所规定的犯罪构成。[②] 笔者在这里使用基本的犯罪构成一词，但只是取其名称，而在其含义上并非将其作为与其他类型的犯罪构成相对应而使用的，而是将其作为一种犯罪构成的结构类型来使用的。从犯罪构成的结构类型上来讲，所谓基本的犯罪构成，是指这种犯罪构成就其结构形式而言，代表着某一类犯罪构成的最基本的形态，是一种典型的也是最标准的犯罪构成模式。一般来讲，在这一意义上所使用的犯罪构成，它不仅包括一般形态的犯罪构成，而且也包括普通的犯罪构成以及完结的犯罪构成与单一的犯罪构成等方面的内容，即这种类型的犯罪构成是指刑法条文规定的具有通常社会危害程度的、规定了犯罪行为的一切特征，犯罪构成的要件单一且已完全具备犯罪既遂状态的犯罪构成的结构类型。将基本的犯罪构成作这种意义上的理解，是为了避免犯罪构成在使用上的烦琐性，以便建立起对刑法分则所规定的各种基本的犯罪都能够适用的研究模式。因为，将犯罪构成的结构形式作这样的理解，一是可以为犯罪构成的使用建立一套较为系统而且便利的使用模式，从而简化犯罪构成结构类型所研究的内容，避免犯罪构成在研究上的过分复杂化。二是可以使犯罪构成的基本形式在理论上获得高度的统一，从而避免因为对基本的犯罪构成的结构类型所作的不同理解，而人为地增加理论研究上的难度。三是可以将犯罪构成的划分类型与结构类型正确地区分开来，廓清刑法理论中不同概念之间的含义。

（二）基本犯罪构成的内容分析

关于基本犯罪构成的结构，一般来讲，不外乎以下几个方面的内容：

一是作为基本犯罪构成，从刑法分则对某种犯罪所规定的要件单复数的角度来考察，它是指那些犯罪构成要件单一的犯罪构成。也就是说，在这种犯罪构成的研究模式中，它是以最基本的犯罪构成要件的面目出现的，即这种犯罪构成就其内容而言，它只有一个犯罪客体、一个犯罪客观要件、一个犯罪主体

[①] 马克昌主编：《犯罪通论》，武汉大学出版社 1991 年版，第 88 页。
[②] 马克昌主编：《刑法学全书》，上海科学技术文献出版社 1993 年版，第 39 页。

和一个犯罪客观要件,也就是说,作为犯罪构成的每一个要件都必须是单一的。如果其中有一个要件不属单一要件,就不属此列。

二是作为基本的犯罪构成,从其行为的社会危害性角度来考察,它是指具有通常社会危害性程度的犯罪构成。这一犯罪构成是相对于危害严重或者危害较轻的犯罪而言,因此属于基本的犯罪构成之列。

三是作为基本的犯罪构成,从其对犯罪行为的特征的完备性来考察,是指规定了犯罪行为的一切特征的犯罪构成。也就是说,这种犯罪构成对某种犯罪行为的一切特征均作了明确的规定,而不需要再进行补充的犯罪构成。对于这一方面的基本犯罪构成,只要直接依照刑法的规定进行处理即可。

四是作为基本的犯罪构成,从其犯罪形态的角度来考察,是指已经完全符合犯罪构成的全部要件的犯罪构成,也就是说,这种犯罪构成是一种既遂模式的犯罪构成。在我国刑法分则的规定中,每种条文的结构类型都属既遂模式的犯罪构成。

(三) 基本犯罪构成的表现形式

在我国刑法分则所规定的各种犯罪之中,作为基本犯罪构成的最典型的犯罪主要有故意杀人罪、过失致人死亡罪、故意伤害罪、过失重伤罪、奸淫幼女罪、诬告陷害罪、强迫职工劳动罪等。例如,故意杀人罪作为一个基本的犯罪构成,其构成要件均系单一的构成要件组成的,一个客体,即他人的生命权利;一个行为,即非法剥夺他人生命的行为;一个主体,即年满14周岁且精神正常的人;一个罪过,即故意。又如,过失致人死亡罪作为一个基本的犯罪构成,其构成要件也是由一系列单一的构成要件组成的,一个客体,即他人的生命权利;一个行为,即过失导致他人死亡的行为;一个主体,即年满16周岁且精神正常的人;一个罪过,即过失。再如,故意伤害罪作为一个基本的犯罪构成,其构成要件也是由单一的构成要件组成的,一个客体,即他人的健康权利;一个行为,即非法损害他人健康的行为;一个主体,即年满14周岁且精神正常的人;一个罪过,即故意。过失重伤罪作为一个基本的犯罪构成,也是由一系列单一的构成要件组成的,一个客体,即他人的健康权利;一个行为,即过失致人重伤的行为;一个主体,即年满16周岁且精神正常的人;一个罪过,即过失。诸如上述犯罪,在其犯罪构成的结构类型上均属基本的犯罪构成。这种类型的犯罪构成的特点就在于其每一个构成要件都是单一的,且作为基本的犯罪构成,它还必须是具备了犯罪构成的全部构成要件达到既遂的犯罪。

二、修正的犯罪构成

（一）修正的犯罪构成的概念与意义

所谓修正的犯罪构成，是指以基本的犯罪构成为前提，为适应各种不同犯罪形态的犯罪行为的需要，而对基本的犯罪构成加以某些修改变更的犯罪构成。如前所述，在这里，修正的犯罪构成不是作为与基本的犯罪构成相对应的概念来使用的，而是作为一个独立的犯罪构成的结构类型来使用的。虽然这一概念本身借用了修正的犯罪构成的名称，但却是形似而神异。就其实质意义而言，修正的犯罪构成作为一个独立的犯罪构成的结构类型，是指这种类型的犯罪构成在基本的犯罪构成的基础上又有一定的修改变更的犯罪构成。这一种类型的犯罪构成的特点就在于，与基本的犯罪构成相比，虽然它已经具备了基本犯罪构成的四个要件，但在这一基础上，为了适应各种变形的犯罪形态的需要，对刑法分则所规定的各种具体的犯罪构成又作了修正的犯罪构成。这一类型的犯罪构成使我们不仅认识到犯罪构成本身所具有的基本特性，而且为我们认识犯罪构成的多样性提供了思考的方向。

（二）修正的犯罪构成的表现形式

修正的犯罪构成作为犯罪构成的结构类型之一，在我国刑法立法中的表现形式主要有：

1. 犯罪的未完成形态

犯罪的未完成形态是指在故意犯罪过程中，由于某种事由的出现而使犯罪在某一阶段停顿下来所出现的犯罪形态。这一方面的犯罪形态主要包括犯罪预备、犯罪未遂和犯罪中止三种情形：（1）所谓犯罪预备形态是指行为人为了犯罪，在准备工具、制造条件的过程中因为意志以外的原因而停顿在犯罪预备阶段的犯罪形态。这种犯罪形态的主要特征是：一是行为人在主观上具有犯罪的意图，其行为的目的是顺利地实施某种犯罪。在这里，所谓顺利地实施某种犯罪，一般包括两个方面的内容：一方面是便于着手实施犯罪；另一方面是利于完成犯罪。二是行为人实施了为犯罪创造条件的预备行为。依照法律的规定，犯罪预备行为的表现形式主要有两种：一种是准备犯罪工具；另一种是制造犯罪条件；三是在实施犯罪预备行为的过程中因为意志以外的原因而被迫停顿下来。这一特征的基本要求是行为人在犯罪预备的过程中即停顿下来而没有进入着手实行的阶段，与此同时，这种停顿还必须是由于违背行为人意愿的各种主客观原因而被迫停顿下来。（2）犯罪未遂形态是指行为人已经着手实行犯罪，由于意志以外的原因而未得逞从而使犯罪在实行阶段停顿下来所形成的犯罪形态。这种犯罪形态的主要特征是：一是行为人已经着手实行犯罪，即行为人已经着手实行刑法分则所规定的某种犯罪的客观方面的行为。在这里，着手是区分犯罪预备与犯罪既遂的主要标志。二是行为人实施的犯罪未得逞，即行为人的行为没有完全具备某一犯罪的全部构成要件，即没有完成犯罪。在这里，犯罪是否得逞是区分犯罪未遂与犯罪既遂的重要标志。三是行为人没有完成犯罪是由于犯罪分子意志以外的原因，也即是说，犯罪没有完成并不是犯罪分子自愿的，而是由于不可克服的其他因素造成的。在这里，行为人在主观上是否出于意志以外的原因是划分犯罪未遂与犯罪中止的主要标志。(3) 犯罪中止是指行为人在犯罪的过程中，自动放弃犯罪或者自动有效地防止犯罪结果的发生而形成的犯罪形态。这种犯罪形态的主要特征是：一是犯罪中止的时间性，即犯罪中止可以发生在犯罪的整个过程中，也就是说，不管是在犯罪预备阶段还是在犯罪实行阶段乃至犯罪实行以后犯罪结果发生之前，均可能成立犯罪的中止。二是犯罪中止的自动性，即犯罪中止是由行为人在自己认为能够完成犯罪的情况下，自愿放弃犯罪意图，自动放弃犯罪或者自动有效地防止犯罪结果的发生。三是犯罪中止的有效性，即是指行为人由于彻底放弃犯罪的意图，自动中止犯罪，从而有效地防止了犯罪结果的发生。

从犯罪的未完成形态来看，它之所以被列为修正的犯罪构成，就是因为这种类型的犯罪构成与基本的犯罪构成相比，在犯罪构成的要件上有以下几个方面的特点：一是这种类型的犯罪构成与基本的犯罪构成一样，都具备犯罪构成的四大要件，是完整的犯罪构成，并非不完整的犯罪构成；二是这种类型的犯罪构成虽然也是完整的构成，但是与一般的犯罪构成相比，它又有其自身的某些特点，即这些犯罪构成在犯罪的主客观要件方面与一般的犯罪构成又有某些不同之处；三是这些不同之处主要表现在其主观上并非像一般犯罪构成那样顺利达到了其所期望的目标，而是在犯罪过程中出现了行为人始料不及或者自愿放弃的原因，从而使犯罪得以停顿下来。

2. 犯罪的共同形态

所谓犯罪的共同形态是与单独犯罪的形态相对应的概念，作为犯罪的基本形态的一种修正模式，它的最大特点就是无论是犯罪构成的任何一个要件，都带有双重或者多重的性质，如果没有这种性质，就不可能形成这种犯罪的特殊形态。犯罪的共同形态，其基本含义依我国刑法立法之规定，是指二人以上共同故意犯罪。根据这一定义，作为犯罪的共同形态，其主要特征如下：一是犯罪主体必须是二人以上，且这二个以上的人必须是达到刑事责任年龄、具有刑事责任能力的人，如果其中有一人系未满14周岁的未成年人或者不具有刑事责任能力的人，则不能构成犯罪主体；二是行为人必须具有共同的犯罪故意，即两个以上的行为人对自己的行为会造成的危害结果均持有希望或者放任的态度。具体而言，所谓共同的犯罪故意包括以下三个方面的意思：其一是各行为人均认识到自己实施的行为系犯罪行为；其二是各行为人均认识到不是自己一人在实施犯罪，而是有其他人在一起配合实施犯罪；其三是各行为人对其行为会造成的危害结果均持有希望或者放任的态度。这里的共同故意，根据其组合形式，有共同直接故意、共同间接故意与直接故意和间接故意相结合三种情形。三是行为人必须具有共同的犯罪行为。在这里，所谓共同的犯罪行为包括以下几层含义：其一是各行为人在犯罪的分工等方面虽然有所不同，但是他们的行为却连为一个整体，互相配合，互相支持；其二是各行为人在共同犯罪中虽然表现形式不同，但都始终指向一个共同的目标；其三是各行为人的行为与其共同造成的危害结果之间具有刑法上的因果关系。关于共同犯罪的行为，就其表现形式而言，主要有以下三种情形：其一是共同作为，其二是共同不作为，其三是一方作为一方不作为。不管是哪种情形，均可以构成共同犯罪的行为。

　　从修正的犯罪构成的角度来考察，共同犯罪形态相对于基本的犯罪形态而言，最大的区别是表现在共同犯罪人的种类的划分上。根据我国刑法之规定，依照各种共同犯罪人在犯罪过程中所起的作用不同，可以将其分为主犯、从犯、胁从犯和教唆犯四种。所谓主犯是在共同犯罪中起主要作用的犯罪分子；所谓从犯是在共同犯罪中起次要、辅助作用的犯罪分子；所谓胁从犯是指被胁迫参与犯罪的人。而所谓教唆犯则是指教唆他人犯罪的人。对于教唆犯一般是根据其作用分别依照主犯或者从犯进行处理。这些犯罪人就其犯罪构成的要件本身而言，已经完全具备犯罪构成的基本要件，其不同之处就在于它在客观方面所起的作用不同。行为人在共同犯罪中所起的作用不同，其身份也就有所差异，因此，由不同的作用所决定的不同的身份的存在，是共同犯罪这一修正的犯罪构成与基本的犯罪构成最重要的区别。

　　一般来讲，修正的犯罪构成是在刑法总则中，以通则的形式规定的，因而在确定这一类犯罪构成的时候，要以刑法分则的具体条文规定的基本犯罪构成为基础，结合刑法总则中关于修正的犯罪构成综合加以认定。也就是说，修正的犯罪构成都是具体的，而不是抽象的，无论是犯罪的未完成形态也好，还是犯罪的共同犯罪形态也好，都离不开具体的刑法分则条文所规定的内容，如果离开了刑法分则的具体规定，修正的犯罪构成就失去了存在的基础。因此，在认定修正的犯罪构成时，我们一方面要在理论上把握其特征，另一方面又要弄清各种具体的刑法条文，只有这样，才能真正认识到修正的犯罪构成的价值。

三、复杂的犯罪构成

(一) 复杂的犯罪构成的概念与意义

所谓复杂的犯罪构成，作为犯罪构成的一种结构类型，它的基本含义是指刑法所规定的犯罪构成诸要件并非由单一的构成要素所组成，而是由两个以上的犯罪构成的要素所组成的犯罪构成。这种复杂的犯罪构成的特点是对每一个具体的犯罪构成来讲，它们在构成要件上都带有一定的选择性，这种选择性是由其构成要件的多样性所决定的。这种结构类型的犯罪构成就其本身的含义而言，在犯罪构成的结构中是最为复杂的一种。通过对复杂的犯罪构成的研究，可以使我们在认识犯罪构成的基本属性的同时，还可以进一步认识到犯罪构成的复杂性。复杂的犯罪构成向我们展示了客观世界与犯罪现象的多样性，从而告诫我们在对犯罪构成进行研究的时候，要突破单向性的思维方式，以多向性思维从各个不同的侧面对犯罪构成进行具体的分析。

(二) 复杂的犯罪构成的表现形式

从我国刑法分则所规定的各种犯罪来看，就其结构类型而言，大多数犯罪构成均属于复杂的犯罪构成。其表现形式主要有以下几个方面：

1. 选择性的犯罪构成。所谓选择性的犯罪构成是指刑法分则对某种犯罪规定了可供选择的构成要件的犯罪构成。其特点在于，就某种犯罪的构成，在法律上规定了几个可供选择的要件，但是对于犯罪的成立来讲，却只需要具备刑法条文所规定的一个要件即可。例如，1997年刑法第125条第1款规定的非法制造、买卖、运输、邮寄、储存枪支、弹药、爆炸物罪，就属于一个非常典型的选择性犯罪构成。从本条所规定的犯罪来看，犯罪行为方式和犯罪对象均具有选择性，也即是说，只要行为人的行为具备上述五种行为之一，犯罪对象具备上述三种对象之一，即可构成本罪。又如，1997年刑法第253条第1款规定的私自开拆、隐匿、毁弃邮件、电报罪，也属于一个较为典型的选择性犯罪构成。在上述犯罪中，只要行为人实施了私自开拆、隐匿、毁弃的行为之一，犯罪对象具备邮件、电报二者之一，即可构成本罪。选择性的犯罪构成与其他犯罪构成相比，具有以下几个特点：一是这种犯罪构成就其构成要件而言，是由多个要件构成的，且至少其中有一个构成要件是带有选择性的；二是这种犯罪构成就其所选择的要素来看，都不是某种独立的要素之间的选择，而是前后互有关联的要素之间的选择；三是在两个以上的要素的选择中，只要具备其中之一，即可构成犯罪，而不需要完全具备。

关于选择性的犯罪构成，根据其性质一般可以分为同质选择的犯罪构成与不同质选择的犯罪构成。所谓同质选择的犯罪构成是指刑法条文所规定的某一具体犯罪中有性质相同的供选择的要件的犯罪构成。这种同质的选择要件有：（1）主体同质，例如1997年刑法第305条规定的伪证罪的主体分别为"证人、鉴定人、记录人、翻译人"，这四种人就属于同一性质的不同犯罪主体的选择。（2）对象同质，例如1997年刑法第116条规定的破坏交通工具罪的对象分别为"火车、汽车、电车、船只、航空器"，这五种交通工具就属于同一性质的不同对象之间的选择。（3）目的同质，例如1997年刑法第276条规定的破坏生产经营罪的主观目的是"以泄愤报复或者其他个人目的"，就属于同一性质的不同目的之间的选择。（4）手段同质，例如1997年刑法第121条所规定的劫持航空器罪的行为方法分别为"暴力、胁迫或者其他方法"，就属于同一性质的不同方法之间的选择。（5）地点同质，例如1997年刑法第291条规定的聚众扰乱公共场所秩序、交通秩序罪的犯罪地点分别为"车站、码头、民用航空站、商场、公园、影剧院、展览会、运动场、其他公共场所"，该罪所列上述地点即属于同一性质不同地点之间的选择。所谓不同质选择的犯罪构成是指刑法条文所规定的某一具体犯罪中有性质不同的供选择的要件的犯罪构成。这种不同质的选择要件，在我国1997年刑法中有多种表现，例如，1997年刑法第340条规定的非法捕捞水产品罪规定："违反保护水产资源法规，在禁渔区、禁渔期或者使用禁用的工具、方法捕捞水产品，情节严重的，处三年以下有期徒刑、拘役、管制或者罚金。"在本罪中，对非法捕捞水产品罪在时间、地点与方法的选择上，就属于不同性质的内容的选择。又如，1997年刑法第341条第2款规定的非法狩猎罪规定："违反狩猎法规，在禁猎区、禁猎期或者使用禁用的工具、方法进行狩猎，破坏野生动物资源，情节严重的，处三年以下有期徒刑、拘役、管制或者罚金。"在本罪中，对非法狩猎罪在时间、地点与方法的选择上，亦属于不同性质的内容的选择。

2. 包括两个行为的犯罪构成。所谓包括两个行为的犯罪构成是指刑法条文所规定的犯罪构成所包含的不是某一个行为，而是两个或者两个以上的行为。这种类型的复杂犯罪构成的特点是，这里所规定的行为，不像选择性的要件那样，只要具备其中之一即可，而是必须具备两个以上的行为才能成立该种犯罪。例如1997年刑法规定的强奸罪在客观上就是由暴力（或胁迫、其他手段）和奸淫两个行为同时并存，强奸罪才能成立。又如绑架罪在客观上也必须由绑架行为和勒索行为两个行为同时具备才能构成。

3. 包括两个罪过的犯罪构成。所谓包括两个罪过的犯罪构成是指刑法条文所规定的犯罪构成所包含的不是某一个罪过，而是两个或者两个以上的罪过。这种类型的复杂犯罪构成的特点是，必须同时具备两个以上的罪过才能构成犯罪，若缺少其中之一，即不构成该罪，但是值得注意的是，这里的两个罪过指的是构成同一个犯罪的罪过，而不是构成两个犯罪。例如故意伤害致死罪的罪过就是两个罪过，行为人在主观上对于伤害是故意的，而对于死亡则是过失的。在这里，故意伤害致死，是属于故意伤害罪的结果加重犯。

4. 包括两个客体的犯罪构成。所谓包括两个客体的犯罪构成是指刑法条文所规定的犯罪构成所包含的不是某一个客体，而是两个或者两个以上的客体。例如1997年刑法第263条规定的抢劫罪的客体就是由两个客体组成的，一是由劫财行为引起对他人的财产权利的侵害；二是由强制行为引起对他人的人身权利的侵害。又如，1997年刑法第243条规定的诬告陷害罪的客体也是由两个客体组成的，一是他人的人身权利；二是司法机关的正常活动。

四、消解的犯罪构成

所谓消解的犯罪构成是由我国刑法所规定的那些表面上符合犯罪构成而实际上不符合犯罪构成的情况。由于这一形似符合犯罪构成的行为在实质上因为其正当有益性而消除了其犯罪构成的内核，因此我们将其称为消解的犯罪构成。消解的犯罪构成在我国刑事立法上主要指的是刑法上的正当行为，即正当防卫与紧急避险。

1. 正当防卫。正当防卫是指行为人为了使国家、公共利益、本人或者他人的人身、财产和其他权利免受正在进行的不法侵害，而采取的制止不法侵害的行为，而对不法侵害人造成损害的行为。正当防卫的行为作为消解的犯罪构成之一，主要是由于其主观目的的正当性而消除了其犯罪的社会危害性，从而也就消灭了其行为构成犯罪的内核。根据我国刑法的规定，正当防卫的成立条件主要有以下几个方面：一是其成立的前提条件，即必须有不法侵害发生，在这里，不法侵害既包括犯罪行为，也包括一般的违法行为，不管是上述哪种行为，都必须具有杀伤性、破坏性并形成紧迫感的特性。二是其成立的时间条件，即必须是正在发生的不法侵害，即不法侵害已经开始尚未结束，若是对尚未开始的不法侵害实行防卫的，称为事前防卫；若是对已经结束的不法侵害实施防卫的，称为事后防卫。三是其成立的对象条件，即正当防卫必须针对不法侵害者本人实施，不能针对无辜的第三人；四是其成立的主观条件，即正当防卫的实施必须是为了使国家、公共利益、本人或者他人的人身、财产和其他权利免受正在进行的不法侵害，如行为人在主观上并非出于这一目的，而是基于非法的防卫意图，则构成犯罪。五是正当防卫不能超过必要的限度，即正当防卫的行为不能明显超过必要限度造成重大的损害。如果行为人的行为符合以上五个方面的条件，则应当依正当防卫处理，若有其中之一不符合正当防卫的条件的，则不能视为正当防卫。正当防卫作为消解的犯罪构成，其本身不具有社会危害性，不仅如此，相反，它还是对社会有益的行为。

2. 紧急避险。紧急避险是指行为人为了使国家、公共利益、本人或者他人的人身、财产和其他权利免受正在发生的危险，不得已采取的以损害一种较小的利益而保全较大的利益的行为。紧急避险的行为作为消解的犯罪构成之一，亦因为其主观目的的有益性而消除了其犯罪的社会危害性，从而也就消灭了其行为构成犯罪的内核。根据我国刑法之规定，构成紧急避险必须具备以下几个条件：一是其成立的前提条件，即必须有危险发生，这里的危险，包括来自自然灾害、违法犯罪行为、人的生理与病理原因以及动物的侵袭等；二是其成立的时间条件，即危险正在发生，也即是说，危险已经开始尚未发生；三是其成立的主观条件，即紧急避险是行为人为了使国家、公共利益、本人或者他人的人身、财产和其他权利免受正在发生的危险；四是其成立的限制条件，即行为人实施紧急避险的行为必须是在不得已的情况下才能实施；五是其成立的限度条件，即紧急避险不能超过必要限度造成不应有的损害；六是其成立的排除条件，即紧急避险不适用于在职务上、业务上负有特定责任的人。

除了我国刑事立法所规定的以上两种形式的消解的犯罪构成以外，在刑法理论上属于消解的犯罪构成的情形还有以下几种形式：(1) 依照法律、法令的行为，即行为人根据现行法律、法令而实施的行为。其成立的条件主要有以下三个方面：一是行为人实施的行为必须是法律、法令明文规定的当为或者可为的；二是行为人在主观上必须出于依法行使权利或者履行义务的意图；三是依照法律、法令的行为必须在法定限度以内实施。(2) 执行上级命令的行为，即行为人按照上级国家工作人员的命令而实施的行为。其成立的条件主要有以下五个方面：一是行为人执行的命令必须是上级国家工作人员发布的；二是上级国家工作人员所发布的命令必须是其职权以内的事项；三是命令的形式必须符合法律的规定；四是发布命令的内容必须没有犯罪性；五是执行命令的行为不能超过必要限度。(3) 正当的业务行为，即行为人根据自身所从事的某种正当业务的需要而实施的行为。其成立的条件有以下四个方面：一是从事业务的正当性；二是实施的行为必须在其业务的范围以内；三是行为人在主观上必须出于从事正当业务的意图；四是从事业务的行为不能超过必要限度。(4) 基于被害人承诺的行为，即行为人所实施的损害他人权益的行为是建立在某种有权处分某种权益的人的同意的基础之上的行为。其成立条件有以下几个方面：一是行为人对承诺所处分的权益必须具有处分的权利；二是承诺不得违背权利人的意志；三是被害人承诺主观上必须是为了追求有益于社会的目的；四是被害人的承诺必须以明示的方式表现出来；五是被害人必须是在损害前或者损害时表示承诺；根据承诺所作出的损害行为本身必须符合社会公德和国家法律的规定。(5) 自救行为，即权利被侵害的人，依靠自己的力量，来保全自己的权利或恢复原状的行为。其成立条件主要有以下四个方面：一是行为人必须为了保护自己的权利；二是必须在紧急情况下实行；三是必须有不法侵害的状态存在；四是行为人所实施的手段或方法必须适当。

第四节 犯罪构成的研究模式

在我国的刑法理论中，如果说犯罪概念是刑法理论的核心，那么犯罪构成就是刑法理论核心的核心。犯罪构成的理论作为我国刑法学体系中一颗璀璨的明珠，自从 20 世纪 50 年代从前苏联引进以来，时近半个世纪。半个世纪以来，除了近 20 年的沉寂期外，犯罪构成理论一直活跃在我国的刑法理论与司法实践的大舞台上。它不仅对于我国刑法理论的发展与创新立下了汗马功劳，而且对我国的司法实践也起到了非常重要的指导作用。从我国的犯罪构成理论跨过的 50 年发展历程来看，在其研究方法上经历了两个不同的发展阶段。这两个不同的发展阶段即为犯罪构成的机械论研究模式阶段与犯罪构成的系统论研究模式阶段。

一、犯罪构成机械论

所谓犯罪构成的机械论是指将整个犯罪构成视为一台机器，将其各个要件视为具体的零件来进行研究的方法。根据这一概念，我们不难看出，这一研究方法的核心是将犯罪构成依据机械构造的原理，将其分为几个基本的单元，这些单元相加所得的总和就组成了犯罪构成的整体。其结构模式可表述为：犯罪客体＋犯罪客观方面＋犯罪主体＋犯罪主观方面＝犯罪构成。机械论研究的方法作为我国犯罪构成研究的基本方法，在我国长期以来的研究工作中一直处于主导地位。迄今为止，这一研究方法仍然是我国很多刑法学者在研究犯罪构成理论的过程中所惯用的。将机械论运用到犯罪构成理论的研究之中，就是将犯罪构成视为一系列主客观要件的总和。在这里，所谓"总和"，其基本语意是"全部加起来的数量或内容"。[1] 这一研究方法是随着犯罪构成的理论一起从前苏联引进的。例如前苏联的《苏维埃刑法总论》即认为："犯罪构成就是刑事

---

[1]《现代汉语词典》，商务印书馆 1983 年版，第 1540 页。

第三章 犯罪构成集合论

法律规定的危害社会行为,即构成要件的总和。"① 又如前苏联著名的法学家特拉伊宁教授认为,"犯罪构成乃是苏维埃法律认为决定具体的、危害社会主义国家的作为(或不作为)为犯罪的一切客观要件和主观要件(因素)的总和。"② 还有前苏联法学博士契柯瓦则认为:"所谓犯罪构成,应当理解为刑事法律所确定的说明相应的犯罪行为,也就是说明危害苏维埃制度或破坏社会主义法权秩序的行为的诸客观特征和主观特征的总和。"③ 因受前苏联这一观点的影响,我国的刑法学者在对犯罪构成进行定义时基本上都采取的是这一方法。如我国有的学者认为,"我国刑法中的犯罪构成是指我国刑法规定某种行为构成犯罪所必须具备的主观要件和客观要件的总和。"④ 还有的学者认为,"犯罪构成就是我国刑法所规定的、决定某一具体行为的社会危害性及其程度而为该行为构成犯罪所必需的一切客观和主观要件的总和。"⑤ 还有的学者认为,"所谓犯罪构成,就是依照刑法规定,决定行为的社会危害性,而为构成犯罪必须具备的客观和主观要件的总和。"⑥ 还有的学者认为,"犯罪构成就是我国刑法规定的某种行为构成犯罪必须具备的客观方面要件和主观方面要件的总和。"⑦ 有关"总和说"的观点还有很多,在此不再一一列举。关于"总和说"所表达的内容在我国20世纪50年代的教科书里,其意思与"机械论"的含义差不多,我们可以将其称为"旧机械论"。后来,由于这一主张受到一些学者的批评,关于"总和说"的含义才有了新的阐释。正如有的学者指出:"'此处所谓犯罪构成是一系列主客观要件的总和',并不是指各个要件之间互不相干,只是机械地相加在一起,而是指犯罪构成的各个要件彼此联系,相互依存,形成了犯罪构成的有机统一体。"这里的"总和说"可以将其称为"新机械论"。"新机械论"与"旧机械论"相比,有更接近系统论的意味,从而也更加符合我国犯罪构成是一个综合性评价体系的性质。

---

① [苏] H. A. 别利亚耶夫、M. N. 科瓦廖夫编:《苏维埃刑法总论》,马改秀、张广贤译,群众出版社1987年版,第78页。
② A. H. 特拉伊宁著:《犯罪构成的一般学说》,薛秉忠等译,中国人民大学出版社1958年版,第48—49页。
③《苏维埃刑法论文选译》(第1辑),宋金波译,卢优先校,原载《苏维埃国家和法权》1955年第4期,法律出版社1956年版。
④ 杨春洗等主编:《刑法总论》,北京大学出版社1985年版,第107页。
⑤ 高铭暄主编:《刑法学》,法律出版社1983年版,第97页。
⑥ 王作富著:《中国刑法研究》,中国人民大学出版社1988年版,第71页。
⑦ 高格主编:《刑法教程》,吉林大学出版社1987年版,第52页。

二、犯罪构成系统论

在我国，继犯罪构成的机械论之后，有些学者试图突破传统的犯罪构成研究方法，为犯罪构成的理论研究寻找一种具有中国特色的研究模式，经过多年的精心酝酿，终于推出了犯罪构成系统论研究模式。这一模式的结构可以表述为：

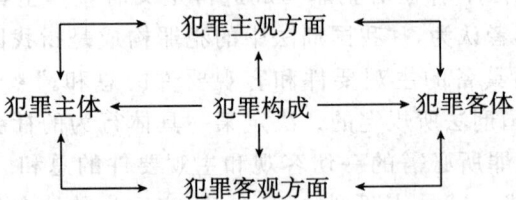

犯罪构成系统论作为我国刑法学界继机械论研究方法之后的又一重要研究模式，是运用马克思主义唯物辩证法和现代系统论的基本原理对犯罪构成进行理论探索的又一重要尝试。这一研究方法问世以后，虽然在刑法学界没有引起强烈的轰动，但是能够将系统论的有关原理运用于犯罪构成的研究，其本身就是一个重大的历史进步，它不仅说明作者所具有的勇敢探索精神，同时也确实打破了传统的研究方法，为犯罪构成的理论研究开辟了一条新的途径。

根据犯罪构成系统论的作者的观点，犯罪构成系统论是具有中国特色的犯罪构成理论，它是在马克思主义指导下创立的。犯罪构成系统的主要理论基础，是为现代系统科学丰富和发展了的唯物辩证法的系统观和方法论。现代科学表明，任何事物都是作为系统而存在的，系统性是事物的根本属性。所谓系统，是指由相互联系、相互作用的诸要素按一定的方式组成的、具有特定性能的有机整体。一切系统，都是由相互联系的诸要素组成的统一体，这是一切系统普遍的共同本质。因此，系统是一个标志着事物整体性的哲学范畴。在系统科学研究中，人们从各个方面描述了系统的具体特征，因此，从哲学的角度对现代系统科学揭示的特征进行概括，一般把它归结为整体性、结构性、层次性、开放性四个特征。所谓系统的整体性揭示的是系统整体与其组成要素之间的关系。系统的结构性揭示系统整体中诸要素的关系。所谓结构，是指系统内部诸要素之间相对稳定的相互联系、相互作用的方式，其中包括诸要素相互间一定的比例、一定的秩序、一定的结构形式等。系统的层次性揭示的是系统的等级关系。所谓系统的层次性，是指系统中各种组成部分之间在依次隶属关系中所形成的等级。系统的开放性揭示的是系统与环境之间的相互关系。所谓系统的开放性是指系统与周边环境的相互联系、相互作用。既然事物是作为系统而存在的，犯罪构成这一事物也是作为系统而存在的。事实上，犯罪构成就是由主体—中介—客体三个基本要素相互作用的过程系统，是一个复杂的社会系统。因此，就必须如实地把它作为一个系统整体并且用系统的观点对它进行观察和研究。犯罪构成系统论的全部理论观点，都是这种观察和研究的结果。犯罪构成系统论与我国传统的犯罪构成理论以及其他国家的犯罪构成理论的最主要的区别，就在于它是建立在唯物辩证法的系统观和系统方法论的理论基础之上的。这一理论还对各国传统的犯罪构成理论在研究方法上存在的缺陷进行了批评。他认为，各国传统的犯罪构成理论在研究方法上都是片面强调分析的方法。这是一种把整体分解为部分，把复杂事物分解为简单要素，把历史分解为片断，或者把动态凝固为静态来研究的一种思维方法和研究方法。这种方法容易把事物凝固化、割裂化、片面地、孤立地、静止地看问题。与各国传统的犯罪构成理论不同，犯罪构成系统论的研究方法总的来说是分析与综合的结合；归纳与演绎的结合；从感性具体到抽象，又从抽象到感性具体的辩证思维方法。但主要是系统分析与系统综合的方法。这种现代化的系统分析综合方法本质上仍然是唯物辩证法的矛盾分析方法，只不过是比矛盾过程的分析更丰富、更具体和更具有动态性的特点，是矛盾分析方法在系统研究中的具体运用。

三、犯罪构成集合论

从我国目前刑法学界对犯罪构成的研究模式来看，犯罪构成机械论与犯罪构成系统论两大模式已经为刑法学界广为熟知，尤其是犯罪构成的机械论研究模式可以说已经达到了炉火纯青的地步。笔者认为，以上两种研究方法就其方法本身而言，都不失为一种科学的方法。然而就其研究方法体系性思路而言，笔者认为，系统论研究方法较之机械论研究方法更符合犯罪构成的一次性综合评价的性质。因为这种研究方法不是将犯罪构成视为简单的机械构造，而是将其视为一个有机的不可分割的整体，是从系统的整体功能发挥的角度来对犯罪构成进行研究的。笔者认为，为了不断拓宽犯罪构成理论研究的视野，为犯罪构成的理论研究提供一种新的研究思路，可以引进数学中的集合模式来对犯罪构成进行研究。笔者采取这样一种研究方法，并无否定前述两种研究模式的科学性的意思，而是通过对这一研究方法的运用，试图为犯罪构成的研究寻找一条新的出路。

（一）集合的一般原理

集合是一个数学上的概念，但其本身却是一个不定义的概念。例如人的脸就是集合的典型的例证。一般地，人的脸是由人的五官组成的集合，但是要具体地给人的脸下一个定义却是一件比较困难的事情。像这种不能对其内涵进行界定的概念，在数学上就称为集合。集合虽然是一个不定义的概念，但是它却有其所叙述和表示的对象，一般地我们将这些叙述和表示的对象的全体称为集合。在集合中，我们一般将其所表示的对象称为元素。在数学当中，一般常用大写字母 A、B、C 等表示集合，小写字母 a、b、c 表示元素。如果 a 是集合 A 的元素，就记为 $a \in A$，读做 a 属于 A；如果 a 不是集合 A 的元素，就记为 $a \notin A$，读做 a 不属于 A。集合与它的元素的关系是集合包含它的每一个元素，它的每一个元素都属于这个集合。

关于集合的表示方法，常用的有列举法和描述法。所谓列举法是把集合的元素一一列举出来，写在大括号内，每个元素仅写一次，而不分次序。例如，由 A、B、C 等元素组成的集合，可以写成 {A、B、C}。所谓描述法是指把集合中元素的共同特性描述出来，用来表示集合。例如，由一个班级的全体同学组成的集合，可以表示为 {一个班里的同学}。

集合可按它所包含的元素的个数分为有限集合、无限集合、单元素集合和空集合。所谓有限集合是指集合中所包含的元素的个数是有限的，如 {一个班的同学}。无限集合是指集合中所包含的元素的个数是无限的，如 {沙漠中的沙子}。所谓单元素集合是指集合中只包含一个元素的集合，如 {地球}、{喜马拉雅山} 等。所谓空集合，又称为空集，是指不含任何元素的集合。

关于集合，根据其元素之间存在的关系，一般可将集合分为子集、交集、并集和补集。所谓子集，是指在两个集合当中，如果一个集合的任何一个元素都是另外一个集合的元素，我们就可以将其中一个集合称为另外一个集合的子集；所谓交集，是指在两个集合当中，如果一个集合的元素同时又是另外一个集合的元素，那么由同时属于两个集合的元素组成的集合即属于交集；所谓并集是指将两个集合所包含的所有元素合并在一起所组成的集合；所谓补集是指在一个全集当中，除去一个子集的元素外，余下的一切元素所组成的集合，即称为补集。

（二）将集合方法运用于犯罪构成研究的意义

集合作为数学上一种最基本的概念，将其作为一种研究方法运用到犯罪构成的理论研究当中，具有哪些意义呢？关于这一方面的问题，可以从以下几个方面来考察：

第一，通过集合的研究模式来研究犯罪构成，可以为我国犯罪构成的研究提供一种新的研究方法与途径。集合是一个不定义的概念，它是由一系列元素构成的，不同的元素所组成的集合也有所不同。集合的这一特性与犯罪构成的特性多有相似之处。这是因为，根据我国现有的刑法理论，虽然通说所持的观点均认为，犯罪构成是在一般意义上来使用的，但是也有少数学者认为，只存

第三章 犯罪构成集合论

在具体的犯罪构成要件，不存在一般的犯罪构成要件。[①] 尽管少数学者的观点在当今刑法学界的影响较小，但是，笔者认为，从集合论的角度来考察，这种观点是有其价值的。这是因为，就集合而言，它是一个不定义的概念，只有由各个元素组成的具体不同的集合，而不存在一般意义上的抽象的集合。集合的这一性质正好暗合了少数学者的观点。也就是说，犯罪构成从集合的角度来研究，都只能是具体的，有多少种不同的犯罪就有多少种不同的犯罪构成。因为不同的犯罪由于其不同的质所决定，它在构成的诸要件上也必然有所不同，如果有两种犯罪在构成要件上带有趋同性，那么就无法将其正确地区分开来。因此，通过对犯罪构成进行集合方法的研究，有助于我们开阔视野，从不同的角度把犯罪构成的理论研究模式推向多元化。

第二，通过集合的研究模式来研究犯罪构成，可以为犯罪构成研究的进一步深化提供科学的基础，同时也可以为司法实践的具体操作提供更加直观的操作范式。在自然科学领域中，数学是一门非常严谨的学科，由于数学所论证的问题本身都具有较强的逻辑性，因此，引进集合的方法来研究犯罪构成，可以为我们在研究社会科学的过程中如何做到使自身所研究的问题更加精密、更为确切，提供一个较为科学的基础。与此同时，通过对犯罪构成的集合模式的研究，可以为我们建立一套切实可行的具体的操作范式，使我们在运用犯罪构成的理论来分析问题时，不显得那么晦涩难懂，而使其变得更加直观。这是因为，集合本身的性质就是由各种具体的元素的性质所决定的，不同的犯罪构成要件通过采用集合的方法加以处理后，就会形成千差万别的犯罪构成模式。而这些构成模式较之机械论与系统论，则显得更加具体化。

第三，通过集合的研究模式来研究犯罪构成，可以在自然科学与社会科学之间架起一座互通的桥梁，从而为各门学科之间的相互渗透与综合运用找到一条新的途径。这样不仅可以使某门源学科（即作为另一门学科理论基础或者方法基础的学科）的理论产生更大的应用价值，而且由于受源学科理论指引的学科也可以在相互融通的过程中得到进一步的发展。将数学中的集合运用于犯罪构成的研究，不仅可以使得数学这门学科的方法找到其应用的价值，而且通过采取集合的方法来研究犯罪构成的理论，也可以使犯罪构成的理论随着方法的改变而产生重要的历史进步。随着现代科学的日益发展进步，学科与学科之间的相互渗透，已变得越来越普遍，尤其是在注重综合素质教育的今天，强调学习重在运用的情况之下，在两个不同的学科之间找到结合点，然后在此基础上进行进一步的理论探索，不仅可以为本学科自身的发展寻求一条新的出路，而

[①] 高铭暄主编：《新中国刑法学研究综述》(1949—1985)，河南人民出版社1986年版，第118页。

且还有可能在此基础上创造出新的边缘学科。这既是笔者将数学上的集合运用于犯罪构成理论研究的初衷，也是期望通过对这方面的研究，为犯罪构成理论找到一个新的结合点，从而将犯罪构成理论的研究由纯社会科学性质的研究方式变成社会科学与自然科学两者兼跨的研究方式。

（三）犯罪构成集合论模式的应用研究

1. 犯罪构成的集合与元素

我们在前面已经说过，根据少数学者的观点，犯罪构成只存在具体的犯罪构成，而不存在抽象的犯罪构成，这种观点与集合是一个不定义的概念有一定的相似之处。因此，我们在研究犯罪构成的集合模式时，其对象只能是具体的构成要件。一般地，我们可以说把这些由各个具体的构成要件组成的全体称为犯罪构成的集合，而把犯罪构成的集合中各个具体的要件称为犯罪构成的元素。例如犯罪构成的集合是｛犯罪客体，犯罪客观要件，犯罪主体，犯罪主观要件｝。如果我们用 A 来表示这个集合，用 a、b、c、d 来表示这个集合的元素，即 a 为犯罪客体，b 为犯罪客观要件，c 为犯罪主体，d 为犯罪主观要件。用数学表示方法可以读作 a 属于 A，b 属于 A，c 属于 A，d 属于 A，a、b、c、d 的每一个元素均属于 A。若其中有一个集合的元素不属于 A 集，就不能将其称为犯罪构成的集合。又如，故意伤害罪的集合是｛客体是侵犯他人的健康权利，客观要件是非法损害他人身体健康的行为，主体是年满 16 周岁、具有刑事责任能力的人，主观要件是故意｝。如果我们用 J 来表示故意伤害罪的集合，用 e、f、g、h 来表示故意伤害罪的集合的元素，则 e 为故意伤害罪的客体，即侵犯他人的健康权利，f 为故意伤害罪的客观要件，即非法损害他人身体健康的行为，g 为故意伤害罪的主体，即年满 16 周岁、具有刑事责任能力的人，h 为故意伤害罪的主观要件，即故意，那么在 J 的集合中就包含着 e、f、g、h 的每一个元素。用数学表示方法可以读作 e 属于 J，f 属于 J，g 属于 J，h 属于 J，e、f、g、h 的每一个元素均属于 J。若其中有一个集合的元素不属于 J 集，就不能将其以故意伤害罪予以认定。

2. 犯罪构成集合的表示方法

关于犯罪构成的集合的表示方法，根据数学上的表示方法有两种，即列举法和描述法。

所谓列举法是指把某一犯罪构成的集合的元素一一列举出来，写在大括号内，每个元素仅写一次而且不分次序。例如，由抢劫罪的各要件组成的集合，可以写成｛侵犯公私财产所有权，使用暴力、威胁或者其他方法强行抢走他人财物，年满 14 周岁、具有刑事责任能力的人，故意｝。由盗窃罪的各个要件组成的集合，可以写成｛侵犯公私财产所有权，秘密窃取数额较大的财物，年满

第三章 犯罪构成集合论

16 周岁、具有刑事责任能力的人，故意}，等等。所谓描述法是指把犯罪构成集合中元素的共同特性描述出来，写在大括号内，用来表示集合。例如，由放火罪的所有构成要件组成的集合，可以表示为 {放火罪的集合}。由破坏交通工具罪的所有要件组成的集合，可以表示为 {破坏交通工具罪的集合}，等等。

3. 犯罪构成集合的种类

集合的种类可分为有限集合、无限集合、单元素集合和空集合。在犯罪构成的集合中，因为不存在无限集合、单元素集合，因此，一般地，犯罪构成的集合中只存在有限集合和空集合两种类型。所谓有限集合是指集合中所包含的元素是有限的集合，由于犯罪构成的集合所包含的元素都是有限的，因此，犯罪构成的集合均属于有限集合。例如，刑法分则所规定的 413 个罪名均属于有限集合。因为从犯罪构成的角度来考察，具体的犯罪构成由于其质的差异，其构成特征是多种多样的，但是就其犯罪构成的要件来讲，都是由四个方面的要件组成的，因此，其集合属于有限集合。所谓空集合，又称空集，是指不包含任何元素的集合。在犯罪构成的集合中，也同样存在空集的情况，诸如 {没有犯罪客体的犯罪}，{没有犯罪主体的犯罪}，{没有罪过的犯罪}，{没有犯罪行为的犯罪}，都属于犯罪构成的空集。因为，按照犯罪构成的一般原理，以上几个方面的犯罪，因为欠缺犯罪构成的要件，均不存在犯罪的问题。

4. 犯罪构成集合的关系

犯罪构成的集合根据其表现形式，可以将其分为犯罪构成的子集、交集、并集与补集。犯罪构成集合的这些关系，将其运用于具体的研究之中，可以解决犯罪构成要件中的主从关系、同异关系和互补关系。下面我们分别就这四个方面的关系一一作探讨。

（1）犯罪构成的子集应用模式

所谓子集，是指在两个集合当中，如果一个集合的任何一个元素都是另外一个集合的元素，我们就可以将其中一个集合称为另外一个集合的子集。犯罪构成的子集，是指在两个犯罪构成的集合当中，如果一个犯罪构成集合的任何一个元素都是另外一个犯罪构成集合的元素，我们就可以将其中一个犯罪构成的集合称为另外一个犯罪构成的子集。例如，犯罪构成的系统本身就是由一系列子集组成的集合。

{犯罪构成系统}
{犯罪客观要件，犯罪主观要件}
{犯罪客体，犯罪客观方面，犯罪主体，犯罪主观方面}
{一般客体，{危害行为，{自然人犯罪主体，{故意，同类客体，

危害对象，过失，直接客体} 危害结果等} 单位犯罪主体} 目的与动机}

又如，1997年刑法分则第三章破坏社会主义市场经济秩序罪的子集的构造：

{破坏社会主义市场经济秩序罪}
{生产、销售伪劣商品罪}
{走私罪}
{妨害对公司、企业的管理秩序罪}
{破坏金融管理秩序罪}
{金融诈骗罪}
{危害税收征管罪}
{侵犯知识产权罪}
{扰乱市场秩序罪}
……
{生产、销售伪劣商品罪，
走私罪
妨害对公司、企业的管理秩序罪
破坏金融管理秩序罪
金融诈骗罪
危害税收征管
侵犯知识产权罪
扰乱市场秩序罪}

再如，1997年刑法分则第三章破坏社会主义市场经济秩序罪第一节生产、销售伪劣商品罪的子集的构造：

{生产、销售伪劣商品罪}
{生产、销售伪劣产品罪}
{生产、销售假药罪}
{生产、销售劣药罪}
{生产、销售不符合卫生标准的食品罪}
{生产、销售有毒、有害食品罪}
{生产、销售不符合标准的医用器材罪}
{生产、销售不符合安全标准的产品罪}

{生产、销售伪劣农药、兽药、化肥、种子罪}
{生产、销售不符合卫生标准的化妆品罪}
……
{生产、销售伪劣产品罪
生产、销售假药罪
生产、销售劣药罪
生产、销售不符合卫生标准的食品罪
生产、销售有毒、有害食品罪
生产、销售不符合标准的医用器材罪
生产、销售不符合安全标准的产品罪
生产、销售伪劣农药、兽药、化肥、种子罪
生产、销售不符合卫生标准的化妆品罪}

研究犯罪构成的子集的意义在于，通过对犯罪构成子集的研究，可以将一个集合所包含的元素按其不同的组合方式得出不同的子集，这些子集由于所包含的元素的多少有所不同，因此，它在总体的结构功能上也有所差异。一般来讲，通过对犯罪构成子集的研究，可以帮助我们从总体上认识犯罪构成的层次性，同时还可以通过对不同的元素的结合所形成的集合帮助我们认识不同的集合范式，从而感知集合变化的多样性。

（2）犯罪构成的交集的应用模式

所谓交集，是指在两个集合当中，如果一个集合的元素同时又是另外一个集合的元素，那么由同时属于两个集合的元素组成的集合即属于交集。犯罪构成的交集是指在两个犯罪构成的集合当中，如果一个犯罪构成集合的元素同时又是另外一个犯罪构成集合的元素，那么由同时属于两个犯罪构成的元素所组成的集合即属于犯罪构成的交集。例如，

设 A 为故意杀人罪的集合，则 $A=$ {客体是侵犯他人的生命权利，客观要件是实施了非法剥夺他人生命的行为，主体是年满 14 周岁、具有刑事责任能力的人，主观要件是故意}。

设 B 为故意伤害罪的集合，则 $B=$ {客体是侵犯他人的健康权利，客观要件是实施了非法损害他人健康的行为，主体是年满 14 周岁、具有刑事责任能力的人，主观要件是故意}。

设 C 为故意杀人罪与故意伤害罪相同的集合，则 $C=A \cap B=$ {客体是侵犯他人的生命权利，客观要件是实施了非法剥夺他人生命的行为，主体是年满 14 周岁、具有刑事责任能力的人，主观要件是故意} $\cap$ {客体是侵犯他人的

健康权利，客观要件是实施了非法损害他人健康的行为，主体是年满14周岁、具有刑事责任能力的人，主观要件是故意｝＝｛主体是年满14周岁、具有刑事责任能力的人，主观方面是故意｝。

又如，

设 D 为抢劫罪的集合，则 $D=$｛客体是侵犯公私财产所有权，客观要件是使用暴力、胁迫或者其他方法抢走财物的行为，主体是年满14周岁、具有刑事责任能力的人，主观要件是故意｝。

设 E 为抢夺罪的集合，则 $E=$｛客体是侵犯公私财产所有权，客观要件是趁人不备、公然夺取他人财物的行为，主体是年满16周岁、具有刑事责任能力的人，主观要件是故意｝。

设 F 为抢劫罪与抢夺罪相同的集合，则 $F=D\cap E=$｛客体是侵犯公私财产所有权，客观要件是使用暴力、胁迫或者其他方法抢走财物的行为，主体是年满14周岁且精神正常的人，主观要件是故意｝$\cap$｛客体是侵犯公私财产所有权，客观要件是趁人不备、公然夺取他人财物的行为，主体是年满16周岁且精神正常的人，主观要件是故意｝＝｛客体是侵犯公私财产所有权，主观要件是故意｝。

再如，

设 G 为贪污罪的集合，则 $G=$｛客体是国家廉洁制度与公共财产所有权，客观要件是利用职务上的便利，侵吞、窃取、骗取或者以其他手段非法占有公共财物，情节严重的行为，主体是国家工作人员，主观要件是故意｝。

设 H 为受贿罪的集合，则 $H=$｛客体是国家廉洁制度，客观要件是利用职务上的便利索取他人财物或者非法收受他人财物为他人谋利益的行为，主体是国家工作人员，主观要件是故意｝。

设 J 为贪污罪与受贿罪相同的集合，则 $J=G\cap H=$｛客体是国家廉洁制度与公共财产所有权，客观要件是利用职务上的便利，侵吞、窃取、骗取或者以其他手段非法占有公共财物，情节严重的行为，主体是国家工作人员，主观要件是故意｝$\cap$｛客体是国家廉洁制度，客观要件是利用职务上的便利，索取他人财物，或者非法收受他人财物为他人谋利益的行为，主体是国家工作人员，主观要件是故意｝＝｛客体是国家廉洁制度，客观要件是利用职务上的便利，主体是国家工作人员，主观要件是故意｝。

研究犯罪构成的交集的意义在于，通过对犯罪构成的交集的研究，可以使我们更好地认识不同的犯罪构成在内容上存在的相同点与不同点。这种研究方式比单纯刑法意义上的各种犯罪特征所进行的比较更具有直观性。因此，对于哪些犯罪在构成上具有哪些特征，它们与相似或相近的犯罪之间的异同点何在，均可以通过犯罪构成的交集的研究方式得到很好地解决。

（3）犯罪构成的并集的应用模式

所谓并集是指将两个以上的集合所包含的所有元素合并在一起所组成的集合。犯罪构成的并集是指将两个以上的犯罪构成的集合所包含的所有元素合并在一起所组成的集合。这种犯罪构成的集合对于结合犯与复杂的犯罪构成均具有十分重要的研究意义与应用价值。

1）结合犯的并集

所谓结合犯是指数个原本独立的犯罪行为，根据《刑法》的明文规定，结合成为一个新罪的情况。从结合犯的这一特点来考察，其犯罪构成集合的特点就在于，被结合在一起形成一个犯罪构成的集合在被结合前分别是两个不同的犯罪构成的集合，这两个被结合在一起的犯罪构成的集合在形成一个新的犯罪构成集合后，就不再包含原有的犯罪构成集合的成分。如果我们用 A 来代表一个犯罪构成的集合，用 B 来代表另一个犯罪构成的集合，那么，用 C 来代表这两个犯罪构成结合后的集合，那么，即可用公式 $A+B=C$ 来表示犯罪构成的并集的结合过程。

关于结合犯，在国外的刑事立法当中是一种比较常见的立法现象，它们不仅对结合犯的规定比较多，而且便于司法机关定罪处罚。例如，在日本刑法中，强盗强奸罪就是一个非常典型的结合犯，如果使用犯罪构成的并集来表示，那就是：｛强盗罪｝＋｛强奸罪｝＝｛强盗强奸罪｝。

如果设 A 表示强盗罪的集合，则 $A=$ ｛客体是占有他人的财物，客观上是指以暴力或者胁迫强取他人财物的行为，主观上是故意，主体是一般主体｝；

设 B 表示强奸罪的集合，则 $B=$ ｛客体是妇女个人性的自由，客观上是对 13 周岁以上的妇女进行奸淫或者对不满 13 周岁的幼女进行奸淫的行为，主观上是故意，主体是一般主体｝；

设 C 表示强盗强奸罪，则 $C=A\cup B=$ ｛客体是占有他人的财物，客观上是指以暴力或者胁迫强取他人财物的行为，主观上是故意，主体是一般主体｝ $\cup$ ｛客体是妇女个人性的自由，客观上是对 13 周岁以上的妇女进行奸淫或者对不满 13 周岁的幼女进行奸淫的行为，主观上是故意，主体是一般主体｝ $=$ ｛客体是占有他人的财物和妇女个人性的自由，客观上是指以暴力或者胁迫强取他人财物并对 13 周岁以上的妇女进行奸淫或者对不满 13 周岁的幼女进行奸淫的行为，主观上是故意，主体是一般主体｝。

在我国的刑事立法中，属于结合犯形态的犯罪非常稀少，不像日本刑法规定的那么多。从新中国刑事立法的内容来看，新旧刑法中均无典型的结合犯的规定，真正属于典型结合犯的例证是 1991 年全国人大常委会通过的《关于严惩拐卖、绑架妇女、儿童的犯罪分子的决定》中所规定的绑架勒索罪。从结合犯的角度来考察，绑架勒索罪就是由非法拘禁罪和敲诈勒索罪结合以后形成的新罪。如果从犯罪构成的并集的角度来分析，对于本罪的构成可作如下分析：

设 D 为非法拘禁罪的集合，则 $D=$ ｛客体是他人的人身自由，客观上表现为采取非法拘禁他人或者以其他方法非法剥夺他人人身自由的行为，主体是一般主体，主观上是故意｝；

设 E 为敲诈勒索罪的集合，则 $E=$ ｛客体是公私财产所有权，客观上表现为采取要挟或者威胁的方法强行索取他人财物的行为，主体是一般主体，主观上是故意，且以勒索财物为目的｝；

设 F 为绑架勒索罪的集合，则 $F=D\cup E=$ ｛客体是他人的人身自由，客观上表现为采取非法拘禁他人或者以其他方法非法剥夺他人人身自由的行为，主体是一般主体，主观上是故意｝ $\cup$ ｛客体是公私财产所有权，客观上表现为采取要挟或者威胁的方法强行索取他人财物的行为，主体是一般主体，主观上是故意，且以勒索财物为目的｝ $=$ ｛客体是双重客体，即他人的人身自由和公私财产所有权，客观上表现为采用暴力、胁迫或者麻醉的方法绑架他人以勒索财物的行为，主体是一般主体，主观上是故意，且以勒索财物为目的｝。

结合犯的犯罪构成的并集的研究意义在于，通过两个不同的犯罪构成结合成一个新的犯罪构成，可以在原有的犯罪构成的基础上，创制一个新的犯罪构成。犯罪构成的并集的这种创制功能，不仅对于刑事立法者在进行新罪名的创立时有重要的参考价值，而且对于刑法研究人员正确地把握结合犯的特征有着十分重要的意义。

2）复杂的犯罪构成的并集

关于犯罪构成的并集，除了结合犯可以采取这种研究模式来进行研究外，对于复杂的犯罪构成也可以采取并集的方法来进行研究。在我国刑法分则中，由两个以上的犯罪客体、犯罪行为、主观罪过所组合而成的犯罪，即属于复杂的犯罪构成。关于复杂的犯罪构成根据其结合方式也可以使用并集的研究方法来解决。关于复杂的犯罪构成的并集，可以通过建立以下几种不同的研究模式来表示：

一是多重客体的犯罪构成的并集应用模式，例如，对抢劫罪的客体使用犯罪构成并集的研究方法可以表示如下：

设 A 为抢劫罪的客体的集合，则 $A=$ ｛抢劫罪的客体｝；

设 B_1 为抢劫罪的主要客体的集合，则 $B_1=$ ｛侵犯他人的财产权利｝；

设 B_2 为抢劫罪的次要客体的集合，则 $B_2=$ ｛侵犯他人的人身权利｝；

则 $A=B_1\cup B_2$，即抢劫罪的客体 $=$ ｛侵犯他人的财产权利｝ $\cup$ ｛侵犯他

人的人身权利} = {侵犯他人的财产权利与侵犯他人的人身权利}

又如，对刑讯逼供罪的客体使用犯罪构成并集的研究方法可以表示如下：

设 C 为刑讯逼供罪的客体的集合，则 $C=$ {刑讯逼供罪的客体}

设 W_1 为刑讯逼供罪的主要客体的集合，则 $W_1=$ {公民的人身自由权利}

设 W_2 为刑讯逼供罪的次要客体的集合，则 $W_2=$ {司法机关的正常活动}

则 $C=W_1 \cup W_2=$ 刑讯逼供罪的客体 = {公民的人身自由权利} $\cup$ {司法机关的正常活动} = {公民的人身自由权利与司法机关的正常活动}

二是多重对象的犯罪构成的并集应用模式，例如，对擅自发行股票、公司、企业债券罪的对象使用犯罪构成并集的研究方法可以表示如下：

设 D 为擅自发行股票、公司、企业债券罪的对象的集合，则 $D=$ {擅自发行股票、公司、企业债券罪的对象};

设 E_1 为擅自发行股票、公司、企业债券罪的对象股票的集合，则 $E_1=$ {股票};

设 E_2 为擅自发行股票、公司、企业债券罪的对象公司债券的集合，则 $E_2=$ {公司债券};

设 E_3 为擅自发行股票、公司、企业债券罪的对象企业债券的集合，则 $E_3=$ {企业债券};

则 $D=E_1 \cup E_2 \cup E_3=$ {股票} $\cup$ {公司债券} $\cup$ {企业债券} = {股票，公司债券，企业债券}。

又如，对过失损坏广播电视、公用电信设施罪如果使用犯罪构成的并集的研究方法可以表示如下：

设 H 为过失损坏广播电视、公用电信设施罪的对象的集合，则 $H=$ {过失损坏广播电视、公用电信设施罪的对象}

设 O_1 为过失损坏广播电视、公用电信设施罪的对象广播电视，则 $O_1=$ {广播电视}

设 O_2 为过失损坏广播电视、公用电信设施罪的对象公用电信设施，则 $O_2=$ {公用电信设施}

则 $H=O_1 \cup O_2=$ {广播电视} $\cup$ {公用电信设施} = {广播电视，公用电信设施}

三是多重行为的犯罪构成的并集的应用模式，例如，对出售、购买、运输假币罪的客观行为方式使用犯罪构成并集的研究方法可以表示如下：

设 F 为出售、购买、运输假币罪的客观行为方式的集合，则 $F=$ {出售、购买、运输假币罪的客观行为方式}

设 G_1 为出售、购买、运输假币罪的行为方式出售的集合，则 $G_1=$ {出售}

设 G_2 为出售、购买、运输假币罪的行为方式购买的集合，则 $G_2=$〔购买〕

设 G_3 为出售、购买、运输假币罪的行为方式运输的集合，则 $G_3=$〔运输〕

则 $F=G_1\cup G_2\cup G_3=$〔出售〕$\cup$〔购买〕$\cup$〔运输〕$=$〔出售，购买，运输〕

又如，对组织、领导、参加黑社会性质组织罪的客观行为方式使用犯罪构成并集的研究方法可以表示如下：

设 J 为组织、领导、参加黑社会性质组织罪的客观行为方式的集合，则 $J=$〔组织、领导、参加黑社会性质组织罪的客观行为方式〕；

设 V_1 为组织、领导、参加黑社会性质组织罪的客观行为方式的组织的集合，则 $V_1=$〔组织〕；

设 V_2 为组织、领导、参加黑社会性质组织罪的客观行为方式的领导的集合，则 $V_2=$〔领导〕；

设 V_3 为组织、领导、参加黑社会性质组织罪的客观行为方式的参加的集合，则 $V_3=$〔参加〕；

则 $J=V_1\cup V_2\cup V_3=$〔组织〕$\cup$〔领导〕$\cup$〔参加〕$=$〔组织，领导，参加〕。

四是多重罪过的犯罪构成的并集的应用模式，例如，对故意伤害致死罪的主观罪过使用犯罪构成并集的研究方法可以表示如下：

设 Q 为故意伤害致死罪的主观罪过的集合，则 $Q=$〔故意伤害致死罪的主观罪过〕

设 L_1 为故意伤害致死罪的主观罪过的故意的集合，则 $L_1=$〔故意〕

设 L_2 为故意伤害致死罪的主观罪过的过失的集合，则 $L_2=$〔过失〕

则 $Q=L_1\cup L_2=$〔故意〕$\cup$〔过失〕$=$〔故意，过失〕

五是多重行为与多重对象的犯罪构成的并集的应用模式，例如，对非法制造、买卖、运输、邮寄、储存枪支、弹药、爆炸物罪的行为方式与对象使用犯罪构成并集的研究方法可以表示如下：

设 K 为非法制造、买卖、运输、邮寄、储存枪支、弹药、爆炸物罪的行为方式的集合，则 $K=$〔非法制造、买卖、运输、邮寄、储存枪支、弹药、爆炸物罪的行为方式〕

设 X_1 为非法制造、买卖、运输、邮寄、储存枪支、弹药、爆炸物罪的行为方式非法制造的集合，则 $X_1=$〔非法制造〕

设 X_2 为非法制造、买卖、运输、邮寄、储存枪支、弹药、爆炸物罪的行

第三章 犯罪构成集合论

为方式非法买卖的集合，则 $X_2=\{$非法买卖$\}$

设 X_3 为非法制造、买卖、运输、邮寄、储存枪支、弹药、爆炸物罪的行为方式非法运输的集合，则 $X_3=\{$非法运输$\}$

设 X_4 为非法制造、买卖、运输、邮寄、储存枪支、弹药、爆炸物罪的行为方式非法邮寄的集合，则 $X_4=\{$非法邮寄$\}$

设 X_5 为非法制造、买卖、运输、邮寄、储存枪支、弹药、爆炸物罪的行为方式非法储存的集合，则 $X_5=\{$非法储存$\}$

又设 M 为非法制造、买卖、运输、邮寄、储存枪支、弹药、爆炸物罪的对象的集合，则 $M=\{$非法制造、买卖、运输、邮寄、储存枪支、弹药、爆炸物罪的对象$\}$

设 Y_1 为非法制造、买卖、运输、邮寄、储存枪支、弹药、爆炸物罪的对象枪支的集合，则 $Y_1=\{$枪支$\}$

设 Y_2 为非法制造、买卖、运输、邮寄、储存枪支、弹药、爆炸物罪的对象弹药的集合，则 $Y_2=\{$弹药$\}$

设 Y_3 为非法制造、买卖、运输、邮寄、储存枪支、弹药、爆炸物罪的对象爆炸物的集合，则 $Y_3=\{$爆炸物$\}$

则 $K \cup M = X_1 \cup X_2 \cup X_3 \cup X_4 \cup X_5 \cup Y_1 \cup Y_2 \cup Y_3 = \{$非法制造$\} \cup \{$非法买卖$\} \cup \{$非法运输$\} \cup \{$非法邮寄$\} \cup \{$非法储存$\} \cup \{$枪支$\} \cup \{$弹药$\} \cup \{$爆炸物$\} = \{$非法制造、买卖、运输、邮寄、储存枪支、弹药、爆炸物$\}$

六是多重客体与多重行为的犯罪构成并集的应用模式，例如，对抢劫罪的客体与行为方式使用犯罪构成的并集的研究模式可以表示如下：

设 S 为抢劫罪的客体的集合，则 $S=\{$抢劫罪的客体$\}$；

设 T_1 为抢劫罪的主要客体的集合，则 $T_1=\{$侵犯他人的财产权利$\}$；

设 T_2 为抢劫罪的次要客体的集合，则 $T_2=\{$侵犯他人的人身权利$\}$；

又设 P 为抢劫罪行为方式的集合，则 $P=\{$抢劫罪的行为方式$\}$

设 R_1 为抢劫罪行为方式暴力的集合，则 $R_1=\{$暴力$\}$

设 R_2 为抢劫罪行为方式胁迫的集合，则 $R_2=\{$胁迫$\}$

设 R_3 为抢劫罪行为方式其他方法的集合，则 $R_3=\{$其他方法$\}$

则 $S \cup P = T_1 \cup T_2 \cup R_1 \cup R_2 \cup R_3 = \{$抢劫罪的客体$\} \cup \{$抢劫罪的行为方式$\} = \{$侵犯他人的财产权利$\} \cup \{$侵犯他人的人身权利$\} \cup \{$暴力$\} \cup \{$胁迫$\} \cup \{$其他方法$\} = \{$采取暴力、胁迫或者其他方法侵犯他人的财产权利与人身权利$\}$

（4）犯罪构成补集的应用模式

所谓补集是指在一个全集当中，除去一个子集的元素外，余下的一切元素所组成的集合，即称为补集。所谓犯罪构成的补集是指在一个犯罪构成的全集当中，除去一个犯罪构成的子集的元素外，由余下的一切元素所组成的集合，即称为犯罪构成的补集。补集在犯罪构成中的意义一般是指在某一犯罪的基本构成之外，如果对其犯罪构成有特别要求的，那么将基本的犯罪构成与补充的犯罪构成结合起来所形成的犯罪构成的集合，就属于全集，在基本的犯罪构成之外，由补充的犯罪构成组成的集合，则为补集。补集在我国的刑事立法中，可以将其运用于对情节犯、数额犯、后果犯的研究。

第一，关于情节犯的补集。

所谓情节犯是指对于某一个犯罪的构成而言，除了基本的构成要件之外，还必须具备特定的情节才能构成犯罪的情况。例如，根据我国 1997 年刑法第 234 条之规定，捏造事实诬告陷害他人，意图使他人受到刑事追究，情节严重的，构成诬告陷害罪。从刑法对诬告陷害罪的这一规定来看，如果从犯罪构成的补集的角度来分析，可以表示如下：

设 J 为诬告陷害罪的全集，则 $J=\{$诬告陷害罪$\}$

设 A 为诬告陷害罪的基本构成要件，则 $A=\{$客体是他人的人身权利与司法机关的正常活动，客观方面表现为捏造事实诬告陷害他人的行为，主体是一般主体，主观方面是故意，且具有意图使他人受刑事追究的目的$\}$

设 A^c 为诬告陷害罪的补充构成要件，则 $A^c=\{$诬告陷害情节严重$\}$

则 $A \cup A^c = J$，即 $\{$诬告陷害罪的基本构成要件$\}$ $\cup$ $\{$诬告陷害罪的补充构成要件$\}$ $=\{$诬告陷害罪$\}$

又如，根据 1997 年刑法第 411 条规定，海关工作人员徇私舞弊，放纵走私，情节严重的，构成放纵走私罪。如果从犯罪构成的补集的角度来分析，可以表示如下：

设 J 为放纵走私罪的全集，则 $J=\{$放纵走私罪$\}$

设 B 为放纵走私罪的基本构成要件，则 $B=\{$客体是国家对海关的管理制度，客观上表现为徇私舞弊，放纵走私的行为，主体是海关工作人员，主观上是故意$\}$

设 B^c 为放纵走私罪的补充构成要件，则 $B^c=\{$放纵走私情节严重$\}$

则 $B \cup B^c = J$，即 $\{$放纵走私罪的基本构成要件$\}$ $\cup$ $\{$放纵走私罪的补充构成要件$\}$ $=\{$放纵走私罪$\}$

第二，关于数额犯的补集。

所谓数额犯是指对于某一个特定的犯罪而言，除了其基本的构成要件之外，还必须具备一定的数额才能构成犯罪的情况。在我国刑法分则规定的犯罪中，属于数额犯的情形比较多，例如，1997 年刑法第 264 条规定，盗窃公私财物，数额较大或者多次盗窃的，构成盗窃罪。从刑法对盗窃罪的规定来看，如果从犯罪构成的补集的角度来分析，可以表示如下：

设 J 为盗窃罪的全集，则 $J = \{盗窃罪\}$

设 A 为盗窃罪的基本构成要件，则 $A = \{客体是公私财产所有权，客观方面表现为秘密窃取财物的行为，主体是一般主体，主观方面是故意，且以非法占有为目的\}$。

设 A^c 为盗窃罪的补充构成要件，则 $A^c = \{盗窃数额较大或者多次盗窃\}$

则 $A \cup A^c = J$，即 $\{盗窃罪的基本构成要件\} \cup \{盗窃罪的补充要件\} = \{盗窃罪\}$

又如，根据 1997 年刑法第 270 条规定，将代为保管的他人财物非法占为己有，数额较大，拒不退还的，构成侵占罪。从刑法对侵占罪的规定来看，如果从犯罪构成的补集的角度来分析，可以表示如下：

设 J 为侵占罪的全集，则 $J = \{侵占罪\}$

设 B 为侵占罪的基本构成要件，则 $B = \{客体是他人财物所有权，客观方面表现为将代为保管的他人财物非法占为己有、拒不退还的行为，主体是一般主体，主观方面表现为故意\}$

设 B^c 为侵占罪的补充构成要件，则 $B^c = \{侵占财物数额较大\}$

则 $B \cup B^c = J$，即 $\{侵占罪的基本构成要件\} \cup \{侵占罪的补充要件\} = \{侵占罪\}$

第三，关于后果犯的补集。

所谓后果犯是指对于某种犯罪而言，除了具备其基本的犯罪构成要件之外，还必须产生一定的后果才能构成犯罪的情况。在我国刑法的规定中，以发生一定的严重后果作为某种犯罪是否构成的情况比较多，例如刑法第 416 条规定，对被拐卖、绑架的妇女、儿童负有解救职责的国家机关工作人员，接到被拐卖、绑架的妇女、儿童及其家属的解救要求或者接到其他人的举报，而对被拐卖、绑架的妇女、儿童不进行解救，造成严重后果的，构成不解救被拐卖、绑架妇女、儿童罪。本罪的构成就要求行为人除了基本的构成要件之外，还必须具有造成严重后果这一补充要件。在这里，值得注意的问题是，后果犯与结果犯是两个不同的概念，切不可混为一谈。所谓结果犯是指某种犯罪的既遂形态的表现之一，它是要求某种犯罪的构成要达到既遂的状态，就必须在法定的结果发生的情况下才能形成的一种犯罪形态，结果犯中的结果是否存在是划分犯罪的既遂与未遂的标志。而所谓后果犯的含义则是指某种犯罪的成立除了具备其基本构成要件之外，还必须产生一定的后果才能构成犯罪的情况。后果犯中的后果是否产生则是划分罪与非罪的标志。

关于刑法第 416 条规定的不解救被拐卖、绑架妇女、儿童罪，如果从犯罪构成的补集的角度来分析，可以表示如下：

设 J 为不解救被拐卖、绑架妇女、儿童罪的全集，则 $J=$｛不解救被拐卖、绑架妇女、儿童罪｝

设 A 为不解救被拐卖、绑架妇女、儿童罪的基本构成要件，则 $A=$｛客体是妇女、儿童的人身自由，客观上表现为行为人接到被拐卖、绑架的妇女、儿童及其家属的解救要求或者接到其他人的举报，而对被拐卖、绑架的妇女、儿童不进行解救的行为，主体是负有解救职责的国家机关工作人员，主观上是故意｝

设 A^c 为不解救被拐卖、绑架妇女、儿童罪的补充构成要件，则 $A^c=$｛不解救被拐卖、绑架妇女、儿童造成严重后果｝

则 $A\cup A^c=J$，即｛不解救被拐卖、绑架妇女、儿童罪的基本构成要件｝∪｛不解救被拐卖、绑架妇女、儿童罪的补充构成要件｝=｛不解救被拐卖、绑架妇女、儿童罪｝

又如，根据 1997 年刑法第 419 条规定，国家机关工作人员严重不负刑事责任，造成珍贵文物损毁或者流失，后果严重的，构成失职造成珍贵文物损毁、流失罪。如果从犯罪构成的补集的角度来进行分析，对本罪的集合可以表示如下：

设 J 为失职造成珍贵文物损毁、流失罪的全集，则 $J=$｛失职造成珍贵文物损毁、流失罪｝

设 B 为失职造成珍贵文物损毁、流失罪的基本构成要件，则 $B=$｛客体是国家的文物管理制度，客观上表现为行为人严重不负刑事责任，造成珍贵文物损毁或者流失的行为，主体是国家机关工作人员，主观上是过失｝

设 B^c 为失职造成珍贵文物损毁、流失罪的补充构成要件，则 $B^c=$｛失职造成珍贵文物损毁、流失后果严重｝

则 $B\cup B^c=J$，即｛失职造成珍贵文物损毁、流失罪的基本构成要件｝∪｛失职造成珍贵文物损毁、流失罪的补充构成要件｝=｛失职造成珍贵文物损毁、流失罪｝

研究犯罪构成的补集的意义是通过对犯罪构成补集的研究，可以使我们在对犯罪构成的研究方面进一步增强对犯罪构成的基本要件与补充要件的认识，从而在对犯罪构成的组合方面更好地认识到其复杂性与多样性。关于犯罪构成的补集对于司法实践的意义就在于，它可以提示司法人员在对某种犯罪进行认定时，不仅要注意对其基本构成要件的分析，而且应当注意对其补充构成要件的分析，只有在对这两个方面的构成要件均作出全面分析的基础上，才能得出正确的结论。

第四章 刑事责任层次论

第一节 刑事责任概述

一、刑事责任的概念

刑事责任是法律责任的基本表现形式之一,是犯罪行为引起的并由其行为主体所承担的法律后果。由于各个学者对刑事责任概念的理解不同,因此,对于刑事责任这一概念究竟应当如何界定,无论是在国外刑法学界还是在我国刑法学界均尚未达成共识。

首先,从国外的刑法学者对刑事责任概念所持的观点来看,他们对刑事责任的学说主要有以下几种:

一是责任说,此说为英国学者所持的观点。该说认为,刑事责任因触犯刑法而应受刑事处罚或处理的责任。① 从英国学者所持的观点来看,他们基本上是将刑事责任视为行为人因实施犯罪行为所应当承担的法律后果。

二是非难说,此说为日本学者所持的观点。该说的基本观点认为,刑事责任是指对行为人所实施的符合构成要件的违法行为进行的非难。如有的学者认为,"刑法中的责任是对所实施的符合构成要件的违法的行为能够对行为人进行的非难。"② 有的学者认为,"刑法上所谓的'责任',是指根据行为人符合

---

① [英] 戴维·M. 沃克:《牛津法律大辞典》(中译本),北京社会与科学技术发展研究所译,光明日报出版社1988年版,第228页。
② [日] 大冢仁著:《犯罪论的基本问题》,冯军译,中国政法大学出版社1993年版,第169页。

构成要件的违法行为,可对其施加作为无价值判断的非难或者非难的可能性。"① 还有的学者认为,"刑事责任,是指以实施了符合构成要件的违法行为理由对行为人所作的社会的非难或可责性这种无价性或无价值判断。"②

三是评价与谴责说,此说为前苏联的刑法学者所持的观点。此说认为,刑事责任,是指代表国家权威性的法院,根据刑事法律的规定,对具体的犯罪行为所作出的评价和对犯罪人所进行的谴责(判罪)。这种评价和谴责反映在法院的有罪判决中。③

在我国,由于对刑事责任问题的研究曾一度未引起足够的重视,因此,对刑事责任问题的研究也处于低迷状态。自20世纪80年代以后,我国刑法学界才开始对刑事责任的研究引起重视,继此之后,刑事责任的研究成为刑法学理论研究的一个热门话题。不同的学者从不同的角度对刑事责任从体系到内容均作了很多大胆的探索,从而提出了各种不同的学说和见解。综而观之,主要有以下十种具有代表性的观点:

一是刑罚处罚说。该说是从我国刑法所规定的刑罚种类的角度来理解刑事责任的。该说认为,刑事责任,就是指触犯刑事法规的人,应当受到公安、司法机关的依法追究,承担管制或拘役、有期徒刑、无期徒刑、死刑或者罚金、剥夺政治权利、没收财产八种刑罚处罚。④

二是法律后果说。该说在我国刑法理论界曾是一种比较通行的观点。它以刑事责任的内容为落脚点,认为刑事责任是行为人因犯罪行为所引起的法律后果。如有的学者认为,"刑事责任(Criminal Resposibility)是犯罪主体实施刑事法律禁止的行为所必须承担的法律后果。这一责任只由实施犯罪行为的人承担。"⑤ 有的学者认为,刑事责任是"依照刑法的规定,犯罪主体实施刑法所禁止的行为所必须承担的法律后果"。⑥ 此外,还有学者认为,"作为法律责任之一的刑事责任,就是指行为人不履行或违反刑事法律上所规定的义务的行为(犯罪)所应承担的刑事法律上的后果(刑事法律处分)。"⑦

三是法律责任说。该说是从国家与犯罪人之间的关系的角度来对刑事责任

---

① [日]木村龟二主编:《刑法学词典》,顾肖荣、郑树周译校,上海翻译出版公司1991年版,第218页。
② [日]木村龟二著:《刑法总论》(增补版),有斐阁1984年版,第301页。
③ [苏] H. A. 别利亚耶夫、M. JI. 科瓦廖夫编:《苏维埃刑法总论》,马改秀、张广贤译,群众出版社1987年版,第23页。
④ 胡石友:《谈谈法律责任》,载《光明日报》1981年1月6日第3版。
⑤ 张友渔:《中国大百科全书·法学》,中国大百科全书出版社1984年版,第668页。
⑥ 粟劲、李放主编:《中华实用法学大辞典》,吉林大学出版社1988年版,第541页。
⑦ 马克昌主编:《犯罪通论》,武汉大学出版社1991年版,第73页。

进行说明的。该说认为，刑事责任是国家机关依照法律规定，根据犯罪行为以及其他能说明犯罪的社会危害性事实，强制犯罪人承担的法律责任。①

四是谴责与制裁说。该说的基本观点是，刑事责任是犯罪人在犯罪后由国家司法机关对其行为所进行的谴责与制裁。如有的学者认为，"刑事责任是犯罪人在犯罪后应受社会谴责和法律制裁的一种心理状态以及与这种心理状态相适应的法律地位。从作为一种心理状态而言，它是犯罪人认罪服刑的基础；从作为一种法律地位而言，它是司法机关对犯罪人进行定罪判刑的前提。"② 还有一种与此相似的观点认为，"所谓刑事责任，是指行为人同其他犯罪行为所应承受的、代表国家的司法机关根据刑事法律对该行为所作的否定评价和对行为人进行的谴责的责任。"③

五是否定评价与谴责说。该说是继法律后果说之后在我国刑法学界具有重要影响的学说。其基本观点是，刑事责任是由代表国家的司法机关对犯罪人所实施的犯罪行为进行的一种否定性评价与谴责。如有的学者认为，"刑事责任就是因犯罪行为而产生的国家与犯罪人之间的一种否定性评价与被否定性评价、谴责和被谴责的刑事法律关系。"④ 有的学者认为，"刑事责任就是实施违反刑法规范的行为人应承担的接受国家审判机关以刑罚相威胁对其本人及其行为否定评价的责任。"⑤ 有的学者认为，"所谓刑事责任，就是指犯罪人因其实施犯罪行为而应承担的国家司法机关依照刑事法律对其犯罪行为及其本人所作的否定性评价和谴责。"⑥ 有的学者认为，"刑事责任，是指行为人因其犯罪行为所应承受的、代表国家的司法机关根据刑事法律对该行为所作的否定评价和对行为人进行的谴责的责任。"⑦ 还有的学者认为，"刑事责任是基于实施犯罪行为而产生，由代表国家的司法机关追究的，实施犯罪行为的人依法承担的接受刑事法规定的惩罚和否定法律评价的责任。"⑧

六是刑事义务说。该说是从刑事法律关系的角度对刑事责任进行界定的。如有的学者认为，"所谓刑事责任，就是指犯罪人因实施严重危害社会的犯罪而产生的依法承担刑事法律后果的义务。"⑨ 有的学者认为，"刑事责任是指犯

---

① 吴宗宪：《试论我国刑法总论的完善》，载《法学与实践》1987年第3期。
② 余淦才：《刑事责任理论试析》，载《法学研究》1987年第5期。
③ 张明楷著：《刑事责任论》，中国政法大学出版社1992年版，第27页。
④ 曲新久：《论刑事责任的概念及其实现》，载《政法学刊》1987年第6期。
⑤ 赵秉志主编：《刑法新探索》，群众出版社1993年版，第212页。
⑥ 何秉松主编：《刑法教科书》，中国法制出版社1995年版，第353页。
⑦ 肖扬主编：《中国1997年刑法学》，中国人民大学出版社1997年版，第194页。
⑧ 马克昌主编：《刑罚通论》，武汉大学出版社1995年版，第8页。
⑨ 杨春洗、苗生明：《论刑事责任的概念及其实现》，载《中外法学》1991年第1期。

罪分子根据法律规定，因其犯罪行为向国家承担实体性刑事义务的总和。"①有的学者认为，"所谓刑事责任，就是犯罪人同其犯罪行为根据刑法规定应向国家承担的体现着国家最强烈否定评价的惩罚义务。"② 还有的学者认为，"刑事责任是行为人在因实施刑法规定的犯罪行为而与国家形成的刑法关系中，依法应当向国家担负刑事法律后果的义务"。③ 此外，在我国香港，也有学者主张此说，认为刑事责任是指因实施刑事法律禁止的行为而必须承担的一种刑事法律义务。④

七是道德政治评价说。该说认为刑事责任就是国家司法机关依照刑法的规定对实施了犯罪行为的人所作的一种道德政治评价。如有的学者认为，"刑事责任就是指行为人对违反刑事法律义务的行为所引起的刑事法律后果的一种应有的、体现国家对行为人否定的道德政治评价的承担。"⑤ 有的学者认为，"所谓刑事责任，就是国家司法机关依照刑事法律规定，对实施犯罪的人所作的一种道德政治评价。"⑥

八是刑事负担说。该说的基本观点认为，刑事责任，是指行为人因违反刑事义务而由犯罪人承受的刑事负担。如有的学者认为，"刑事责任是法院依法确定行为人违反了刑事义务并且应受谴责后强制行为人承受的刑事负担。"⑦ 有的学者认为，"所谓刑事责任，是指具有刑事责任能力的人由于实施了犯罪行为而引起的，其程度与犯罪的社会危害性和犯罪人的人身危险性程度相适应的，具有应受刑事惩罚性的一种负担。"⑧ 还有的学者认为，"刑事责任的定义应当表述为：体现国家对犯罪的否定性评价并由犯罪人来承担的刑事上的负担。"⑨

九是地位或状态说。该说的基本观点认为，刑事责任，是指犯罪分子应当承担的国家（通过法院）依照刑事法律的规定，根据其符合法定犯罪构成的行为对其提出的相应谴责、限制和剥夺等刑事法律后果的地位或状态。⑩

十是广狭两义说。该说系我国台湾地区的学者所持的观点。此说认为，刑

---

① 赵廷光：《中国刑法原理》（总论卷），武汉大学出版社1992年版，第340页。
② 赵炳寿主编：《刑法若干理论问题研究》，四川大学出版社1992年版，第11—12页。
③ 张文等著：《刑事责任要义》，北京大学出版社1997年版，第65页。
④ 宣炳昭著：《香港刑法导论》，中国法制出版社1997年版，第115页。
⑤ 高铭暄主编：《刑法学原理》（第一卷），中国人民大学出版社1993年版，第416—417页。
⑥ 高铭暄著：《刑法问题研究》，法律出版社1994年版，第243页。
⑦ 冯军著：《刑事责任论》，法律出版社1996年版，第33页。
⑧ 王晨著：《刑事责任的一般理论》，武汉大学出版社1998年版，第58页。
⑨ 张智辉著：《刑事责任通论》，警官教育出版社1995年版，第80页。
⑩ 何秉松著：《犯罪构成系统论》，中国法制出版社1995年版，第483页。

第四章 刑事责任层次论

事责任一词，有广义狭义二义。广义的刑事责任，系指可使实行行为之行为者立于承受刑罚的地位之情形；而狭义的刑事责任，即指有责的行为而言，亦即系行为之"有责性"（Schuldhaftigkeit）。前者所称之刑事责任，仅止"行为"本身所加之判断，此只不过表示可使行为者受刑罚制裁之抽象的可能性而已；而后者所称之刑事责任，则必须就"行为"及"行为"以外之要素（以客观的处罚条件等）与"行为者"加以综合的判断之后，始能作具体的、现实的决定，故此之所谓"责任"一词，必须在已经决定作为全体之刑事责任而决定犯罪之实体时，始能予以使用。①

从国内外学者对刑事责任概念所作的界定来看，他们对刑事责任含义的认识是很不一致的，由于各个学者立论的角度不同，因此，他们对刑事责任的含义的界定也就必然会出现不同的看法。在刑法学研究的过程中，出现这样的情况是正常的。笔者认为，上述观点从每位学者研究的角度来看，都有其各自的理由，我们不能绝对肯定或者否定某种观点，但是从他们所提出的各种不同的观点当中，我们可以发现，与其从某一侧面来界定刑事责任的概念，不如从多个角度来对刑事责任的概念作一个全方位的透视。从这一基本的思路出发，笔者认为，作为刑事责任，一般来讲，是指国家刑事法律规定的、由犯罪行为引起的、由具有刑事责任能力的人承担的、能够说明犯罪行为的社会危害性与人身危险性的、应受谴责与非难的法律后果。从刑事责任的这一概念的含义来看，它具有以下几个方面的特征：

一是刑事责任的原因是由犯罪行为引起的。在刑法理论上，有一通行的规则，即没有行为就没有犯罪，没有犯罪就没有刑事责任。其含义是指，刑事责任与犯罪行为之间表现为原因与结果之间的联系，刑事责任是犯罪行为之果，犯罪行为是刑事责任之因。但值得注意的是，这里的犯罪行为，是在犯罪的整体意义上来使用的，也就是说，它必须是符合犯罪客体、犯罪客观要件、犯罪主体和犯罪主观要件的行为，如果行为人所实施的行为有其中之一不符合犯罪构成的要求的，则不能视为犯罪并追究行为人的刑事责任。这是因为，犯罪行为可以从两个方面来理解：一是将其作为犯罪客观要件的要素之一，它与危害行为是在同一意义上使用的；二是作为符合整个犯罪构成的结果来使用的，即是说，这里的犯罪行为是完全符合犯罪构成四个要件的行为。只有对完全符合全部的犯罪构成要件的行为，才能作为追究刑事责任的根据。

二是刑事责任是由具有刑事责任能力的人承担的。所谓刑事责任能力，是指一个人所具有的辨认与控制能力，也即指一个人能够认识自己的行为的性

---

① （台）洪福增著：《刑事责任之理论》，台湾正中书局1972年版，第3—4页。

质、后果及其社会政治意义并能够加以控制的能力。刑事责任能力作为行为人对自己的行为负刑事责任的前提和基础，对决定行为人刑事责任之有无及大小有着十分重要的影响。这是因为，刑事责任只能对具有刑事责任能力者才能施加，对于没有刑事责任能力者，依法不能追究其刑事责任。例如，我国1997年刑法第17条规定："已满16周岁的人犯罪，应当负刑事责任。已满14周岁不满16周岁的人，犯故意杀人、故意伤害致人重伤或者死亡、强奸、抢劫、贩卖毒品、放火、爆炸、投毒罪的，应当负刑事责任。已满14周岁不满18周岁的人犯罪，应当从轻或者减轻处罚。因不满16周岁不予以刑事处罚的，责令他的家长或者监护人加以管教；在必要的时候，也可以由政府收容教养。"第18条规定："精神病人在不能辨认或者不能控制自己行为的时候造成危害结果，经法定程序鉴定确认的，不负刑事责任，但是应当责令他的家属或者监护人严加看管和医疗；在必要的时候，由政府强制医疗。间歇性精神病人在精神正常的时候犯罪，应当负刑事责任。尚未完全丧失辨认或者控制自己行为能力的精神病人犯罪的，应当负刑事责任，但是可以从轻或者减轻处罚。"第19条规定："又聋又哑的人或者盲人犯罪，可以从轻、减轻或者免除处罚。"我国刑事立法的以上规定，均系对行为人的刑事责任能力的规定。从以上规定来看，只有具有刑事责任能力的人才能负刑事责任，不具有刑事责任能力的人不能负刑事责任，有相对刑事责任能力的人则只能负相对的刑事责任。

三是刑事责任是由能够说明犯罪行为的社会危害性和人身危险性的客观事实决定的。在我国司法实践中，行为人对自己的行为负刑事责任，必须是实施了犯罪的行为。而某种犯罪行为是否严重，应否负刑事责任，则是由其社会危害性和人身危险性的大小决定的。一般来讲，刑事责任有回顾责任与展望责任之分，回顾责任是相对于已然之罪而言的，展望责任则是相对于未然之罪而言的。社会危害性作为某种犯罪行为对刑法所保护的社会关系造成的损害，其社会危害性之有无以及社会危害性之大小，是由已然之罪决定的，而人身危险性作为对社会有潜在威胁并对社会构成危害的可能性，其人身危险性之有无及人身危险性的大小，则是由未然之罪决定的。刑事责任作为回顾责任与展望责任的统一体，在确定某种行为的刑事责任之有无和大小时，不仅要照顾到某种犯罪行为的社会危害性的大小，而且要考虑到某种犯罪的人身危险性的大小。只有将这两个方面的因素紧密地结合起来，才能正确地处理好犯罪行为与刑事责任之间的关系。

四是刑事责任是由国家刑事法律明确规定的。这是刑事责任之所以成其为刑事责任的重要的法律依据之所在。根据我国1997年刑法第3条规定："法律明文规定为犯罪行为的，依照法律定罪处刑；法律没有明文规定为犯罪行为的，不得定罪处刑。"刑法的这一规定，就是我国1997年刑法所确立的罪刑法定原则。这一原则告诉我们，不仅对某种行为是否构成犯罪要依法确定，而且对某种行为是否应负刑事责任也必须有法律的明文规定。刑事责任作为法律责任之一，是与民事责任、行政责任和经济责任等法律责任相并列的概念，虽然刑事责任也属法律责任之一，但是其性质却与其他几种法律责任有着根本的差异。这是因为，只有刑事责任才属于刑法的范畴，其他几种法律责任则只能隶属于民法、行政法和经济法的范畴。从这里，我们就不难看出，刑事责任离不开刑事法律，刑事法律也不能没有刑事责任。但是，在这里值得注意的是，这里的刑事责任必须是刑事法律明确规定的，如果对某种行为在刑事法律上没有规定，则不能追究行为人的刑事责任。刑事责任的这一特征，一方面，说明了行为者个人与国家之间的关系，即任何公民都必须严格遵守国家制定的刑事法律法规，而不得违背，如果违背，则要负刑事责任；另一方面，也说明了国家与行为者个人之间的关系，也即是说，国家只有在行为人违背了刑事法律规定时，才能依法追究行为人的刑事责任。

五是刑事责任是应受谴责与非难的法律后果。刑事责任就其最终的结局而言，是行为人对自己的犯罪行为所应当承受的法律后果。但法律后果只是一个普通的概念，要将其与刑事责任联系起来，还必须具备其应受谴责性与非难性。在这里，所谓谴责性是指通过对犯罪人追究刑事责任达到对其所实施的犯罪行为的道义上的谴责效果。一般来讲，犯罪是行为人实施的一种行为，而这种行为是在行为人的主观意识和意志的支配下实施的，这一现象表明，任何犯罪行为的实施都是行为人主观意志选择的结果，行为人在决定自己的行为过程中，不选择有利于国家和人民利益的行为，而选择对国家和人民利益有害的行为，这就是对行为人的行为进行非难的原因之所在。另外，从追究刑事责任的目的来看，国家追究刑事责任虽然是以犯罪行为为前提的，但追究刑事责任的目的是预防犯罪；要预防犯罪就必须使刑事责任的惩罚作用于犯罪人，使其认识到自己所实施的行为是危害国家与人民利益的犯罪行为，认识到负刑事责任是其行为实施的重要法律后果，从而改恶从善。刑事责任的这一方面的作用，在很大程度上决定了对犯罪行为进行否定评价之外，还要对犯罪人进行谴责。

在谈到刑事责任的概念时，有一个需要注意的问题是，在我国刑法理论中所使用的"刑事责任"一词与国外刑法理论中所使用的"刑事责任"一词并非一个相同的概念。这是因为，在我国，刑事责任一词指的是犯罪行为所引起的法律后果，是国家依据刑事法律对行为人实施的犯罪行为所作的谴责与非难。作为刑法学的一个基本范畴，刑事责任与犯罪的故意与过失是两种完全不同的概念。正如张明楷教授所指出的那样："我国刑法与刑事诉讼法在使用刑事责任一词时,显然不是指一种'心理状态',否则,人们无法理解刑事法律中的'追究刑事责任'、'负刑事责任'、'承担刑事责任'、'不负刑事责任'等用语。"① 而在国外的刑法理论中,刑事责任指的就是犯罪成立条件中的有责性,而有责性作为犯罪成立的三大要件之一,包括责任能力、责任形式和责任阻却事由三个方面的内容,而故意与过失的心理态度作为刑事责任的形式,基本上与刑事责任是同义语。由此不难看出,我国刑法理论中所使用的刑事责任与国外刑法中所使用的刑事责任是完全不同的概念,切不可将其视为一回事。

二、刑事责任的特征

刑事责任的特征,是指刑事责任所具有的、有别于其他法律责任的特性。关于刑事责任的特征问题,正如刑事责任的其他问题一样,也是一个众说纷纭的问题。从笔者收集的资料来看,这一方面的代表性观点,从我国学者所研究的情况来看,主要有以下几种:

第一种观点认为,刑事责任具有以下特征:(一)强制性。刑事责任是一种强制犯罪人向国家承担的法律责任。(二)严厉性。刑事责任是一种性质最为严重、否定评价最为强烈、制裁后果最为严厉的法律责任。(三)专属性。刑事责任具有人身专属性,不可转移,不能替代。(四)准据性。刑事责任是犯罪事实的综合反映,因而刑事责任为确定刑罚提供根据②。

第二种观点认为,刑事责任具有与其他法律责任不同的特点:(一)刑事责任是一种最为严厉的法律责任。(二)刑事责任是一种严格的个人责任。(三)刑事责任是一种客观存在的可能性,是犯罪与刑罚之间的中介。(四)刑事责任是回顾责任与展望责任的统一。回顾责任,或称过去责任,是指犯罪人应当对已经发生的犯罪行为负责;展望责任,或称将来责任,是指犯罪人应当对社会未来的安全负责,即不得再次实施犯罪行为而危害社会。③

第三种观点认为,刑事责任不同于其他法律责任的特征有以下几点:(一)刑事责任是一种法律责任。(二)刑事责任是由于实施犯罪行为而产生的法律责任。(三)刑事责任是依照刑事法律承担的法律责任。(四)刑事责任是由实施犯罪行为的人承担的法律责任。(五)刑事责任是由代表国家的司法机关追究的法律责任。(六)刑事责任是以接受刑事法律规定的惩罚和

---

① 张明楷著:《刑事责任论》,中国政法大学出版社1992年版,第33页。
② 高铭暄主编:《刑法学原理》,中国人民大学出版社1993年版,第418页。
③ 何秉松主编:《刑法教科书》,中国法制出版社1995年版,第353—354页。

否定法律评价为内容的法律责任。①

第四种观点认为，刑事责任具有以下特点：（一）刑事责任产生的前提乃是行为人违反了法定的刑事义务。（二）承担刑事法律后果是违反刑事义务的行为人所应接受的必然结果。（三）刑事责任只能由刑法加以确定。（四）刑事责任只能由人民法院依法加以确定。②

第五种观点认为，刑事责任具有以下特点：（一）刑事责任包含对犯罪行为的非难性和对犯罪人的谴责性。（二）刑事责任具有法律性与社会性。刑事责任的法律性，是指刑事责任的法律根据必须是刑事法律。刑事责任的社会性，是指刑事责任不只是一种法律形式，而且体现了国家、社会在伦理上、政治上对犯罪行为的否定评价和对犯罪人的谴责。（三）刑事责任具有必然性与平等性。刑事责任必然性的基本含义，是指行为人实施了犯罪行为，就必然要承担刑事责任。刑事责任的平等性，是指任何人犯了罪都应根据刑事法律的规定承担刑事责任。（四）刑事责任的严厉性与专属性。在所有的法律责任中，刑事责任是最严厉的法律责任。刑事责任的严厉性只是针对犯罪人而言，不能因为刑事责任的严厉而将它旁及于没有犯罪的第三者身上，这便是刑事责任的专属性。③

第六种观点认为，刑事责任除具有法律责任的一般性质以外，还具有自身的特殊性质。一是引起刑事责任的原因是行为人实施了犯罪行为。二是刑事责任的大小与犯罪的社会危害性和犯罪人的人身危险性程度相适应。三是刑事责任的社会政治内容是否定评价和谴责。四是刑事责任是一种具有最强烈的惩罚性的法律责任。五是刑事责任是犯罪人向国家承担的法律责任。六是刑事责任是一种严格的个人责任。七是刑事责任一经确立，犯罪人和被害人之间不得协商变更。八是刑事责任的实质是一种负担或承担。④

关于刑事责任的特征，在国外的刑法理论中也有一些不同的观点，诸如前苏联学者认为，刑事责任具有以下特点：（一）就其性质来说，刑事责任是在罪犯和以具体的国家机关（或国家授权的社会机构）为代表的国家之间所形成的一定的社会关系的总和。（二）就其形式来说，实现刑事责任有特殊程序，这种程序是由苏维埃的刑事诉讼（司法程序）、劳动改造、行政和军事行政（行政程序）等法律部门的法律规范，以及被授权的机关和社会团体（组织——社会程

---

① 马克昌主编：《刑罚通论》，武汉大学出版社 1995 年版，第 7—8 页。
② 赵长青主编：《新编刑法学》，西南师范大学出版社 1997 年版，第 262—263 页。
③ 肖扬主编：《中国 1997 年刑法学》，中国人民公安大学出版社 1997 年版，第 194—195 页。
④ 王晨著：《刑事责任的一般理论》，武汉大学出版社 1998 年版，第 58—63 页。

序）依法作出的指示加以规定的。（三）就其目的来说，刑事责任与法律责任基本上没有什么区别。一方面，是为了保护社会主义社会制度以及苏联公民的人身权利、政治权利、劳动权利、财产权利和其他权利免受罪恶行为的侵犯；另一方面，则是要对被判刑人进行再教育和改造。从法律观点来看，上述特点说明了刑事责任的特性。这是刑事责任的法律性质。但是，刑事责任也具有社会性质。这种社会性质表现为，国家和社会对行为本身和实施行为的人在道德上及政治上作出不良的评价，在刑事责任中得到了实际体现。刑事责任的两种性质——法律性质和社会性质——彼此不可分离，存在于辩证统一之中①。

笔者认为，刑事责任作为法律责任之一，它虽然带有法律责任的一般特性，但是与其他法律责任相比，却有以下几个方面的不同特征：

一是刑事责任的强制性。刑事责任作为一种由犯罪行为所引起的法律后果，它与犯罪行为之间形成一种因果联系，这种因果联系是国家强制犯罪人向国家承担的一种法律责任的主要依据。这种强制性表现在，行为人在实施犯罪行为之后，如果依照法律的规定，确实符合犯罪构成的规定要件，应当追究刑事责任，则这种刑事责任的存在就不以行为人的意志为转移，它在犯罪人与国家之间不具有协调性。

二是刑事责任的严厉性。刑事责任的强制性作为任何刑事责任都必须具备的基本属性，其本身就包含着不同于其他法律责任的严厉性程度，也就是说，刑事责任作为法律责任之一，其强制性是其他任何法律责任所无法比拟的。因为刑事责任包括刑罚和其他非刑事处罚措施，它不仅可以剥夺犯罪人的财产权利，还可以剥夺犯罪人的人身权利甚至犯罪人的生命。因此，在所有的法律责任形式当中，刑事责任具有最为严厉的强制性。

三是刑事责任的法律性。所谓刑事责任的法律性，是指对于行为人的行为应否追究刑事责任以及追究什么样的刑事责任，都必须由刑事法律作出明确的规定。刑事责任的这一属性是由罪刑法定原则所决定的。在我国，对于行为人的行为应否追究刑事责任取决于行为人有无实施危害社会的行为，而对于应当追究行为人什么样的刑事责任则取决于其社会危害性的大小。而刑事责任的这些要求，都是建立在其行为是否符合犯罪构成的具体要求之上的。只有当行为人的行为符合某一犯罪构成的全部要求时，我们才能对行为人予以追究刑事责任。由于在我国，各种犯罪的构成是由刑法明文规定的，因此，行为符合犯罪构成也就是符合刑法的规定，因此，刑事责任所必须具有的法律性特征是不可

---

① [苏] Л. В. 巴格里－沙赫马托夫著：《刑事责任与刑罚》，韦政强等译，法律出版社1984年版，第19—22页。

第四章　刑事责任层次论

缺少的基本特征之一。

四是刑事责任的必然性。所谓刑事责任的必然性，是指行为人实施了犯罪行为就必须承担刑事责任。刑事责任作为犯罪行为所引起的法律后果，二者之间是具有因果联系的，实施了犯罪行为，就应当承担刑事责任，这是犯罪行为发展的必然逻辑。相反地，没有实施犯罪行为，就不应当承担刑事责任，这也是一种必然的结果。根据马克思主义哲学的基本观点，行为人一旦选择了一定的行为，就必须对该行为及其结果承担责任。同理，行为人选择了实施有害于社会的犯罪行为，也就必须承担相应的刑事责任，这也是一种事物发展的必然逻辑。在刑法理论上，有一通行的规则，就是没有行为就没有犯罪，没有犯罪就没有刑事责任。这一规则也同样告诉我们，只有在行为人实施了对国家和人民有害的行为的情况下，才能谈得上对行为人追究刑事责任的可能，如果行为人没有实施对国家和人民有害的行为，就不能追究行为人的刑事责任。

五是刑事责任的专属性。刑事责任作为法律责任之一，是一种严格的个人责任，也就是说，刑事责任只能加之于犯罪者本人，而不能加之于无辜的第三人。由此不难推论，谁犯了罪就由谁承担刑事责任，没有犯罪的人就失去了负刑事责任的前提，因而也就不得让其承担刑事责任。他们之间的关系表明，只有实施了犯罪行为的人才能成为刑事责任的主体，没有犯罪的人就不能成为刑事责任的主体。以上所述就是刑事责任的专属性的全部内容。正因为如此，我国的刑事立法一直都非常强调罪责自负、不株连无辜的原则。例如，1997年刑法第59条规定："没收财产是没收犯罪分子个人所有财产的一部分或者全部。没收全部财产的，应当对犯罪分子个人及其扶养家属保留必需的生活费用。在判处没收财产的时候，不得没收属于犯罪分子家属所有或者应有的财产。"这一规定就是刑事责任专属性的重要体现。它告诉我们，无论是在刑事立法还是在刑事司法的过程中，都必须坚持严格的个人责任，不能将刑事责任加之于无辜的人。

六是刑事责任的评判性。刑事责任作为加之于犯罪人的法律责任，它与其他法律责任一样，都带有强制性的特点。然而，刑事责任的评判性相对于其他的法律责任而言，却有所不同。相对来讲，一般的法律责任对于行为人所实施的行为虽然也带有一定的评判性质，但是，这种评判性质既可以是肯定的评判，也可以是否定的评判。而刑事责任的评判性则完全是否定的。这是因为，应负刑事责任的社会危害性程度，在所有的应负法律责任的违法行为中是最严重的，这就表明，应当承担刑事责任的犯罪行为，其本身对社会构成的危害非同一般，站在国家的立场来看，这种法律后果对于行为人完全是一种否定的评价，而且带有非常强烈的非难与谴责性。

三、刑事责任的本质

所谓本质一般，是指事物本身所固有的、决定事物性质、面貌和发展的根本属性。刑事责任的本质就是刑事责任本身所固有的、决定刑事责任性质的根本属性。刑事责任的本质作为刑事责任理论中一个带有根本性的问题，是理解刑事责任的关键因素之一，具有较为浓厚的刑法哲学的色彩。从目前世界上各国学者对刑事责任本质的研究来看，无论是在国外还是在国内，均存在着不同的看法，尚未形成一致的意见。

从国外刑法理论界对刑事责任的本质所作的解释来看，不同的学派对于这一问题的看法也各有千秋。概括起来，主要有以下几个方面的理论：

一是道义责任论。这一理论认为，犯罪的实质是具有自由意志和辨别是非善恶能力的人，基于自己的自由意志，在衡量利弊得失的基础上自我选择的结果。这种结果本身所具有的危害社会的性质，使行为人在道义上就负有对自己所选择的这种行为承担责任非难的义务，并且这种非难的程度应当取决于在客观现实中表现出来的犯罪行为所反映的罪过程度。

二是社会责任论。这一理论从社会本位出发，认为责任就是使具有社会危险性的人处于应受社会防卫措施处分的地位。认为刑事责任的根据不是客观具体的犯罪行为，而是犯罪人的人身危险性。犯罪行为仅仅是这一人身危险性的外在表现。追究刑事责任和适用刑罚，不是根据犯罪行为，而是根据行为主体的人身危险性。

三是人格责任论。这一理论是西方刑法学者为了克服行为责任论[1]和性格责任论[2]的缺陷而提出的一种理论。这一理论认为，人受其素质和环境的制约，同时在这种制约下人又有行动的自由。因此，在人格之中，既有行为人自身不能控制的部分，也有行为人基于其自由意志选择的部分。因而，性格并非是行为者与生俱来的性格，而是基于行为者的责任在现实中如此形成的性格。

---

[1] 行为责任论为道义责任论者所主张。这一学说认为，可以成为非难对象的是各个具体的符合构成要件的违法行为，也就是说，个别的犯罪行为是刑事责任的根据，所以，又称为"个别行为责任论"。但是行为必须出于行为者的决意才有意义。因此，行为与行为者的意思密不可分。只有行为者基于自由意志作出实施行为的决定，其危害社会的行为和危害社会的结果才能归责于行为人。所以，行为责任论又称为"意思责任论"。

[2] 性格责任论为社会责任论者所主张。这一学说认为，犯罪行为不是基于行为人的自由意志，而是决定于行为人的素质和环境。因而该学说主张，应受处罚的不是行为，而是行为人的危险性格，故称"性格责任论"。性格是属于人的一种内在的东西，为了便于认定，也为了防止刑法过分地干涉个人的自由，性格责任论者提出了"犯罪表征说"，主张行为人的危险性格必须是以犯罪行为的形式予以显现时，才成为刑法问题，才能对行为人予以社会防卫处分。

第四章 刑事责任层次论

据此，该理论主张，刑事责任的根据不仅仅是具体的行为，而且是行为者内在的人格，但刑事责任的成立，行为责任是第一性的，人格责任却是第二性的。

四是规范责任论。这一理论认为，刑事责任是刑事法律对行为评价的结果，刑事责任的本质属性是从规范的角度对事实加以非难的可能性，即对行为人违反应为规范和义务规范，而决定实施行为的否定性规范评价。由于法律规范直接体现了社会的价值观念，是引导和评价人们行为的规范。因此，它对符合规范的行为予以肯定和赞扬，而对违反规范的行为则予以否定和谴责。该理论对刑事责任本质的阐释在西方刑法理论中几近通说。

从我国目前刑法理论界对刑事责任的本质所研究的情况来看，在这一问题上也未能达成共识，亦有多种不同观点的交锋。归纳起来，主要有以下几种学说：

一是地位与负担说。这种学说认为，刑事责任实质上是统治阶级在处理个人与国家的利益冲突时运用国家机器维护其统治秩序的表现，它标志着个人在与国家冲突关系中所处的应受刑事制裁的法律地位和所应承担的刑事法律负担。从性质上看，刑事责任首先是一种义务，是一种基于实施了危害社会的行为、依据刑事法律规范应向国家承担某种强制性负担的义务。因此，用既包含权利又包含义务的刑法关系来概括刑事责任的本质，是不够准确的。①

二是刑事法律关系说。这种学说认为，刑事责任的本质是刑事法律关系。就是说，一个人犯了罪，从犯罪的时候开始，就与国家发生刑事法律关系：犯罪人有义务向国家交代自己的罪行，并接受国家司法机关对他依法进行的调查、起诉、审判和制裁；他也有权要求司法机关必须按法律规定来调查、确定和实现他应负的刑事责任，并保护自己的合法权益不受非法侵犯。所以，刑事责任的实质也就是犯罪人与国家及其司法机关之间的权利义务关系。②

三是伦理性与社会性统一说。这种学说认为，刑事责任的本质是伦理性与社会性的统一。在这里，所谓刑事责任的伦理性，是指从犯罪人为何就自己的行为负责的角度出发，把犯罪行为看成是犯罪人自由意志选择的结果，从而从伦理道德的角度回答国家和法律为何要让犯罪者承担刑事责任。而刑事责任的社会性，则是指从目的论的观点出发，把刑事责任看成是防卫社会所必需，从而从社会的角度回答行为人为何就自己的犯罪行为负责。这一学说认为，人具有相对意志，因而，他能够而且应该对自己意识和意志支配下的犯罪行为承担刑事责任，这是刑事责任伦理性根据之所在。刑法规定和追究刑事责任的目

---

① 杨敦先主编：《刑法运用问题探讨》，法律出版社1992年版，第24页。
② 高铭暄主编：《刑法学原理》（第一卷），中国人民大学出版社1993年版，第419—420页。

的，在于保护统治阶级的利益，维护有利于其统治的社会秩序，这正是刑事责任社会性的根据之所在。人具有社会性和社会具有人性，决定了刑事责任的伦理性和社会性的统一是刑事责任的本质。①

四是利益冲突说。这种学说认为，刑事责任的本质，应当说是通过对犯罪行为的否定评价所表现的个人意志与国家意志的冲突中蕴藏的个人利益与国家利益的冲突。②

五是意志和利益说。这种学说认为，刑事责任的本质是规定、确定刑事责任的统治阶级的意志和利益。③

关于刑事责任的本质，从以上所介绍的各种观点来看，它们有的是从刑事责任的伦理性的角度来界定的，有的是从刑事责任的社会性角度来界定的，有的则是从刑事责任的阶级性的角度来界定的，有的是从二者相统一的角度来界定的。由于他们对刑事责任的本质界定的视角不同，因此，得出的结论也有所差异。笔者认为，刑事责任的本质并非由某一个单独的因素决定的，而是多种因素的有机组合。这种多因素的组合方式主要表现在刑事责任的本质是由多级本质因素组合而成的辩证统一体。具体而言，刑事责任的伦理性是刑事责任的一级本质，即刑事责任的表层本质；刑事责任的社会性是刑事责任的二级本质，即刑事责任的中层本质；而刑事责任的阶级性则是刑事责任的三级本质，即刑事责任的深层本质。如果以地球的横切面作比喻，那么，刑事责任的一级本质就相当于地球的地壳部分；刑事责任的二级本质就相当于地球的地幔部分；而刑事责任的三级本质则相当于地球的地核部分。以上这三个方面有机组合就构成了整个地球的全貌，也从各个不同的层面向我们展示了地球的内在本质。

（一）**刑事责任的表层本质——刑事责任的伦理性。**刑事责任的伦理性，是指从犯罪人为何要对自己的行为负责的角度出发，把犯罪行为看成是犯罪人自由意志选择的结果，从而从伦理道德的角度回答国家和法律为何要让犯罪者承担刑事责任。

刑事责任的伦理性，是一个带有浓厚的哲学色彩的命题。从一般的哲学意义而言，人是具有自由意志的主体，凡是达到一定年龄的人，除了精神不健全者外，都具有认识人间的是非善恶并按照自己的意志选择和实施某种行为的自由。与此同时，一个人在道义上又有顺天理趋正轨，不侵犯他人利益之义务。

---

① 何秉松主编：《刑法教科书》，中国法制出版社 1995 年版，第 356、359 页。
② 张智辉著：《刑事责任通论》，警官教育出版社 1995 年版，第 92 页。
③ 王晨著：《刑事责任的一般理论》，武汉大学出版社 1998 年版，第 70—71 页。

一个人在行为选择的时候，如果认识到或者可能认识到自己的行为与法的道义性相悖而竟然置之不顾，不为利国利民之善举，而为祸国殃民之恶行，造成了危害他人和社会的后果，那么，他就应该在道义上受到谴责。而通过法律表达的这种道义谴责，便是刑事责任，或者说，刑事责任的本质就是通过刑罚或者其他方式对其行为所做的道德非难。

刑事责任的伦理性，作为刑事责任的一级本质，不仅为我们提供了行为人对自己所实施的犯罪行为负刑事责任的道德基础，同时，也为我们找到了行为人为何在一定的情况下要承担较重的刑事责任，而在另外一种情况下则只承担较轻的刑事责任的根据。这是因为，人的自由意志具有相对性，在一定域限内，行为人的自由意志的大小程度是有所区别的。当行为人的自由意志程度较大时，行为人所承担的刑事责任也应当重一些；当行为人的自由意志程度较小时，行为人所应承担的刑事责任也应当小一些。关于这一方面的精神，在我国刑法立法中有非常明确的规定。例如，根据1997年刑法第17条第3款之规定："已满14周岁不满18周岁的人犯罪，应当从轻或者减轻处罚。"第18条规定："精神病人在不能辨认或者不能控制自己行为的时候造成危害结果，经法定程序鉴定确认的，不负刑事责任，但是应当责令他的家属或者监护人严加看管和医疗；在必要的时候，由政府强制医疗。间歇性精神病人在精神正常的时候犯罪，应当负刑事责任。尚未完全丧失辨认或者控制自己行为能力的精神病人犯罪的，应当负刑事责任，但是可以从轻或者减轻处罚。"第19条规定："又聋又哑的人或者盲人犯罪，可以从轻、减轻或者免除处罚。"我国的刑事立法之所以对上述不同的人在应负的刑事责任方面作出这些不同的规定，就是根据行为人自由意志的域限大小来进行规定的。由此可见，行为人应否承担刑事责任与行为人承担刑事责任的大小，均与行为人的自由意志有着密切的联系。如果离开了行为人的自由意志，我们无从找到行为人负刑事责任的基础，从而也就无从发现刑事责任的表层本质。

（二）刑事责任的中层本质——刑事责任的社会性。刑事责任的社会性，是指从目的论的观点出发，把刑事责任看成是防卫社会所必需，从而从社会的角度回答行为人为何应对自己的犯罪行为负责。

刑事责任的社会性，作为刑事责任的本质之一，是介于刑事责任的伦理性与阶级性之间的中层本质。这一层次的本质主要反映的是刑事责任的社会防卫功能。关于刑事责任的这一层次的本质，透过刑法的任务就可以略见一斑。根据我国刑法第2条之规定："中华人民共和国刑法的任务，是用刑罚同一切犯罪行为作斗争，以保卫国家安全，保卫人民民主专政的政权和社会主义制度，保护国有财产和劳动群众集体所有的财产，保护公民私人所有的财产，保护公民的人身权利、民主权利和其他权利，维护社会秩序、经济秩序，保障社会主义建设事业的顺利进行。"从以上规定来看，刑事责任的社会性主要体现在其对国家安全、经济基础、公民权利和社会秩序等方面的保护上。以上所有这些保护性规定都体现了刑事责任的社会防卫功能。

（三）**刑事责任的深层本质——刑事责任的阶级性**。刑事责任的阶级性是从统治阶级的统治利益和需要的角度出发，将刑事责任视为统治阶级惩治破坏其统治秩序的犯罪者的最后手段，从而从统治阶级意志的角度回答了统治阶级为何要追究犯罪者的刑事责任。

刑事责任的阶级性，作为刑事责任的深层本质，是建立在刑事责任的伦理性和社会性基础上的又一本质属性。这一本质属性是建立在统治阶级的意志和利益的基础之上的。一般来讲，无论是任何时代的任何统治阶级，他们之所以设立刑法，规定犯罪与刑事责任，无一不是为其统治利益与统治秩序服务的。正如马克思、恩格斯在《德意志意识形态》一文中指出的那样："犯罪——孤立的个人反对统治关系的斗争。和法一样，也不是随心所欲地产生的，相反地，犯罪和现行统治都产生于相同的条件。"[①] 刑事责任作为犯罪的必然结果，它同样根源于一定的物质生活条件、一定现实的经济关系及其矛盾运动。这种矛盾运动不仅反映了行为者个人意志与统治阶级意志的对抗，同时也反映了行为者个人利益与统治阶级利益的相互冲突。对统治阶级而言，他们设置刑事责任的最终目的是维护其统治秩序和统治利益。这正是刑事责任的深层本质之所在。

（四）**刑事责任是伦理性、社会性与阶级性的辩证统一**。刑事责任作为行为人对自己所实施的犯罪行为所应承担的法律责任，就其本质而言，并不是由单个的本质属性表现出来的，而是由伦理性、社会性与阶级性所组成的辩证统一体。首先，人是具有自由意志的主体，因而他能够而且应该对自己意识和意志支配下的犯罪行为承担刑事责任，这是刑事责任伦理性根据之所在。其次，作为社会关系主体的人又具有社会性。人的社会性决定了人应当对社会负责，因为人总是生活在一定的社会关系之中，有一定的关系就有一定的要求，因而从伦理上讲，个人的行为应当符合社会的要求，否则就要承担一定的不利责任。将这一责任贯彻到刑法领域，就是人要对自己的犯罪行为承担刑事责任。这是刑事责任的社会性根据之所在。最后，刑法规定和追究刑事责任的目的，在于保护统治阶级的利益，维护有利于其统治的社会秩序，这正是刑事责任的阶级性根据之所在。以上三个方面的本质属性，是辩证的统一体，其中，刑事

[①]《马克思恩格斯全集》（第三卷），第 379 页。

责任的伦理性是刑事责任本质的先导，失去了刑事责任的伦理性，就失去了刑事责任的基础；刑事责任的社会性是刑事责任的中层本质，它是联系刑事责任伦理性与阶级性的桥梁，失去刑事责任的社会性，我们就无法找到刑事责任伦理性的社会基础，从而使刑事责任失去了社会的依托，从而无法体现刑事责任的社会防卫功能；刑事责任的阶级性是刑事责任的最深层的本质属性，它建立在刑事责任的伦理性与社会性的基础之上，是隐藏于前两者背后的本质，在刑事责任的本质之中，它是处于支配地位的本质属性，其他两个方面的本质属性都是为其服务的。

四、刑事责任的根据

关于刑事责任的根据，如同刑事责任的概念一样，长期以来，在我国刑法学界也是众说纷纭，莫衷一是，存在着多种观点的争鸣，据笔者掌握的资料来看，有关这一方面的代表性的观点主要有十多种。而根据其所持观点的内容来考察，又不外乎单一根据说与综合根据说两大类别。

（一）单一根据说

持这一类别观点的学者均认为，刑事责任的根据是由某一单一因素决定的。但他们在论述的内容上又各有千秋，存在着不同的认识和看法。有关这一方面的代表性观点主要有以下几种：

一是犯罪构成要件说。这种观点认为，行为具备犯罪构成是刑事责任的根据。如有的学者认为，"刑事责任根据：具备犯罪构成要件是负刑事责任的根据。从犯罪主体和犯罪主观方面的要件说，凡法律规定达到一定年龄、精神正常的人实施故意或过失犯罪，应负刑事责任。从犯罪客体和犯罪客观方面要件说，行为人因其某种行为侵犯刑事法律保护的社会关系，并达到犯罪的严重程度，应负刑事责任。但是，某些人行为从表面上看似乎具备犯罪构成要件，但是缺乏社会危害性或违法性，法律明文规定不负刑事责任。"[1] 另有学者认为，"某人的行为具备犯罪构成，是负刑事责任的基础。只有当某人实施了刑法规定的危害行为，具备了某种犯罪构成要件，才能让他负刑事责任。"[2] 还有的学者认为，"刑事责任的根据（基础），是指确定某个人刑事责任的有无和程度依据什么即凭借哪些因素的问题。行为具备犯罪构成，这既是确定应负刑事责任的唯一根据，也是确定刑事责任程度的多种因素中最根本的因素。"[3]

---

[1] 张友渔：《中国大百科全书·法学》，中国大百科全书出版社 1984 年版，第 688 页。
[2] 王作富著：《中国刑法研究》，中国人民大学出版社 1988 年版，第 82 页。
[3] 赵秉志、鲍遂献著：《现代刑法学》，湖南师范大学出版社 1995 年版，第 192、196 页。

二是犯罪行为说。这种观点认为,"只有犯罪行为才是负刑事责任的唯一根据。"① 与此相近的还有危害行为说,这种观点认为,"如果把刑法上具有违法性的危害行为视为刑事责任的基础,那么,在这个基础上把人为什么要对自己的危害行为承担刑事责任以及要求人对自己的行为承担刑事责任以及要求人对自己的危害行为承担刑事责任的正当化理由亦即刑事责任的根据说成是罪过,就有充分的理由"。②

三是犯罪说。这种观点认为,犯罪是刑事责任的根据。行为人只有犯罪,才应负刑事责任,没有犯罪的人不能负刑事责任。因此,犯罪是负刑事责任的前提,负刑事责任是犯罪的法律后果,刑事责任离不开犯罪,只要犯罪就应当负刑事责任。③

四是行为符合犯罪构成说。这种观点认为,刑事责任的根据并非犯罪构成这一抽象的法律规定本身,而是行为符合犯罪构成这一法律事实。因为,犯罪构成,是指法律所规定的抽象的犯罪行为的类型。它本身只是法律上的假设、一种可能性,它只是对判断一定的行为是否成立犯罪以及如何成立犯罪提供了一个法定的标准。只有当这种假设或可能变成了现实,即一定的危害行为与法律所规定的某种抽象的犯罪行为的类型相符合,而这种具体的犯罪行为的事实与抽象的犯罪行为的类型相符合,正是法律假设一定的法律后果(通常表现为刑罚处罚),即刑事责任发生的前提。所以,刑事责任的根据并不是犯罪构成这一法定的抽象的犯罪行为的类型的本身,而是行为符合犯罪构成这一具体的法律事实。正是在这个意义上,我们说,行为符合犯罪构成是刑事责任的唯一根据,而犯罪构成则是确定这种根据的判断标准。④

五是犯罪构成事实说。这种观点认为,刑事责任的根据是犯罪构成事实即现实的犯罪构成,或者说,现实的犯罪构成即犯罪构成事实是刑事责任的根据。作为刑事责任的根据的犯罪构成是客观存在的现实的犯罪构成,即犯罪构成事实,而不是刑法所规定的法定的犯罪构成。刑事责任的产生与存在,是由现实的犯罪构成所决定的;法定的犯罪构成本身不产生刑事责任,只有现实中存在着与法定的犯罪构成相符合的客观事实时,刑事责任才能够产生。⑤

六是主体选择性说。这种观点认为,刑事责任是人在应该而且能够选择符合法律规范的行为时却主动地选择了违反法律规范的行为因而必须接受的谴责

---

① 何秉松:《建立有中国特色的犯罪构成理论新体系》,载《法学研究》1986年第1期。
② 张智辉著:《刑事责任通论》,警官教育出版社1995年版,第147页。
③ 周其华:《刑事责任若干问题的研究》,载《政法论坛》1988年第1期。
④ 参见马克昌主编:《犯罪通论》,武汉大学出版社1991年版,第81—82页。
⑤ 何秉松主编:《刑法教科书》,中国法制出版社1995年版,第373—374页。

和惩罚。因此，刑事归责的基础在于其主体的选择性。①

七是社会危害性说。这种观点认为，刑事责任的归责基础既非犯罪构成或行为符合犯罪构成，也不是犯罪行为，罪过及案件事实总和等。我们认为，刑事责任的归责基础乃是犯罪的社会危害性。②

八是犯罪观与刑罚观说。这种观点认为，刑事责任的根据并不是犯罪构成，而只能是统治阶级的犯罪观和刑罚观。③

(二) 综合根据说

这种观点认为，刑事责任的根据，主要表现在可以从哲学上探讨刑事责任的根据和从法学上探讨刑事责任的根据。刑事责任的哲学根据首先在于犯罪人是基于自己的主观能动性实施了犯罪行为。刑事责任的法学根据，不仅是多层次的，而且是多方面的。刑事责任根据的多方面性表现在：既有实质根据，又有法律根据与事实根据。刑事责任的实质根据是犯罪的社会危害性。刑事责任的法律根据（就应否负刑事责任而言）是刑法规定的犯罪构成。刑事责任的事实根据（就应否负刑事责任而言）是符合犯罪构成的行为。上述三种根据是统一的，凡是符合犯罪构成的行为（事实根据），也就具备了刑事责任的实质根据与法律根据。因此，可以说，行为符合构成是应当追究行为人刑事责任的唯一根据。④

笔者认为，虽然对刑事责任的根据在我国刑法学界存在着争议，且未达成一致的意见，但是这一切都是正常的。因为在学术上，由于各个学者的立论角度不同，加上自身的思维方式有异，那么，对于同一问题产生不同的看法，也就在情理之中。正因为如此，我们对上述各种不同的观点及其所持的理由均不可一概否定，这主要是因为他们每个人所提出的观点都有各自所持的理由。基于这样一种思路，笔者认为，刑事责任的根据与刑事责任的概念一样，也不是一个平面、单调的东西，而是一个多层次、多角度的立体组合。

据此，笔者在刑事责任根据上主要倾向于综合根据说。根据综合根据说，刑事责任的根据主要包括以下几个方面的内容：

第一，刑事责任的哲学根据。辩证唯物主义认为，社会物质生活条件决定人们的意识与意志，也就决定了人的行为，包括犯罪在内的行为。但是，客观世界虽然影响、制约人的行为，却不可能决定一个人只能实施此行为，而不能

---

① 参见冯军著：《刑事责任论》，法律出版社 1996 年版，第 105—107 页。
② 张文等著：《刑事责任要义》，北京大学出版社 1997 年版，第 159 页。
③ 杨敦先主编：《刑法适用问题探讨》，法律出版社 1992 年版，第 24 页。
④ 肖扬主编：《中国 1997 年刑法学》，中国人民大学出版社 1997 年版，第 197—199 页。

实施彼行为；究竟应当实施何种行为，只有人才有选择的自由。按照马克思主义唯物论的基本观点，物质决定意识，意识对于物质又具有反作用。这种反作用就是人的主观能动性。能动性作为人的本质特征之一，是人对于客观世界积极的反应，也是人类能够认识并战胜自然的重要表征。人作为万物之灵，关键在于人具有自己的认识能力。由于人具有认识能力，在客观世界面前，一旦人认识了客观事物的发展规律，就可以凭借这种认识去支配自己的行为，利用客观规律为自己服务，对客观世界产生积极的影响。这便是意识自由的能动作用。由于人具有这种能力，就使得国家能够要求人们按照一定的社会标准，选择和决定自己的行为，并且依据人们所选择和决定的行为是否符合该社会标准，来给予肯定或者否定的评价。行为人本应选择有利于国家与人民利益的行为，但却选择了危害国家与人民利益的行为；或者本来能够避免给国家和人民利益造成危害，但没能避免，这便使自己立于与国家和人民相对立的地位，被国家认定为犯罪人，受到否定评价与谴责，因此，追究犯罪人刑事责任的哲学根据首先在于行为人是基于自身的主观能动性实施了犯罪的行为。

那么，为什么只有在行为人具有主观能动性的情况下实施了犯罪的行为之后，国家才可以追究其刑事责任呢？这主要是因为，作为犯罪主体的行为人，不仅具有能动性，而且还具有社会性，也就是说，作为犯罪主体的行为人与其他行为主体一样，他不仅是自然的存在物，而且更重要的是社会的存在物。根据马克思主义的基本观点，人的本质并不是单个人固有的抽象物，在其现实性上，它是一切社会关系的总和。既然如此，一个人生活在这个社会上，无时无刻不是生活在一定的社会关系之中。犯罪主体作为实施了犯罪行为的应当负刑事责任的人，其危害行为也是在一定的社会关系下实施的，在行为人主观能动作用之下所实施的这种危害行为，对社会关系所带来的破坏作用是非常明显的。在我国，由于社会主义制度所决定，犯罪人所破坏的社会关系就是社会主义社会关系。当国家作为社会的管理者的形象出现时，维护这种社会关系不受任何犯罪行为的侵害，既是国家的权力也是国家的义务。因此，国家对基于主观能动性而实施了危害社会主义社会关系的人，追究其应负的刑事责任，不仅是国家作为社会的管理者行使其权利的需要，也是国家作为社会关系的维持者履行其职责的需要。

第二，刑事责任的法学根据。刑事责任的法学根据与刑事责任的哲学根据不同，前者是从法律的角度来探究行为人为什么要对自己所实施的犯罪行为负刑事责任；后者则是从哲学的角度来探究行为人为什么要对自己的行为负刑事责任。前者是从微观、具体的角度来研究刑事责任的根据的；而后者则是从宏观、抽象的角度来研究刑事责任的根据的。前者是从单一层面上对刑事责任的根据进行研究；而后者则是从多个层面上对刑事责任的根据进行研究。在弄清了刑事责任的法学根据与哲学根据的以上不同点之后，我们不妨对刑事责任的法学根据作一多层面的分析。一般来讲，刑事责任的法学根据不仅是多层次的，也是多方面的。其内容主要包括刑事责任的实质根据、法律根据和事实根据等几个方面的内容。

刑事责任的法学根据之一：行为人对自己所实施的行为负刑事责任的实质根据——犯罪的社会危害性。众所周知，犯罪是行为人负刑事责任的前提，刑事责任是犯罪的必然结果。对行为人的行为为何要认定为犯罪并据此追究行为人的刑事责任，首先就涉及一个实质性的问题，也就是行为人对自己的行为应当负刑事责任的实质根据问题。关于这一问题当然离不开犯罪的本质属性，也就是犯罪行为的社会危害性问题。一般来讲，某种行为之所以构成犯罪，从实质上来讲，就是因为其行为本身具有严重的社会危害性。这种严重的社会危害性的存在，不仅说明是行为人的行为之所以构成犯罪的根据之所在，也是行为人对自己的行为承担刑事责任的实质根据之所在。当然，应当指出的是，我们在这里所说的严重的社会危害性，依前所述，它应当是达到了应负刑事责任程度的社会危害性，如若某种行为具有一定的社会危害性，但如果没有达到应负刑事责任的程度，尚不能作为行为人负刑事责任的实质根据。此外，还应当引起注意的是，我们在这里所讲的社会危害性，它不仅仅是在客观意义上来使用的，而是在主观与客观相统一的意义上来使用的，也就是说，这里的社会危害性，不仅包括行为的客观危害，而且包括行为人的主观罪过与人身危险性。

刑事责任的法学根据之二：行为人对自己所实施的行为负刑事责任的法律根据——刑法规定的犯罪构成。在我国刑事法律中，虽然并未明确地使用犯罪构成这一概念，但却明确地规定了构成各种犯罪所必须具备的要件。刑法理论上就把这些成立犯罪所必须具备的各种要件的总和称为犯罪构成。犯罪构成作为刑法理论的核心，虽然在刑事立法上没有明确使用这一概念，但是这一概念也并非刑法学者的主观臆造，而是刑事法律实质规定的反映。换言之，在我国刑事立法上就其实质而言，是规定了犯罪构成的，因此，凡是刑法上规定的各个构成要件的总和就是犯罪构成，从这一意义上讲，犯罪构成本身就体现了法律的规定。那么，为什么说犯罪构成是行为人负刑事责任的法律根据呢？这主要是因为，刑法规定的犯罪构成不仅反映了犯罪的社会危害性，即符合犯罪构成的行为也就同时具备了犯罪的本质属性，与此同时，由于犯罪构成的法定性所决定，符合犯罪构成的行为也就具备了犯罪的法律属性，即刑事违法性。因此，根据犯罪构成追究行为人的刑事责任，与根据刑法规定追究行为人的刑事责任是完全一致的。

刑事责任的法学根据之三：行为人对自己所实施的行为负刑事责任的事实根据——符合犯罪构成的行为。如前所述，刑事责任的前提是犯罪，而犯罪首先是一种行为，没有行为也就无所谓犯罪，更谈不上追究行为人的刑事责任。这里所说的行为，并非一般意义上所说的行为，而显然只能是符合犯罪构成的行为。犯罪构成以社会危害性为核心，刑法规定的各种犯罪构成要件的总和，表明行为的社会危害性达到了应当承担刑事责任的程度，所以，符合犯罪构成的行为才具有应当承担刑事责任的社会危害性；犯罪构成是刑事法律规定的，符合犯罪构成的行为才具有刑事违法性；犯罪构成是主客观相统一的有机整体，符合犯罪构成的行为才是主客观相统一行为。由此可见，刑事责任的事实根据只能是符合犯罪构成的行为。

从法律的角度来考察，以上三个方面的根据是统一的，凡是符合犯罪构成的行为，也就具备了刑事责任的实质根据与法律根据。因此，我们不妨将上述三个方面的根据概括起来表述为：行为符合犯罪构成是应当追究行为人刑事责任的根据。

五、刑事责任的实现

（一）刑事责任实现的概念

刑事责任的实现是刑事司法活动的最后一个重要的环节，它不仅对于整个的刑事司法活动具有重要的意义，而且对于犯罪人而言，也具有非常重要的意义。关于刑事责任实现的概念，目前在刑法学界也有不同的看法，其主要观点如下：

第一种是过程说，这种观点认为，刑事责任的实现，是指司法机关确认犯罪人的刑事责任及犯罪人承担刑事责任的过程。[①]

第二种是损害说，这种观点认为，刑事责任的实现，是指人民法院对犯罪行为作出否定评价后，行为人所应承担的刑事法律后果成了事实，这种事实必然反映为对犯罪人名誉或生活所形成的某种程度的损害。[②]

第三种是转化说，这种观点认为，刑事责任的实现就是使抽象的、可能的处于形成阶段的刑事责任转化为评价阶段的刑事责任，并使之具体化为一定的形式。[③]

第四种是事实与反应说，这种观点认为，刑事责任的实现，是指代表国家

[①] 张文著：《刑事责任要义》，北京大学出版社 1997 年版，第 222 页。
[②] 赵长青主编：《新编刑法学》，西南政法大学出版社 1997 年版，第 263 页。
[③] 王晨：《刑事责任的一般理论》，武汉大学出版社 1998 年版，第 419 页。

的司法机关对犯罪行为所作的否定评价和对犯罪人的谴责成为事实,其具体表现是犯罪人实际感受到由上述否定评价和谴责所引起的在社会生活上、名誉上的不利反应。①

从以上几种观点来看,关于刑事责任实现的含义本身亦有不同的争议。在以上所述的几种观点当中,笔者基本上倾向于最后一种观点。这一概念本身说明了两个方面的问题:一是对于国家司法机关而言,刑事责任的实现是一种既成的事实,这种事实所包含的内容有两个方面:(1)对犯罪行为的否定评价已成事实;(2)对犯罪人的谴责已成事实。二是对于犯罪人而言,刑事责任的实现是行为人因为法律谴责而产生的实际感受。这种感受也有两个方面:(1)在社会生活上引起的不利反应;(2)在名誉上引起的不利反应。

(二)刑事责任实现方式的内容

刑事责任的实现方式,是指追究行为人刑事责任的具体方法,国家通过这种方法使刑事责任得以实现。一般来讲,要实现刑事责任就必须有一定的实现方式,离开了一定的实现方式,刑事责任就成为没有实际内容的空洞的概念。关于刑事责任的实现方式究竟包括哪些,目前,在刑法理论界亦有不同观点的争鸣,其主要观点如下:

第一种观点认为,刑事责任的实现方法,即国家强制犯罪人实际承担的法律处分措施,主要包括刑罚和非刑罚处理方法两大类。②

第二种观点认为,刑事责任的解决即处理或处置,根据不同的情况可以分别采取几种不同的方法与途径。主要有以下四种方式:一是定罪判刑方式;二是定罪免刑方式;三是消灭处理方式;四是转移处理方式。③

第三种观点认为,刑事负担是通过定罪判刑、定罪免刑、消灭处理、转移处理和限制处理的方式实现的。一是定罪判刑方式,即认定行为人的行为构成犯罪并运用刑罚,这是实现刑事责任的基本方式。二是定罪免刑方式,即认定行为人的行为构成犯罪但免除刑罚的适用。三是消灭处理方式,即对其行为本来已经构成犯罪的行为人的刑事负担不再加以追究。四是转移处理方式,即对其行为本来已经构成犯罪的行为人的刑事负担,不是由司法机关通过审判而是移交其他机关通过外交途径解决。五是限制处理方式,即限制对其行为本来已经构成犯罪的行为人的刑事负担的处理,或者说,对其行为本来已经构成犯罪

---

① 肖扬主编:《中国 1997 年刑法学》,中国人民公安大学出版社 1997 年版,第 200 页。
② 何秉松主编:《刑法教科书》,中国法制出版社 1998 年版,第 382—382 页。
③ 赵秉志、鲍遂献著:《现代刑法学》,湖南师范大学出版社 1995 年版,第 200—201 页。

的行为人的刑事负担有条件地不予以追究。①

第四种观点认为，根据我国现行刑法的规定，刑事责任的实现形式，绝大多数表现为刑罚和非刑罚刑事处分方法两大类。个别犯罪的刑事责任则表现为免除处罚。因此，我国刑法规定的刑事责任的实现形式有三种：刑罚、非刑罚的刑事处分方法和免除处罚。②

第五种观点认为，刑事责任的实现方式主要有以下三种：一是通过给予刑罚处罚实现刑事责任。二是通过适用实体上的非刑罚方法来实现刑事责任。三是通过宣告犯罪但免除处罚方法来实现刑事责任。③

第六种观点认为，刑事责任的实现方式主要有以下三种：第一，通过给予刑罚处罚来实现刑事责任；第二，给予非刑罚的处罚方法来追究刑事责任；第三，通过宣告行为是犯罪、行为人是犯罪人来实现刑事责任。④

除了我国的刑法学者所持的以上几种观点之外，在国外刑法学界，也有人对刑事责任的实现提出了一些自己的看法。如前苏联刑法学界就有人认为，实现刑事责任的全部形式应包括：第一，刑事强制方法——作为实现刑事责任基本形式的刑罚，以及医疗性和教育性的强制方法；第二，刑事诉讼上的强制方法——强制措施、诉讼活动和制裁；第三，刑事执行上的强制方法——实现有罪判决和刑罚的方法，即执行刑罚方法；第四，行政上的强制方法——行政监督规则规定的强制方法。⑤

笔者认为，关于刑事责任的实现方式，应当依据刑事责任实现的基本含义的要求与刑事立法所规定的内容来进行分析。根据这一标准，我们在确定刑事责任实现方式的范围时，就可以有一个明确的认识。基于以上标准，我们不妨对上述几种观点作一简要的分析。

第一种观点认为，刑事责任的实现方法主要包括刑罚和非刑罚处理方法两大类。这一观点将刑事责任的实现方式仅归为刑罚和非刑罚处理方法尚不能完全涵盖刑事责任的实现方式，这是因为，根据我国刑事立法的规定，刑事责任的实现方式除了以上两种主要的方式之外，还有一种实现方式，那就是只宣告行为人的行为构成犯罪，而不给予刑罚处罚和非刑罚处理方法。因此，这一种观点对刑事责任的实现范围概括太窄，不符合我国刑事立法的规定。

---

① 冯军：《刑事责任论》，法律出版社1996年版，第325—327页。
② 王晨：《刑事责任的一般理论》，武汉大学出版社1998年版，第423页。
③ 赵长青主编：《新编刑法学》，西南师范大学出版社1997年版，第264页。
④ 肖扬主编：《中国1997年刑法学》，中国人民公安大学出版社1997年版，第201页。
⑤ [苏] Л. B. 巴格里－沙赫马托夫著：《刑事责任与刑罚》，韦政强等译，法律出版社1984年版，第99页。

第二种观点认为，刑事责任的实现方式主要有以下四种：一是定罪判刑方式；二是定罪免刑方式；三是消灭处理方式；四是转移处理方式。这种观点将刑事责任的实现方式概括为四种形式，前两种方式与第一种观点除了提法上的不同之外没有本质的区别，至于第三种和第四种方式是否符合刑事责任的实现方式的范畴，则值得进一步研究。第三种方式将免除处罚称为刑事责任实现的消灭处理方式，也就是指对本来已经构成犯罪的行为人的刑事负担不再追究。这种提法与对行为人的行为只宣告有罪但不给予刑罚处罚和非刑罚处理方法，尚有一定的区别。这是因为，宣告行为人的行为构成犯罪的本身，即意味着刑事责任的实现，这种方式本身就是刑事责任实现的一种方式，而不是刑事责任被消灭的处理方式。至于第四种观点将享有外交特权和豁免权的外国人的刑事责任，通过外交途径解决的方式，称之为刑事责任实现的转移处理方式，这种解释是否科学也值得商榷。这是因为，通过外交途径解决有特定身份的外国人的刑事责任，是基于有关国际公约的要求将这些负有特定身份的犯罪的外国人不是依照一国的国内法处理，而是采取以下几种处理方式：一是可建议派遣国依法处理；二是可以宣布为不受欢迎的人，令其限期出境；三是对罪行严重的也可以由政府宣布驱逐出境等。在以上三种方式中，除了建议派遣国依法解决，可能成为刑事责任的实现方式外，其他几种均不能称为刑事责任的实现方式。况且，这种方式只是一种建议而已，至于派遣国是否依法追究行为人的刑事责任，则是一个未知数。所以，笔者认为，对于此种情况不宜将其列入刑事责任的实现方式之中。

第三种观点认为，刑事负担是通过定罪判刑、定罪免刑、消灭处理、转移处理和限制处理的方式实现的。此种观点认为，刑事责任的实现方式有五种情况，其中前四种方式与第二种观点是相同的，只有第五种方式是此种观点的独创。但是，这种方式在我国的刑事立法中并不存在。因此，对于第三种观点所确定的刑事责任的实现方式，也不符合前述确定的标准，所以，并不一定科学。

前述第四、第五、第六种观点虽然在对刑事责任确定的实现方式的表达上有所不同，但是其确定的内容却是基本一致的。它们均认为，刑事责任的实现方式在我国的刑法中都只有三种实现形式，即刑罚、非刑罚处理方法和免除处罚三种情况。

笔者基本上同意最后三种观点所持的意见，即认为，根据我国刑事立法的规定，结合刑事责任实现的基本含义，关于刑事责任实现的方式只包括三种，即刑事处罚、非刑事处罚和免除刑事处罚三种情况。

(一) 通过给予刑事处罚的方式实现刑事责任

通过给予刑事处罚实现刑事责任，是一种最基本、也是最主要的实现方式。因为，根据我国刑法之规定，对于大多数犯罪都要给予刑罚处罚。刑事处罚作为用来惩治犯罪的一种强制方法，它只能由人民法院依据刑事诉讼法的有关规定来适用。我国刑法所规定的刑罚的种类包括主刑和附加刑两大类。管制、拘役、有期徒刑、无期徒刑、死刑属于主刑；罚金、剥夺政治权利、没收财产和驱逐出境属于附加刑。刑事处罚是刑事责任最基本、也是最主要的实现方式，它与刑事责任既有紧密的联系，又有明显的区别，我们既不能将两者截然分开，亦不能将两者混为一谈。一般来讲，刑事责任是行为人对自己的犯罪行为所应当承受的法律后果，它是刑事处罚的上位概念，离开了刑事责任，也就无所谓刑事处罚。而刑事处罚是用以惩治犯罪的一种强制方法，它作为刑事责任的实现方式之一，属于刑事责任的下位概念，离开了刑事处罚，刑事责任也就变成了一个毫无意义的空洞的概念。

(二) 通过适用实体上的非刑事处罚措施的方式实现刑事责任

非刑事处罚措施作为刑事责任的实现方式之一，是实现刑事责任的非基本的次要方法。可以说，在刑事责任的实现方式中，这种处理方法是刑事处罚方式之外的主要的补充方法，因而也属于刑事制裁方法的范畴，虽然非刑事处罚措施也是刑事责任的实现方式之一，但是，与刑事处罚方式相比，它在刑事责任实现的方式中所占的地位是次要的。在这里，需要注意的问题是，刑事处罚与非刑事处罚措施是两种既相互融通又相互排斥的刑事制裁方法，一般来讲，对于经济赔付方面的非刑事处罚措施，可以在刑事处罚方式之外，根据情况进行判处，因此，它与刑事处罚方式之间有相互融通的一面。而对于非经济赔付方面的非刑罚处理方法，则具有相互排斥的一面，也即是说，对行为人适用了刑事处罚方式则不能再适用非刑事处罚措施，这是由这两种刑事制裁方法的前提条件所决定的。因为，根据我国刑法的有关规定，对于那些犯罪情节轻微不需要判处刑罚的，方可适用非经济赔付方面的非刑事处罚措施。这就在实际上排除了对于情节轻微的犯罪适用刑罚的可能性。

根据我国1997年刑法第36条规定："由于犯罪行为而使被害人遭受经济损失的，对犯罪分子除依法给予刑事处罚外，并应根据情况判处赔偿经济损失。承担民事赔偿责任的犯罪分子，同时被判处罚金，其财产不足以全部支付的，或者被判处没收财产的，应当先承担对被害人的民事赔偿责任。"第37条规定："对于犯罪情节轻微不需要判处刑罚的，可以免予刑事处罚，但是可以根据案件的不同情况，予以训诫或者责令具结悔过、赔礼道歉、赔偿损失，或者由主管部门予以行政处罚或者行政处分。"从该规定来看，属于非刑事处罚措施有以下三种形式：一是刑事经济罚，即对于行为人判处赔偿经济损失或责令赔偿损失；二是刑事申诫罚，即对于行为人进行训诫、责令具结悔过及赔礼道歉；三是刑事行政罚，即由主管部门给予行为人以行政处罚或者行政处分。

（三）通过免除刑事处分的方式实现刑事责任

所谓免予刑事处分，是指在公开宣告行为人所实施的行为构成犯罪的前提下，对行为人免除刑罚处罚与非刑罚处理方法的处罚方式。在这种情况下，虽然行为人既未受到刑罚处罚，也未受到非刑罚处理方法的处理，但由于对行为人行为本身宣告有罪，就已经达到了对其犯罪行为的否定评价和对犯罪人的谴责。这种否定评价和谴责将会给犯罪人的生活和名誉带来不利的影响。正因为如此，我国的刑事立法中所规定的免予刑事处分，也属于刑事责任的实现方式之一。与犯罪的刑事处罚以及非刑事处罚措施的处理方式相比，这种处理方式作为刑事责任实现的方式之一，虽然适用面较窄，但是也不能忽视，而不将其作为刑事责任的实现方式。当然，这种方式有其自身的特点，也就是说，它是无须凭借其他更为严厉的具体措施即可实现刑事责任的起码方式。在前述第一种观点中，没有将这一种方式列入刑事责任实现的方式之列，就犯了这一方面的错误。

第二节　刑事责任的层次分析

刑事责任，简而言之，是指由犯罪行为所引起的法律后果。详而言之，就是指国家立法机关依法确定的、由具有刑事责任能力的人承担的、反映行为人的社会危害性与人身危险性应当受到非难与谴责的法律后果。关于刑事责任在刑法理论上对其层次可以作哪些划分，在学术界有以下几种不同的观点：第一种观点认为，刑事责任可以分为刑罚与非刑罚处理方法两个层次；第二种观点认为，刑事责任可以分为刑罚、非刑罚处理方法与免予刑事处分三个不同的层次；第三种观点认为，刑事责任除了以上所述的三个层次之外，还应当包括保安处分这一层次。那么，在以上三种观点中，究竟哪种观点比较科学？笔者认为，从立法的角度而言，第二种观点是正确的。但从理论探讨的角度来讲，笔者比较倾向于第三种观点，即刑事责任包括刑事处罚、非刑事处罚措施、免予刑事处罚和保安处分四个不同的层次。鉴于我国刑事立法中未将保安处分列入刑事责任的实现方式，本书将对此另辟专节介绍。

一、刑事责任的主要承担形式——刑事处罚

（一）刑事处罚的概念

刑事处罚，通常称为刑罚，为了与后面所称的非刑事处罚措施相适应，在本书中，笔者将其称为刑事处罚。关于刑事处罚（即刑罚）的概念如何表述，目前，在刑法理论界也可谓仁者见仁，智者见智。从国外刑事立法与刑法理论来看，其主要观点有以下几种：

一是广狭两义说。该说认为，刑罚有两种意义：一是广义的刑罚。所谓刑罚，是指对反社会秩序的一切违法行为的制裁。在此意义上，民法、商法及其法律中的罚款，诉讼法上的秩序罚、强制罚或公法上的惩戒罚，亦为刑罚。二是狭义的刑罚。所谓刑罚，是指对一个人犯罪的制裁，国家根据裁判机关剥夺其法益的制度。刑法上的刑罚，指此狭义的刑罚。[1]

二是法律效果说。该说认为，刑罚是国家对作为犯罪的法律效果科处私人的法益的剥夺。[2]

三是否定评价说。该说认为，刑罚就是国家对犯罪者实行本应由其享有的某种利益的剥夺，表现为对犯罪者及其行为的否定评价。[3]

四是强制方法说。根据俄罗斯联邦刑法典第43条规定："刑罚是法院判决所判处的国家强制方法。刑罚对被认定犯罪的人适用，刑罚就是依照本法典的规定剥夺或限制该人的权利和自由。"[4]

在我国刑法学界，对于刑罚的概念，在表达方式上也存在着不同的看法，主要有以下几种观点：

一是强制方法说。该说在总体上认为，刑罚是人民法院代表国家对犯罪分子适用的强制方法。如有的学者认为，刑罚是统治阶级以国家名义，实行惩罚犯罪的一种强制方法。[5] 有的学者认为，刑罚是统治阶级为了维护其阶级利益和统治秩序，规定在刑法中的、由法院以国家名义依法适用的、用以同犯罪作斗争的强制方法。[6] 有的学者认为，刑罚是统治阶级为了维护自己的阶级利益

---

[1] [日] 冈田庄作：《刑法原理总论》，1934年版，第483页。
[2] [日] 西原春夫著：《刑法总论》（日文版），成文堂1978年版，第433页。
[3] [苏] H.A.别利亚耶夫、M.Л.科瓦廖夫主编：马改秀、张广贤译，《苏维埃刑法总论》，群众出版社1987年版，第265页。
[4] 黄道秀等译：《俄罗斯联邦刑法典》，中国法制出版社1996年版，第20页。
[5] 杨春洗等著：《刑法总论》，北京大学出版社1981年版，第211页。
[6] 粟劲、李放主编：《中华实用法学大辞典》，吉林大学出版社1988年版，第541页。

和统治秩序所采用的惩罚犯罪的强制方法。① 有的学者认为，刑罚是刑法规定的由国家审判机关依法对犯罪分子所适用的限制或剥夺其某种权益的最严厉的强制性法律制裁方法。② 有的学者认为，刑罚是国家最高权力机关在刑法中制定的赋予"刑罚"名称，用以惩罚实施犯罪行为的人，由法院依法判处、特定机关执行的最严厉的强制方法。③

二是强制处分说。该说认为，刑罚（Punishment）是统治阶级维护其统治阶级利益和统治秩序的一种重要法律手段，规定在刑法中由法院以国家的名义依法适用、用以同各种犯罪行为作斗争的最严厉的强制处分。④

三是手段说。该说认为，刑罚不外乎是社会对付违犯它的生存条件（不管这是些什么样的条件）的行为的一种自卫手段。⑤ 与此相同的观点还有，刑罚是统治阶级为了维护自己的阶级利益和统治秩序而采用的惩罚犯罪的一种手段。它使犯罪人遭受一定的痛苦和剥夺，并对犯罪人及其犯罪行为予以否定性评价。⑥

四是强制措施说。该说认为，刑罚是由国家最高立法机关在刑法中确立、由法院对犯罪人适用并通过特定机构执行的最为严厉的强制措施。⑦ 与此相近的观点还有，刑罚是掌握政权的统治阶级为了防止犯罪行为对其社会利益的侵犯，根据刑事立法，对犯罪人的适用建立在剥夺性痛苦基础上的最严厉的强制措施。⑧

五是完整表述说。该说认为，刑罚是国家创制的、对犯罪分子适用的特殊制裁方法，是对犯罪分子某种利益的剥夺，并且表现出国家对犯罪分子及其行为的否定评价，这是对刑罚概念的完整表述。⑨

六是法律效果说。该说认为，刑罚者，剥夺私人法益，而为犯罪之法律上效果也。⑩ 有的学者亦认为，刑事刑罚或称刑事罚，简称刑罚，乃刑法规范使用之法律制裁手段，用以作为犯罪行为最主要之法律效果。⑪

---

① 邓又天主编：《中国刑法总论》，四川大学出版社 1990 年版，第 214 页。
② 赵秉志、鲍遂献主编：《现代刑法学》，湖南师范大学出版社 1995 年版，第 203 页。
③ 马克昌主编：《刑罚通论》，武汉大学出版社 1995 年版，第 13 页。
④ 张友渔：《中国大百科全书·法学》，中国大百科全书出版社 1984 年版，第 648 页。
⑤ 《马克思恩格斯全集》（第 8 卷），人民出版社 1964 年版，第 579 页。
⑥ 王作富主编：《中国刑法适用》，中国人民公安大学出版社 1987 年版，第 211 页。
⑦ 邱兴隆、许章润著：《刑罚学》，中国政法大学出版社 1999 年版，第 55 页。
⑧ 张明楷著：《刑法学》（上册），法律出版社 1997 年版，第 394 页。
⑨ 樊凤林主编：《刑罚通论》，中国政法大学出版社 1994 年版，第 31 页。
⑩ 刘清波著：《刑法概论》，台湾开明书局 1981 年版，第 127 页。
⑪ 林山田著：《刑法通论》，台湾三民书局 1984 年版，第 363 页。

关于刑事处罚的概念，笔者基本上倾向于强制方法说，即认为刑事处罚是统治阶级为了维护其阶级利益和统治秩序，由国家最高立法机关确立的，规定在刑法中的、由法院以国家名义依法适用的、用以同犯罪作斗争的强制方法。这一概念揭示了以下几个方面的内容：一是刑事处罚作为犯罪行为的法律后果，与犯罪一样，其目的均是维护统治阶级的统治利益和统治秩序；二是刑事处罚作为刑事责任的主要承担形式，只能由国家最高立法机关确立；三是刑事处罚作为刑事责任的实现方式之一，只能由刑法加以规定；四是刑事处罚的适用只能由国家审判机关依照刑法的规定适用；五是刑事处罚作为一种强制方法，其适用的对象只能是犯罪行为。至于广狭两义说，将广义的刑罚扩张到对反社会秩序的一切违法行为的制裁。将民法、商法及其法律中的罚款，诉讼法上的秩序罚、强制罚或公法上的惩戒罚，统统纳入刑罚的范畴。显然没有分清违法行为与犯罪行为之间的界限，从而扩大了刑事责任的范围。对刑事处罚概念作如此解释，其非科学性的成分显而易见。至于法律效果说认为刑事处罚是国家对作为犯罪的法律效果科处私人的法益的剥夺。这种观点与强制方法说相比，将刑事处罚视为剥夺私人法益，而为犯罪之法律上效果，这种表述方法的本身含义就不很明确，与此同时，也不符合我国刑法对刑罚进行理论阐释的语言习惯。至于否定评价说，将刑事处罚视为国家对犯罪者实行本应由其享有的某种利益的剥夺，表现为对犯罪者及其行为的否定评价，这种表述方式容易使人将其与刑事责任的概念混为一谈。至于强制措施说，将刑事处罚视为由国家最高立法机关在刑法中确立、由法院对犯罪人适用并通过特定机构执行的最为严厉的强制措施。这一表达方法容易使人将刑法中所规定的刑罚与刑事诉讼法中所规定的各种强制措施混为一谈，因此，这种解释也并非科学。至于完整表述说，虽然从多个角度对刑事处罚的概念作了比较具体的概括，揭示了刑事处罚概念的主要内涵，但由于这一概念没有揭示刑事处罚的目的与确认刑事处罚的主体，因此，实际上并不完整。

（二）刑事处罚的特征

刑事处罚是用以惩治犯罪的强制方法，作为刑事责任实现的最主要的方式之一，它在刑法学的基本范畴中占有十分重要的地位。可以这样说，刑事处罚在刑事责任论中所占的核心地位是其他的刑事制裁方法所无法比拟的。关于刑事处罚的特征，无论是在国内还是在国外，对于这一问题均未达成共识。就国内而言，目前，在大陆地区的学者与台湾地区的学者当中，对于这一方面的问题也没有形成一致的意见，而存在着各种不同观点的聚讼。

首先，从大陆地区的刑法学者对刑事处罚的特征所作的解释来看，不同的学者对此亦有不同的认识，其代表性的观点如下：

一是刑事处罚的三特征说。该说认为，刑罚与其他强制方法相比，具有三个方面的特征。而在三特征说当中，又有以下几种不同的观点，第一种观点认为，刑罚的特征有：（一）刑罚是各种强制方法中最为严厉的强制方法。（二）刑罚只能对犯罪分子适用。（三）刑罚只能由人民法院依法适用。① 第二种观点认为，刑罚的特征有：（一）强制程度的严厉性。刑罚是最严厉的一种强制方法。（二）适用对象的特定性。刑罚只能对触犯刑律构成犯罪的人适用。（三）法律程序的专门性。刑罚只能由人民法院代表国家依照专门的法律程序进行。② 第三种观点认为，刑罚作为国家暴力机器的一部分，它具有以下法律特征：（一）刑罚是与国家刑罚权紧密相关的制裁措施。任何刑罚制裁都是国家刑罚权的产物，没有刑罚权，也就没有刑罚可言。（二）刑罚是与犯罪现象相联系的制裁措施。刑罚与犯罪是刑法中的必要的组成部分，没有犯罪，也就无所谓刑罚。（三）刑罚是一种以剥夺特定权益为内容的制裁措施。③

二是刑事处罚的四特征说。该说认为，刑罚具有四个方面的特征。而在四特征说当中，又有以下几种不同的观点，第一种观点认为，刑罚具有以下四个特征：（一）刑罚是国家最高立法机关在刑法中规定的强制措施。（二）刑罚只能由人民法院依法行使。（三）刑罚是最为严厉的制裁措施。（四）刑罚只能适用于犯罪人。④ 第二种观点认为，刑罚具有以下四个特征：（一）刑罚的属性在于对犯罪人权益的限制或剥夺。（二）刑罚的对象只能是犯罪人。（三）刑罚的根据在于刑法的明文规定。（四）刑罚适用的主体只能是国家刑事审判机关。⑤ 第三种观点认为，刑罚具有以下四个特点：（一）刑罚是最严厉的强制方法。（二）刑罚只能适用于应当承担刑事责任的犯罪人。（三）刑罚只能由人民法院依法使用。（四）刑罚是由特定机构执行的制裁措施。⑥

三是刑事处罚的五特征说。该说认为，刑罚具有五个方面的特征。而在五特征说当中，又有以下几种不同的观点。第一种观点认为，我国刑法中的刑罚具有下列特征：（一）刑罚是最严厉的强制方法。（二）刑罚是国家最高立法权力机关制定的强制方法。（三）刑罚是对犯罪分子适用的强制方法。（四）刑罚是由人民法院按照法定程序适用的强制方法。（五）刑罚是由特定的机关执行

---

① 高铭暄主编：《刑法学》，法律出版社1984年版，第211页。
② 樊凤林主编：《刑罚通论》，中国政法大学出版社1994年版，第46—47页。
③ 魏克家主编：《刑法》，中国政法大学出版社1996年版，第152页。
④ 何秉松主编：《刑法教科书》，中国法制出版社1993年版，第388—389页。
⑤ 赵秉志、鲍遂献主编：《现代刑法学》，湖南师范大学出版社1995年版，第203页。
⑥ 赵长青主编：《新编刑法学》，西南师范大学出版社1997年版，第268页。

的强制方法。① 第二种观点认为，刑罚的主要特征是：（一）处罚对象的特定性。即刑罚处罚的对象只能是犯罪人。（二）处罚方式的强制性。即除告诉才处理的犯罪以外，它既不允许被害人与被告人私下和解，也不以犯罪人是否接受处罚为条件。（三）处罚性质的严厉性。即刑罚是最严厉的法律制裁方法。（四）处罚机关的专属性。即刑罚的裁量和执行，只能由国家专门审判机关和行刑机关来进行。（五）处罚根据的合法性。即刑罚必须由成文的刑法加以规定，并按照法定的程序适用和执行。②

四是刑事处罚的六特征说。该说认为，刑罚具有六个方面的特征。在六特征说当中，又有以下几种不同的观点。第一种观点认为，刑罚有以下六个方面的特征：（一）刑罚是由国家最高立法机关确立的强制措施。（二）刑罚是被规定于刑法之中的强制措施。（三）刑罚是由法院适用的强制措施。（四）刑罚是以犯罪人为对象的制裁措施。（五）刑罚是由特定机构执行的制裁措施。（六）刑罚是最为严厉的制裁措施。③ 第二种观点认为，刑罚的特征可以概括为以下六个方面：（一）刑罚是国家最高立法机关在刑法中制定的强制方法。（二）刑罚是在刑法中赋予"刑罚"名称的强制方法。（三）刑罚是用以惩罚实施犯罪行为之人的强制方法。（四）刑罚是法院依法（刑事实体法和程序法）裁判科处的强制方法。（五）刑罚是由特定机构执行的强制方法。（六）刑罚是最为严厉的强制方法。④

其次，从台湾地区的刑法学者对刑事处罚的特征所作的解释来看，其代表性的观点主要有以下几种：

一是三特征说，该说认为，刑罚者，析言之，其含义有三：（一）刑罚者，国家对于违反刑事法令者之制裁也。（二）刑罚者，国家对于私人所为之制裁也。（三）刑罚者，剥夺私人之法益者也。法益者，国家赋予人民之各种权利，依法应受保障之利益也。⑤

二是九特征说。该说认为，由观察刑事刑罚之本质以及比较它与其他法律效果，可以看出刑事刑罚具有下述的九种特征：（一）伦理性。（二）强制性。（三）痛苦性。（四）伸缩性。（五）辅助性。（六）必要性。（七）一身专属性。（八）个人赎罪性。（九）最后手段性。⑥

---

① 肖扬主编：《中国1997年刑法学》，中国人民公安大学出版社1997年版，第209—210页。
② 陶驷驹主编：《中国1997年刑法通论》，群众出版社1997年版，第271—272页。
③ 邱兴隆、许章润著：《刑罚学》，群众出版社1999年版，第51—53页。
④ 马克昌主编：《刑罚通论》，武汉大学出版社1995年版，第13页。
⑤ 翁国梁著：《中国刑法总论》，正中书局1970年版，第204页。
⑥ 林山田著：《刑罚学》，台湾商务印书馆1975年版，第111—117页。

再次，从国外的刑法学者对刑事处罚的特征来看，他们对此也存有不同的看法。从法国学者对刑事处罚的特征来看，他们主张刑事处罚具有以下四个方面的特征，即（一）刑罚的施体性质。刑罚的施体性质主要源于刑罚的报应目的。刑罚是一种惩罚。对于个人来说，刑罚是一种难言的痛苦，或者至少是对其权利的一种剥夺，一种可以感受到的妨碍。（二）刑罚的加辱性质。刑罚将被判刑人置于公众谴责的地位。一个人受到刑罚，表明他的个人行为不仅是令人遗憾的，而且从社会角度看，是应当受谴责的。（三）刑罚的确定性质。为了达到"威慑目的"，尤其是达到"报应目的"，刑罚应当确定。自判决作出之日起，人们就知道制裁在哪一天结束。（四）刑罚的最终性质。只要不再有上诉途径，宣告刑罚的刑事判决即成为最终确定的判决。在此情况下，对所宣告的刑罚不得再进行任何裁判上的变更①。

从我国不同地区的学者和国外学者对刑事处罚的特征所研究的情况来看，他们对刑事处罚的特征在认识上既有共同的一面，也有差异的一面。就其共同性的认识一面来看，主要有三个大的方面：一是适用主体必须是人民法院；二是适用的对象必须是犯罪人；三是适用的方法在程度上均具有严厉性的特点。就其差异性认识的一面来看，主要有以下几个方面：一是处罚机关的专属性；二是处罚依据的合法性；三是处罚方式的强制性；四是立法机关的最高性；五是执行机关的特定性。笔者认为，关于刑事处罚特征的多少主要取决于各个学者研究视野的宽窄。有的学者由于对刑事处罚特征的研究范围较窄，因此，概括的特征也就相对较少，有的学者由于对这一方面的研究范围较为广泛，因此，对其特征的论述相对来讲也就要多一些。笔者认为，就各个学者所提出的每种观点本身来看，它们都不乏科学合理的成分，但是就其对刑事处罚的特征所涵盖的范围来看，则各有千秋。因此，从研究刑事处罚特征的全面性的角度来考虑，本人认为，刑事处罚的特征应当有以下八个方面：

第一，制定机关的权威性。刑事处罚作为统治阶级用来惩治犯罪的强制方法，在所有的法律制裁措施中是最严厉的。由于这一制裁措施的严厉性所致，因此，不是任何机关都可以设置刑罚的。有权制定刑事法律的机关只能是全国人民代表大会及其常委会。根据我国宪法的规定，它们是我国的最高立法机构。由于刑罚是刑法的重要组成部分，对每种具体的犯罪如何设置刑罚，也必须经过全国人民代表大会及其常委会通过，因此，其确立机关的权威性是毋庸置疑的。

---

① [法] 卡斯东·斯特法尼等著：《法国刑法总论精义》，罗结珍译，中国政法大学出版社 1998 年版，第 424—429 页。

第二，适用主体的特定性。根据我国宪法和刑事诉讼法的有关规定，人民法院是专司审判职能的机关，无论是确定有罪也好，还是刑罚的裁量也好，都必须由人民法院实施。任何行为，未经人民法院判决，不得确定为有罪。刑罚作为犯罪的法律后果，其适用的主体也是特定的，即只能由人民法院适用。其他任何机关、团体和个人均无权适用刑罚。正是基于这一点，刑罚的适用是非常严肃的。

第三，适用对象的特定性。由于刑罚是犯罪的后果，因此接受刑罚处罚的对象只能是实施了犯罪行为的人。若是行为人没有实施某种犯罪行为，就不存在负刑事责任的问题。如果行为人对某一方面的行为不应当负刑事责任，也就谈不上给予刑罚处罚的问题。因此，刑罚无论是作为一种最严厉的强制方法，还是作为犯罪的后果，都只能对实施了犯罪行为的人才能适用。刑罚的这一特征，是刑事责任专属性的一个重要体现。它一方面说明，只有对实施了犯罪行为的人才能适用刑罚，另一方面也说明，没有实施犯罪行为的人就不应当承担刑罚处罚。

第四，处罚性质的严厉性。即在所有的处罚方法之中，刑罚是最严厉的处罚方法。因为其他的强制方法虽然可以限制一定期限的人身自由，也可以给予一定的经济处罚。但是，这种处罚方法，就其性质而言，同刑罚相比，都显得相当轻微。因为刑罚不仅可以限制人的人身自由，而且可以剥夺人的财产，最严重的还可以剥夺人的生命。

第五，处罚方式的强制性。强制性是任何法律共有的特征，因为没有强制性就不能称其为法。刑罚作为刑法的重要组成部分，在适用上也是带有强制性的。因为在所有的法律当中，任何一种法律在处罚方式上均不及刑罚之严重，其强制性程度也是最高的。而且相对于其他的处罚方法，刑罚一旦被确定，就不能随意变更。

第六，处罚依据的合法性。所谓处罚依据的合法性，是指人民法院在适用刑罚的过程中，必须严格依照刑事法律的有关规定行事，不得违背法律的规定，这既是罪刑法定原则的基本要求，也是我国社会主义法制原则的重要体现。如果在对行为人所实施的犯罪进行刑罚裁量时，不依据刑法的规定办事，任意裁量，就会导致刑法在适用上的失衡，从而导致对社会主义法制的破坏，有违于罪刑法定的刑法基本原则。就合法性的内容而言，一般是指对于行为人在适用刑罚时，一要依照刑法分则的具体犯罪所规定的法定刑幅度进行裁量；二要依照刑法总则的有关规定进行裁量；三是如果全国人大常委会有其他补充规定，还要依据修改或者补充的内容来适用。

第七，适用范围的伸缩性。在我国，由于法定刑的设置属于相对确定的法定刑，由此导致刑事处罚在适用范围上带有较高的伸缩性。刑事立法给了法官以较大的自由裁量权。从罚取少量的金钱以至于人身自由，甚至于生存权的剥夺，均属于刑事处罚的范围。由于刑事处罚具有高度的伸缩性，因此，一方面，它可以适应对各种不同形式的犯罪进行处罚的需要；另一方面，也给刑事处罚的实际操作带来一定的困难。这种具有高度伸缩性的刑事处罚方式，既为罪刑相适应原则的贯彻实施提供了有力的保障，同时又给法官在刑事处罚的裁量上提出了较高的要求。

第八，执行机关的特定性。在我国，对于犯罪人在被定罪判刑后必须交付有关执行机关进行改造。依据我国监狱法的有关规定，我国的行刑机关主要指的是人民法院、公安机关和监狱部门，而且主要指的是监狱机关。根据我国刑法的有关规定，管制、拘役由公安机关执行；有期徒刑、无期徒刑由监狱部门执行；罚金和没收财产由人民法院执行。非上述机关不得作为刑罚的执行机关。

（三）刑事处罚的目的

1. 刑事处罚的目的的概念

所谓目的，一般是指行为人通过实施某一方面的行为所希望达到的最终结果。在现实生活中，任何人从事一定的行为都是为了达到一定的目的。作为刑事立法者而言，他们从事刑法立法活动，也不是盲目的，而是有其活动宗旨的。刑罚作为我国刑事立法中的核心内容，作为立法者来讲，他们在设置刑罚时也是有一定的目的的。例如，根据俄罗斯联邦刑法典第九章第43条第二项规定："适用刑罚的目的在于恢复社会的公正，以及改造被判刑人的权利和自由。"在我国的刑法立法中，虽然对于刑罚的目的没有作出明确的规定，但是这并不表明我国刑罚的设立是没有目的的。实际上，在我国的刑事立法中所设置的各种刑罚方法都是为一定的目的服务的。那么，究竟什么是刑罚的目的呢？对于刑罚的目的究竟应当如何表述？关于这个问题在刑法理论上亦有不同的争议。从国内外学者对这个问题所提供的解释来看，主要有以下几种观点：

一是适用目的说。此说认为，刑罚的目的指的是法院对犯罪分子适用刑罚所要达到的目的。这不是刑罚本身有什么目的，也不是刑罚本身所具有的性质或作用。[1]

二是广狭两义说。此说认为，刑罚的目的从广义上来讲，是指国家规定刑罚、适用刑罚和执行刑罚所追求的效果；从狭义上讲，即是指国家适用刑罚所要达到的目标。[2]

---

[1] 李光灿主编：《中华人民共和国刑法论》（上册），吉林人民出版社1984年版，第335页。
[2] 王作富主编：《中国刑法适用》，中国人民公安大学出版社1987年版，第211页。

三是预期目标说。关于此说主要有以下几种观点：第一种观点认为，所谓刑罚的目的，是指国家运用刑罚的目的，即国家确立、适用与执行刑罚所追求的客观效果。① 第二种观点认为，刑罚的目的，又称运用刑罚的目的，指人们在主观上预先设定的、通过适用刑罚所希望达到的目标或结果。② 第三种观点认为，刑罚的目的，实际上是指国家对犯罪分子适用刑罚的目的，即人民法院对犯罪分子判处刑罚所预期达到的结果。③ 第四种观点认为，刑罚目的，实际上是指国家适用刑罚的目的，即国家通过制定、适用、执行刑罚所期望达到的目的。④ 第五种观点认为，刑罚目的是指国家制定、适用、执行刑罚的目的，也即国家的刑事立法采用刑罚作为对付犯罪现象的强制措施及其具体适用和执行所预期实现的效果。⑤

四是整体目的说。此说认为，刑罚的目的，是指国家进行的创制、裁量和执行刑罚所组成的整个刑事法律活动的目的，亦即国家的刑事立法采用刑罚作为对付犯罪现象的强制措施及其具体运用和执行所预期达到的效果。⑥

五是实际结果说。这一观点来自前苏联有关刑法学者的主张。他们认为，苏维埃刑罚的目的，乃是社会主义国家为了谴责犯罪人实施犯罪行为，规定其担负刑事责任并对之判处和适用某种刑事惩罚方法所力求达到的最终的实际结果。⑦

关于刑罚目的的概念，究竟应当如何来表达更为科学，笔者认为以上几种观点所提出的见解均有一定的道理且符合我国刑罚目的的基本内涵，但就其科学性而言，笔者认为，第四种观点比较全面也比较准确地概括了我国刑罚的目的的概念。因此，在我国，刑罚的目的，是指国家进行创制、裁量和执行刑罚所组成的整个刑事司法活动的目的，也就是国家的刑事立法采用刑罚作为对付犯罪现象的强制措施及其具体运用和执行所预期达到的效果。从刑罚目的这一概念来分析，我们不难看出，作为刑罚目的的概念，一般来讲，具有以下几个方面的含义：一是刑罚的目的具有整体性，也就是说，作为刑罚的目的而言，它并非某一方面或者某一阶段上的目的，而是作为一个整体而存在的，也就是

---

① 邱兴隆、许章润著：《刑罚学》，群众出版社1988年版，第335页。
② 甘雨沛主编：《刑法学专论》，北京大学出版社1989年版，第251页。
③ 高铭暄主编：《刑法学》，中国人民大学出版社1989年版，第229页。
④ 杨春洗主编：《中国刑法论》，北京大学出版社1994年版，第186页。
⑤ 张明楷著：《刑法学》（上册），法律出版社1997年版，第400页。
⑥ 高铭暄、马克昌主编：《刑法学》（上编），中国法制出版社1999年版，第410页。
⑦ [苏] H. A. 别利亚耶夫、M. JI. 科瓦廖夫主编：《苏维埃刑法总论》，马改秀、张广贤译，群众出版社1987年版，第265页。

说，刑罚的目的是贯穿于刑罚的制定到执行的整个过程的活动准则。二是刑罚的目的具有预期性，也就是说，刑罚的目的作为立法者所希望达到的结果，主要是着眼于犯罪的预防，而不是为了惩罚而惩罚。因此，刑罚的目的在我国是带有预期性的，这是因为我国刑罚的目的重在预防，惩治只是治标的问题，预防才是治本的问题。

2. 刑事处罚的目的的内容

上面我们对刑事处罚的目的的概念作了一些分析，那么，在理解了刑事处罚目的的概念的基础上，就可以帮助我们进一步更好地理解刑事处罚目的的内容。关于刑事处罚目的的内容，就目前国内外刑法理论界所研究的成果来看，也存在着不同观点的纷争。

首先，从国外刑事立法与刑法理论所主张的观点来看，其代表性的观点有如下几种：

一是意大利著名刑法学家贝卡利亚所持的观点。他认为，刑罚的目的既不是要摧残折磨一个感知者，也不是要消除业已犯下的罪行。刑罚的目的仅仅在于，阻止罪犯再重新侵害公民，并规诫其他人不要重蹈覆辙。①

二是前苏联刑法学者的观点。他们认为，苏维埃刑法中刑罚所具有的目的，就是为了预防犯罪者本人（特殊预防）以及其他人（一般预防）实施新的犯罪行为。②

三是俄罗斯联邦刑法典所持的观点。根据该法典第43条规定：适用刑罚的目的在于恢复社会公正，以及改造被判刑人和预防实施新的犯罪。③

四是日本学者所持的观点。该种观点认为，刑罚的目的，从如下三方面观察时，可将其作用作如下分类：（1）对犯人方面，刑罚首先对犯人发挥其作用，称之为特别预防。又可分为两点：一是社会的适合；二是社会的隔离。（2）对社会方面，刑罚又以警戒一般社会以防后车的倾覆为目的，谓之一般的预防，而同时又有满足一般社会报应思想的作用。（3）对被害者方面，刑罚对被害者其法益受不当的侵害不能忽视，而有给予满足的作用④。

五是美国学者所持的观点。该种观点认为，经过数个世纪，刑罚的诸多基本目的已被揭示出来。在已揭示出来的刑罚的目的诸多目的中，下列几个是较为重要的，使人们不敢实施犯罪行为（威慑），报复犯罪行为（报复），改造罪

---

① 贝卡利亚著，黄风译：《论犯罪与刑罚》，中国大百科全书出版社1993年版，第42页。
② [苏] H. A. 别利亚耶夫、M. Л. 科瓦廖夫主编：《苏维埃刑法总论》，马改秀、张广贤译，群众出版社1987年版，第267页。
③ 黄道秀等译：《俄罗斯联邦刑法典》（中译本），中国法制出版社1996年版，第20页。
④ [日] 牧野英一：《日本刑法》，有斐阁1939年版，第576—577页。

犯（改造或复归），以及谴责违背社会价值的行为（谴责）。另外一个可能存在的目的，即对人们进行社会价值的教育，与谴责密切相关，因为教育经常是通过谴责违背社会价值的行为而实现的①。

其次，从港台两地刑法学者对刑事处罚的目的所持的观点来看，主要有如下几种：

一是香港特区学者对刑事处罚的目的所持的观点。他们认为，香港刑罚的目的主要有以下几个：（一）惩罚。惩罚性目的，旨在显示社会人士对罪行的厌烦，以及犯罪人为其所犯罪行得到惩罚。（二）阻吓。刑罚的阻吓目的，旨在威慑或遏制犯罪者使其不再重犯，同时，也使可能犯者不致犯罪。（三）教正。刑罚的教正目的，旨在使罪犯受到教育，得以矫正，改过自新。（四）维护法纪。维护法纪"是对犯罪人适用刑罚时最重要的目的"。②

二是台湾地区的学者对刑事处罚的目的所持的观点。他们对刑事处罚的目的的观点有如下两种。有的学者认为，刑罚之目的，虽结局在防卫社会，然由下列三面观察，得分其作用如后：（1）犯人方面。刑罚对于犯人之作用为特别预防。又分为二：①社会的适合。刑罚以矫正犯人之恶性，使犯人生活适合于社会生活为目的。为达此目的，刑罚对于犯人或为匡正手段或为教育手段，或为威吓手段。②社会的隔离。刑罚又以使犯人由社会隔离，而使其不能再侵害社会为目的。为达此目的，刑罚或将犯人由社会全然隔离，或一时隔离。（2）社会方面。刑罚又以警戒社会，以防后车之覆辙为目的。此为一般预防，同时又有满足一般社会报应思想之作用。（3）被害人方面。刑罚又有能与被害人相当满足之作用。③ 有的学者认为，申言之，刑罚之主要目的乃在于公正地报应行为人之罪责，并以刑罚之公正报应，威吓社会大众而生吓阻犯罪之一般预防功能，且善用执行刑罚之机会，从事受刑人之矫正工作，而收教化之个别预防功能④。

再次，是我国大陆地区的学者对刑事处罚的目的所持的观点，其代表性的观点主要有以下几个方面：

一是惩罚说。认为刑罚既然是阶级专政的工具，是国家的一种强制方法，惩罚就是刑罚的本质属性。适用刑罚的目的就在于使犯罪人的自由和权利受到

---

① [美] 迈克尔·D. 贝勒斯著：《法律的原则：一个规范的分析》，张文显等译，中国大百科全书出版社1996年版，第334—335页。
② 宣炳昭著：《香港刑法导论》，中国法制出版社1997年版，第144—147页。
③ 刘清波编著：《刑法概论》，台湾开明书局1967年版，第128—129页。
④ 林山田著：《刑法通论》，台湾三民书局1986年版，第374页。

限制与剥夺，使他们感到压力和痛苦，只有这样才能制止犯罪的发生。①

二是改造说。认为对犯罪人判处刑罚，既不是为了追求报复的目的，也不是将惩罚作为自己的目的，而是通过对犯罪人的惩罚这个手段，达到改造犯罪人，使其重新做人的目的。②

三是预防说。认为刑罚固然具有惩罚的属性，适用刑罚惩罚犯罪分子，使其遭受一定的痛苦和损失，并不是我们适用刑罚的目的。我国对犯罪分子适用刑罚的目的是预防犯罪。它具体又表现为两个方面：一是特殊预防，就是对犯罪分子适用刑罚，以防其再次犯罪；二是一般预防，就是通过惩罚犯罪，教育和警戒社会上可能犯罪的分子，使他们不致走上犯罪的道路。③

四是双重目的说。认为我们对犯罪分子适用刑罚，既有惩罚犯罪分子的目的，又有教育改造犯罪分子的目的。如果认为我国刑罚只有对犯罪分子教育改造的目的，而没有惩罚的目的，那就失去了刑罚固有的属性和存在的必要。④

五是三目的说。认为我国人民法院对犯罪人适用刑罚，是要达到三个目的：即惩罚与改造犯罪分子，预防他们重新犯罪；教育和警戒社会上的不稳定分子和可能走上犯罪道路的分子，使他们不致犯罪；教育广大群众增强法制观念，积极同犯罪作斗争。⑤

六是预防和消灭犯罪说。认为我们对犯罪分子适用刑罚，就是要把他们当中的绝大多数人教育改造成为新人，从而达到预防犯罪，最终消灭犯罪，以保护国家和人民利益的目的。⑥

七是根本目的和直接目的说。认为我国刑罚的根本目的是预防犯罪，保卫社会。直接目的是惩罚犯罪，伸张社会正义；威慑犯罪分子和社会上的不稳定分子，抑制其犯罪意念；改造犯罪分子，使其自觉遵守社会主义国家法律秩序。直接目的从刑罚的三个作用出发，追求着不同的结果，从不同的角度和侧面，共同服务于我国刑罚的根本目的。三者之间，既有联系又有区别，既非一种机械不变的简单组合，也不是一种绝对平均的三等分，而有其客观的内在联系和规律性。其中，改造目的是主要的，威慑的目的和惩罚的目的是次要的。⑦

八是二元说。认为犯罪具有双重属性；对于已经发生的犯罪有人称之为已

---

① 高铭暄主编：《新中国刑法学研究综述》，河南人民出版社1986年版，第408页。
② 高铭暄主编：《新中国刑法学研究综述》，河南人民出版社1986年版，第408页。
③ 高铭暄主编：《新中国刑法学研究综述》，河南人民出版社1986年版，第408—409页。
④ 高铭暄主编：《新中国刑法学研究综述》，河南人民出版社1986年版，第409页。
⑤ 高铭暄主编：《新中国刑法学研究综述》，河南人民出版社1986年版，第409页。
⑥ 高铭暄主编：《新中国刑法学研究综述》，河南人民出版社1986年版，第409页。
⑦ 高铭暄主编：《新中国刑法学研究综述》，河南人民出版社1986年版，第409—411页。

然之罪，它主要表现为主观恶性与客观危害相统一的社会危害性；对于尚未发生的犯罪，有人称之为未然之罪，它主要表现为初犯可能与再犯相统一的人身危险性。从这个意义上说，犯罪是社会危害性与人身危险性的统一，这就是犯罪本质的二元论。立足于此，刑罚作为对犯罪的扬弃，其功能应当具有相应的二元性：刑罚对于已然之罪，表现为惩罚；刑罚对于未然之罪，表现为教育。从刑罚的功能再推出刑罚目的，当然也具有二元性：惩罚之功能表现为报应，教育之功能表现为预防。①

关于刑事处罚的目的的内容究竟应当包括哪些？从国外的刑法学者和我国刑法学者所持的观点来看，均有不同的争议。根据笔者的观点，在刑罚目的的内容的确定上，一要认真区分刑罚与惩罚两个概念之间的区别；二要对刑罚的目的的内容不能作单一性理解，而要作多层次分析。根据这一思路，笔者认为，要弄清刑罚目的的内容，首先应当弄清刑罚与惩罚这两个概念之间的界限。刑罚是用以惩治犯罪的强制方法，它是刑事责任实现的主要方式，也是犯罪行为应负的法律后果。而惩罚作为刑罚的基本属性，它只是为保证刑罚目的的实现所采用的手段。作为刑罚适用的手段，惩罚不是刑罚的目的。因此，有的学者将惩罚当做刑罚的目的，是混淆了目的与手段之间的关系。因为惩罚的本身不是目的，刑罚的目的也不是为了单纯的报应而设置的。因此，在对刑事处罚目的的理解上，我们切不可只从表象上看问题，而应当把握其精神实质。在弄清了刑罚与惩罚概念之间的区别之后，我们不妨再对刑事处罚目的的内容作一具体的分析。

如前所述，对我国刑事处罚的目的不能作单一性理解，而应当作多层次、多向性的分析。关于刑罚目的的多层性，笔者认为可以从以下三个方面来把握：

一是刑事处罚的根本目的。所谓刑事处罚的根本目的，一般是指国家通过刑罚的创制、适用和执行所希望达到的最终目标。它是刑事处罚深层次的目的，为刑罚的直接目的与间接目的的实现提供了根本的方向。我国刑法的性质和任务，决定了我国刑罚的根本目的只能是遏制和预防犯罪，以至于最终消灭犯罪。这是因为，我国是人民民主专政的社会主义国家，它在很多方面都具有剥削阶级国家无可比拟的极大优越性。这些方面的优越性不仅为犯罪的遏制与预防提供了强有力的制度保证，同时也为最终消灭犯罪提供了重要的基础。应当指出的是，刑事处罚的根本目的并非空中楼阁，它是存在于刑事处罚的直接目的与间接目的之中，但又高于刑事处罚的直接目的与间接目的。它们之间的

---

① 陈兴良著：《刑法哲学》，中国政法大学出版社1992年版，第353—359页。

相互关系可以概括为：刑事处罚的直接目的与间接目的以根本目的为指导，刑事处罚的根本目的的实现又以直接目的与间接目的的实现为条件。

二是刑事处罚的直接目的。所谓刑事处罚的直接目的，是指国家创设、适用和执行刑罚所希望达到的直接效果。关于我国刑罚的直接目的的内容，一般来讲，可以将其概括为两个方面：

1. 刑罚的特殊预防

刑罚的特殊预防是指通过对犯罪分子本人适用刑罚以达到防止其重新犯罪的目的，也就是惩患于已然。特殊预防的一个重要内容在于，剥夺犯罪分子继续犯罪的条件，排除犯罪对社会的侵害。犯罪是危害社会的行为，即违反社会生存条件的行为，刑事处罚作为对付犯罪的一种自卫手段，它所要求达到的直接结果必然是及时剥夺犯罪分子继续犯罪的条件，从而排除犯罪对社会的直接危害，这是由刑罚的根本任务所决定的。从我国刑法关于刑罚的规定来看，也都包含这一目的的内容。例如，依照刑法，无期徒刑主要是适用于罪行严重，需要与社会永久隔离，但不够判处死刑的犯罪分子。我国刑法之所以规定对这些犯罪分子适用终身监禁，其直接目的就是使他们丧失滥用人身自由而继续危害社会的条件，排除他们对社会的严重危害。又如，我国刑法规定的作为附加刑的罚金和没收财产，其适用对象主要是某些贪利性犯罪，因为实施这些犯罪一般都以一定的财力、物力为条件，犯罪分子所追求的也是获取非法物质利益。因此，对这些犯罪分子科处罚金或没收财产，不仅使他们在经济上占不到便宜，而且更重要的是可以剥夺其再犯的资本。我国刑法规定的死刑也是如此。我们对极少数罪行极其严重的犯罪分子依法适用死刑，直接目的在于通过淘汰的办法彻底剥夺他们的再犯罪能力，使之永不再危害社会。

特殊预防的另一个更为重要的内容是通过适用刑事处罚，将犯罪分子改造成为自食其力的守法者，不致再危害社会。这种改造是在惩罚的前提下强制进行的。犯罪心理学的研究表明，犯罪分子之所以实施犯罪，其心理动因在于他持有趋利避害的冒险心理或者可以逃避惩罚的侥幸心理。我们对犯罪分子适用刑罚，剥夺他们的一定权益，必然使其体验到受刑之苦，并认识到犯罪以惩罚为代价，刑罚是犯罪的必然结果。惩罚犯罪引起的这种心理效应可以抑制或弱化大多数犯罪分子的犯罪动机。

2. 刑罚的一般预防

刑罚的一般预防，是指通过对犯罪分子适用刑罚从而达到警戒社会上潜在的犯罪人走上犯罪道路的目的，也就是防患于未然。一般预防作为刑事处罚的直接目的之一，其防范的对象不是犯罪人本身，而是犯罪人以外的可能实施犯罪的人。具体来说，它包括以下几种人：一是危险分子，即具有犯罪危险的人。如尚未得到有效改造的刑满释放人员，多次实行违法行为的人，多次受到刑罚处罚的人。这些人无疑是一般预防的重点；二是不稳定分子，即容易犯罪的人。主要是指法制观念淡薄、自制能力不强、没有固定职业、容易受犯罪诱惑或者容易被犯罪人教唆拉拢的人。不稳定分子主要存在于不良群体与失业者中，也是一般预防的重点；三是犯罪被害人，即直接或者间接受到犯罪行为侵害的人。这些人虽然是犯罪的受害者，但因为往往具有报复性倾向，也容易通过犯罪手段达到报复的目的，故属于一般预防的对象。在对刑罚的一般预防的对象上，需要注意的问题是，作为一般预防的对象只能是那些有可能走上犯罪道路的危险分子、不稳定分子与犯罪被害人。对于广大的人民群众而言，不能将其作为一般预防的对象。这是因为，我国的法律是人民意志的体现，是保护人民利益的，人民群众遵守法律同其自身的利益是一致的，所以，能够自觉守法。刑罚的制定、适用与执行可以使他们增强法制观念，鼓励他们积极主动地配合国家专门机关不懈地同犯罪作斗争，因此，人民群众是预防犯罪的主体，而不是一般预防的对象。在有的刑法论著中，将人民群众作为一般预防的对象，这种认识是不正确的。

一般预防的途径，一是通过对犯罪人判处刑罚，向社会成员郑重宣告：任何人犯罪都将受到刑罚处罚，都将受到剥夺性痛苦，于是对社会起到警戒与抑制作用，使社会成员不敢或不愿实施犯罪。二是通过对犯罪人判处刑罚，向社会成员郑重宣告：任何犯罪都是侵犯合法权益的行为。与犯罪作斗争是社会成员的义务，于是号召社会成员防止和抵制犯罪发生，以利于预防可能犯罪的人实施犯罪行为。正因为如此，一般预防的实现，有利于刑事处罚的公正性、公开性与及时性，不公正的刑罚、不公开的刑罚、不及时的刑罚，都不利于一般预防的实现。

三是刑事处罚的间接目的。所谓刑事处罚的间接目的，就是指通过对犯罪分子适用刑罚间接达到的社会效果。这种目的虽然不是刑罚本身所具有的，但是通过刑罚的适用可以对社会产生间接的影响。诸如通过对犯罪人的惩治可以对被害人产生安抚与慰藉的社会效果。又如，司法机关通过司法建议书的形式对发案单位提出建议，可以帮助发案单位引起警惕，从而加强单位内部的防范工作，消除诱发犯罪的外部条件。虽然这些社会效果不是刑罚直接产生的社会效果，但是在司法实践中，对于这些方面的间接社会效果也不能不考虑，从而指导司法工作人员在适用刑罚的过程中达到刑罚效益实现的最大值。在这里，笔者之所以将适用刑罚间接达到的社会效果视为刑罚的间接目的，主要是基于以下几个方面的考虑：（1）刑罚的间接目的之所以能够成为刑罚的目的之一，是因为它是不能为刑罚的直接目的所包含，而是独立于刑罚的直接目的之外的又一层面的目的。如前所述，刑罚的直接目的就其实质而言，是预防犯罪分子本人重新犯罪和防止社会上的潜在犯罪人走向犯罪。该目的的内容并未包括刑罚的适用所要达到的间接社会效果。（2）间接目的虽然独立于直接目的之外，但它却是人民法院在适用刑罚时所追求的一种社会效果，这是因为堵塞漏洞、消除诱发犯罪的外部条件对于犯罪的预防来讲，其意义同样是非凡的。实践表明，如果单位内部管理混乱，没有必要的规章制度或者有章不循，就容易诱发渎职犯罪以及责任事故方面的犯罪。如果社区缺乏社会控制机制或者控制不严，犯罪分子就会乘虚而入。这种现象应当引起司法机关的高度重视，并可以采用司法建议书的方式帮助发案单位进行整改。（3）堵塞漏洞、消除诱发犯罪的外部条件虽然发生在对犯罪分子适用刑罚的过程中，但它的落实却往往需要借助于发案单位或者被害人的积极配合。只有在这些中介因素的大力支持与配合下，刑罚的间接目的才能更好地实现。因此，刑罚的间接目的虽然不是直接目的所能包含的，但是它对社会所产生的附带效果，与刑罚的直接目的一样，同样是积极的。

（四）刑事处罚的体系和种类

各种刑事处罚方法的总和，构成一个国家特定的刑事处罚体系。从这个意义上讲，刑罚体系是指一个国家刑法规定的并依照一定次序排列的各种刑事处罚方法的总和。由于世界各国的刑事立法囿于其本国的传统、习惯等方面的限制，因此，每一个国家的刑事处罚的体系和种类也有所不同。例如，根据《俄罗斯联邦刑法典》第44条的规定，刑罚有以下种类：（1）罚金；（2）剥夺担负一定职务或从事某种活动的权利；（3）剥夺专门称号、军衔或荣誉称号、职衔和国家奖励；（4）强制性工作；（5）劳动改造；（6）限制军职；（7）没收财产；（8）限制自由；（9）拘役；（10）军纪营管束；（11）一定期限的剥夺自由；（12）终身剥夺自由；（13）死刑。另外，根据本法典第45条主刑与从刑之规定，以上13种刑罚种类中，其中，（1）强制性工作、劳动改造、限制军职、限制自由、拘役、军纪营管束、一定期限的剥夺自由、终身剥夺自由、死刑仅可作为主刑适用。（2）罚金和剥夺担任一定职务或从事某种活动的权利既可作为主刑适用，也可作为从刑适用。（3）剥夺专门称号、军衔或荣誉称号、职衔和国家奖励，以及没收财产只能作为从刑适用。又如，根据《日本刑法典》第9条规定，刑罚的种类有死刑、惩役、监禁、罚金、拘留和科料为主刑；没收为附加刑。再如，《韩国刑法典》第41条规定，刑罚的种类如下：（1）死刑；（2）劳役；（3）徒刑；（4）丧失资格；（5）停止资格；（6）罚金；（7）拘留；（8）科料；（9）没收。从国外刑法典中对刑罚的种类的规定来看，它们对刑罚的规定有的是先规定刑罚的种类，然后根据这些刑种所起的作用分别依主刑、从刑或者主从相兼进行了归类,如《俄罗斯联邦刑法典》即是。有的是根据刑罚所起的作用对不同的刑种依主刑或者附加刑分别作了规定,如《日本刑法典》即是。有的是只规定了刑种,而对这些刑种则没有依其作用按主刑与附加刑作划分,如《韩国刑法典》即是。

根据我国刑法第32条至第37条的规定,我国刑罚的种类分为主刑和附加刑两大类。主刑是对犯罪分子适用的主要方法。主刑只能独立适用,不能附加适用。一个罪只能适用一个主刑,不能同时适用两个或者两个以上的主刑。我国刑法规定的主刑种类有管制、拘役、有期徒刑、无期徒刑和死刑五种。附加刑是补充主刑适用的刑罚方法。我国刑法规定的附加刑既可以附加适用,也可以独立适用。我国刑法规定的附加刑种类有罚金、剥夺政治权利和没收财产以及驱逐出境四种。下面就我国刑法所规定的刑罚方法作一概括性的介绍。在五种主刑中,管制是对犯罪分子不实行关押,但限制其一定自由,由人民法院判决后,在公安机关管束和人民群众监督之下,在原单位或居住地,参加生产劳动或工作,实行改造的刑罚。拘役是对犯罪分子短期剥夺自由,就近实行劳动改造的刑罚方法。有期徒刑是对犯罪分子剥夺一定期限的自由,实行强迫劳动改造的刑罚方法。无期徒刑是对犯罪分子剥夺终身自由,实行强迫劳动改造的刑罚方法。死刑是剥夺犯罪分子生命的刑罚方法。在四种附加刑中,罚金,是指人民法院依法对犯罪分子向国家缴纳一定数额的金钱的刑罚方法。剥夺政治权利,是指剥夺犯罪分子参加国家管理和政治活动权利的刑罚方法。没收财产,则是指将犯罪分子个人财产的一部分或者全部强制无偿地收归国有的刑罚方法。驱逐出境,是指对犯罪的外国人或无国籍人逐出我国国(边)境的刑罚方法。

从我国刑法所规定的刑罚体系与种类的内容来看,它主要有以下几个方面的特点:

一是我国刑罚的体系,体现了区别对待、罚当其罪的罪刑相适应原则。犯罪是一种复杂的社会现象,各种具体犯罪行为的社会危害性及其程度是各不相同的,在各种具体犯罪中往往又有目的、动机、手段、后果、情节等不同的差异。这种犯罪现象的复杂性,决定了惩罚犯罪的方法也应当保持一定的多样性,以适应惩治各种不同犯罪的需要。我国刑事立法从实际出发,依照惩办与宽大相结合的刑事政策,区别情况,具体分析,规定了有主有从、由轻到重的各个刑种,且各个刑种之间相互衔接,前后递进,从而形成了一个完整、科学的刑罚体系。这样一来,就为人民法院针对各种不同的犯罪情况具体裁量刑罚提供了一个良好的基础,从而在更大程度上实现了我国刑罚的根本目的。

二是我国刑罚的体系,体现了宽严相济的刑事政策。我们对罪犯适用刑罚并不是为了惩罚而惩罚,而是通过惩罚的手段和方法,将犯罪分子中的绝大多数人改造成为对社会有用、对国家和人民有益的新人。根据我国刑事立法的规定，死刑的适用只能是极少数罪行极其严重的犯罪分子。对于那些应当判处死刑，但又不是必须立即执行的犯罪分子，可以适用死缓制度，给犯罪分子以出路，从而最大限度地减少死刑的实际适用。至于其他罪犯，则针对他们罪行的轻重，分别适用管制、拘役、有期徒刑、无期徒刑，并对他们实行劳动改造。在执行期间，如果确有悔改或者立功表现，可以减刑，对具备法定条件的罪犯，还可以假释，鼓励犯罪分子通过改造获得新生。所有这些，都充分体现了我国长期实行的惩罚与教育、惩办与宽大相结合以及宽严相济的刑事政策。

三是我国刑罚的体系，体现了专门机关与群众路线相结合的司法方针。在同犯罪作斗争中，依靠专门机关与群众路线相结合，是我国长期以来实行的行之有效的根本方针。其内容包括两个方面：一是依靠专门机关依法对犯罪分子实行制裁；二是动员群众对受刑人进行监督和教育改造。我国刑罚体系中的管制，就是对这一方针政策的充分体现。将管制规定为刑罚，不仅可以直接依靠人民群众改造罪犯，而且与剥削阶级国家的刑罚体系划清了界限。

四是我国刑罚的体系，充分体现了社会主义的人道主义精神。在我国刑罚体系中，既无摧残犯罪人的肉体刑，也无贬低、侮辱犯罪人人格的丑辱刑。对犯罪的时候不满18周岁的人和审判的时候怀孕的妇女，不适用死刑。对于审判的时候已满75周岁的人，除以特别残忍手段致人死亡的之外，亦不适用死刑。从刑罚执行看，除死刑外，其他几种主刑的执行都是劳动改造。对被判处管制的犯罪分子，实行同工同酬；对被判处拘役的犯罪分子，在执行时允许他们每月回家一至两天，参加劳动的，可以酌量发给劳动报酬。此外，我国刑法还规定，对被监管人不得实行体罚虐待等，均体现了社会主义的人道主义精神。

二、刑事责任的次要承担形式之一——非刑事处罚措施

非刑事处罚措施，是指人民法院对犯罪分子直接适用或建议有关部门适用刑事处罚以外的其他具有刑事处分性质的各种方法的总称。

（一）非刑事处罚措施的法律性质

我国1997年刑法第37条规定："对于犯罪情节轻微不需要判处刑罚的，可以免予刑事处罚，但是可以根据案件的不同情况，予以训诫或者责令具结悔过、赔礼道歉、赔偿损失，或者由主管部门予以行政处罚或者行政处分。"另外，刑法第17条第4款规定："因不满16周岁不予刑事处罚的，责令他的家长或者监护人加以管教；在必要的时候，也可以由政府收容教养。"对我国1997年刑法所规定的上述各种措施如何看待其法律性质？亦即是说，在上述规定中，哪些可以作为刑事责任的实现形式？对于这一问题，在理论上并未形

成一致意见。按照我国刑法理论界之通说,这些措施是人民法院对犯罪分子予以刑事附带民事的强制处分,或者是对免予刑事处分的犯罪分子采取的教育措施,或者是由主管部门予以的行政处分。这些措施的共同特点是,它们"是人民法院了结案件的一种处理方法,不是刑种,不具有刑罚的性质和作用。但是它对伸张正义、保护被害人的合法权益,教育犯罪分子,衔接、协调各部门法,妥善处理问题,都有重要的作用。在一定意义上,非刑罚的处理方法是刑罚的必要补充。"① 另有一些学者认为,刑法第 37 条的规定,在刑法上确立了在我国对一定的犯罪行为追究民事责任的法律制度。②

笔者认为,上述措施不是刑种,具有不同于刑罚的性质和作用,但是,既然它们作为了结已经构成犯罪的刑事案件的一种处理方法,便不能再认为是一般意义上的民事处分或者行政纪律处分,所以,这些措施的性质介于刑罚和民事处分与行政纪律处分之间,故而称之为非刑事处罚措施。由于这些措施本身具有刑事处分的性质,因而,应该认为是刑事责任的实现形式之一,此其一。其二,适用这些措施的前提是有犯罪存在,行为人应当负刑事责任,只是由于犯罪情节轻微,不需要判处刑罚而适用这种介于刑罚和民事处分、行政处分之间的处理方法。这些处理方法也是法律规定的犯罪的实际后果和解决特殊刑事责任问题的必要形式。其三,这些措施是由刑法规定的,并且是用来了结刑事实体问题的方法。其四,这些措施的适用,具有"伸张正义,保护被害人的合法权益,教育犯罪分子"的作用,也就是说,它在功能上接近于刑罚。综上所述,笔者认为,在理解非刑罚刑事处分方法的性质时,既不能将之混同于刑罚,也不能将之视为与民事处分和行政处分在性质上完全等同。它们虽然不是刑种,不能认为是刑事罚,但却具有刑事否定评价和谴责的性质,是表现轻微犯罪刑事责任的一种形式。

我国 1997 年刑法第 36 条规定:"由于犯罪行为而使被害人遭受经济损失的,对犯罪分子除依法给予刑事处罚外,并应根据情况判处赔偿经济损失。承担民事赔偿责任的犯罪分子,同时被判处罚金,其财产不足以全部支付的,或者被判处没收财产的,应当先承担对被害人的民事赔偿责任。"如何看待这一规定中的"赔偿经济损失"的法律性质?一种观点认为,这是犯罪行为的民事责任;③ 另一种观点认为,这是一种非刑罚的处理方法,与刑法第 37 条的规

---

① 高铭暄主编:《中国刑法学》,中国人民大学出版社 1989 年版,第 265—267 页。
② 关中翔:《论犯罪行为的民事责任》,载《法律科学》1991 年第 1 期,第 75 页。
③ 关中翔:《论犯罪行为的民事责任》,载《法律科学》1991 年第 1 期,第 75 页。

定具有相同的性质。① 有的还进一步指出，这种赔偿经济损失是由犯罪行为而产生的一种法律制裁。其目的一方面在于使被害人由于犯罪行为而遭受的经济损失得以补偿，保护其经济利益；另一方面也是对犯罪分子的一定惩罚和教育。笔者基本上倾向于第一种意见。其理由是：(1) 赔偿经济损失虽然是由犯罪行为引起的，但是赔偿了经济损失，并不等于犯罪人已经承担了或者不需要再承担刑事责任。实际上，在这种场合，之所以要赔偿经济损失，其原因在于行为人的行为带有双重性，即行为人的行为既具有犯罪性质，又具有民事侵权性质，刑事责任与民事责任是并列存在的。(2) 在性质上，这一规定是刑事附带民事诉讼的法律依据。虽然民事诉讼附属于刑事诉讼，但这并不影响民事诉讼本身具有相对独立的性质，其审理的程序和原则只能按照民法和民事诉讼法的规定进行。(3) 这种赔偿是因民事侵权而引起的，作为民事责任的表现形式，它不具有刑事处分的性质，也不具有预防犯罪的功能，而只是一种回顾性的补偿措施。因此，该条规定的赔偿损失与刑法第 37 条规定的赔偿损失，具有完全不同的性质，前者是民事责任的表现形式，而后者则是刑事责任的表现形式。

刑法第 37 条中也规定了责令赔偿损失。这里的赔偿损失是人民法院责令情节轻微、不需要判处刑罚的犯罪人向被害人支付一定数额的钱财，以弥补被害人因犯罪行为而遭受的物质损失和精神损害。对这一措施的法律性质究竟应当如何看待？一种观点认为，"这是与刑法第 31 条（1997 年刑法为第 36 条）规定的判处赔偿经济损失一样，在性质上都是刑事附带民事的强制处分。所不同的是，刑法第 31 条（1997 年刑法为第 36 条）规定的赔偿经济损失适用于依法被判处刑事罚的犯罪分子，而刑法第 32 条（1997 年刑法为第 37 条）规定的赔偿损失适用于依法免予刑事处分的人。"② 另一种观点认为，这一措施虽然具有民事赔偿的性质，但它是用来解决犯罪人的刑事责任的，在性质上与刑法第 31 条（1997 年刑法为第 36 条）规定的"判处赔偿经济损失"不完全相同。笔者认为，以上两种观点均有欠妥之处。一方面，第 37 条中的"赔偿损失"具有附带民事的强制处分的性质。首先，从第 36 条和第 37 条规定的关系来看，前条讲的是既给予刑事处分，又要判处赔偿经济损失；而后条讲的则是虽然免予刑事处分，但却不能免除赔偿损失。其次，从法理上讲，犯罪行为使被害人遭受经济损失，应受刑罚处罚的不能免除民事责任，不受刑罚处罚的则不必承担民事责任，这是不合理的，因此，二者在性质上具有一致的地方。另一方面，刑法第 37 条中的"赔偿损失"又具有第 36 条规定所不具有的性

---

① 高铭暄主编：《中国刑法学》，中国人民大学出版社 1989 年版，第 226 页。
② 高铭暄主编：《中国刑法学》，中国人民大学出版社 1989 年版，第 266—267 页。

质。根据《民法通则》第 120 条的规定，被害人的姓名权、名誉权、肖像权等人格权利受到侵害的，虽然人格尊严无法用金钱物质来进行衡量，但人民法院可以责令犯罪人予以物质赔偿，用物质手段来弥补被害人的精神损害。据此，我国刑法分则中规定的一些以被害人的人格等作为客体内容的犯罪，如侮辱、诽谤等，如果情节轻微，不需要判处刑罚，便可以直接以赔偿一定损失的方式，来弥补犯罪行为给被害人精神上所造成的损害，恢复被破坏了的法律秩序。这种赔偿便具有了刑事制裁的性质，体现了刑事责任的内容，因此，可以认为是刑事责任的实现形式。为了区别刑事责任的实现形式与民事责任的实现形式，对 1997 年刑法第 36 条和第 37 条的有关规定作适当调整是必要的。具体来讲，可以将属于民事责任实现形式的赔偿经济损失，不论是否应当受到刑罚处罚，均归并到刑法第 36 条之中，而属于刑事责任实现形式的赔偿损失，则保留在第 37 条之中。

如前所述，非刑事处罚措施既有规定在刑法第 37 条中的，也有规定在第 17 条中的。后者属于刑法总则第二章第一节"犯罪和刑事责任"中的内容，前者属于刑法总则第三章第一节"刑罚的种类"中的内容。这种规定方式在排列上是混乱的。这是因为：（1）刑法第二章所要解决的是应否负刑事责任以及应负何种刑事责任的问题，而刑事责任的实现及其表现形式，则是第三章中所要解决的问题。第 17 条第 4 款的内容，属于刑事责任形式的问题，因而，应移至第三章第一节中。（2）第三章第一节以"刑罚的种类"作为标题，名不副实。就其规定的内容来看，其中既有刑罚，又有非刑事处罚措施，还有民事赔偿问题掺杂其中，以刑罚的种类为题，无法完全包容上述内容。因此，为科学起见，第三章第一节应当改为"刑事处分的种类"更为贴切。至于这一节中专条规定的附带的民事处分，是由于在立法当时，民法尚待制定，而实际问题又需要解决，① 在《民法通则》已经颁行，并且对"侵权的民事责任"已经作了专门规定的今天，在刑法中是否还有必要规定刑事附带的民事处分，则值得研究。笔者认为，对于刑事附带民事诉讼案件，程序问题由刑事诉讼法加以规定，实体问题则宜由刑法和《民法通则》分别加以规定，亦即在刑法中没有必要规定民事处分的内容。

（二）非刑事处罚措施的种类及适用条件

1. 非刑事处罚措施的种类

关于非刑事处罚措施，根据其适用的机关不同，可以分为由人民法院直接

---

① 高铭暄著：《中华人民共和国刑法的孕育与诞生》，群众出版社 1981 年版，第 66 页。

适用的非刑事处罚措施和由人民法院间接适用的非刑事处罚措施两类。

（1）由人民法院直接适用的非刑事处罚措施。根据1997年刑法第37条的规定，由人民法院直接适用的非刑事处罚措施主要有训诫、责令具结悔过、赔礼道歉和赔偿损失四种。

训诫是人民法院对犯罪分子当庭予以批评或者谴责，责令其改正；责令具结悔过是人民法院责令犯罪分子用书面的方式作出悔改保证；赔礼道歉是人民法院责令犯罪分子向被害人承认错误，表示歉意；赔偿损失是要求犯罪分子赔偿因其犯罪行为给被害人造成的损失，包括物质损失和精神损失两方面，具有一定的惩罚性。这四种处理措施是人民法院对犯罪情节轻微而免予刑事处分的犯罪分子所采取的刑事教育措施，也就是说，这四种措施所体现的是刑事责任自身的内容，因而，可以认为是刑事责任的具体实现形式。这些处理措施，一般可当庭处理，记录在案，但不能写在判决书的主文中。确有必要在裁判文书中反映的，可在判决理由部分叙述。

（2）由人民法院间接适用的非刑事处罚措施。刑法规定的非刑事处罚措施不仅可由人民法院直接适用，还可以根据人民法院的责令或建议，由犯罪人的家长、监护人或政府有关部门适用。这类措施主要有以下两类：

第一，建议主管部门对犯罪人予以行政处罚或者行政处分。即人民法院根据案件的具体情况，向犯罪情节轻微，不需要判处刑罚的犯罪人所在的单位提出予以一定的行政处罚或者行政处分的建议，而由其主管部门自行决定并具体执行的具有刑事制裁性质的措施。这种行政处分与一般行政处分虽形似而实异。前者是针对刑事违法行为，为解决刑事责任问题而适用的，是刑事责任的表现形式；而后者则是针对一般违法行为，是行政责任的表现形式。人民法院在向有关部门提出给予行政处罚或者行政处分的建议时，应该针对犯罪人的行为方式和犯罪特点，使得所提的建议具有一定的针对性，但不能写在判决书中。犯罪人的主管机关根据人民法院的建议，无论是否以及如何对犯罪人作出行政处分，均应当将结果报送人民法院，存卷备查。

第二，责令犯罪人的家长或者监护人对犯罪人加以管教。即对不满16周岁的犯罪人，根据具体案情，人民法院认为不需要判处刑罚，而责令其家长或者监护人对犯罪人严加看管和教育的措施。这是一种社会保护措施，它不只是消极地防止犯罪人再次危害社会，更重要的是利用其家长或者监护人等社会力量，积极地对犯罪人进行教育改造。这样做既避免了关押给未成年犯罪人生理与心理上带来的不良影响，又利用社会力量教育改造了犯罪人。

2. 非刑事处罚措施的适用条件

根据我国刑法的规定，非刑事处罚措施的适用，必须具备以下几个方面的条件：

第一，行为人的行为已经构成犯罪，应当负刑事责任。非刑事处罚措施作为刑事责任的具体实现形式，其适用的前提是必须有刑事责任存在，亦即行为人的行为构成了犯罪。根据刑法第 13 条的规定，行为人的行为不构成犯罪的，不能适用非刑事处罚措施。

第二，行为人的行为不需要判处刑罚。非刑事处罚措施不同于附加刑，它只能独立适用，不能与主刑同时适用。适用这类措施主要有两种情况：一类是犯罪情节轻微，以刑事责任的程度衡量，刑事责任较小，不需要判处刑罚；另一类是犯罪虽然较重，能够判处刑罚，但存在法律规定的阻却刑事处分的事由，因而不判处刑罚。无论哪种情况，其共同特点是犯罪人应负的刑事责任较轻，依法不需要判处刑罚。如果应当判处刑罚，便不能适用非刑事处罚措施。

第三，根据案件的具体情况，需要给予适当的制裁。这就意味着，并非所有犯罪情节轻微而不需要判处刑罚的，都一律适用非刑事处罚措施或者一律不作任何处罚。

（三）应当重视非刑事处罚措施的适用

非刑事处罚措施在性质上处于刑罚和一般民事处分之间，是刑罚向民事、行政处分过渡的措施。这种措施的存在，一方面实现了刑罚向民事处分、行政处分的平稳过渡，较好地解决了犯罪的社会危害性较小的刑事责任的实现问题；另一方面也适应了当今世界非刑罚化的发展需要，此其一。其二，理论与实践的经验向我们表明，短期自由刑是一种弊多利少的刑罚方法。改革短期自由刑、以其他方法替代短期自由刑，已势在必行。非刑事处罚措施由于其自身的特殊性，使得刑事责任较轻的犯罪人既不至于一放了之，又不至于被判处短期自由刑，无疑是替代短期自由刑的理想措施之一。其三，惩办与宽大相结合是我国的一项基本的刑事政策。刑法中刑罚与非刑罚的刑事处分方法并存，二者配合适用，体现了刑事处分措施的体系宽严相济、轻重有序的特点，可以全面贯彻惩办与宽大相结合的刑事政策。其四，非刑事处罚措施的适用可以达到良好的效果。非刑事处罚措施适用的对象是刑事责任较轻的犯罪人，这种犯罪人易于改过自新。由于非刑事处罚措施既有惩戒作用，又有显著的教育功效，因此，将这种措施适用于刑事责任较轻的犯罪人，使之感到法律的宽大，易于发挥非刑事处罚措施的教育功能，从而促使犯罪人自觉地进行教育和改造。总而言之，非刑事处罚措施是我国刑事制裁体系中不可缺少的组成部分，应予保留。但是，我国现行刑法对这类措施的规定，尚有需要进一步完善的地方。

首先，我国现行刑法对这类措施的规定过于笼统，在适用的对象、适用的条件以及期限方面等，均缺乏明确而又具体的法律规定。由于法律对这些方面的要求缺乏明文规定，因此，在司法实践中就不可避免地会导致这些措施在适用上的随意性，并最终流于形式。

其次，我国现行刑法规定的非刑事处罚措施缺乏针对性，没能与刑法分则规定的犯罪结合起来。例如，对于交通肇事犯罪，行之有效的措施应该包括"禁止驾驶"，但是，我国刑法对之竟未作规定。由于这类措施缺乏针对性，使得这类措施的作用的发挥受到了很大程度的限制。在司法实践中普遍存在着轻视这类措施适用的现象，不能不说与这类措施自身存在的诸多缺陷有关。

最后，我国刑法规定的非刑事处罚措施的体系不完整，亟待进一步完备。笔者认为，针对我国现行刑事立法对非刑事处罚措施存在的问题，一方面应当进一步完善强制留场、劳动教养等已有的刑事责任的实现方式；另一方面也应当根据我国现实的犯罪的变化情况，增加一些其他的非刑事处罚措施。例如，随着我国生产力的提高，犯罪性质结构发生的重大变化，业务上的过失犯罪、交通肇事犯罪以及单位犯罪等日渐增多，对于这类犯罪使用刑罚吓阻当然是主要的遏制手段，但是，在适用刑罚的同时，针对这类犯罪的特点，增设"禁止驾驶"、"停止营业"、"停止从事特定职业或活动"以及"禁止离开一定的生活区域"等非刑事处罚措施，是非常必要的。

三、刑事责任的次要承担形式之二——免予刑事处分

免予刑事处分是人民法院通过审判程序，对已经构成犯罪，依法应当承担刑事责任的行为，由于存在法定从宽情节，或犯罪情节轻微，不需要给予刑事处分，从而给责任人以免予刑事处分的刑事处理方法。根据免予刑事处分的程度，可分为广义的免予刑事处分和狭义的免予刑事处分两类。前者是指免予任何形式的刑事处分，它包括免除处罚和非刑事处罚措施；后者是指只免除刑罚处罚，但不免除其他形式的刑事处罚。本书所讲的免予刑事处分，指的是狭义的免予刑事处分。

在我国刑法规定的刑事责任的实现形式中，除了绝大多数犯罪的刑事责任表现为刑罚、部分犯罪的刑事责任表现为免予刑罚处罚，但不免予刑事处分，即适用非刑事处罚措施外，还有一些犯罪的刑事责任既不表现为刑罚，也不表现为非刑事处罚措施，而是表现为免除刑事处分或不处罚。根据我国1997年刑法的规定，有以下情形可以或者应当对犯罪人免除处罚：（1）根据1997年刑法第10条的规定："凡在中华人民共和国领域外犯罪，依照本法应当负刑事责任的，虽然经过外国审判，仍然可以依照本法追究，但是在外国已经受过刑罚处罚的，可以免除或者减轻处罚。"（2）根据1997年刑法第19条规定："又聋又哑的人或者盲人犯罪，可以从轻、减轻或者免除处

罚。"（3）根据1997年刑法第20条第2款之规定："正当防卫明显超过必要限度造成重大损害的，应当负刑事责任，但是应当减轻或者免除处罚。"（4）根据1997年刑法第21条第2款之规定："紧急避险超过必要限度造成不应有的损害的，应当负刑事责任，但是应当减轻或者免除处罚。"（5）根据1997年刑法第22条第2款之规定："对于预备犯，可以比照既遂犯从轻、减轻处罚或者免除处罚。"（6）根据1997年刑法第24条第2款之规定："对于中止犯，没有造成损害的，应当免除处罚。"（7）根据1997年刑法第27条第2款之规定："对于从犯，应当从轻、减轻处罚或者免除处罚。"（8）根据1997年刑法第28条之规定："对于被胁迫参加犯罪的，应当按照他的犯罪情节减轻处罚或者免除处罚。"（9）根据1997年刑法第67条第1款之规定："犯罪以后自动投案，如实供述自己的罪行的，是自首。对于自首的犯罪分子，可以从轻或者减轻处罚。其中，犯罪较轻的，可以免除处罚。"（10）根据1997年刑法第68条之规定："犯罪分子有揭发他人犯罪行为，查证属实的，或者提供重要线索，从而得以侦破其他案件等立功表现的，可以从轻或者减轻处罚；有重大立功表现的，可以减轻或者免除处罚。""犯罪后自首又有重大立功表现的，应当减轻或者免除处罚。"（11）根据1997年刑法第390条第2款之规定："行贿人在被追诉前主动交代行贿行为的，可以减轻处罚或者免除处罚。"（12）根据1997年刑法第392条第2款之规定："介绍贿赂人在被追诉前主动交代介绍贿赂行为的，可以减轻处罚或者免除处罚。"以上所列举的均为法定的免除处罚的情节。另外，根据1997年刑法第37条之规定，虽然不具备上述情节，但犯罪情节轻微，不需要判处刑罚的，也可以免予刑事处分。

免予刑事处分的前提条件是行为人的行为构成犯罪，应当承担刑事责任，但是，由于存在法定的从宽情节，或者犯罪情节轻微，因而免予刑事处罚，也就是说，只作有罪宣告，而免除刑事处罚。免予刑事处分所免除的只是刑事处罚，却并没有免除行为人应负的刑事责任，因此，免予刑事处分与刑法第13条规定的"情节显著轻微危害不大的，不认为是犯罪"，在性质上是不同的。前者是行为人有罪，而免除其刑；后者是行为人无罪，不负刑事责任，根本不能对其适用刑罚，也就无从谈起免除处罚。免除处罚，仍然意味着行为人负了刑事责任。

另外，值得注意的是，免予刑事处分也不同于不处罚。免予刑事处分是被告人的行为已经构成犯罪，有刑事责任存在，也应当追究刑事责任，只是由于某种原因，不需要给予刑事处分。亦即既有刑事责任的存在，也追究了行为人的刑事责任，只是免予刑事处分。不处罚是查明犯罪人的行为构成了犯罪，但是依法不追究刑事责任。例如，犯罪已过追诉时效期限的，经特赦令免除刑罚的，犯罪嫌疑人死亡的，等等，也就是说，虽然有刑事责任的存在，但是不追究行为人的这种刑事责任。

第三节　刑事责任的补充形式——保安处分

一、保安处分的概念和原则

保安处分，是指通过教育改善措施控制和预防犯罪的方法，它既是一种刑法思想和刑法理论，又是一种刑事政策和刑法制度。作为一种思想和理论，它是近代刑法思想发展演变的直接结果，由刑事人类学派和刑事社会学派所组成的新派刑法学，为保安处分的奠基和发展做出了杰出的贡献，克莱因、李斯特、菲利等人是保安处分理论的创始人及有力倡导者。作为一种政策和制度，它萌芽于古罗马，发端于中世纪，形成于19世纪，盛行于20世纪。在保安处分发展史上具有重大影响的法典和法案主要有：1893年的《瑞士刑法预备草案》(即斯托斯法案)，1921年的《菲利草案》，1930年比利时的《社会防卫法》等。

保安处分制度的出现和被各国广泛采用，导致人类刑法发展史上的一次重大革命性变革。它挣脱了传统刑法原则的束缚，第一次将保安手段用于控制和预防犯罪的实践，弥补了单一刑事制裁方法之不足，使刑法走出了消极惩罚和事后补救的峡谷，在更广的范围内和更深的层次上，完成其控制和预防犯罪的使命。正因为如此，保安处分制度从其诞生之日起，就受到立法者的重视和众多学者的推崇与青睐，并为历次国际刑法和监狱会议所首肯。如今它已跨越了地域的限制，超越了社会制度的差别，成为当代最富生命力也最引人注目的刑法制度之一。保安处分作为一种制度而言，其成立的条件主要有以下几个方面：

第一，前提条件。保安处分的前提条件是行为人必须要有现实的违法行为存在，若无现实的违法行为存在，一般不能适用保安处分。但是，在某些特殊情况下，从保护个人利益和保卫社会利益的刑事政策着眼，也允许对没有违法行为的人适用保安处分。例如，西班牙对流浪者的保安处分，意大利对不能犯、幻觉犯的保安处分，许多国家对精神障碍者和虞犯少年的保安处分等，并不要求以违法行为的存在作为适用保安处分的前提条件。

第二，基本条件。保安处分的基本条件是行为人必须具有人身危险性。所谓人身危险性,是指行为人具有实施犯罪危害社会的可能。对人身危险性的认定,在立法上有三种不同的模式:一是裁量主义,即由审判官或检察官根据个案的具体情况,自由裁量危险性的有无及危险的程度;二是法定主义,即由立法者事先以立法的形式对危险性作出规定,裁判官只需依法认定即可;三是折中主义,即立法者首先对危险性的表征在立法上作出一般性的规定,然后由审判官根据各种具体的情况加以判断。

第三,特殊条件。即除以上两个条件之外,还必须具备的特别条件。这些条件主要有以下三种情况:一是行为人具有改善的能力和改善的可能性,是适用改善处分的必要条件。至于如何改善的可能性,则具有相对的解释论和绝对的解释论之争。按照相对解释论的主张,对有改善可能者适用保安处分,对无改善可能者则适用隔离处分;二是对判处缓刑的罪犯和被假释的罪犯,在缓刑和假释考验期间,必须交付保护观察;三是对某些严重的犯罪,在犯罪人刑满释放后,如果仍有实施严重犯罪危险的,应科以预防性保安处分。

关于保安处分的适用需要遵循的原则主要有以下几个方面:(1)处分法定原则,即保安处分的对象、种类、条件、裁决、执行、解除等有关实体性规范和程序性规范,都有必须事先以成文法的形式确定下来,以防止处分擅断和滥用保安处分等破坏法制的现象发生。(2)适当处分原则,即保安处分的种类和处分的轻重,应当与处分对象的违法犯罪的性质和危险性的大小相适应,反对罚不当过或者罚过悬殊。(3)不定期原则,即对受处分者的处分期限不作绝对规定,所需时间的长短,应当以消除其犯罪的危险性或危害社会的危险性为必要。(4)排害与改善并举原则,即适用保安处分既是为了隔离排害,同时也是对受处分者进行教育改善。而且处分的目的不在于消极地隔离排害,而在于积极地教育改善。

二、保安处分的立法模式及其与刑事处罚的关系

综观各国立法,保安处分制度主要有以下三种立法模式:一是一元制立法例。即在刑法中只规定保安处分,而不规定刑罚。其实质在于否定刑罚的概念,将传统的刑罚方法融于保安处分体系,以保安处分代替刑罚。采用这种立法例的有1921年的《意大利刑法预备草案(菲利草案)》,1922年和1926年的《苏俄刑法典》,1926年的《古巴刑法》和《墨西哥刑法》,1956年的《瑞典保护法草案》等。二是二元制立法例。即在刑法中既规定刑罚,又规定保安处分,以保安处分作为刑事制裁体系的组成部分,并弥补单一刑罚手段之不足。采用这种立法例的有瑞士、德国、日本、捷克和斯洛伐克、南斯拉夫等国刑法。三是单行立法例。即以刑事特别法的形式,对保安处分作出单独的专门

性规定,采用这种立法例的有1927年瑞典的《关于常习犯人的立法》,1929年荷兰的《常习犯人法》,1930年比利时的《社会防卫法》,1933年德国的《危险常习犯人及保安处分法》等。

关于保安处分与刑罚的关系,历来是新旧两派争论的焦点。从目的观上看,无论是适用刑罚还是采用保安处分,都是为了保卫社会安全,二者虽然手段不同,但实际上是殊途同归。然而,尽管在立法上存在着完全以保安处分代替刑罚的倾向,保安处分与刑罚的区别仍然是显而易见的。这正是二元主义的保安处分理论长期居于主导地位并为大多数国家立法所接受的原因所在。保安处分与刑罚的区别表现在:(1)适用对象不同。刑罚方法只能适用于犯罪人;而保安处分既可以适用于犯罪人,也可以适用于非犯罪人。(2)适用条件不同。适用刑罚必须以行为人具备犯罪构成的该当性、违法性和有责性为必要条件;而适用保安处分则以受处分者是否具有一定的人身危险性为决定性要件。至于行为人的违法性和行为人的责任能力,一般情况下并不影响保安处分的适用。(3)适用机关不同。刑罚方法由刑事裁判机关依法裁决;而保安处分既可以由刑事裁判机关裁决,也可以由司法行政机关或者非诉讼裁判机关科处。(4)适用原则不同。适用刑罚必须坚持罪刑法定和罪刑均衡的原则,严格依法律规定的刑种、刑名、量刑幅度,根据犯罪的轻重判处相应的刑罚;而适用保安处分并不以行为人是否构成犯罪为前提,处分的种类和轻重应与人身危险性大小相适应,处分期限的长短应视教育改善的效果而变更,从而不定期原则成为必要。(5)预防时间不同。刑罚对犯罪的预防是一种消极的、事后的处置,是国家对犯罪的已然状态的司法干预;而保安处分对犯罪的预防则是一种积极的、事前的预防,是国家对犯罪的未然状态的超前干预。(6)预防手段不同。刑罚对犯罪的预防重在制裁和惩罚;而保安处分对犯罪的预防则强调教育改善。

三、保安处分在国外法律规定中的类型

关于保安处分的种类,从各个不同的角度根据不同的标准可以对其进行不同的划分。具体来讲,可以分为以下几个方面:(1)根据保安处分的性质,可以分为教育改善处分和隔离排害处分;(2)根据保安处分的对象,可以分为对人的处分和对物的处分;(3)根据是否剥夺自由,可以分为剥夺自由的保安处分和不剥夺自由的保安处分;(4)根据处分主从关系,可以分为基本的处分和附随的处分;(5)根据受处分者的年龄,可分为对未成年人的处分和对成年人的处分;(6)根据受处分者的国籍,可以分为对本国公民的处分和对外国公民的处分。关于保安处分的具体种类在世界各国的立法上有所不同,在称谓上也不尽相同。主要来讲,有以下12种类型:

(一) 监护隔离处分

即对无责任能力者和限制责任能力者所适用的旨在隔离排害或者强制医疗的保安处分。该种处分对无责任的精神病患者来说，并不要求受处分者有现实的危害行为，而对限制责任能力的精神异常者来说，通常要求有一定的违法犯罪行为或者犯罪的危险性，方能适用该种处分，对前一种人直接送精神病院或监护所进行隔离和治疗；对后一种人一般是在执行刑罚以后，再收容于监护所执行监护处分。

(二) 收容矫正处分

即对于酒精依赖者、毒品依赖者和有其他恶癖的人，这些人如果属于严重的精神病患者，一般应送精神病院治疗；如是尚未形成严重的精神障碍，则送禁戒所或者矫正院治疗。适用该种处分的目的是双重的，一是为了戒除受处分者的病癖，减少因酗酒、吸毒所引发的违法犯罪案件；二是使受处分者获得适应正常社会生活的能力，复归社会。此外，有些国家把思想或者道德上的堕落者也处以矫正处分，设立专门的思想矫正院和妇女矫正院。

(三) 强制劳作处分

该种处分适用于有劳动能力而好逸恶劳的职业乞丐、常习性流浪者、一贯营利性卖淫者。其目的是通过强制他们从事一定的劳动，养成劳动习惯，学会靠劳动谋生的本领，成为适用社会生活纪律的人。

(四) 保安监置处分

该种处分适用于有特殊危险性需要剥夺人身自由的犯罪人。在具体称谓上，有的国家称为预防拘禁，有的则称之为保安拘禁。在适用对象上，主要适用于徒刑执行完毕后仍有实施杀人、放火、强盗等严重罪行的虞犯者。此外，对于某些危险的常习犯，出于公共安全的考虑，法院往往在定罪量刑的同时，对罪犯处以该种预防措施，由拘禁所收容执行。关于保安监置的法律性质问题，在理论上存在严重分歧。一元主义者认为，保安拘禁是应定刑期的延长，是刑罚的一种；二元主义者则认为保安处分是对危险性犯人的预防措施，是保安处分的一种。从各国的立法、司法实践来看，既有一元论的，也有二元论的，但二元论仍占主导地位。

(五) 保护观察处分，这种处分一般适用于少年犯、缓刑犯和假释犯等犯罪人

一般由法院或检察官宣告，保护官署指挥、执行观察任务，亦可由寺院、教会、慈善机构、社会团体承担保护责任。其特点是对受处分者不予以拘禁、不剥夺其人身自由，依靠社会力量对受处分者进行教育和训练，改善其生活环境，调整家庭关系，排除自新的障碍，促使其健康地重返正常的社会生活。

第四章 刑事责任层次论

（六）更生保护处分

广义的保安处分的一种，是保护观察的灵活运用，但其比保护观察更细致、更实际、更彻底、更能触动受保护者的灵魂，因此，也更有实效。这一处分主要适用于刑满释放者、被免除刑罚执行者、受缓刑宣告者、少年院的退院者等。对于更生保护的对象，国家和社会有关机构有责任为其提供适当的医疗、住宿、职业和教养，以保证他们能够适用正常的社会生活。因此，更生保护制度是对已经受过各种司法处置者所适用的较为温和的善后处遇。

（七）少年保护处分

是对少年所适用的保安处分的总称。这些处分以教育、改善、医疗、救助、监视和保护为主，不具有惩罚和报应性质。在适用对象上，既包括已犯少年，也包括虞犯少年。执行保护处分的机构包括保护观察所、少年院、救护院等。

（八）限制居住处分

这种处分主要适用于政治性犯罪和具有一定地域性的犯罪。受处分者在规定的期限内，不得在特定的地域内居住。如果违反，以期间中断论，期间另行开始计算，其目的是防止受处分者在特定的区域内重新实施类似的犯罪。

（九）没收物品处分

这种处分属于物的处分的范畴。该种处分并非针对犯罪者的人身危险性，而是为了消除诱发犯罪、促成犯罪或维护犯罪后的不法状态的物质条件。没收的范围包括与犯罪构成有因果联系的物品、可供犯罪使用的物品、准备实施犯罪的物品、由犯罪行为所衍生的物品、因犯罪所取得的报酬物品、由犯罪所取得的折价物或者对换物。关于没收物品的性质，在理论上有的认为是刑罚处罚，有的认为是保安处分。笔者认为，对于物的没收应当分别情况予以处理。若是对犯罪人用于犯罪的财物的没收，则属于保安处分的范畴，如果是对此之外的财物的没收，由属于刑罚处罚。

（十）善行保证处分

这种处分是指由受处分者交纳一定数量的钱财，作为将来不再犯罪的物质保证。如果违反有关规定，则将担保的钱财充公。保证的金额，各国规定不一；至于保证的期限，也长短不同。但是，在适用对象和适用条件上，一般应遵守下列规定：（1）对少年犯、常习犯、职业犯得附加适用善行保证处分；（2）对刑满释放者、被假释的罪犯，除了适用保护观察以外，仍可适用善行保证处分。关于善行保证的性质和归属，各国法律规定不尽相同，有的国家认为是一种财产处分，有的国家则认为是对物的处分，还有的国家认为是限制自由处分。

(十一) 禁止从业处分

即当某种职业或营业成为犯罪的直接或间接条件时,禁止其人从事该项职业或进行营业活动,如禁止营业、禁止驾驶,等等,均属此列。

(十二) 防止破坏处分

这是一种对有一定危险性的团体所适用的保安处分的总称。根据1952年日本颁布的《破坏活动防止法》的规定,对破坏团体所适用的保安处分包括禁止集体游行、示威和公开集会,禁止印刷和发行报刊,禁止雇佣人员和组织成员为该团体进行一切活动,解散破坏团体等。

四、我国现有法律中规定的保安处分及其评述

在我国,对于保安处分,在一个相当长的时间内,由于受当时的历史条件及其他因素的影响,对之持的是完全否定与批判的态度。在1997年刑法立法的过程中,有很多学者提出应在我国的刑法中增设保安处分的内容,但最后仍以夭折而告终。尽管在我国现行的刑事立法中没有对保安处分作出专门的规定,但是从刑事立法以及其他立法所规定的内容来看,却存在着相当于国外的保安处分的内容。这些内容依其是否限制人身自由来划分,可以分为限制人身自由的保安处分与限制其他自由的保安处分两大类。

关于限制人身自由的保安处分,根据我国有关法律、法规的规定,主要有强制禁戒、强制治疗、收容审查、收容教育、劳动教养、收容教养六种。

(一) 强制禁戒

即对于吸食、注射毒品成瘾者通过隔离治疗,强制戒除其不良癖性的一种保护措施。这种改善处分在戒毒所执行,主要方法是进行治疗革除瘾癖,以获得适应正常生活秩序的能力。例如,1981年8月27日国务院颁布的《关于重申严禁鸦片烟毒的通知》第2条第2款规定:"对于鸦片等毒品的吸食者,应当由公安、民政、卫生等部门组织强制戒除。"1990年12月28日全国人大常委会颁布的《关于禁毒的决定》第8条第2款规定:"吸食、注射毒品成瘾的……予以强制戒除,进行治疗、教育。强制戒除后又吸食、注射毒品的,可以实行劳动教养,并在劳动教养中强制戒除。"并对其适用条件、期间、执行等都作了具体规定。

(二) 强制治疗

即国家以公共权力强制身患性病等传染病的特定行为人接受医学治疗以复归社会的特殊处理方法。此类疾病患者,多因相互传染所致,若不予,强制医疗,势必严重妨害人民健康,故受强制治疗者,不得拒绝接受治疗。如1991年9月4日全国人大常委会颁布的《关于严禁卖淫嫖娼的决定》第4条第4款

规定:"对卖淫、嫖娼的,一律强制进行性病检查,对患有性病的,进行强制治疗。"此种强制治疗工作由公安部门主管。由于性病的治疗非短时间内所能奏效,且病情有轻有重,很难预定痊愈所需的确切期限,所以,在法律上没有规定强制治疗的期限,实践中以治愈为强制治疗处分的终期。

(三) **收容审查**

即公安机关在特定范围内采取的一种短期性行政强制审查措施。例如,1980年2月29日国务院颁布的《关于将强制劳动和收容审查两项措施统一于劳动教养的通知》第2条规定:"对于有轻微违法犯罪行为又不讲真实姓名、住址、来历不明的人,或者有轻微违法行为又有流窜作案、多次作案、结伙作案嫌疑须收容查清罪行的人,送劳动教养场所专门编队进行审查。"收容审查的对象主要为流窜犯罪分子。收容以后,进行初步审查,送回原地分别处理,制止继续外流。收容审查工作,以公安部门为主,民政部门配合,地区之间协同动作。

(四) **收容教育**

即对卖淫、嫖娼人员集中进行法律教育和道德教育,组织参加生产劳动以及进行性病检查、治疗的行政强制矫正措施。这种处分一般是在收容教育所进行的。处分方式是为使性道德堕落者适应社会而进行必要的生活指导和职业辅导,并对其改恶从善的身心障碍给予医疗。

(五) **劳动教养**

即对有违法犯罪行为尚不够追究刑事责任,作治安管理处罚又失之过轻的人,采取的一种强制劳作的处分。这是性质最严重的一种限制人身自由的行政处罚。劳动教养的主要宗旨是通过劳动使收容者受到教育,在人格、品质方面和家庭关系方面得到改善,能过有价值的生活。劳动教养始于1955年"肃反"运动。当时是对不够刑但政治上不宜继续留用,放到社会上又无正当职业的反革命分子和其他坏分子适用。各省、市、自治区从1956年1月起陆续成立劳动教养机构。1957年8月1日全国人大常委会批准、同月3日国务院颁布了《关于劳动教养问题的决定》,第一次用法律的形式把劳动教养制度固定下来。1979年11月29日全国人大常委会批准、国务院颁布的《关于劳动教养的补充规定》,1981年全国人大常委会《关于处理逃跑或者重新犯罪的劳改犯和劳教人员的决定》,1982年1月21日国务院转发公安部制定的《劳动教养试行办法》,1990年全国人大常委会颁布的《关于严禁卖淫嫖娼的决定》等,是劳动教养的基本法规。

(六) **收容教养**

亦简称"少管",即将具有反社会性、相对不负刑事责任的少年,置于一定组织处所，拘束自由，施以教化及训练，矫正其犯罪性的一种少年保护处分。其执行机构为少年犯管教所，组织制度为学校式，收容教养的对象为已满14周岁不满16周岁的不受刑事处罚的少年教养人员。收容教养贯彻执行教育、感化、挽救的方针，坚持教育为主、奖惩为辅的原则，实行半天学习、半天劳动的制度，进行人格上及技术上的教育和训练，激发其上进心，除去其反社会性格，使其成为有一定文化科学知识和生产技能的有用之材。犯罪少年的收容教育，应当由地区行署公安处、省辖市公安局或者直辖市公安局审批。收容教养的期限一般为1～3年。

关于限制其他自由的保安处分，根据我国有关法律、法规的规定，主要有疗护处分、保护监督、留场就业、禁止驾驶、剥夺职业或营业权、驱逐出境六种。

（一）疗护处分

即对于在无责任能力状态中实施了危害社会行为的精神病人所采取的一种监护与治疗的处置措施。由于精神病人缺乏认知能力，对其危害社会的行为不能予以刑事处罚，但由于其将来对个人或社会仍具有继续发生侵害的危险性，故须加以看管和改善治疗。如我国1997年刑法第18条规定："精神病人在不能辨认或者不能控制自己行为的时候造成危害结果，经法定程序鉴定确认的，不负刑事责任，但是应当责令他的家属或者监护人严加看管和医疗；在必要的时候，由政府强制医疗。"此外，《治安管理处罚法》对此亦有类似的规定。

（二）保护监督

即对社会尚有危险性的被判处管制的犯罪分子、受缓刑之宣告人、假释出狱人，交给其所在地公安机关加以适当管束，进行人格的改善教育，防止其在危险期内再犯新罪的一种缓和的矫治手段。这一附随处分的特点是使保护监督对象在其生活处境中和社会接触中，排除刑罚的强制感和压抑感，体验到社会生活有温暖，使其产生并巩固自力更生的信念。保护监督既起警戒监督的作用，又起善行保证的作用。

（三）留场就业

即具有某种法定条件的劳改犯劳改期满后，不准回原居住的大中城市，而将其留置于劳改场所就业的一种保安手段。有关留场就业方面的规定，主要规定于《关于处理逃跑或者重新犯罪的劳改犯和劳教人员的决定》和《劳动教养试行办法》之中。

（四）禁止驾驶

即对于违反交通法规，造成交通事故，致使无辜的第三人遭受伤亡或财产损失的行为人，所设的禁止驾驶机动车辆的一种惩戒手段，以把交通肇事者在一定时间内排除于机动化的道路交通之外。例如，1991年9月22日国务院颁布的《中华人民共和国道路交通事故处理办法》中就有"吊销机动车驾驶证"的规定。

（五）剥夺职业或营业权

即对于滥用其职业、营业上的专有知识或特有关系而故意违法犯罪或者破坏其职业上、营业上的义务对社会公共安全有危险者，在一定期间内或者永久剥夺其从事该项职业的一种防止危害处分。关于这一方面的规定，在我国颁布的某些法律、法规中均有所体现。例如，《中华人民共和国产品质量法》第38条规定："生产者、销售者在产品中掺杂、掺假，以假充真，以次充好，或者以不合格产品冒充合格产品的……可以吊销营业执照。"

（六）驱逐出境

即对于在本国境内实施了违法犯罪的外国人、境外人员，强制其离境或者遣送回国，以保证本国和人民利益不再受此等人之危害的一种特殊的保安处分。例如，根据《中华人民共和国国家安全法》第30条之规定："境外人员违反本法的，可以限期离境或者驱逐出境。"又如，1991年12月17日国务院颁布的《中国公民往来台湾地区管理办法》第40条第1款规定："来大陆的台湾居民违反本办法的规定或者有其他违法犯罪行为的，除依本办法和其他有关法律法规处罚外，公安机关可以缩短其停留期限，限期离境或者遣送出境。"

关于保安处分在我国的法律规定当中，除了限制人身自由和限制其他自由的保安处分之外，还有其他几种处分亦属保安处分之列。这一方面的保安处分主要有以下三种：

（一）管教

即将不予处罚的违法犯罪少年，托付给其家庭或者学校，加以约束、辅导和保护，促使其改过从善的一种少年保护处分执行方法。其特点是受处分人不脱离原有的生活环境，不拘束自由，通过家庭、学校进行必要的保护和善意的指导，转变其思想。例如，刑法第17条规定："因不满16周岁不予刑事处罚的，责令他的家长或者监护人加以管教。"这种处分本质上是一种利用社会力量进行个别教育的保护性措施。

（二）特别没收

这种意义上的保安处分，主要是指为了防止犯罪及其他侵害的危险，而将具有诱导犯罪发生性质之物和以往犯罪残存的危险物强制收归国库的行为。这种特别没收的标的物根据我国立法之规定，主要用于准备犯罪之物，由犯罪所生之物，具有社会公共安全上重大危险性之物以及与犯罪构成有因果关联之物。

(三) 封闭营业处所

即对非法营业场所予以查封的一种行政制裁手段。这种封闭可分为永久性封闭和暂时性封闭两种情形。例如,《关于坚决取缔卖淫活动和制止性病蔓延的通知》第 4 条规定:"对多次发生容留妇女卖淫的旅(饭)店必要时可责令停业、整顿或者查封。"

从我国现行法律、法规的规定来看,虽然并不能排除保安处分意义上的各种保安措施的存在,但是这些措施还不是典型意义上的保安处分。这主要是因为:(1) 在保安处分的体制上,国外一般都是将其建制在刑事法律体系中,而我国这些保安措施则杂乱无章,没有内在的统一性。(2) 从与刑罚的关系上看,保安处分作为刑事处罚措施之一,具有补充或代替刑罚的作用和性质。我国立法中的保安性措施却与刑罚无明显关联性,各自独立,不能与刑罚并科或替代适用。(3) 在执行处遇上,由于保安处分以刑事政策为其灵魂,故在适用时体现出极大的灵活性和可转换性,如不定期刑原则、代科原则、更新原则等。而我国保安性措施对此无直接反映。(4) 从宣告程序来看,为防卫社会,又兼顾人权保障之需求,保安处分的宣告权一般只能由法官或特定裁判官来行使,而我国现行保安性措施一般都是由各类行政执法人员宣告的。正如有些学者所指出的那样,即使我们给保安处分下一个最广义的定义,也离不开保安处分的本质特征。因适用目的和对象的特殊性所致的宣告程序、适用方法、处遇和期限上的灵活、多元和特殊,因而我国一些学者所称的现行刑法和行政法上的"保安处分",欠缺保安处分的本质特征,其实够不上"保安处分",充其量可称其尚有若干"保安处分"的特性而已。[①]

---

① 屈学武:《保安处分与另刑法改革》,载《法学研究》1996 年第 5 期。

第五章 刑法学诸范畴关系论

第一节 犯罪与犯罪概念的关系

犯罪与犯罪概念就其实质来考察，是两个不同的刑法学范畴。而在这一问题上，长期以来却无人对此加以重视并作出合理的说明。不仅如此，在很多情况下，人们通常不仅没有注意到犯罪与犯罪概念之间的区别，反而将犯罪与犯罪概念混为一谈。笔者认为，犯罪与犯罪概念是既相联系又有区别的两个基本范畴。二者之间的联系主要表现在：

（1）犯罪概念是犯罪形成的基础，离开了犯罪的概念，也就谈不上犯罪的问题。这是因为任何行为要将其作为犯罪，首先都离不开犯罪概念所揭示的本质特征的制约，也就是说，某种犯罪的成立，都必须具有应负刑事责任的社会危害性，才能奠定犯罪成立的基础，如果离开犯罪概念这一本质属性，那么，就缺少了构成犯罪最起码的条件，故而也就谈不上犯罪。

（2）犯罪是对犯罪概念所作的进一步抽象与概括，离开了犯罪，犯罪概念也就失去了其应有的意义。这是因为，我们研究犯罪概念的目的是更好地认定某种行为是否构成犯罪服务的。犯罪作为应负刑事责任的行为，其本身就已经包含了犯罪概念的内在要求。如果说犯罪概念是对行为的社会危害性与刑事违法性的抽象与概括，那么，犯罪则是在此基础之上所作的进一步抽象与概括。

虽然犯罪与犯罪概念之间具有如此密切的联系，但是二者之间也有诸多不同之处。其不同点主要表现在以下几个方面：

（1）犯罪与犯罪概念的逻辑层次不同。犯罪与犯罪概念虽然均与犯罪有关，但是从逻辑上来分析，犯罪与犯罪概念却是两个不同层次的概念。犯罪属于属概念的范畴,犯罪概念属于种概念的范畴。犯罪是犯罪概念的上位概念,而犯罪概念则是犯罪的下位概念。犯罪的概念之下不仅包含犯罪概念这一范畴,同时还包括犯罪构成这一范畴。因此,犯罪与犯罪概念并非同一概念,而是在逻辑上处于不同层次的概念。

(2) 犯罪与犯罪概念在犯罪成立中的地位不同。犯罪与犯罪概念虽然都是用以说明某种行为是否构成犯罪的范畴,但是犯罪与犯罪概念在说明某种行为是否成立犯罪的过程中所处的地位却有所不同。犯罪概念是从犯罪的社会危害性与刑事违法性两者相结合的角度来说明某种行为是否构成犯罪的,它是单纯地从犯罪概念的角度来说明某种行为是否构成犯罪的。而犯罪这一范畴本身所涵盖的内容不仅包括犯罪概念这一意义上所指的犯罪,而且还包括犯罪构成这一意义上所指的犯罪,它是对某种行为构成犯罪的全面、综合的评价。因此,犯罪概念这一范畴是从某一侧面来界定犯罪行为的,而犯罪这一范畴则是从全方位的角度来界定犯罪行为的。

(3) 犯罪与犯罪概念对于刑事责任的影响不同。由于犯罪与犯罪概念属于两个不同层次的刑法范畴,因此,它们对于刑事责任的影响也有所不同。犯罪概念是确认某种行为是否成立犯罪的基础,它是为犯罪这一范畴服务的,因此,它与刑事责任之间的联系是间接的;而犯罪是对某种行为是否构成犯罪所作的最终评价,这一结论一旦作出,行为人就必须据此而对自己的行为承担刑事责任,也就是说,有犯罪必有刑事责任,因此,它与刑事责任之间的联系是直接的。由于犯罪与犯罪概念在同刑事责任的连接上存在着这样的差异,因此,决定了犯罪与犯罪概念对刑事责任的影响也有着重要的区别。这也是决定犯罪是刑事责任的直接基础,而犯罪概念是刑事责任的间接基础的重要原因之所在。

第二节 犯罪与犯罪构成的关系

犯罪与犯罪构成作为刑法的基本范畴,也是两个复杂的范畴。研究二者之间的关系,也应当成为刑法理论研究的一项重要内容。关于犯罪与犯罪构成之间的关系,可以从宏观与微观两个不同的角度来考察:

(1) 犯罪与犯罪构成在宏观方面的关系,即一般意义上的犯罪与一般意义上的犯罪构成的关系。由于二者都是从具体的犯罪构成与具体的犯罪现象抽象而来,因此,它们之间的关系也主要表现为抽象形态的关系。具体表现为:

犯罪与犯罪构成是两种不同范畴的概念，但又有共同的结合点。犯罪是由法律规范确定的应负刑事责任的危害社会的行为。因此，它既是一种社会现象，也是一种法律现象，而且首先是一种社会现象，进而通过立法，将其上升为法律现象。而犯罪构成则是由法律规定的构成犯罪的规格，它是由各种具体的要素有机结合而成的，因此，犯罪构成只是一种法律现象，而非社会现象。某种危害社会的行为一旦具备了法定的规格，即构成犯罪，而犯罪又是应负刑事责任的危害社会行为的法定概念。由此可见，二者的结合点就是危害社会的行为。

犯罪与犯罪构成的作用虽然不一样，但它们又是一个统一体中不可分割的组成部分。犯罪作为一种在法律上对某些社会现象进行抽象的一种类属概念，既体现了社会对这类现象的否定评价，同时也体现了这类现象的法律后果；而犯罪构成只是社会评价某种现象时所掌握的一种尺度和标准。某些类型的社会现象由于其具有严重的社会危害性，由法律确认为犯罪并以此为坐标系，规定出构成这些类型犯罪的各个构成要素。形成法定的衡量尺度与衡量标准。后来的侵害行为一旦符合了这些法定的尺度和标准，即构成这些类型的犯罪，接受作为犯罪的否定评价和法律后果，反之，则不能构成犯罪。从这种意义上看，犯罪构成的产生依赖于犯罪的确立，但反过来又对犯罪起着规范、制约的作用。

（2）犯罪与犯罪构成在微观方面的关系，是指具体的犯罪与具体的犯罪构成之间的关系。从刑法分则的条文结构来看，每一具体犯罪的规定都是由罪状和法定刑两部分组成，但具体犯罪内涵绝不限于罪状所规定的特征，还包括刑法总则规定的一般特征。同理，每一具体的犯罪构成也是由刑法总则规定的一般犯罪构成加上刑法分则规定的特殊犯罪构成要件组成的。犯罪构成的诸要件具有双重功能，一方面，是某种行为是否构成犯罪的标准和规格；另一方面，又是该犯罪区别罪与非罪、此罪与彼罪的界限。笔者认为，犯罪与犯罪构成之间关系的表述还可以从下列两个角度来考察：

首先，从具体犯罪与具体犯罪构成的逻辑关系来考察，具体犯罪的内涵要大于具体的犯罪构成。这是因为，犯罪构成的诸要件表现为被确认具体犯罪的某一危害社会行为的各种特征，从这种意义上看，具体犯罪与具体犯罪构成之间的关系是现象和表现这一现象的本质特征的关系。

其次，从具体的犯罪构成与具体犯罪的衡量标准来考察，具体犯罪的成立依赖于具体的犯罪构成，即只有危害社会性的行为的诸方面符合了具体的犯罪构成的要件，才能构成该犯罪。此外，具体犯罪构成的要件，特别是其中的特殊要件部分，也是该罪同其他类似犯罪区别开来的重要界限。从这种意义上看，二者的关系又是形式和内容的关系。

第三节　犯罪概念与犯罪构成的关系

　　犯罪概念是我国刑法学的基本范畴之一，也是在所有的刑法学范畴中具有举足轻重的地位的范畴。因为离开了犯罪概念，就失去了划分罪与非罪行为的总标准。尤其是失去了判断某种行为的社会危害性是否达到应负刑事责任的程度的界限。如果说犯罪概念在刑法学的基本范畴中占有举足轻重的地位，那么，犯罪构成在刑法学的基本范畴中所占有的地位则更为重要。它是整个刑法学基本范畴中最核心的范畴，是认定某种行为是否构成犯罪的规格和标准。犯罪构成不仅是划分罪与非罪的标准，也是区分此罪与彼罪的标准。犯罪概念与犯罪构成之间的关系，在刑法学的诸范畴中，是一对最基本也是最重要的关系。

　　犯罪概念与犯罪构成是两个既有密切联系又有显著区别的刑法学范畴。弄清二者之间的关系，不仅有助于加深我们对犯罪概念与犯罪构成的理解，同时也有助于我们全面地把握犯罪概念与犯罪构成的作用与功能。

　　犯罪概念与犯罪构成之间的联系主要表现在：犯罪概念是制定犯罪构成的基础，犯罪构成是犯罪本质属性的具体体现。倘若犯罪构成脱离了犯罪概念，它就缺乏制定的依据，丧失了凝聚力，各个构成要件就会变成一盘散沙；假如犯罪概念脱离了犯罪构成，基本特征就会失去自己的表现形式，它就变成了一个空洞的概念。犯罪概念决定犯罪构成，犯罪概念表现犯罪构成，二者之间的关系是内容与形式、抽象与具体的关系。

　　犯罪概念与犯罪构成之间除了有以上几个方面的联系之外，还有以下几个方面的区别。这些区别主要表现在：

　　（1）二者所揭示的内容不同。犯罪概念所揭示的是一切犯罪的共同本质，是从整体上回答"什么是犯罪"的问题，它可以使人们了解和掌握犯罪的基本特征，从而深刻地认识到犯罪的社会政治意义；而犯罪构成所揭示的是各种具体犯罪的特殊本质，是从具体的角度回答构成犯罪"必须具备哪些条件"的问题，使人们了解和认识具体犯罪是怎样形成的，从而明确它的内容结构，获得衡量各种具体犯罪的规格和标准。从犯罪概念与犯罪构成所揭示的内容来考察，犯罪概念是从宏观上来研究犯罪问题的，它所揭示的是犯罪行为的最一般的规律；而犯罪构成则是从微观上来研究犯罪问题的，它所揭示的是犯罪行为构成犯罪的各种具体的内容。

（2）二者所具备的属性不同。犯罪概念具有一般性，它适用于不同性质的犯罪，也就是说，每个具体犯罪都有必须具备犯罪构成的两个基本特征，即犯罪的实质特征——应负刑事责任的社会危害性，与犯罪的形式特征——刑事违法性。只有当行为人的行为同时符合这两个方面的特征时，才能构成犯罪，否则，就不能认为是犯罪。因此，犯罪概念体现了犯罪的共性；而犯罪构成具有特殊性，刑法分则规定了多少罪名就有多少个性质不同的犯罪构成模式，某种特定的犯罪构成只能适用于性质相同的犯罪，而不能适用于那些性质不同的犯罪，因此，犯罪构成体现犯罪个性。

（3）二者所发挥的作用不同。犯罪概念是划分罪与非罪的总标准，它能够帮助人们从整体的角度去划清犯罪行为与一般违法行为以及不道德行为之间的界限；一般来讲，作为犯罪的概念而言，它与其他违法行为及不道德行为的概念之间，最主要的区别就在于其社会危害性的程度是否达到了应负刑事责任的程度。那么，在划分罪与非罪的总标准中，行为人的行为的社会危害性程度对于行为人的行为性质来讲，就起到举足轻重的作用。而犯罪构成则是划分罪与非罪、此罪与彼罪的具体标准，它能够帮助人们从具体的角度去划清此种行为是否构成犯罪以及此种犯罪与彼种犯罪之间的区别何在，从而在司法实践中能够直接用来作为认定某种具体犯罪的标准。一般来讲，任何一个具体的犯罪，依据我国刑法分则的规定，都必须具备四个方面的要件，行为人所实施的行为是否具备四个方面的要件，不仅对于判别行为人的行为是否构成犯罪具有重要的影响，而且对于区分行为人的行为是构成此罪还是彼罪，均具有重要的意义。

第四节　犯罪构成与刑事责任的关系

犯罪构成作为刑法学理论的基石，是刑法理论的核心的核心。而刑事责任作为刑法学理论的一个重要组成部分，与犯罪构成之间的联系是非常紧密的。从具体的犯罪构成的角度来考察，犯罪构成与刑事责任之间的关系是由犯罪行为的因果法则所决定的。这主要是因为，犯罪构成的核心在于行为人的行为本身是否构成犯罪，如果有则存在犯罪构成的问题，倘若没有则一切犯罪构成就无从谈起；与此同时，犯罪行为的成立与否，对行为人是否应当负刑事责任也具有决定性的影响，某一行为人只有在其行为确确实实构成了犯罪的前提下才能因此而负刑事责任。关于犯罪构成与刑事责任之间的关系可以从以下几个方面来进行考察：

(1) 犯罪构成是行为人负刑事责任的基础，没有犯罪构成也就不存在要行为人负刑事责任的问题。犯罪构成是认定犯罪的规格与标准，它是一切具体犯罪所必须具备的法律要件。如果行为人所实施的行为不符合犯罪的构成，就失去了负刑事责任的基础。在我国，根据刑法学界的一般通说，犯罪构成是为行为人的行为成立犯罪所必须具备的一系列主客观要件的有机整体，其主要特征有以下三个方面：一是犯罪构成的整体性，即犯罪构成是由一系列主观与客观要件组成的有机整体；二是犯罪构成的抽象性，即犯罪构成是由说明某种行为的社会危害性程度并由对其起决定作用的要素所组成；三是犯罪构成的法定性；即犯罪构成的要件是由我国刑法明文加以规定的。根据我国刑法的规定，每种具体的犯罪，其构成要件均系刑法分则明文规定的。如果对于某一方面的行为在刑法上没有作出规定，则不能作为犯罪来处理。从我国的刑事立法来看，虽然在立法上没有明确规定犯罪构成的概念，但是在刑法分则所规定的每一种犯罪中又无不体现了犯罪构成的各个要素。这些构成要素的存在，不仅为犯罪的认定提供了法律上的标准，同时也为行为人应否负刑事责任以及承担什么样的刑事责任提供了基础。

(2) 犯罪构成与刑事责任之间关系从因果联系的角度来看，犯罪构成是刑事责任之因，而刑事责任是犯罪构成之果。没有犯罪构成，即某种行为不符合犯罪构成的条件，就不能对行为人追究刑事责任，换句话说，就是只有当行为人的行为符合某种犯罪构成时，才能依法追究行为人的刑事责任。犯罪构成与刑事责任之间这种关系的存在，一方面说明犯罪构成是刑事责任的前提和基础；另一方面也说明刑事责任是犯罪构成的法律后果，二者之间相互依存，形成因果链条。在犯罪构成与刑事责任的关系上，在刑法学界有一种传统的理论，即认为犯罪构成是行为人负刑事责任的唯一根据。这一观点最早来源于前苏联的刑法理论，并在 20 世纪 50 年代被引入我国，且风行了很长一个时期。但是后来这一观点却受到了刑法学界众多学者的批评。主要是认为这种观点将犯罪构成视为刑事责任的唯一根据显得太绝对。因为，刑事责任的根据是多方面的，而不仅仅来源于犯罪构成这一个方面。根据我国刑法理论之通说，刑事责任的根据有哲学根据与法学根据两个方面，而犯罪构成只是法学根据之一，而不是刑事责任根据的全部。所以，将犯罪构成称为刑事责任的唯一根据是不科学的。

(3) 刑事责任是行为人对自己所实施的构成犯罪的行为应当依法承担的法律后果。行为人的行为如若不应当负刑事责任，那么，也就谈不上犯罪构成的问题。反过来说，只有行为人的行为依法应当负刑事责任时，才能谈得上犯罪构成的问题。如前所述,犯罪构成是刑事责任的前提,刑事责任是犯罪构成的后果。从刑事责任与犯罪构成的关系来看,应否负刑事责任既是对行为人的行为是否符合某种犯罪构成的衡量标准,同时,也是对某种行为是否构成犯罪在程度上的限制。也即是说,只有当行为人的行为达到应当负刑事责任的程度时,才能认定这种行为构成犯罪,反之,如果某种行为没有达到应负刑事责任的程度,就不能构成犯罪。所以说,犯罪构成与刑事责任之间的关系;一方面反映了行为人的犯罪行为与具体的法律后果之间的关系;另一方面也反映了某种行为的社会危害性的大小与行为人应负的刑事责任轻重之间的关系。

第五节 刑事责任与刑事处罚的关系

刑事责任的概念和刑事处罚的概念非常接近,这是因为,无论是刑事责任还是刑事处罚,都是刑法对实施犯罪所作出的规定,因此,行为人实施了犯罪行为,是行为人应当负刑事责任并由此承担刑事处罚的共许前提。从一般意义上来讲,刑事处罚是实现刑事责任的主要方式,刑事责任主要通过刑事处罚得以实际体现,这是毫无疑问的。但是,如果仅凭这一点,就在刑事责任与刑事处罚之间画上了等号,则大错特错。笔者认为,刑事责任与刑事处罚是两个既相互联系又相互区别的基本范畴。

刑事责任与刑事处罚之间的相互联系表现为:

(1)刑事责任是刑事处罚的前提,刑事处罚是刑事责任的结果,没有刑事责任便没有刑事处罚。这是因为,刑事处罚是刑事责任的实现方式之一,如果没有刑事处罚等刑事制裁方法,刑事责任作为犯罪行为的法律后果,就会徒有形式,变成一个空洞的概念。应当指出的是,"没有刑事责任便没有刑罚"与"有刑事责任即有刑罚"是两种完全不同的刑事责任原则,前者体现的是刑事责任对刑事处罚的限制机制,对于维护社会主义民主与法制,防止刑罚权力的滥用,具有极为重要的意义和作用,因而,应当成为我国刑法的一项重要原则;后者体现的是刑事责任的积极扩张机制,不为我国刑法所采用,这是因为,根据我国刑法的规定,在特定条件下,刑事责任可以与刑事处罚发生分离,即应当承担刑事责任的犯罪人,不一定都必须承担刑事处罚。

(2)刑事责任的轻重程度直接决定了刑事处罚的轻重程度,刑事处罚的轻重必须与刑事责任的轻重相符，刑事责任重的刑事处罚亦重，刑事责任轻的刑事处罚亦轻，正是通过刑事责任这一范畴，犯罪与刑罚之间才形成罪刑相适应的联系原则。刑罚应该是通过刑事责任范畴与犯罪相平衡，但由于犯罪的轻重实际上根本不能以数学的精确度来衡量，所以，刑事责任本身有伸缩的幅度。因此，只要是在此幅度内决定尽可能适当的刑罚，而不导致刑罚与犯罪之间大的失衡，就是合理的。

（3）刑事处罚是实现刑事责任的基本方式，离开了刑事处罚，刑事责任的实现就失去了基本的目标。根据我国刑法立法之规定，刑事责任的实现方式有刑事处罚、非刑事处罚措施和免予刑事处分三种情形，在以上这三种实现方式中，刑事处罚是最主要、也是最基本的实现方式。刑事处罚作为刑事责任实现的最主要的方式，它与刑事责任的联系远远超过它与其他两种实现方式之间的联系。

刑事责任与刑事处罚之间的相互区别表现为：

（1）刑事责任与刑事处罚的性质不同。刑事责任是犯罪人因犯罪行为在国家面前应当承担的否定性评价和谴责，刑事处罚是国家对犯罪人所实施的具体的惩罚和制裁方法。刑事责任是刑事处罚的上位概念，内容比较抽象，它构成包括适用刑罚在内的一切刑事司法活动的内在灵魂；刑事处罚是刑事责任的下位概念，其内容十分具体，是实现对犯罪行为和犯罪人否定性评价和谴责的具体方式方法。

（2）刑事责任与刑事处罚的根据不同。刑事责任的根据是客观发生的犯罪行为，而刑事处罚以刑事责任为前提，因而刑事处罚除以犯罪行为为基本根据之外，还有自己的特殊根据，这就是体现犯罪人人身危险性和个人中性特性的，影响特殊预防作用发挥的犯罪人个人情况。如犯罪人是一贯品行良好还是有劣迹存在，是否累犯以及有无前科等，虽然与犯罪行为本身无关，但考虑到这些因素可以预示其改造的难易程度与再犯可能性的大小，因此，这些因素对于确定犯罪人刑事处罚的程度有较大的影响。

（3）刑事责任与刑事处罚的外延不同。刑事责任的外延要比刑事处罚广泛得多。首先，表现为二者存续的不等时性，刑事责任在犯罪实施时便会产生，即有犯罪就有刑事责任，司法机关就可以追究；刑事处罚则不是行为人犯罪时就出现的，而是当人民法院作出判处犯罪人刑事处罚的有效判决后才产生的。在绝大多数情况下，刑事责任要比刑事处罚的产生早得多，刑事责任自实现犯罪时产生，到刑罚执行完毕或者赦免时止，而且一些刑罚方法实际上也很难说还有什么时间存续性，如死刑、罚金和没收财产等。只有在某些特殊情况下，刑事处罚虽已执行完毕，但刑事责任还会存在很长一段时间。其次，表现为刑事处罚以刑事责任为前提，无刑事责任便无刑事处罚，但是有刑事责任却并不一定都会导致刑事处罚，这主要是因为刑事责任可以不依附于刑事处罚而存在，法院对行为人宣告有罪而免予刑事处罚同样意味着追究了其刑事责任；但刑事处罚不能独立于刑事责任之外，即刑事处罚必须依附于刑事责任而存在。

第六章 刑法学诸范畴功能论

第一节 犯罪概念、犯罪构成与定罪

一、犯罪概念与定罪

犯罪概念是刑法学最基本的范畴之一,也是刑法学理论研究中最引人注目的一个领域。然而,研究犯罪概念,并不是为了研究而研究,而是应当通过对犯罪概念的研究达到为司法实践服务的目的。一般来讲,犯罪概念具有两个方面的重要特征,一是实质性特征——犯罪的社会危害性,二是形式上的特征——刑事违法性。这两个方面的特征,对于犯罪的认定均具有非常重要的意义。下面笔者拟就这两个方面的特征对定罪的意义作一较为具体的分析。

(一) 犯罪的社会危害性对定罪的意义

犯罪的社会危害性是指行为人所实施的行为对我国刑法所保护的社会关系所造成的现实的或者可能的损害。犯罪的社会危害性对于定罪的意义,主要表现在以下两个方面:

1. 犯罪的社会危害性之有无对于定罪的意义。一般来讲,社会危害性是犯罪行为与违法行为及不道德行为所共有的特征。但是要将这一特性引入刑法领域,并将其作为划分罪与非罪的标准,这就需要在社会危害性之前加上应负刑事责任的字样。行为人的行为只有在达到应负刑事责任的程度时,才能将其作为犯罪来进行处理。反之,则不能将其作为犯罪行为来看待。因此,犯罪的社会危害性不仅对于判断行为人的行为构成犯罪有重要意义,而且对于判断行为人的行为不构成犯罪亦有重要的影响。

2. 犯罪的社会危害性的大小对定罪的意义。犯罪的社会危害性作为犯罪的实质特征，不仅其有无对定罪有影响，而且其程度的轻重大小对于某种行为的定性亦具有十分重要的作用。根据我国 1997 年刑法第 13 条"但书"之规定，"情节显著轻微危害不大的，不认为是犯罪"。在这里，我们不难看出，尽管行为人实施了某种危害社会的行为，但如果情节显著轻微危害不大的，不能将其视为犯罪行为处理。至于如何理解"但书"所规定的立法精神，一般来讲，应当注意以下几点：(1) 这里所说的"不认为是犯罪"的行为，必须同时具备"情节显著轻微"与"危害不大"这两个方面的条件，缺少其中之一，则不符合"但书"的要求；(2) 这里所说的"不认为是犯罪"，是指刑法从根本上就不认为该类行为是犯罪，而不能理解为某种行为已经构成了犯罪，只是不作为犯罪来处理；(3) 这里所说的"不认为是犯罪"是指对行为人所实施的符合第 13 条所规定的行为，既不能宣告行为人的行为有罪，也不能给予刑事追究。正因为如此，它与 1997 年刑法第 39 条所规定的"对于犯罪情节轻微不需要判处刑罚的，可以免予刑事处罚"是完全不同的两回事。这是因为，1997 年刑法第 39 条所规定的内容，其成立的条件与第 13 条有着本质的区别，前者是无罪的行为，其适用的条件是情节显著轻微危害不大，而后者是有罪的行为，只是免予刑事处罚而已，其适用的条件是犯罪情节轻微。因此，在这里，情节轻微与情节显著轻微虽然在字面上差异不大，然而两者之间却存在着本质的区别，这种区别的产生主要是由于行为人的行为对社会产生的危害程度不同决定的。

(二) 犯罪的刑事违法性对定罪的意义

犯罪的刑事违法性是指行为人的行为因违反了刑事法律的有关规定而具有的属性。犯罪的这一属性对于认定行为人的行为是否有罪也具有十分重要的意义。这是因为，根据我国刑事立法的规定，某种行为是否构成犯罪，必须符合刑法分则所规定的各种犯罪的全部构成要件。如果行为人的行为不符合刑法分则所规定的某种犯罪的构成要件，则不能将其作为犯罪来处理。正因为如此，在我国，对于某种行为是否有罪的判断，既可以从其行为是否符合某种犯罪构成要件的角度来进行判断，也可以从该行为是否违反刑事立法的有关规定的角度来进行判断。可以这样说，行为人的行为违反了刑事立法的有关规定，也同时就意味着其行为是符合某种犯罪构成要件的行为，同理，行为人的行为如果符合某种犯罪的构成要件，也即意味着其行为违背了刑事立法的有关规定。

犯罪的刑事违法性在定罪时的意义，主要有以下两个方面：(1) 刑事违法性是区分有罪的行为与非罪的行为的重要标志。根据我国有关法律之规定，违法行为的表现方式是多种多样的，有民事违法、刑事违法、行政违法和经济违法等。而在以上诸种违法形式中,只有当行为人的行为符合刑事违法的具体要求时,我们方可将其作为犯罪的行为来予以认定。如果行为人的行为仅仅停留在民事违法、行政违法与经济违法阶段,尚不能将其作为犯罪行为进行处理,而只能依照有关违法行为来进行处理。(2)刑事违法性是检验行为人的行为是否构成犯罪的重要依据。在我国刑事立法中,除了自然犯之外,还有大量的行政犯存在。对于一般的自然犯而言,只要行为人的行为符合刑事违法性的规定,即可认定行为人的行为已构成犯罪;而对于行政犯而言,在违法性上则具有双重属性。首先,行为人的行为要构成犯罪必须违反某一个特定的行政法规或者经济法规,只有行为人的行为在违背了上述法规的基础上,才能进一步探究行为人的行为是否具有刑事违法性的问题。如果该行为没有违反有关的行政法规或者经济法规,就谈不上刑事违法性的问题。因此,对于某些行政犯而言,刑事违法性的存在是建立在行政违法性与经济违法性的基础之上的。也可以这样说,某种具有刑事违法性的行为同时也就具备了行政违法性与经济违法性,反之,某种具有行政违法性与经济违法性的行为不一定都具有刑事违法性。

二、犯罪构成与定罪

(一)犯罪客体与定罪

所谓犯罪客体,根据我国刑法理论之通说,是指刑法规定的为犯罪行为所侵害的社会关系。它是用以说明行为人的行为究竟侵害了什么要件。犯罪客体作为揭示某种犯罪的本质属性的要件,对于决定行为人的行为是否有罪具有非常重要的意义。这是因为,对于任何一种犯罪而言,要使其行为符合某种犯罪的构成要件,均必须具备犯罪客体的要求。也就是说,行为人的行为若要构成犯罪就必须侵犯我国刑法所保护的一定的社会关系。如果行为人的行为没有侵犯一定的社会关系,则不能视为犯罪行为而追究行为人的刑事责任。因此,在司法实践中,要查明行为人的行为是否构成犯罪以及构成何种犯罪,首先应当查明行为人的行为究竟有没有给我国刑法所保护的社会关系造成一定的侵害,与此同时还应当查明行为人的行为侵犯了我国刑法所保护的哪一方面的社会关系。只有将以上两个方面的问题弄清之后,我们才能对行为人的行为性质作出可靠的结论。具体来讲,犯罪客体在犯罪的认定中具有以下两方面的意义:

第一,犯罪客体对于决定行为人的行为是否构成犯罪具有十分重要的意义。如前所述,行为人的行为是否构成犯罪取决于行为人的行为本身有无侵害刑法所保护的一定的社会关系,如果行为人的行为侵犯了刑法所保护的某一具体的社会关系,即可认定其行为已经构成犯罪;若行为人的行为没有侵犯刑法所保护的某一具体的社会关系，则不能将其视为犯罪行为。

第二，犯罪客体对于决定行为人的行为构成何种犯罪具有十分重要的意义。犯罪客体作为犯罪构成的基本要件之一，不仅对于罪与非罪的区分具有重要的意义，而且对于此罪与彼罪的区分也具有重大的影响。由于犯罪客体是决定某种行为性质的要件，因此，哪怕是完全相同的对象，如果其本身所代表的社会关系的性质不同，在犯罪性质的认定上也会得出不同的结论。

（二）犯罪客观方面与定罪

犯罪客观方面是指刑法所规定的，说明行为对刑法所保护的社会关系的侵犯性，而为成立犯罪所必须具备的客观事实特征。犯罪的客观要件作为行为人实施犯罪行为时所具有的外部表现形式，它是用以说明某种危害社会的客观事实是行为人以什么样的方式实施的要件。它所包含的因素主要有危害行为、行为对象、危害结果、危害行为与危害结果之间的因果关系，犯罪的时间、方法、地点等。在以上这些要素之中，有的是对于某种犯罪的成立必不可少的要件，有的则是对于犯罪的成立具有选择性的要件。但无论如何，从刑法分则所规定的各种犯罪构成的要求来看，这些因素对于认定某种行为是否构成犯罪均具有非常重要的意义。关于犯罪客观方面的因素对于定罪的影响，可以从以下几个方面的具体因素来进行考察：

1. 危害行为对于定罪的影响。刑法上的危害行为一般是指在人的主观意识和意志支配下实施的危害社会的身体活动。作为犯罪构成客观要件的基本内容之一，危害行为是一切犯罪都必须具备的要件，如果缺少了这一要件，那么一切犯罪就无从谈起。正因为如此，在刑法理论上有一著名的格言，没有危害行为就没有犯罪。刑法上的危害行为依其含义有以下三个方面的特点，即（1）危害行为是人的身体活动或动作，包括积极活动与消极活动，也就是行为人身体的动与静。（2）危害行为是在人的意识和意志支配下的产物和表现，如果行为人所实施的行为不是其意识与意志支配的产物，则不是刑法上的危害行为。（3）危害行为是侵犯刑法所保护的社会关系的行为，这是危害行为的实质内容。如果某种行为侵犯的不是刑法所保护的社会关系，则此种行为不属于刑法上的危害行为。危害行为作为犯罪客观要件中最为核心的要素，其构成因素也有以下几点：（1）任何行为都须有人的身体活动，若无人的身体活动，则无行为而言；（2）危害行为作为人的身体活动，它离不开一定的方法与手段；（3）危害行为作为一种外部活动，都是发生在一定的时空状态之中的，也就是说，它离不开一定的时间和地点。

在司法实践中，危害行为的表现形式是千差万别的，众多的危害行为因其犯罪行为的性质有别也呈现出千姿百态的局面。但无论危害行为在司法实践中多么复杂,从理论上来考察,无外乎两种表现形式,这就是犯罪的作为与不作为。前者是指行为人以积极的身体动作实施了为刑法所禁止的危害行为。后者则是指行为人在能够履行自己应尽义务的前提下不履行该义务的行为。作为与不作为虽然同为危害行为,但是两者之间在性质上却是有一定的差异的。这种差异性主要表现在:(1)违反的法律规范不同。作为的危害行为违反的是禁止性罪刑规范;而不作为的危害行为违反的是命令性罪刑规范。(2)行为方式不同。作为的危害行为是行为人以积极的方式侵犯了刑法所保护的社会关系,表现为不应为而为之;而不作为的危害行为是行为人以消极的方式侵犯了刑法所保护的社会关系,表现为应为而不为之。(3)作为的危害行为从行为人本身而言一般不负有某种特定的作为义务;而不作为的危害行为从行为人本身而言必须负有实施特定积极行为的法律义务,只有在行为人负有这种特定义务且能够履行这种特定的义务而不履行造成或者可能造成某种危害结果的情况下才具有可罚性。

从总体而言,行为人的行为是否构成犯罪,从客观上讲,首先必须考察行为人在客观上有无实施刑法上的危害行为,这是行为人的行为构成犯罪的关键性要素。如果行为人在客观上实施了危害行为,即符合犯罪构成的客观要素,具备了追究行为人刑事责任的客观基础。反之,如果行为人在客观上没有实施危害行为,则不具有可罚性。诸如人的无意识动作、身体受到外力强制形成的动作、在不可抗力的情况下形成的动作等,由于这些行为均不属于刑法意义上的危害行为之列,因此,不能将其认定为有罪的行为。

2. 特定的犯罪方法对定罪的影响。所谓犯罪的方法一般是指行为人在实施犯罪行为时所采取的具体的行为方式。根据我国刑法分则对于各种具体犯罪构成的方法来考察,某种行为之所以构成犯罪,除了其他方面的要求之外,某种特定的方法对于特定的犯罪构成也具有非常重要的影响。例如,根据我国1997年刑法第257条规定,行为人以暴力干涉他人婚姻自由的,构成暴力干涉婚姻自由罪。在本罪的构成中,行为人在客观上是否采用暴力的方法,就成为行为人的行为是否成立犯罪的关键,只有在行为人使用暴力的方法干涉婚姻自由时,才能构成本罪,否则,不构成本罪。

3. 特定的犯罪对象对定罪的影响。所谓犯罪对象,一般是指行为人所实施的犯罪行为直接侵害的人和物。从我国刑事立法所规定的有关内容来看,有的犯罪构成对于犯罪对象有特定的要求,只有在行为人的行为侵害某一特定的对象时,才能构成某种犯罪,如若相反,则不构成该罪。例如,根据我国1997年刑法第261条规定,对于年老、年幼、患病或者其他没有独立生活能力的人,负有扶养义务而拒绝扶养,情节恶劣的,构成遗弃罪。在本罪中,行为人的遗弃行为所直接侵害的对象必须是"年老、年幼、患病或者其他没有独立生活能力的人",如若行为人针对的对象不是以上这些人,则不能以本罪论处。譬如,对于某一有独立生活能力的人,即使其亲属拒绝给其扶养费,也只能依照有关民事案件来处理,而不构成遗弃罪。

4. 特定的危害结果对定罪的影响。所谓危害结果,一般是指犯罪行为对我国刑法所保护的客体所造成的或者可能造成的损害。从我国刑事立法的有关内容来看,过失犯罪属于结果犯的范畴,行为人的行为有无造成特定的危害结果,对于行为人的行为是否成立犯罪有着十分重要的影响。即行为人的行为只有在造成某种特定的危害结果的情况下,才能构成某种犯罪,如不存在这一危害结果,则不构成某种犯罪。例如,根据我国1997年刑法第397条规定的滥用职权罪、玩忽职守罪,均要求国家机关工作人员因为这两个方面的行为致使公共财产、国家和人民利益遭受重大损失时,才能认定其行为构成犯罪,如若不然,则不能将其行为作为犯罪来进行处理,而只能以日常工作中出现的工作失误来进行处理。

5. 特定的时空状态对定罪的影响。所谓某种特定的时空状态,是指行为人实施某种犯罪行为时必须具备的特定时间与地点。一般来讲,行为人实施某种犯罪行为无论在什么情况下对其行为性质一般均不发生影响,然而在有的法条中,由于对某种犯罪的时间、地点和方法均有一定的特殊要求,因此,在碰到这种情况时,就必须弄清行为人的行为发生的时空状态对于犯罪成立的影响。例如,1997年刑法第340条规定:"违反保护水产资源法规,在禁渔区、禁渔期或者使用禁用的工具、方法捕捞水产品,情节严重的,处三年以下有期徒刑、拘役、管制或者罚金。"在这里,我们不难看出,行为人的行为若要构成非法捕捞水产品罪,就必须同时符合以上三个方面的特定的时空状态与工具和方法的限制。也就是说,只有行为人在禁渔区、禁渔期或者使用禁用的工具、方法,方可构成本罪。若是行为人的行为不符合以上三个方面的要求,则不能构成本罪。

(三) 犯罪主体与定罪

所谓犯罪主体是指依照刑事法律规定,能够对自己实施的严重危害社会的行为承担刑事责任的人。犯罪主体作为犯罪构成的基本要件之一,是用以说明某种犯罪行为是由什么人实施的要件。犯罪主体从我国1997年刑法的立法情况来看,有以下两个方面的情况:一是自然人犯罪主体;二是单位犯罪主体。作为自然人犯罪主体而言,其成立需要具备两个方面的要素,即刑事责任年龄与刑事责任能力。这两个方面的要素若缺少其中之一,就不可能成为犯罪的主体。关于犯罪主体与定罪的意义主要体现在以下两个方面:一是刑事责任年龄与定罪的意义；二是刑事责任能力与定罪的意义。

1. 刑事责任年龄与定罪

所谓刑事责任年龄是指刑事法律规定的，行为人对自己实施的严重危害社会行为负刑事责任应当达到的年龄。一般来讲，犯罪行为是犯罪主体基于本人的主观意识和意志支配的产物，而一个人的这种主观意识与意志主要表现为两个方面的能力，即辨认能力与控制能力。然而，一个人的辨认与控制自己行为的能力并不是与生俱来的，而是随着年龄因素的增长而不断地变化的。年幼无知的儿童，因缺乏辨别、控制自己行为的能力，对自己行为的性质、后果及其社会意义，也常常缺乏了解，难以作出合理的选择。因此，其本身还欠缺承担刑事责任的条件和能力。只有当一个人随着年龄的增长，学习了知识，丰富了经历，才逐步具备了相应的辨别、控制自己行为的能力。也只有在这个时候，我们才能让其对自己所实施的严重危害社会的行为承担刑事责任，实现刑法的目的。各国刑事立法正是根据行为人自然年龄与责任能力的这种内在联系，才设立了各自的刑事责任年龄制度，从而也使得刑事责任年龄成为自然人犯罪主体中的一个重要条件。

从我国刑事立法的规定来看，在刑事责任年龄的立法上，我们既吸收了国外刑事立法的基本经验，同时又照顾了我国的实际情况，对刑事责任年龄作了非常严密而又十分科学的立法规定。这些规定对于司法机关如何正确地区分罪与非罪、把握某些犯罪的范围与轻重，均提供了较为明确的划分标准。从我国刑事立法对刑事责任年龄的规定来看，在刑事责任年龄的划分上，基本上采取的是四分制，即将刑事责任年龄依其年龄大小分为绝对无刑事责任年龄时期、相对有刑事责任年龄时期、完全负刑事责任年龄时期和从宽负刑事责任年龄时期四个不同的时期：

所谓绝对无刑事责任年龄时期是指在这一年龄阶段的行为人实施了刑法所规定的任何一种有严重社会危害性的行为均不负刑事责任，也就是说，凡是处于这一年龄段的人均不能成为犯罪的主体而被追究刑事责任。根据我国刑事立法的规定，凡是行为人的年龄不满14周岁的，其行为不构成犯罪，一概不能追究其刑事责任。处于这一年龄时期的人，在立法上之所以绝对不让其承担刑事责任，是因为不满14周岁的人尚处于幼年时期，不具备刑事责任承担者所具有的那种对自己行为的辨别和控制能力。

所谓相对负刑事责任年龄时期是指在这一年龄阶段的行为人不是对刑法所规定的所有犯罪都要负刑事责任，也不是对刑法所规定的所有犯罪都不负刑事责任，而是依据其年龄特征只对刑法所规定的少数犯罪负刑事责任，对于刑法没有作出明确规定的绝大多数犯罪仍不能追究其刑事责任。根据我国1997年刑法第 17 条第 2 款之规定："已满 14 周岁不满 16 周岁的人，犯故意杀人、故意伤害致人重伤或者死亡、强奸、抢劫、贩卖毒品、放火、爆炸、投毒罪的，应当负刑事责任。"从 1997 年刑法对相对负刑事责任年龄时期的行为人所实施的行为应当成为犯罪的主体并追究其刑事责任的规定来看，在这一年龄时期应当负刑事责任的犯罪是比较少的，除了刑法所规定的这八种犯罪之外，对其他有严重社会危害性的行为，亦一概不能追究其刑事责任。在立法上之所以对这一年龄时期的行为人在其应负刑事责任的范围上作出这种限制，主要是考虑他们虽然有一定的辨别、控制能力，但并不十分完整和成熟。因此，只要求他们对某些重大的犯罪负刑事责任，是科学的、也是合理的。

所谓完全负刑事责任年龄时期是指在这一年龄阶段的行为人对自己所实施的在刑法上被规定为犯罪的行为一概都要负刑事责任。也就是说，在这一年龄段的行为人只要实施了刑法上所规定的犯罪行为的，均可以成为犯罪的主体。根据 1997 年刑法第 17 条第 1 款之规定："已满 16 周岁的人犯罪，应当负刑事责任。"这一规定意味着凡是年满 16 周岁的人犯罪的，一律要负刑事责任。在立法上之所以作出这样的规定，是因为已满 16 周岁的人在智力与社会知识方面已有相当的发展，已经具备了独立承担刑事责任的辨别和控制自己行为的能力，因此，他们对自己实施的任何一种犯罪行为，都应当承担责任。

所谓从宽负刑事责任年龄时期是指行为人在这一年龄阶段虽然对自己所实施的犯罪行为均应当负刑事责任，但是依据刑法的规定应当从轻或者减轻处罚。如 1997 年刑法第 17 条第 3 款规定："已满 14 周岁不满 18 周岁的人犯罪，应当从轻或者减轻处罚。"就是说，在这一年龄时期的行为人虽然均可成为犯罪的主体，但是应当给予从宽处罚。在立法上之所以作出这种规定，是因为处于这一年龄时期的人虽然具有一定的辨别、控制自己行为的能力，应当依法负刑事责任，但其终究还是未成年人，其生理、心理等仍处于发展之中，思想、观点并不像成年人那么稳定和成熟，其可塑性仍然很大。因此，从对未成年人重在教育的刑事政策出发，我国刑法对这一年龄时期的人作出从宽处罚的规定是完全正确的。

从我国刑事立法对刑事责任年龄的规定来看，它与犯罪的认定有着非常紧密的联系。一般来讲，凡是不满 14 周岁的行为人，不论其实施了刑法中所规定的任何一种严重危害社会的行为，均不得将其作为犯罪的主体追究其刑事责任。而对于已满 14 周岁不满 16 周岁的行为人，除了法定的八种犯罪应当依法追究其刑事责任外，对于其他绝大多数犯罪仍然不能将其视为犯罪的主体而追究其刑事责任。只有对已满 16 周岁的行为人，才能依照刑事立法的规定，将其作为刑法所规定的任何犯罪的主体并追究其刑事责任。尽管如此，仍然不能将其与成年人等量齐观,而应当着重教育为主、刑罚为辅的方针,对其依法从宽处理。因此,在司法实践中,我们一定要充分重视刑事责任年龄因素对犯罪成立的影响,而不能对其有任何忽视。

2. 刑事责任能力与定罪

所谓刑事责任能力是指行为人认识自己行为的性质、意义、作用和后果,并能控制自己行为的方向和对自己的行为承担刑事责任的能力。简而言之,就是行为人所具有的辨认和控制自己行为的能力。在这里,辨认能力是一种认知能力,是行为人认识社会意义的能力,它是控制能力存在的前提和基础。而控制能力则是一种意志能力,它是在辨认能力基础上所形成的决定自己行为方向、方法、时间、地点及其行为力度的能力。一般地,我们只有在一个人同时具备辨认能力和控制能力的情况下,才能令其对自己所选择的严重危害社会的行为承担刑事责任。如果缺少其中之一,我们就难以找到要行为人对自己的行为负刑事责任的根据。

根据我国1997年刑法第18条规定:"精神病人在不能辨认或者不能控制自己行为的时候造成危害结果,经法定程序鉴定确认的,不负刑事责任,但是应当责令他的家属或者监护人严加看管和医疗;在必要的时候,由政府强制医疗。间歇性的精神病人在精神正常的时候犯罪,应当负刑事责任。尚未完全丧失辨认或者控制自己行为能力的精神病人犯罪的,应当负刑事责任,但是可以从轻或者减轻处罚。"第19条规定:"又聋又哑的人或者盲人犯罪,可以从轻、减轻或者免除处罚。"以上规定均系对行为人的刑事责任能力的规定。根据刑法的以上规定来看,只有具有刑事责任能力的人才能负刑事责任,不具有刑事责任能力的人不能负刑事责任,具有相对刑事责任能力的人则只能负相对的刑事责任。从我国1997年刑法对各种不同的刑事责任能力人的规定来看,对于完全性精神病人和正在发作期间的精神病人所实施的危害社会的行为,由于他们缺乏辨认能力与控制能力,因此不能对其所实施的行为负刑事责任,因而也就不能成为犯罪的主体;而对于限制性精神病人和聋哑人或者盲人所实施的危害社会的行为,尽管他们在刑事责任能力方面较之正常人有一定的限制,但由于他们不是完全丧失了自身的刑事责任能力,而只是受到了一定的影响,因此,对于他们的行为构成犯罪的,应当追究其刑事责任,并使之成为犯罪的主体。只是根据刑法的有关规定,对于这两种类型的人所实施的犯罪,可以从轻、减轻或者免除处罚。

(四) 犯罪主观方面与定罪

犯罪的主观要件是指刑法规定成立犯罪所必须具备的犯罪主体对其实施的危害行为及其结果所持的心理态度。作为说明行为人为何要实施危害社会的行为的要件，犯罪的主观要件对于犯罪的认定来讲也具有十分重大的意义。这是因为，任何犯罪行为都是在人的主观心理支配下实施的，离开了犯罪的主观要件，就失去了追究行为人刑事责任的主观基础。因此，犯罪的主观要件对于犯罪的成立至关重要。

1. 罪过形式对于定罪的影响。罪过形式，也就是故意与过失，它们是每种犯罪都必须具备的必要要件。对于一般的犯罪的成立而言，只有行为人在主观上具有故意与过失的心理态度时，我们才能认定其行为具备了应当追究刑事责任的主观基础。如果其行为在主观上缺乏故意与过失这一罪过形式，则不能追究其刑事责任。

（1）犯罪的故意与定罪。根据我国1997年刑法第14条的规定，明知自己的行为会发生危害社会的结果，并且希望或者放任这种结果发生，因而构成犯罪的，是故意犯罪。根据故意犯罪的这一概念，我们不难看出，故意犯罪按其主观意志因素不同，可以分为直接故意与间接故意两种类型。所谓直接故意是指行为人明知自己的行为会发生危害社会的结果，并且希望这种结果发生的主观心理态度。行为人在直接故意心理支配下所实施的犯罪即为直接故意犯罪。间接故意则是指行为人明知自己的行为会发生危害社会的结果，并且放任这种结果发生的主观心理态度。行为人在间接故意心理支配下所实施的犯罪则为间接故意犯罪。直接故意犯罪与间接故意犯罪虽然同属于故意犯罪的范畴，但是，它们两者之间是有严格区别的。首先，从认识因素上来考察，直接故意犯罪的行为人在认识上对危害结果的发生既包括必然性认识，亦包括可能性认识，即行为人明知自己的行为必然或者可能发生危害社会的结果。而间接故意犯罪的行为人在认识上对危害结果的发生只存在可能性认识，即行为人明知自己的行为可能发生危害社会的结果。其次，从意志因素上来考察，直接故意犯罪的行为人对危害结果的发生持的是希望的心理。而间接故意犯罪的行为人对危害结果的发生持的是放任的心理。无论是直接故意还是间接故意，作为行为人实施某种行为的主观方面的心理状态，均不可避免地成为一切故意犯罪成立的主观基础。离开了这一主观基础，就不可能成立故意犯罪。

（2）犯罪的过失与定罪。根据我国1997年刑法第15条规定，应当预见自己的行为可能发生危害社会的结果，因为疏忽大意而没有预见，或者已经预见而轻信能够避免，以致发生这种结果的，是过失犯罪。从刑法对于过失犯罪的规定来看，按其意志因素不同，人们可将其分为疏忽大意的过失和过于自信的过失两种类型。所谓疏忽大意的过失，是指行为人应当预见自己的行为可能发生危害社会的结果，因为疏忽大意而没有预见，以致发生了这种结果的心理态度。在疏忽大意过失中，由于行为人对危害结果的发生没有预见，因此这种过失亦被称为无认识的过失。它具有两个基本特征：①行为人应当预见自己的行为可能发生危害社会的结果。这里所说的应当预见，是指行为人在行为时对危害结果的发生既有预见的义务，又有预见的能力。这是疏忽大意的过失有别于意外事件的关键之所在。在这里，所谓预见的义务是指行为人在行为时对危害结果的发生负有预见的责任，如果行为人对危害结果的发生没有责任预见，即使在当时的情况下能够预见，也不能认为是应当预见。预见的义务一般是由法律或者规章制度规定的，在没有相应的法律或者规章时，一般应根据共同生活准则或生活经验来确定。所谓预见的能力则是指行为人在行为时对危害结果的发生有预见的现实条件和实际可能性。一般来讲，预见的义务与预见能力是有机的统一，法律只能对有条件可能预见的人提出预见的义务。因此，即使行为人对危害结果的发生负有预见义务，但在当时的情况下不具有预见的条件，不存在预见的能力，不可能预见，即使发生严重的损害结果，也不能要求行为人对此负刑事责任。②行为人由于疏忽大意没有预见到自己的行为可能发生危害社会的结果。所谓"没有预见到"，是指行为人在实施行为的当时没有想到自己的行为可能发生危害社会的结果。这种主观上对危害结果的无认识状态，是疏忽大意过失心理的基本特征和重要内容，也是行为人在毫无警觉的情况下引起危害社会的结果发生的根本原因。刑法之所以对因疏忽大意的过失构成犯罪的行为人予以刑罚处罚，首先是由于行为人主观上的过失造成了危害社会的严重后果。其次是通过惩治这种对国家和社会利益严重不负责任的行为，可以促使行为人和其他人消除疏忽大意的心理，谨慎行事，从而达到防范过失犯罪发生的社会效果。所谓过于自信的过失，是指行为人已经预见到自己的行为可能发生危害社会的结果，但轻信能够避免，以致发生这种结果的心理态度。由于行为人事先已经预见到自己的行为可能发生危害社会的结果，因此这种过失又称为有认识的过失。它有两个方面的特征：①行为人已经预见到自己的行为可能发生危害社会的结果。在过于自信的场合，行为人对自己行为的危害结果的预见，只能是预见到这种结果可能发生，而不能是预见到这种结果必然发生。因为过于自信的过失的特征是轻信能够避免这种结果发生，而只有在预见危害社会结果可能发生的条件下，才会轻信能够避免这种结果发生。否则，如果预见危害结果必然发生即不可避免地发生，那就不会相信能够避免这种发生了。②行为人轻信能够避免，以致发生了这种危害结果。所谓轻信能够避免，一般包含以下三方面的意思：一是行为人相信危害结果不会发生，即对危害结果的发生，行为人是持否定态度的，是希望能够避免危害结果发生的。二是相信能够避免危害结果的发生有一定的实际根据。这就是说，行为人不是毫无根据地认为不会发生危害社会的结果，而是有实际的根据才相信可以避免，行为人为避免结果发生所采取的积极行动,可能是行为人本人的熟练技巧或较强的体力,也可能是行为人对客观环境或自然规律的熟悉。三是相信能够避免危害结果的发生的根据并不可靠。这就是行为人过高地估计了能够避免危害结果发生的根据,实际上这些根据并不足以避免危害结果的发生,以至于最终还是发生了危害结果。正因为如此,这种过失才叫做过于自信的过失。将过失犯罪分为疏忽大意的过失犯罪与过于自信的过失犯罪,其最重要的意义在于确定过失行为负刑事责任的范围,准确区分各种不同的罪过形式,揭示过失犯罪的主观心理结构和恶性程度。然而,由于过失犯罪的行为人对于自己的行为可能造成的危害结果在主观上均持的是排斥和反对的态度,因此,无论是就疏忽大意的过失犯罪而言,还是就过于自信的过失犯罪而言,与故意犯罪相比较,它们之间不存在绝对的恶性程度上的差异。因此,过失犯罪的这种划分方法对于量刑来讲,意义并不是很大。在过失犯罪中,无论是疏忽大意的过失还是过于自信的过失,均系某种过失犯罪成立的主观基础,缺乏了这一主观罪过形式,就失去了行为人负刑事责任的主观基础。因此,在认定某种行为是否构成犯罪的过程中,我们不仅要注意到故意对于犯罪成立的重要影响,同时也应当注意过失对于犯罪成立的影响。

2. 犯罪目的与定罪

犯罪目的是刑法理论中的一个重要范畴,它通常是指行为人通过实施某种犯罪行为希望达到某种犯罪结果的心理态度。根据犯罪目的的基本含义,我们不妨对犯罪的目的进行如下定义,即犯罪的目的是指行为人通过实施某种犯罪行为希望达到某种犯罪结果的主观心理活动。从我国1997年刑法所规定的内容来看,由于各种各样的犯罪的表现形式不同,其犯罪目的也有所差异,归纳起来,不外乎以下几个方面:

(1) 以非法占有为目的

根据我国1997年刑法的规定,某些经济犯罪的行为人在主观上必须是以非法占有为目的,才能构成某种具体的经济犯罪。例如,1997年刑法第192条规定的集资诈骗罪、第224条规定的合同诈骗罪等,这些犯罪均要求行为人在主观上必须是以非法占有为目的。那么,什么是非法占有呢?关于这个问题首先应当从占有的概念进行分析。在民法理论中,所有权有占有、使用、收益、处分四项权能。在这四种权能中,占有权是一项最根本的也是最能体现所有权性质的权能。因此,占有是对财产进行实际控制的权利。一般来讲,占有可以分为合法占有与非法占有两种情形。合法占有是指根据法律规定或其他合法原因而占有他人财产。非法占有则是指非所有人没有法律根据而无端地占有他人的财产。作为经济犯罪的主观目的,即属于非法占有,在这种目的支配之下所实施的行为必然侵犯他人的所有权。因此，这类经济犯罪在破坏某种特定的社会主义市场经济关系的同时，也具有侵犯财产所有权的性质。当然，行为人主观上具有非法占有的目的，并不意味着只有在客观上占有了财物才构成犯罪。对于那些以占有为目的而实施的犯罪，没有得逞的，应当以犯罪未遂论处。

(2) 以牟利为目的

在我国1997年刑法所规定的众多经济犯罪中，有的犯罪在主观上要求行为人必须具有牟利的目的。例如，1997年刑法第152条规定的走私淫秽物品罪，第175条规定的高利转贷罪，第228条规定的非法转让、倒卖土地使用权罪，均属此列。一般来讲，所谓以牟利为目的是指行为人从事某种经济犯罪活动在主观上是为了谋求某种非法的经济利益。从司法实践来看，虽然绝大多数经济犯罪人在主观上都是基于这一目的，但只有在立法上作了明确规定的，才能将其视为该罪成立的主观要件之一。当然，至于行为人有无实现这一犯罪目的，对于构成某种经济犯罪而言，不发生影响。

(3) 以营利为目的

根据我国1997年刑法的规定，对于某些经济犯罪来讲，不仅要求行为人实施了某一方面的经济犯罪行为，还要求行为人在主观上具有营利的目的。例如，第217条规定的侵犯著作权罪，第218条规定的销售侵权复制品罪等，即属这一情况。在这里，所谓营利，即是指行为人通过实施某种经济犯罪行为从中谋求非法的利润。由于上述经济犯罪要求行为人在主观上必须具有营利的目的，所以，对于那些在主观上没有营利目的的行为则不能按照犯罪处理。

(4) 以传播为目的

我国1997年刑法第152条规定："以牟利或者传播为目的，走私淫秽的影片、录像带、录音带、图片、书刊或者其他淫秽物品的，处三年以上十年以下有期徒刑，并处罚金；情节严重的，处十年以上有期徒刑或者无期徒刑，并处罚金或者没收财产；情节较轻的，处三年以下有期徒刑、拘役或者管制，并处罚金。"1997年刑法在对本罪目的的规定上，采取了选择性的规定方式，即构成本罪，不管行为人是出于牟利的目的还是出于传播的目的，均可构成。在这里，所谓以传播为目的，主要是指行为人走私淫秽物品不仅是为自己使用或欣赏，而且准备将其扩散、流传。1997年刑法之所以要作出这一规定，主要是通过这一规定，适当地扩大本罪的刑事责任的范围，对那些虽然不是出于牟利目的，但出于传播目的的，也应当以犯罪论处。

(5) 由于泄愤报复或者其他个人目的

我国1997年刑法第276条规定："由于泄愤报复或者其他个人目的，毁坏机器设备、残害耕畜或者以其他方法破坏生产经营的，处三年以下有期徒刑、拘役或者管制；情节严重的，处三年以上七年以下有期徒刑。"在这里，1997年刑法之所以要将本罪的主观目的凸显出来，主要是为了能够更好地区分本罪与类似的过失犯罪行为之间的界限。因为，在司法实践中，有的行为人由于不注意而损坏机器设备或者伤害耕畜的，虽然对工农业生产也可能带来一定的影响，但由于行为人在主观上没有上述规定的个人目的，因此，不能将其作为犯罪处理。

（6）以谋取不正当利益为目的

关于谋取不正当利益这一经济犯罪目的，多见于贿赂犯罪当中。根据1997年刑法的规定来看，下列犯罪的行为人在主观上就是以谋取不正当利益为目的的，例如，第164条规定的对公司、企业人员行贿罪，第389条规定的行贿罪，第391条规定的对单位行贿罪等，就是较为典型的例子。在1997年刑法所规定的以上犯罪中，之所以要强调构成各种行贿犯罪必须以谋取不正当利益为目的，主要是为了将为谋取正当利益而行贿的行为与本类犯罪行为区别开来。因为同样都是行贿的行为，若不从行为人主观目的上加以区分，就容易混淆罪与非罪行为之间的界限。因此，在这里，行为人在主观上是否以谋取不正当利益为目的，对于本类犯罪的认定具有十分重要的作用。

综上所述，犯罪的目的对于构成某些犯罪来讲，是一个非常重要的因素，它不仅是某些犯罪主观要件中不可或缺的内容，也是认定某种行为是否构成犯罪的关键，因此，切不可等闲视之。当然，犯罪的目的作为行为人从事某种犯罪行为所希望达到的最终结果，在司法实践中，有的行为人可能达到了其追求的目的，而有的则没有达到，这些方面的情况，对于构成某一具体的犯罪，一般不发生影响，只是对具体形态可能有一定的影响。

3. 犯罪动机与定罪

犯罪动机是推动或者促使犯罪人实施犯罪行为的内在起因。例如，行为人盗窃他人财物可能是出于贪图享受，可能是出于生活困难，也可能是出于某种爱好，等等。这些贪图享受、生活困难以及某种爱好等，就是行为人实施盗窃犯罪的动机。由此可见，一种犯罪可能是由不同的动机引起的，而不同的动机对于罪与非罪的界限的划分又有一定的意义。一般来讲，犯罪动机不是犯罪构成的要件，但并不因此说明它对犯罪构成没有影响并否定它对定罪的意义。犯罪动机反映了行为人主观恶性的程度，从而影响到社会危害性的大小。一旦行为处罪与非罪的临界点，它对于区分罪与非罪的界限就具有很重要的意义了。例如，行为人盗窃了他人480元钱的物品，单从数额上来看，这一行为正处于盗窃罪与非罪的临界线上，是否要对其定罪，还须看其他方面的情节，包括行为人的动机。如果行为人进行盗窃是出于贪图享受,就有可能予以定罪;而如果行为人盗窃是因为生活所迫,就可能不予定罪。因为根据"两高"的有关司法解释:"因受灾生活困难"而"偶尔偷窃财物……可以不作为盗窃罪处理。"由此观之,动机在一定条件下会影响行为的罪与非罪,从而亦具有定罪的意义。有的学者认为,犯罪动机不是犯罪构成的要件,从而没有定罪的意义。也有的学者认为,犯罪动机不是犯罪构成的要件,从而没有定罪的意义,只有量刑的意义。通过以上论述我们可以看出,这种观点是没有多少道理的。

4. 认识错误与定罪

认识错误是指行为人对自己的行为在法律上的意义或者对有关客观事实存在的认识偏差。在大多数情况下,行为人在法律上或者事实上出现的认识错误并不影响定罪,但在下列某种特殊情况下,行为人在主观上的认识错误对于定罪则会发生一定的影响。这种情况主要有以下几个方面:

第一,行为人对法律的认识错误。行为人对法律的认识错误是指行为人在有意识地实施某种行为时,对于自己行为的法律性质或意义有不正确的认识。这类认识错误,通常包括以下三种情况:

(1) 误无罪为有罪

在这种情况下,行为人的行为依照法律的规定并不构成犯罪,行为人误认为构成了犯罪。如行为人认为与他人的配偶通奸是犯罪,在实施通奸行为后自动投案,但刑法并没有将这种行为规定为犯罪。这种认识错误不影响对该行为的认定。

(2) 误有罪为无罪

在这种情况下,行为人的行为依照法律的规定已经构成了犯罪,而行为人却误认为不构成犯罪。例如行为人误认为自己窃取他人商业秘密的行为不是犯罪行为,其实《刑法》第219条是将该行为作为犯罪规定的。由于刑事违法性不是犯罪故意的认识内容,因此,这种认识错误不影响犯罪的成立。

(3) 对定罪量刑的误认

在这种情况下,行为人虽认识到自己的行为已经构成了犯罪,但对于其行为触犯了刑法规定的何种罪名,应当被处以什么样的刑罚,存在不正确的理解。例如,行为人为了骗取保险金而故意造成被保险人伤残,行为人误认为只成立保险诈骗罪,事实上他的行为已构成保险诈骗罪与故意伤害罪。这种认识错误既不影响定罪,也不影响量刑。

第二,行为人对事实认识错误。行为人对事实的认识错误是指行为人对与自己行为有关的事实情况所产生的不正确的认识。这类认识错误是否影响行为人的刑事责任,要区别情况具体对待:如果行为人的认识错误属于犯罪构成要件方面的事实情况，就要影响行为人的刑事责任；如果行为人的认识错误属于犯罪构成要件以外的事实情况，则不影响行为人的刑事责任。关于行为人对事实的认识错误，主要有以下几种情况：

（1）对客体的认识错误

所谓行为人对客体的认识错误，是指行为人对其危害行为侵犯的社会关系的性质产生的不正确认识。例如某甲意图伤害某乙，未认识到某乙为国家工作人员且当时正在执行公务，某甲的行为客观上是妨害公务，但是，由于某甲只认识到自己的行为侵害的是他人的人身健康权利，未认识到妨害公务罪的客体，所以对其意图侵害的社会关系是故意，即具有伤害的故意，而对妨害公务不具有故意。因此，对于某甲的行为只能定为故意伤害罪。这是因为，客体错误在这种情况下排除行为人对于超出其认识范围的实际结果的故意。如果行为人在故意实施某种危害社会的行为时，已认识到自己的行为可能同时侵害其他社会关系，便不属于客体错误。客体错误表现在行为人对其行为实际侵害的社会关系的误解上，如果认识到实际侵害的客体，便不属于错误的范畴，而应当按其实际侵害客体的犯罪予以认定。

（2）对行为对象的认识错误

1）误甲对象为乙对象，而两者体现的合法权益相同。如行为人本欲杀甲，在黑夜里误将乙当做甲杀害。这种认识错误不影响对行为的定性。因为故意的认识因素是对行为的危害性质与危害结果的认识，而危害结果是行为对合法权益的具体侵害，具体对象不同但所体现的合法权益性质相同时，行为所侵犯的合法权益性质就没有改变，因而罪过的内容并没有改变，对该行为仍应认定为故意犯罪既遂。

2）误甲对象为乙对象，而两者体现的合法权益不相同。如行为人本欲盗窃一般财物，结果却把枪支当成一般财物盗回。这种认识错误应当结合行为人在主观与客观方面的实际情况进行定性。这种认识错误超出了犯罪构成的范围，行为人所认识的事实与现实所发生的事实分属不同犯罪的构成要件，因此也称为不同犯罪间的错误。对于这种认识错误应在主、客观统一的范围内认定犯罪，即不能仅根据行为人的故意内容或者行为的客观内容认定犯罪，而应在故意内容与客观行为相统一的范围内，认定犯罪。

3）误将非犯罪对象当做犯罪对象加以侵害。如行为人误兽为人加以杀害的行为。如甲与乙有仇，一天夜晚，甲持枪潜伏在乙家屋后的树林内，当他发现乙家有一黑影晃动时，遂开枪射击，结果甲打到的不是乙，而是乙家饲养的一只山羊。这种情况一般可按故意犯罪未遂定性。如果客观行为在任何情况下都没有发生危害结果的可能性，也应当从实际出发，对行为人认定为无罪。

4) 误将犯罪对象当做非犯罪对象加以侵害。误人为兽,如王某晚上外出打狗,结果却将坐在树底下谈恋爱的男青年张某打死。在这种情况下,行为人主观上没有认识到自己的行为可能发生危害社会的结果,因而不能认定为故意犯罪;如果行为人应当预见,由于疏忽大意而没有预见,则应认定为过失犯罪;如果不能预见、不应预见,则是意外事件。

(3) 对行为的认识错误

1) 对行为性质的认识错误,是指行为人对自己行为的性质所产生的不正确理解。如假想防卫、假想避险等。如一天傍晚,赖某在回家途中,发现有两个男青年正在挑逗、侮辱自己的女朋友黄某。赖即上前进行指责,遭其中一青年殴打而被迫还手,在对打时,穿着便衣的民警黄某路过,见状即抓住赖的左肩,但未表明公安人员身份,赖误认为黄系对方的帮凶,便拔出牛角刀刺黄左肩一刀致其轻伤后逃跑。黄某鸣枪警告,赖闻声即停步,被逮捕。在本案中,由于赖某对自己的行为性质在主观上产生认识错误,将非侵害行为当成了侵害行为,形成了假想防卫。对于这种情形不能定为故意犯罪;如果行为人有过失,就认定为过失犯罪,如无过失,则认定为无罪。

2) 对行为方法的认识错误,是指行为人对于自己所使用的手段是否发生危害结果存在不正确的理解。包括三种情况:一是行为人所使用的手段本来会发生危害结果,但行为人误认为不会发生危害结果。如行为人将毒酒误为药酒给予他人饮用,致人死亡。对于这种情况,如有过失,则定为过失犯罪;如无过失,则认定为无罪。二是本欲使用会产生危害结果的手段,但由于认识错误却使用了不会发生危害结果的手段。如行为人误将白糖当成砒霜意图毒死他人。对于这种情况应认定为故意犯罪未遂。但对于不可能发生任何危险的情况是否定为有罪值得研究。三是行为人所使用的手段不可能导致危害结果发生,但行为人误认为可以导致危害结果发生。例如行为人采取诅咒、画符等手段杀人的行为,因这种情况属迷信犯,应认定为无罪。

(4) 对因果关系的认识错误

所谓因果关系认识错误,是指行为人对于自己危害社会的行为与危害结果之间的因果联系产生的不正确认识。这一方面的认识错误在现实生活中主要有以下几种:

1) 因果内容的错误:一是实际结果小于行为人预想的结果。例如行为人意图杀人,实际上只造成他人伤害,这种错误不影响行为人的故意心理,但只负犯罪未遂的责任。二是实际结果大于行为人预想的结果。例如行为人只意图伤害他人,结果却造成他人死亡。这种错误不影响行为人原有的故意心理,但对于实际发生的超出故意范围的结果要排除故意,只应负犯罪过失的责任。

2) 因果联系的错误：一是行为人误认为自己的行为已经产生了预期的犯罪结果，而事实上却没有发生这种结果。如甲开枪杀乙，见乙倒地，以为乙已死。其实乙倒地后并未死，后被人发现送往医院救活。对此甲只应负故意杀人罪（未遂）的责任。二是行为人误认为预期的结果是由自己的行为引起的，实际上是由行为人以外的其他原因造成的。如甲与乙有仇，某日晚趁乙外出，开枪击中乙，乙当即昏迷。甲以为乙已死即逃走。实际上乙并未死，而是苏醒后爬到一公路上被高速行驶的汽车压死。于此，甲对乙死亡的结果只应负故意杀人罪（未遂）的责任。

3) 因果进程的错误：行为人对因果内容明白无误，而对因果关系的进程却产生了歪曲的反应。如甲欲淹死乙，推乙于河中，结果乙并非被水淹死，而是撞到河中的石头而死亡。这种对因果关系进程的认识，属于犯罪故意的内容，因而行为人仍应负故意杀人罪既遂的责任。

(5) 对主体身份的认识错误

这种认识错误是指行为人对于自己是否具备成立某种犯罪的法定身份存在不正确的认识。可分为两种情况：一是行为人不具有某种法定的特殊身份，而却误认为自己具有法定的特殊身份。如邮政部门的临时清扫工，误认为自己是邮政工作人员，而私自开拆、隐匿或者毁弃邮件。由于行为人不具备邮政工作人员的特殊身份，故不成立《刑法》第253条规定的以邮政工作人员为主体的私拆、隐匿、毁弃邮件、电报罪，而只能认定为第252条规定的侵犯通信自由罪。二是具有法定特殊身份的人，误认为自己不具有法定特殊身份，而实施特定行为。这一问题涉及故意犯罪的认识内容是否包括对主体自身情况的认识问题，如果认为故意的成立不要求认识自身的情况，则上述认识错误不影响定罪；如果认为故意的成立要求认识到自身的情况，则上述认识错误影响定罪。例如，行为人本来患有严重性病，但自己误认为没有患性病，而实施卖淫或者嫖娼行为。在这种情况下，虽然行为人的客观行为符合《刑法》第360条规定的犯罪构成的客观要件，但由于行为人没有认识到自己的行为的危害性质与危害结果，不具有该罪的主观要件，因而不成立犯罪。

(6) 打击错误

打击错误，又称行为差误，是指行为人的侵害行为，由于失误而致使其实际侵害的对象与行为人所意图侵害的对象不相符合。例如，甲枪击乙，因枪法不好，将乙附近的丙击毙。又如，甲从楼上扔石头想砸毁乙的汽车，刚好住楼下的丙从窗口探头向外张望，结果丙的头部被击成重伤。这些情况与行为人的主观认识错误无关，纯属客观行为的失误或行为差误。因此，就其实质而言，不属于刑法上认识错误的范畴，但为了论述方便，故在此一并表述。对打击错误的处理，行为人对于所意图侵害的对象应成立犯罪未遂，对实际发生的危害结果如出于过失，负过失的罪责。但是，如果行为人在危害某一目标时，认识到自己的行为可能危害另一目标，便不属于目标错误。由于二者属于一行为触犯数罪名的想象竞合犯，应从一重罪论处。据此，例一中的甲成立故意杀人（未遂）罪和过失致人死亡罪的想象竞合犯，以故意杀人（未遂）罪论处即可；例二中的甲应成立故意毁坏财物（未遂）罪和过失重伤罪的想象竞合犯，以故意毁坏财物（未遂）罪论处即可。

第二节　刑事责任、刑事处罚与量刑

一、刑事责任与量刑

刑事责任是刑法学中最基本的范畴之一，作为犯罪行为的法律后果，刑事责任与量刑之间有着十分密切的联系。这主要是因为，我们研究刑事责任论的全部目的都在于能够准确地为量刑服务，而不是为了研究刑事责任而研究。研究刑事责任的这一宗旨告诉我们，对刑法学的任何一个问题的研究，就其研究本身而言，都应当是在一定的目的指导下所从事的活动，而不应当是盲目的。只有当我们在研究过程中，首先把握住了研究目标，那么我们从事研究活动的本身就被赋予了实践意义，当对于某一问题的研究有了这种目标时，我们才能真正地朝着有利的方向发展，从而少走弯路。当然，在这里强调少走弯路，并非意味着搞学术研究有什么捷径可走，而是强调从事任何方面的研究，首先都必须要有一个明确的目的，只有在一定的目的支配下所从事的活动才会最后达到成功的彼岸。

笔者认为，刑事责任是指国家刑事法律规定的、由犯罪行为引起的、由具有刑事责任能力的人承担的、能够说明犯罪行为的社会危害性与人身危险性的应受谴责与非难的法律后果。刑事责任作为犯罪行为的法律后果，它与犯罪行为之间有着较为密切的因果联系。一般而言，刑事责任是犯罪行为之果，犯罪行为是刑事责任之因。在对犯罪分子量刑时，刑事责任的大小与量刑的轻重之间是成正比的。一般来讲，某种犯罪行为的社会危害性程度越大，其应负的刑事责任也就越大，与之相适应，对于行为人在进行刑罚的裁量时，对于其所判处的刑罚也就相应地越重。相反地，某种犯罪行为的社会危害程度越小，其应负的刑事责任也就越小，与之相适应，对于行为人在进行刑罚裁量时，对于其所判处的刑罚相应地也就越轻。刑事责任与量刑这一关系表明，研究量刑问题，首先应当弄清刑事责任问题，只有对刑事责任问题有了深刻的理解和认识，我们才能谈得上进一步地处理好量刑的问题。在研究量刑的问题时，首先应当解决好刑事责任问题，主要有以下几个方面的意义：

第一，刑事责任作为犯罪行为的法律后果，在很大程度上反映了已然的犯罪行为的社会危害性的轻重，而这种社会危害性的轻重，在很大程度上决定了行为人应负的刑事责任的大小。一般来讲，行为人给社会造成的社会危害性大的，刑事责任也要大一些，相应地，其量刑也要重一些。相反地，行为人给社会造成的社会危害性小的，刑事责任也要小一些，相应地，其量刑也要轻一些。

第二，刑事责任作为具有刑事责任能力的人才能承担的法律后果，它决定了对于不同的行为人在量刑时也有不同的差别。例如，根据我国刑法之规定，不满14周岁的未成年人一概不负刑事责任。已满14周岁不满16周岁的人，也只有当他们犯有故意杀人、故意伤害致人重伤或者死亡、强奸、抢劫、贩卖毒品、放火、爆炸、投毒罪的，才应当负刑事责任。已满14周岁不满18周岁的人犯罪的，应当从轻或者减轻处罚。从我国刑法所作的规定来看，刑事责任的有无与刑事责任能力的有无及大小也具有较为紧密的联系。一般来讲，对于没有刑事责任能力的人，当然就不能追究行为人的刑事责任，有相对刑事责任能力的人也只能负相应的刑事责任。尽管如此，由于相对有刑事责任能力人与成年人相比，无论在心理、生理等方面都表现得不够成熟，因此，尽管对部分犯罪要负刑事责任，但在量刑时，对于未成年人犯罪的，应当从宽处罚。

第三，刑事责任是由能够说明犯罪行为的社会危害性和人身危险性的客观事实决定的，在对犯罪分子进行量刑时必须坚持两者的有机统一。在我国司法实践中，行为人对自己的行为负刑事责任，必须实施了犯罪行为。而某种犯罪行为是否严重，应否负刑事责任，则是由其社会危害性和人身危险性的大小决定的。一般来讲，刑事责任有回顾责任与展望责任之分，回顾责任是相对于已然之罪而言的，展望责任则是相对于未然之罪而言的。社会危害性作为某种犯罪行为对刑法所保护的社会关系造成的损害，其社会危害性之有无以及社会危害性之大小，是由已然之罪决定的，而人身危险性作为对社会有潜在威胁并对社会构成危害的可能性，其人身危险性之有无及人身危险性的大小，则是由未然之罪决定的。刑事责任作为回顾责任与展望责任的统一体，在确定某种行为的刑事责任之有无和大小时，不仅要照顾到某种犯罪行为的社会危害性的大小，而且要考虑到某种犯罪的人身危险性的大小。只有将这两个方面的因素紧密地结合起来，才能正确地处理好犯罪行为与刑事责任之间的关系。对于量刑而言，也必须兼顾以上两个方面的因素，也就是说，在对犯罪分子量刑时，一方面要以已然的社会危害性为基础，另一方面也要以未然的人身危险性为参数，只有把两者紧密地结合在一起，才能真正做到量刑准确。

二、刑事处罚与量刑

（一）刑事处罚的种类与量刑

刑事处罚的种类简称为刑种，是指我国刑法规定的对于各种犯罪适用的刑罚方法。根据我国刑法之规定，刑事处罚的种类分为主刑与附加刑两大类别。其中主刑包括管制、拘役、有期徒刑、无期徒刑和死刑五种，附加刑包括罚金、剥夺政治权利、没收财产和驱逐出境四种。从我国刑法对刑种的规定来看，在刑法所设置的刑罚方法中，既有生命刑、自由刑，也有财产刑与资格刑，既有重刑，也有轻刑，既有封闭性的刑罚方法，也有开放性的刑罚方法。各种不同的刑罚方法不仅适应了各种不同犯罪的需要，同时也为如何正确地量刑提供了一个良好的前提和基础。

犯罪是一种复杂的社会现象，各种具体犯罪行为的社会危害性及其程度是不相同的，在各种具体犯罪行为中往往又有目的、动机、手段、后果等不同情况。这种现象的复杂性，决定了惩罚犯罪的方法必须保持一定的多样性。我国刑法从实际出发，依照宽严相济的刑事政策，规定了有主有从、由轻到重的各个刑种，各刑种有不同的内容和方法，互相衔接，构成一个完整的、科学的刑罚体系。人民法院据此根据犯罪的性质、情节、后果等选择轻重适当的刑罚，做到罚当其罪，以实现刑罚的目的。

1. 主刑及其裁量

在我国刑法规定的刑种中，五种主要的刑罚方法由轻到重，环环相扣，既适应了各种不同程度的罪行的需要，同时也为司法机关正确地量刑提供了各种不同的等级模式。下面就各种刑罚方法的裁量做逐一介绍。

（1）管制刑的裁量。管制是我国刑罚体系中最轻的一种主刑，是一种开放性的自由刑，长期以来被认为是中国独创的刑罚方法，在司法实践中曾经创造过不可磨灭的历史功绩。根据我国刑法规定，管制在我国主要适用于那些罪行较轻可不实行关押的危害国家安全的犯罪分子和其他刑事犯罪分子。关于管制刑的司法裁量，在适用中应当注意以下几个方面的问题：

第一，根据某一犯罪案件的具体情况来裁量。管制作为我国刑罚体系中最轻的自由刑，只能适用于那些罪行比较轻微的犯罪分子。但尽管如此，由于可处管制的犯罪分子在社会危害程度和犯罪情节上尚有一定的差异，因此，在司法实践中，对不同的犯罪分子，可以根据实际情况，在刑法规定的管制刑期之内给予不同的处罚。

第二，根据具体案件的具体情况，管制可以作为拘役的替代刑来适用。由于拘役的期限较短，加上短期自由刑本身存在的缺陷，对某些犯罪适用拘役刑利少弊多。有鉴于此，对于刑法分则条文中规定有拘役和管制两种刑罚方法的犯罪，在对其适用法定刑的时候，可以将管制作为拘役的替代刑来适用。这是因为，管制是一种开放性的刑罚方法，在社会上行刑，不会产生交叉感染的问题。另外，管制的期限较之拘役要长，可以对某些犯罪分子通过较长时间的教育和改造，帮助其矫正恶习，重新回归社会，成为对社会有益的公民。

（2）拘役刑的裁量。拘役是短期剥夺犯罪分子人身自由的刑罚方法，在刑法理论上属于短期自由刑。对于犯罪分子是否应当适用短期自由刑以及如何适用，在刑法理论上都存在着较大争议。但是为了保证刑罚体系的完整，加上对某些情节较轻的犯罪，拘役的适用仍有不可替代的作用。因此，我国刑法在规定刑罚的种类时仍旧保留了这一刑罚方法。在对某些犯罪适用拘役进行裁量时，应当注意以下几个方面的问题：

第一，要考虑经济犯罪案件的严重性程度。根据我国刑事立法的规定，拘役是一种轻刑，因此只有对那些罪行比较轻微的犯罪案件才能适用。当然，同样是可以判处拘役的犯罪案件，其社会危害性亦有程度上的差别，因此，在决定拘役的刑期时，应具体案件具体分析，切不可等量齐观。

第二，要考虑犯罪分子再犯可能性的大小。由于受拘役的适用对象的限制，在有些犯罪案件中，只有对那些再犯可能性小的犯罪分子方可适用拘役进行处罚。当然，在同样可处拘役的犯罪案件中，犯罪人的再犯可能性大小仍然具有量的差别。因此，在确定拘役的刑期时，也应当做到具体问题具体分析，不能搞一刀切。

第三，要考虑对犯罪分子适用拘役时影响其刑罚量定的其他情节。在司法实践中，不同的犯罪案件，其犯罪的情节也可能有所不同，因此，在对不同情节的犯罪案件进行拘役裁量时，也应当分清不同的情况，分别进行处理。

（3）有期徒刑的裁量。有期徒刑是我国刑法中适用范围最广泛的一种刑罚方法，从1997年刑法对各种犯罪的规定看，也同样反映了这一立法规律。这是因为，就各种犯罪而言，在司法实践中，被判处死刑的总是极少数；而被判处有期徒刑的，总是大多数。因此，在刑法理论上，如何加强对各种犯罪的有期徒刑适用的研究，具有十分重要的现实意义。

从我国1997年刑法对有期徒刑规定的内容来看，对有期徒刑的法定刑幅度，大体可以分为三种情况：十年以上的有期徒刑为长期徒刑；十年以下三年以上的有期徒刑为中期徒刑；三年以下的有期徒刑为短期徒刑。由于刑期不同，在对各种犯罪分子进行裁量时也应有所差别。

第一，长期徒刑的适用。长期徒刑是有期徒刑中比较严重的刑罚，因而一般只能用于犯罪比较严重、情节比较恶劣、人身危险性比较大的犯罪分子。对于法定最低刑或量刑幅度的最低刑为十年有期徒刑的犯罪，长期徒刑可以对不够判处无期徒刑的犯罪分子直接适用。也可适用于本应当判处无期徒刑但具有从轻情节的犯罪分子。此外，判处死缓的犯罪分子，在缓期二年执行期间，如果确有重大立功表现，二年期满以后，可以减为长期徒刑；被判处无期徒刑的犯罪分子，在执行期间确有悔改或立功表现的，也可以减为长期徒刑。

第二，中期徒刑的适用。中期徒刑是有期徒刑中幅度范围较广，适用面较宽的刑罚。1997年刑法分则中有不少犯罪是在中期徒刑中选择一个适当刑期的有期徒刑。1997年刑法分则中，有的犯罪以中期徒刑为最低法定刑，而最高法定刑则是死刑或者无期徒刑。在这类条文所规定的犯罪中，中期徒刑既可以作为不够判处长期徒刑的具体案件的宣告刑直接适用，也可以作为罪该判处长期徒刑，但具有从轻、减轻情节的具体案件的宣告刑适用。1997年刑法分则中，有的犯罪以中期徒刑作为最高法定刑，而最低法定刑则是短期徒刑或者拘役、管制。在这类条文规定的犯罪中，中期徒刑可适用于那些社会危害性较大、人身危险性较重的犯罪分子。同时，如果某一具体案件虽然本应判处短期徒刑，但具有从重处罚情节的，也可以选用中期徒刑。

第三，短期徒刑的适用。在我国1997年刑法分则中，有不少犯罪的法定最高刑是短期徒刑，同时，还规定有拘役、管制。在这些条文中，短期徒刑首先适用于这些条文所规定的犯罪中社会危害性和人身危险性较大，情节最严重的犯罪分子。同时，还可以作为相对于拘役的从重量刑的结果适用。如果在短期徒刑上面还规定有中期徒刑等较重的刑种，短期徒刑又可以作为相对于中期徒刑从轻量刑的结果适用。

总之，有期徒刑是我国刑罚中适用最广泛的一种刑罚方法。1997年刑法分则中凡是规定有法定刑的条文，都规定了有期徒刑。由于有期徒刑轻重幅度大，可适用性广，便于人民法院根据各种案件的具体情况和特点，灵活机动地加以运用。对于罪行较重的犯罪分子可判处长期徒刑，对于罪行较轻的犯罪分子则可以判处短期徒刑。因而在司法实践中，适用这一刑罚方法的比适用其他任何种类的刑罚都多。

（4）无期徒刑的裁量。无期徒刑是剥夺犯罪分子终身自由的刑罚方法，是仅次于死刑的重刑。在我国刑事立法中，无期徒刑是对那些情节严重的犯罪人进行处罚的有效方法，并且具有一般威慑的功能。因此，无期徒刑在惩治犯罪中具有重大意义。在司法实践中，对于各种犯罪分子如何适用无期徒刑，是一个十分重要的问题。我们认为，对犯罪分子适用无期徒刑，应当注意以下两个方面的问题：

第一，要考察已然的犯罪的社会危害性是否达到了相当严重的程度。在刑法所规定的五种主刑当中，无期徒刑是仅次于死刑的重刑，在对犯罪分子适用过程中，应当特别慎重，罪行没有达到相当严重程度的，不能对其适用无期徒刑。至于如何考察具体犯罪是否达到相当严重的社会危害程度，则需要从主观与客观两个方面进行全面的分析，才能得出正确的结论。

第二，要考察未然的犯罪的可能性的大小，也即对某种犯罪适不适用无期徒刑对其处罚时应当考虑的因素。如果某一犯罪分子在实施犯罪后悔罪表现好，或者有自首与立功表现的，可以考虑不适用无期徒刑。如果某一犯罪分子罪行相当严重，并且认罪态度不好，有抗拒表现的，则可以考虑适用无期徒刑。当然，除此之外，还应当兼顾社会对犯罪人的反映，从而收到一般预防的社会效果。

（5）死刑的适用与裁量。死刑是以剥夺犯罪人的生命为内容的最严厉的刑罚方法，由于它在所有的刑罚方法中已达极点，故又称为极刑。对于犯罪分子应否适用死刑以及如何适用死刑，是一个十分慎重的问题，因此，研究死刑对各种犯罪的适用具有非常重大的意义。

在我国，长期以来，在对待死刑存废的态度上，始终坚持的是保留死刑的观点。具体方针是坚持少杀，严禁错杀，反对滥杀。为了严格控制死刑的适用范围，我国1997年刑法对于死刑的适用作了严格的法律规定，这一方面的规定主要体现在以下几个方面：

第一，严格控制了死刑适用的范围。根据我国1997年刑法的规定，死刑只能适用于罪行极其严重的犯罪分子。从这一规定来看，我国刑法对死刑的适用是作了严格的限制的。依法应当被判处死刑的，只能是极少数罪大恶极、罪该处死、不杀不足以平民愤的犯罪分子。此外，为了进一步控制死刑的适用，我国1997年刑法第49条还进一步规定："犯罪的时候不满18周岁的人和审判的时候怀孕的妇女，不适用死刑。"与此同时，《刑法修正案（八）》第3条亦规定："审判的时候已满75周岁的人，不适用死刑，但以特别残忍手段致人死亡的除外。"这些规定不仅体现了我国刑法的社会主义人道主义精神，也极大地缩小了死刑适用的范围。

第二，为了更好地限制死刑的适用，我国刑法还规定了死缓制度。所谓死缓制度是指对于应当判处死刑的犯罪分子，如果不是必须立即执行的，可以判处死刑缓期二年执行的制度。死缓制度是我国刑法独创的一项重要制度，它对于限制和减少死刑的实际执行，具有非常重大的意义。需要注意的问题是，死缓只是死刑的一种执行方式，而不是一个独立的刑种，因此，死缓的适用必须以行为人所犯的罪行达到死刑执行标准的为限。一般而言，在对某一犯罪分子考虑判处死缓时，首先应当考察该犯罪人是否符合某种犯罪规定的死刑适用条件，若已符合，还应当进一步考察其犯罪性质和其他情节，看有无立即执行之必要，如果通过各方面的分析，认为确实没有立即执行之必要的，方可判处死缓。比如，某一犯罪分子的犯罪数额特别巨大，且情节特别严重，符合判处死刑的条件，但归案后认罪态度好，退赔积极，能够主动揭发其他犯罪分子的罪行，对这种犯罪人可考虑判处死缓。

第三，为了保证死刑适用的严肃性，我国刑事法律还对死刑的适用规定了严格的程序。根据1997年刑法第48条、新刑事诉讼法第199条和第200条的规定，判处死刑立即执行的案件，除依法由最高人民法院判决的以外，都应当报请最高人民法院核准；判处死缓的案件，可以由高级人民法院判决或者核准。最高人民法院判处和核准的死刑立即执行的判决，应当由最高人民法院院长签发执行死刑的命令。上述对死刑案件特别规定的复核程序，是正确适用死刑的重要保证，绝不能有丝毫的忽视。

2. 附加刑及其裁量

在我国刑法所规定的刑罚方法中，除了五种主要适用的刑罚方法外，还有罚金、剥夺政治权利和没收财产以及驱逐出境四种附加刑。这四种附加刑也基本上是按照由轻到重的次序来进行排列的，可以根据犯罪分子的不同情况来适用。下面我们就附加刑的裁量问题作一介绍。

（1）罚金刑及其裁量。罚金刑是人民法院依法判处犯罪分子向国家缴纳一定数额的金钱的刑罚方法。在我国刑罚体系中，罚金刑属于附加刑的一种，它既可以附加适用，也可以独立适用，是一种适用范围较为广泛的财产刑。我国刑法分则共有350个条文，在这些条文中，有147个条文规定了罚金刑，大约占条文总数的近1/2，且绝大多数与经济犯罪有关。我国1997年刑法对罚金规定的适用面与1979年刑法相比，有了重大的历史性的突破与进展。这一重要的变化，一方面适应了我国社会主义市场经济发展的需要，另一方面也与目前国际上刑事立法的潮流相合拍。

从我国1997年刑法对经济犯罪罚金刑的规定来看，关于罚金刑的适用方法，主要有以下几种规定方式：一是选科制。在这种情况下，罚金作为一种选择的法定刑，只能单独适用，而不能附加适用。二是并科或单科制。在这种情况下，罚金既可以单独适用，也可以附加适用，究竟是单处还是并处，应当根据经济犯罪分子所犯罪行的情节轻重来确定。三是并科制。在这种情况下，罚金只能附加适用,而不能独立适用。这种适用方式主要适用于那些罪行比较严重的犯罪分子。四是单处制。这种罚金处罚方式,只能对单位经济犯罪适用,对自然人经济犯罪不适用这一处罚方式。

关于罚金的数额应当如何确定?是司法机关在对某一经济犯罪的罚金刑进行量定时应当注意的问题。我国1997年刑法第52条规定:"判处罚金,应当根据犯罪情节决定罚金数额。"因此,犯罪情节是人民法院判定犯罪人罚金数额的主要依据,某一犯罪情节的轻重对罚金数额的大小起着决定性的作用。在这里,所谓犯罪情节主要是指定罪情节以外的或者犯罪构成下一层次的事实情况,诸如犯罪后果、犯罪对象、违法所得多少、犯罪手段、犯罪目的和动机等等。比如,某一犯罪分子手段卑劣,有贪财动机且造成的经济损失较大,则可以认为是情节严重,在罚金时应当对其处罚重一些;反之,则应当处罚轻一些。在对经济犯罪人进行罚金量定时,除了要以犯罪情节为依据外,还要考虑犯罪人的经济承受能力,尽管这一点在立法上没有明文规定,但是在司法实践中也应当引起充分重视。就是说,对某一经济犯罪分子判处罚金时,既不能重刑轻判,让犯罪人在经济上占到便宜,也不能超过犯罪人的实际负担能力,给犯罪人的家属带来生活上的困难。

关于罚金的缴纳方式,根据1997年刑法第53条之规定,主要有以下几种执行方式:

一是一次或者分期缴纳。这种执行方式主要是指对某一经济犯罪人所判处的罚金,在规定的期限内,应当一次或者分期缴清。这是罚金缴纳的一般方法。一般来讲,一次缴纳在执行时间上没有任何伸缩性,对依法判处的罚金应当一次缴清。而分期缴纳在执行时间上则有一定的回旋余地,对那些被判处的罚金数额较多且无力一次缴纳的犯罪人,可以在规定的期限内分成多次予以缴清。

二是强制缴纳。即对被判处罚金的经济犯罪分子,在缴纳期满以后,有能力缴纳而不缴纳的,可采取查封、拍卖财产、扣发工资或者其他合法收入的方法,强制犯罪人缴清所处的罚金。

三是随时追缴。即在某一经济犯罪分子对人民法院判处的罚金不能全部缴纳的情况下,人民法院在以后任何时候只要发现被执行人有可以执行的财产的,都有随时强制被执行人缴纳罚金的权利。这种追缴方式,在很大程度上可以有效地防止犯罪人逃避罚金的缴纳。

四是减免缴纳。对被判处罚金的经济犯罪分子,如果由于遭受不能抗拒的灾祸,缴纳罚金确实有困难的,可以按照一定的程序对其原判罚金予以适当的减少或者免除。

(2) 剥夺政治权利刑及其裁量。剥夺政治权利是指剥夺犯罪分子参加国家管理和政治活动权利的刑罚方法。根据我国1997年刑法第54条规定，剥夺政治权利的内容包括以下四个方面：一是选举权与被选举权；二是言论、出版、集会、结社、游行、示威自由的权利；三是担任国家机关职务的权利；四是担任国有公司、企业、事业单位和人民团体领导职务的权利。根据我国1997年刑法第56条规定，剥夺政治权利的适用对象主要有两大类：一是对于危害国家安全的犯罪分子应当附加剥夺政治权利；二是对于故意杀人、强奸、放火、爆炸、投毒、抢劫等严重破坏社会治安秩序的犯罪分子，在必要的时候，也可以附加剥夺政治权利。

从我国刑法对剥夺政治权利的适用方式来看，它的主要方式有以下三种：一是并科与单科。剥夺政治权利刑与其他附加刑一样，既可以与主刑并科，也可以单科。从刑法分则规定的情况来看，可以并科剥夺政治权利的犯罪一般是比较严重的犯罪，而可以单独科处剥夺政治权利的犯罪通常是比较轻微的犯罪。二是终身剥夺与定期剥夺。根据我国刑法的规定，终身剥夺适用于被判处死刑和无期徒刑的犯罪分子；而对于其他犯罪分子则只能适用定期剥夺。三是应当剥夺与可以剥夺。在这里，所谓应当剥夺是指对某种犯罪必须剥夺其政治权利，而可以剥夺则是视某种犯罪的具体情况，可以剥夺其政治权利，也可以不剥夺其权利。如根据我国刑法之规定，对于危害国家安全的犯罪分子应当附加剥夺政治权利；而对于故意杀人、强奸、放火、爆炸、投毒、抢劫等严重破坏社会治安秩序的犯罪分子，则是可以附加剥夺政治权利。

关于剥夺政治权利刑的裁量，一般来讲，应当注意以下两个方面的问题：一是如果对犯罪未判处主刑，而单科剥夺政治权利刑，对其适用的刑期便可长些。因为对犯罪人未处主刑，仅处以剥夺政治权利，犯罪人所受到的惩罚，从总体上说十分轻微。对其适用较长期限的剥夺政治权利刑，既有助于量刑的公正原则的实现，也有助于有效地限制犯罪人的再犯罪能力。二是如果对犯罪人适用了主刑，剥夺政治权利是采取并科的方式，则所适用的剥夺政治权利的刑期便应短些。这是因为，凡是被剥夺政治权利者，其剥夺的效力当然适用刑罚执行期间。这样，主刑刑期加上附加剥夺政治权利的期限，剥夺犯罪人政治权利的期限实际上就相当长。所以，在决定附加剥夺政治权利的期限时，不能不考虑犯罪人在主刑执行期间已被剥夺政治权利这一因素而附加的期限定得短些，以免剥夺政治权利成为"过剩"的刑罚。

(3) 没收财产刑及其裁量。没收财产是指将犯罪分子个人所有财产的一部分或者全部强制无偿地收归国有的刑罚方法。在我国1997年刑法对经济犯罪的法定刑中，没收财产作为附加刑，也得到了较大范围的适用。因此，如何正

第六章 刑法学诸范畴功能论

确地搞好没收财产刑的适用,在司法实践中是一个至关重要的问题。

从我国 1997 年刑法对没收财产的规定来看,其适用的范围虽然不及罚金那么广泛,但是,与 1979 年刑法相比,已经有了长足的进步。从 1997 年刑法对没收财产的规定来看,没收财产的适用方法有以下两种情况:

一是应当并处。在这种情况下,没收财产作为附加刑,在刑法规定对某种犯罪处以主刑时,要一并处以没收财产。从 1997 年刑法分则规定的内容来看,对某种犯罪并处没收财产又可以分为两种情况:(1)在对某一犯罪并处没收财产时,与罚金选科。例如,刑法第 140 条规定,对生产、销售伪劣产品的犯罪行为,"销售金额 200 万元以上的,处十五年有期徒刑或者无期徒刑,并处销售金额 50% 以上 2 倍以下罚金或者没收财产。"在 1997 年刑法规定的经济犯罪中,类似的并处方式所占的比例最大。(2)在对某一犯罪处以主刑时,直接并处没收财产。例如,1997 年刑法第 206 条第 2 款规定:"伪造并出售伪造的增值税专用发票,数量特别巨大,情节特别严重,严重破坏经济秩序的,处无期徒刑或者死刑,并处没收财产。"

二是可以并处。在这种情况下,没收财产作为附加刑,在刑法规定对某种犯罪处以主刑时,根据具体情况,可以适用没收财产,也可以不适用没收财产。例如,1997 年刑法第 163 条规定:"公司、企业的工作人员利用职务上的便利,索取他人财物或者非法收受他人财物,为他人谋取利益,数额较大的,处五年以下有期徒刑或者拘役;数额巨大的,处五年以上有期徒刑,可以并处没收财产。"

没收财产有全部没收与部分没收之分。在司法实践中,对某种经济犯罪分子在处以没收财产时,是决定全部没收还是部分没收,应当注意考虑以下因素:

一是犯罪分子所处主刑的轻重。如果对某个犯罪分子所判处的主刑较轻,由于该犯罪人所处的刑期不长,将在服刑完毕后很快回到社会,如全部没收其财产,不利于其再社会化,在这种情况下,可以考虑判处部分没收。反之,如果对犯罪分子所判的主刑较重的,则可以考虑判处全部没收。

二是犯罪分子再犯可能性的大小。在司法实践中,犯罪分子实施某种犯罪往往都需要一定的财产作支撑,一定的财产不仅为犯罪分子纵情挥霍提供了物质来源,而且为其从事某种经济犯罪活动提供了物质基础。为预防犯罪分子再次走上犯罪的道路,在判处没收财产的时候,应当尽可能地考虑其再犯的可能性。如果再犯的可能性大,则可以考虑没收其全部财产;反之,如果其再犯的可能性小的,则可以考虑没收其部分财产。

三是犯罪分子的家庭经济状况。对犯罪分子判处没收财产,一方面要考虑到其处刑的轻重和再犯的可能性,另一方面也应当适度地考虑其家庭的经济状况。如果犯罪分子本身家庭生活困难，经济状况不佳的，判处没收全部财产，会使其家属陷入更大的生活窘境，在这种情况下，则可以考虑没收部分财产。

（二）刑事处罚的幅度与量刑

刑事处罚的幅度简称刑度，它是指我国刑法所规定的各种刑罚方法在立法上根据罪行大小而规定的一定的等级跨度。在司法实践中，由于各种不同犯罪的社会危害程度不同，因此体现在法定刑的规定上其量刑幅度也有所不同。在刑事立法中，对于不同危害程度的犯罪规定不同的法定刑幅度，不仅体现了罪刑相适应的原则，同时也为司法人员准确地量刑提供了统一的量定模式，从而避免量刑过程中出现大的偏差。

在我国的刑事立法中，根据罪刑相适应原则的要求，不仅对于不同罪质的犯罪规定了不同的刑罚幅度，即便是相同性质的犯罪，由于受到情节、后果或者数额等因素的影响，其法定刑的幅度也有所不同，从而为司法机关正确地量刑提供了有力的法律依据。

关于法定刑幅度对于量刑的影响，从我国刑法立法所规定的内容来看主要表现在以下几个方面：

1. 通过犯罪行为造成的后果轻重将法定刑分为几个不同的幅度。分为以下几种情况：

（1）以有无造成严重后果将法定刑划分为两个不同的量刑档次。例如，1997年刑法第116条规定："破坏火车、汽车、电车、船只、航空器，足以使火车、汽车、电车、船只、航空器发生倾覆、毁坏危险，尚未造成严重后果的，处三年以上十年以下有期徒刑。"第117条规定："破坏轨道、桥梁、隧道、公路、机场、航道、灯塔、标志或者进行其他破坏活动，足以使火车、汽车、电车、船只、航空器发生倾覆、毁坏危险，尚未造成严重后果的，处三年以上十年以下有期徒刑。"第118条规定："破坏电力、燃气或者其他易燃易爆设备，危害公共安全，尚未造成严重后果的，处三年以上十年以下有期徒刑。"第119条规定："破坏交通工具、交通设施、电力设备、燃气设备、易燃易爆设备，造成严重后果的，处十年以上有期徒刑、无期徒刑或者死刑。"以上规定就是将上述危害公共安全的犯罪从危险犯与实害犯的角度，依其有无造成严重后果将其分为两个不同的法定刑档次的。

（2）以造成严重后果的程度将法定刑分为几个不同的量刑档次。例如，1997年刑法第132条规定："铁路职工违反规章制度，致使发生铁路运营安全事故造成严重后果的，处三年以下有期徒刑或者拘役；造成特别严重后果的，处三年以上七年以下有期徒刑。"又如1997年刑法第133条规定："违反交通运输管理法规，因而发生重大事故，致人重伤、死亡或者使公私财产遭受重大损失的,处三年以下有期徒刑或者拘役;交通肇事后逃逸或者有其他特别恶劣情节的,处三年以上七年以下有期徒刑;因逃逸致人死亡的,处七年以上有期徒刑。"以上这两条的规定就是从行为人的行为所造成的严重后果的程度上来进行划分,这种划分可以帮助司法工作人员依据不同的情形分别适用不同的法定刑。

2. 通过犯罪行为的情节轻重将法定刑分为几个不同的量刑档次。也可以分为以下两种情况:

(1) 以情节是否严重将罪与非罪严格划分开来。例如1997年刑法第409条规定:"从事传染病防治的政府卫生行政部门的工作人员严重不负责任,导致传染病传播或者流行,情节严重的,处三年以下有期徒刑或者拘役。"本条所规定的情节是否严重就是划分是否构成犯罪的标准。

(2) 以情节严重的程度将法定刑分为几个不同的量刑档次。这一方面的规定在刑法分则所规定的条文当中比较常见。例如第390条规定:"对犯行贿罪的,处五年以下有期徒刑或者拘役;因行贿谋取不正当利益,情节严重的,或者使国家利益遭受重大损失的,处五年以上十年以下有期徒刑;情节特别严重的,处十年以上有期徒刑或者无期徒刑,可以并处没收财产。"又如1997年刑法第399条规定:"司法工作人员徇私枉法、徇情枉法,对明知是无罪的人而使他受追诉、对明知是有罪的人而故意包庇不使他受追诉,或者在刑事审判活动中故意违背事实和法律作枉法裁判的,处五年以下有期徒刑或者拘役;情节严重的,处五年以上十年以下有期徒刑;情节特别严重的,处十年以上有期徒刑。"从以上法条对情节的规定来看,它们都是以情节严重和情节特别严重对行贿罪和徇私枉法罪的法定刑来分档作出规定的。通过这样规定,可以明确法定刑的域限,便于司法人员依法进行裁量。

3. 通过犯罪数额的大小将法定刑分为几个不同的量刑档次。可以分为以下几种情况:

(1) 在立法上通过明确的数额规定,将某种犯罪分为几个不同的量刑档次。例如1997年刑法第140条规定:"生产者、销售者在产品中掺杂、掺假,以假充真,以次充好或者以不合格产品冒充合格产品,销售金额5万元以上不满20万元的,处二年以下有期徒刑或者拘役,并处或者单处销售金额50%以上2倍以下罚金;销售金额20万元以上不满50万元的,处二年以上七年以下有期徒刑,并处销售金额50%以上2倍以下罚金;销售金额50万元以上不满200万元的,处七年以上有期徒刑,并处销售金额50%以上2倍以下罚金;销售金额200万元以上的,处十五年有期徒刑或者无期徒刑,并处销售金额50%以上2倍以下罚金或者没收财产。"又如,1997年刑法第383条规定:

"对犯贪污罪的,根据情节轻重,分别依照下列规定处罚:(一)个人贪污数额在10万元以上的,处十年以上有期徒刑或者无期徒刑,可以并处没收财产;情节特别严重的,处死刑,并处没收财产。(二)个人贪污数额在5万元以上不满10万元的,处五年以上有期徒刑,可以并处没收财产;情节特别严重的,处无期徒刑,并处没收财产。(三)个人贪污数额在5千元以上不满5万元的,处一年以上七年以下有期徒刑;情节严重的,处七年以上十年以下有期徒刑。个人贪污数额在5千元以上不满1万元,犯罪后有悔改表现、积极退赃的,可以减轻处罚或者免予刑事处罚,由其所在单位或者上级主管机关给予行政处分。(四)个人贪污数额不满5千元,情节较重的,处二年以下有期徒刑或者拘役;情节较轻的,由其所在单位或者上级主管机关酌情给予行政处分。对多次贪污未经处理的,按照累计贪污数额处罚。"

(2)在立法上通过笼统的数额规定,将某种犯罪分为几个不同的量刑档次。这一方面的规定在刑法分则中也较为常见,尤其是经济犯罪与财产犯罪的立法条文中更为多见。例如,1997年刑法第264条规定:"盗窃公私财物,数额较大或者多次盗窃的,处三年以下有期徒刑、拘役或者管制,并处或者单处罚金;数额巨大或者有其他严重情节的,处三年以上十年以下有期徒刑,并处罚金;数额特别巨大或者有其他特别严重情节的,处十年以上有期徒刑或者无期徒刑,并处罚金或者没收财产;有下列情形之一的,处无期徒刑或者死刑,并处没收财产:(一)盗窃金融机构,数额特别巨大的;(二)盗窃珍贵文物,情节严重的。"对于立法没有明确规定其犯罪数额的,虽然给司法机关在量刑时会带来一定的困难,然而通过司法解释可以弥补这一方面的缺陷。如1997年刑法实施后,对于盗窃罪的数额标准如何确定,《最高人民法院关于审理盗窃案件具体应用法律若干问题的解释》第3条就对此作出了较为明确的解释。据该条解释:"盗窃公私财物'数额较大'、'数额巨大'、'数额特别巨大'的标准如下:(一)个人盗窃公私财物价值人民币5百元至2千元以上的,为'数额较大'。(二)个人盗窃公私财物价值人民币5千元至5万元以上的,为'数额巨大'。(三)个人盗窃公私财物价值人民币3万元至10万元以上的,为'数额特别巨大'。各省、自治区、直辖市高级人民法院可以根据本地区经济发展状况,并考虑社会治安状况,在前款规定的数额幅度内,分别确定本地区执行的'数额较大'、'数额巨大'、'数额特别巨大'的标准。"

参考文献

一、专著教材类

1. 《马克思恩格斯全集》，人民出版社1956年版。
2. 《列宁全集》，人民出版社1956年版。
3. 高铭暄主编：《刑法学》，法律出版社1982年版。
4. 高铭暄主编：《刑法学》，法律出版社1983年版。
5. 高铭暄主编：《中国刑法学》，中国人民大学出版社1989年版。
6. 高铭暄主编：《刑法学》，北京大学出版社1989年版。
7. 高铭暄主编：《新中国刑法科学简史》，中国人民公安大学出版社1993年版。
8. 高铭暄主编：《新中国刑法学研究综述》，河南人民出版社1986年版。
9. 高铭暄主编：《刑法学原理》（第一、二、三卷），中国人民大学出版社1993年版。
10. 高铭暄著：《刑法问题研究》，法律出版社1994年版。
11. 高铭暄、王作富主编：《刑法总论》，中国人民大学出版社1989年版。
12. 高铭暄、马克昌主编：《刑法学》（上），中国法制出版社1999年版。
13. 王作富著：《中国刑法研究》，中国人民大学出版社1988年版。
14. 王作富主编：《中国刑法适用》，中国人民公安大学出版社1987年版。
15. 马克昌主编：《犯罪通论》，武汉大学出版社1991年版。
16. 马克昌主编：《刑罚通论》，武汉大学出版社1995年版。
17. 马克昌：《刑法理论探索》，法律出版社1995年版。
18. 马克昌主编：《刑法学全书》，上海科学技术文献出版社1993年版。
19. 甘雨沛、何鹏著：《外国刑法学》（上），北京大学出版社1984年版。
20. 甘雨沛：《比较刑法学大全》，北京大学出版社1997年版。
21. 周密著：《论证犯罪学》，群众出版社1991年版。

22. 杨春洗、杨敦先主编：《中国刑法论》，北京大学出版社 1994 年版。
23. 杨春洗等著：《刑法总论》，北京大学出版社 1981 年版。
24. 杨春洗等主编：《刑法总论》，北京大学出版社 1985 年版。
25. 高格主编：《刑法教程》，吉林大学出版社 1987 年版。
26. 储槐植著：《美国刑法》，北京大学出版社 1987 年版。
27. 储槐植、许章润等：《犯罪学》，法律出版社 1997 年版。
28. 何秉松主编：《刑法教科书》，中国法制出版社 1995 年版。
29. 何秉松主编：《刑法教程》，法律出版社 1987 年版。
30. 何秉松著：《犯罪构成系统论》，中国法制出版社 1995 年版。
31. 李光灿主编：《中华人民共和国刑法论》（上），吉林人民出版社 1984 年版。
32. 邓又天主编：《中国刑法总论》，四川人民出版社 1990 年版。
33. 苏惠渔主编：《刑法学》，中国政法大学出版社 1994 年版。
34. 王牧著：《犯罪学》，吉林大学出版社 1992 年版。
35. 赵廷光主编：《中国刑法原理》（总论卷），武汉大学出版社 1992 年版。
36. 赵秉志等著：《中国刑法的运用与完善》，法律出版社 1989 年版。
37. 赵秉志、吴振兴主编：《刑法学通论》，高等教育出版社 1993 年版。
38. 赵秉志主编：《刑法争议问题研究》，河南人民出版社 1996 年版。
39. 赵秉志、鲍遂献著《现代刑法学》，湖南师范大学出版社 1995 年版。
40. 赵秉志主编：《刑法新探索》，群众出版社 1993 年版。
41. 陈兴良著：《刑法哲学》，中国政法大学出版社 1992 年版。
42. 陈兴良著：《刑法的价值构造》，中国人民大学出版社 1998 年版。
43. 陈兴良著：《本体刑法学》，商务印书馆 2001 年版。
44. 陈兴良著：《规范刑法学》，中国人民大学出版社 2008 年版。
45. 陈兴良：《刑法疏议》，中国人民大学出版社 1997 年版。
46. 陈兴良著：《刑法总论适用》（上、下卷），法律出版社 1999 年版。
47. 张明楷著：《刑法格言的展开》，法律出版社 1999 年版。
48. 张明楷著：《犯罪论原理》，武汉大学出版社 1991 年版。
49. 张明楷著：《刑事责任论》，中国政法大学出版社 1992 年版。
50. 张明楷著：《刑法学》（上），法律出版社 1997 年版。
51. 张明楷：《刑法学》（第二版），法律出版社 2003 年版。
52. 王勇著：《定罪导论》，中国人民大学出版社 1990 年版。
53. 冯亚东著：《理性主义与刑法模式》，中国政法大学出版社 1999 年版。

参考文献

54. 林准主编：《中国刑法教程》，人民法院出版社1989年版。
55. 陈明华主编：《刑法学》，中国政法大学出版社1999年版。
56. 李晓明：《刑法学》，法律出版社2001年版。
57. 赵长青主编：《中国刑法教程》，中国政法大学出版社1994年版。
58. 赵长青主编：《新编刑法学》，西南师范大学出版社1997年版。
59. 李培泽主编：《刑法学教程》，成都科技大学出版社1995年版。
60. 陈忠林主编：《刑法学》（上），法律出版社2006年版。
61. 肖扬主编：《中国1997年刑法学》，中国人民公安大学出版社1997年版。
62. 陶驷驹主编：《中国1997年刑法通论》，群众出版社1997年版。
63. 郑伟主编：《1997年刑法学专论》，法律出版社1998年版。
64. 冯军、肖中华主编：《刑法总论》，中国人民大学出版社2008年版。
65. 肖中华：《犯罪构成及其关系论》，中国人民大学出版社2000年版。
66. 樊凤林主编：《犯罪构成论》，法律出版社1987年版。
67. 彭文华：《犯罪构成范畴论》，中国人民公安大学出版社2009年版。
68. 邱兴隆、许章润著：《刑罚学》，中国政法大学出版社1999年版。
69. 邱兴隆著：《罪与罚讲演录》（第1卷.2000），中国检察出版社2000年版。
70. 张筱薇：《比较外国犯罪学》，百家出版社1996年版。
71. 刘广三著：《犯罪现象论》，北京大学出版社1996年版。
72. 敬大力：《刑事责任的一般理论》，载《全国刑法硕士论文荟萃》，中国人民公安大学出版社1989年版。
73. 黄风：《贝卡利亚及其刑法思想》，中国政法大学出版社1987年版。
74. 王晨著：《刑事责任的一般理论》，武汉大学出版社1998年版。
75. 张家源著：《暴力犯罪心理初探》，中国政法大学出版社1989年版。
76. 叶高峰主编：《中国暴力犯罪对策研究》，法律出版社1998年版。
77. 冯军著：《刑事责任论》，法律出版社1996年版。
78. 张智辉著：《刑事责任通论》，警官教育出版社1995年版。
79. 赵炳寿主编《刑法若干理论问题研究》，四川大学出版社1992年版。
80. 张文等著：《刑事责任要义》，北京大学出版社1997年版。
81. 杨敦先主编：《刑法运用问题探讨》，法律出版社1992年版。
82. 于志刚著：《追诉时效制度研究》，中国方正出版社1999年版。
83. 《中国刑法词典》编委会：《中国刑法词典》，学林出版社1988年版。
84. 张友渔：《中国大百科全书·法学》，中国大百科全书出版社1984年版。

85. 栗劲、李放主编：《中华实用法学大辞典》，吉林大学出版社 1988 年版。
86. 张文显著：《法学的基本范畴》，中国政法大学出版社 1993 年版。
87. 奚从清等主编：《社会学原理》，浙江人民出版社 1988 年版。
88. 陈荣富著：《比较宗教学》，世界知识出版社 1993 年版。
89. 宣炳昭著《香港刑法导论》，中国法制出版社 1997 年版。
90. 翁国梁著：《中国刑法总论》，正中书局 1971 年版。
91. 刘清波著：《刑法概论》，台湾开明书店 1968 年版。
92. 张甘妹著：《犯罪学原论》，汉林出版社 1985 年版。
93. 褚剑鸿著：《刑法总则论》，台湾正中书局 1972 年版。
94. 刘清波著：《刑法概论》，台湾开明书店 1981 年版。
95. 林山田著：《刑法通论》，台湾三民书局 1984 年版。
96. 洪福增著：《刑事责任之理论》，台湾正中书局 1972 年版。
97. 罗结珍译：《法国刑法典》，中国人民公安大学出版社 1995 年版。
98. 黄道秀等译：《俄罗斯联邦刑法典》，中国法制出版社 1996 年版。
99. 贝卡利亚著、黄风译：《论犯罪与刑罚》，中国大百科全书出版社 1993 年版。
100. ［古希腊］亚里士多德著：《政治学》，商务印书馆 1980 年版。
101. ［苏］ЛI. B. 巴格里－沙赫马托夫著，韦政强等译：《刑事责任与刑罚》，法律出版社 1984 年版。
102. ［苏］H. A. 别利亚耶夫、M. N. 科瓦廖夫编：《苏维埃刑法总论》，马改秀、张广贤译，群众出版社 1987 年版。
103. ［苏］A. H. 特拉伊宁著：《犯罪构成的一般学说》，薛秉忠等译，中国人民大学出版社 1958 年版。
104. ［美］E. A. 霍尔著：《初民的法律》，中国社会科学出版社 1993 年版。
105. ［美］博登海默著：《法理学－法哲学及其方法》（中译本），华夏出版社 1987 年版。
106. ［美］泰勒：《原始社会》（纽约），1962 年英文版。
107. 亨利·莱维·布律尔著：《法律社会学》，上海人民出版社 1987 年版。
108. ［美］戈尔丁：《法律哲学》，三联书店 1987 年版。
109. ［美］M. W. 瓦托夫斯基：《科学思想的概念基础——科学的哲学导论》，求实出版社 1982 年版。
110. ［美］迈克尔. D. 贝勒斯著：《法律的原则：一个规范的分析》，张文显等译，中国大百科全书出版社 1996 年版。

111. ［英］戴维.M.沃克：《牛津法律大辞典》（中译本），北京社会与科学技术发展研究所译，光明日报出版社 1988 年版。

112. ［英］斯马特·威廉斯著：《功利主义：赞成和反对》，1973 年版。

113. ［英］洛克著：《政府论》（下篇），商务印书馆 1964 年版。

114. ［英］彼得·斯坦、约翰·香德著：《西方社会的法律价值》，王献平译，中国人民公安大学出版社 1990 年版。

115. ［英］洛克：《政府论》（下篇），瞿菊农、叶启芳译，商务印书馆 1980 年版。

116. ［英］边沁著：《立法理论－刑法典原理》，中国人民公安大学出版社 1993 版。

117. ［法］卢梭：《社会契约论》，商务印书馆 1962 年版。

118. ［法］皮埃尔·勒鲁：《论平等》，王允道译，商务印书馆 1991 年版。

119. ［法］孟德斯鸠著：《论法的精神》（上册），商务印书馆 1963 年版。

120. ［法］卢梭著：《社会契约论》，商务印书馆 1980 年版。

121. ［法］卢梭：《社会契约论》，何兆武译，商务印书馆 2003 年版。

122. ［法］卡斯东·斯特法尼等著：《法国刑法总论精义》，罗结珍译，中国政法大学出版社 1998 年版。

123. ［德］康德：《法的形而上学原理——权利的科学》，商务印书馆 1991 年版。

124. ［德］黑格尔：《法哲学原理》，商务印书馆 1961 年版。

125. ［意］贝卡利亚著：《论犯罪与刑罚》，中国大百科全书出版社 1993 年版。

126. ［意］加罗法洛：《犯罪学》，中国大百科全书出版社 1996 年版。

127. ［日］木村龟二主编：《刑法学词典》，上海翻译出版公司 1991 年版。

128. ［日］大冢仁著：《犯罪论的基本问题》，冯军译，中国政法大学出版社 1993 年版。

129. ［日］木村龟二主编《刑法学词典》，顾肖荣、郑树周译校，上海翻译出版公司 1991 年版。

130. ［日］木村龟二著：《刑法总论》（增补版），有斐阁 1984 年版。

131. ［日］冈田庄作：《刑法原理总论》，1934 年版。

132. ［日］西原春夫著：《刑法总论》（日文版），成文堂 1978 年版。

133. ［日］牧野英一：《日本刑法》，有斐阁 1939 年版。

二、论文类

1. 何秉松：《试论 1997 年刑法的罪刑相当原则》（下），载《政法论坛》1997 年第 6 期。
2. 何秉松：《建立有中国特色的犯罪构成理论新体系》，载《法学研究》1986 年第 1 期。
3. 陈兴良：《犯罪构成的体系性思考》，载《法制与社会发展》2000 年第 5 期。
4. 陈兴良、邱兴隆：《罪刑关系论》，载《中国社会科学》1987 年第 4 期。
5. 张明楷：《刍议刑法面前人人平等》，载《中国刑事法杂志》1999 年第 1 期。
6. 李卫红：《论罪刑相适应原则的立法完善》，载《刑法修改建议文集》，中国人民大学出版社 1997 年版，第 164 页。
7. 邱兴隆：《费尔巴哈早期刑法思想剖析》，载《外国法学研究》1986 年第 1 期。
8. 薛瑞麟、陈双吉：《刑法上的人人平等原则》，载《政法论坛》1998 年第 5 期。
9. 赵秉志：《犯罪构成要件的逻辑顺序》，载《政法论坛》2003 年第 6 期。
10. 赵秉志：《试论直接故意与间接故意的划分标准》，载《江海学刊》1987 年第 3 期。
11. 顾永忠：《犯罪构成理论新探》，载《政法论坛》1985 年第 3 期。
12. 张明楷：《论我国刑法中的犯罪构成》，载《全国刑法硕士论文荟萃》，中国人民公安大学出版社 1989 年版，第 118—119 页。
13. 傅家绪：《犯罪主体不应是犯罪构成的一个要件》，载《法学评论》1984 年第 2 期。
14. 周其华：《刑事责任若干问题的研究》，载《政法论坛》1988 年第 1 期。
15. 王充：《从理论向实践的回归——论我国犯罪构成要件的排列顺序》，载《法制与社会发展》2003 年第 3 期。
16. 吴宗宪：《试论我国刑法总论的完善》，载《法学与实践》1987 年第 3 期。
17. 余淦才：《刑事责任理论试析》，载《法学研究》1987 年第 5 期。
18. 胡石友：《谈谈法律责任》，载《光明日报》1981 年 1 月 6 日第 3 版。
19. 杨春洗、苗生明：《论刑事责任的概念及其实现》，载《中外法学》1991 年第 1 期。

20. 曲新久：《论刑事责任的概念及其实现》，载《政法学刊》1987年第6期。

21. 关中翔：《论犯罪行为的民事责任》，载《法律科学》1991年第1期。

22. 宋金波译、卢优先校：《苏维埃刑法论文选译》（第1辑），原载《苏维埃国家和法权》1955年第4期，法律出版社1956年版。

23. ［美］戴维：《论贝卡利亚的刑法思想》，载《法学译丛》1984年第5期。

后 记

经过本人认真修订的这本《刑法学基本范畴研究》一书即将面世，本人有一种从未有过的精神愉悦和轻松感，值此书付梓之际，略缀数语，权作后记。

本人之所以在今年推出这部专著，其主要原因是今年是本人研究生毕业暨任教22周年，也是本书出版11周年。虽然22年来，在科研方面不敢妄称成绩斐然，但自感没有落伍于时代，这也是出版本书之一大动机。自任教22年以来，本人在董鑫教授、邓又天教授、高绍先教授、赵长青教授等老一辈刑法学家的亲切关怀、教研室各位同人的鼎力协助以及各位研究生的共同努力下，撰写专著、教材、论文集达40余部，撰写学术论文、文章180余篇，其中被中国人民大学复印资料《法学》、《刑事法学》和中国社科院法学研究所《中国法学研究年鉴》全文转载和摘登的论文有十余篇。以上成果有十多项荣获司法部、四川省、重庆市和西南政法大学社会科学优秀成果一、二、三等奖和优秀成果奖。这些成就的取得，除了前述原因之外，作为一个中华学人，与自身与生俱来的历史使命感和对学术无止境的追求精神亦有着千丝万缕的联系。因此，出版此书，以作22年学海求索之印记。

需要特别说明的是，本书自11年前从重庆大学出版社出版以后，先后被列为西南政法大学研究生必读书目和安徽省委党校法学研究生使用教材，并于2003年荣获西南政法大学第十届优秀科研成果（专著类）二等奖，另外，本书的主要内容摘编被收入赵秉志教授主编的工具书。以上信息说明，本书所研究的成果不仅为刑法学界所认可，同时也获得了良好的社会声誉，这是本人始料未及的。正因为有了这一基础，本人认为本书对刑法学界来说尚有一定的参考价值，因此才将本书的修订出版提上议事日程。经过修订，本书不仅对原书的某些章节根据刑法学界新的研究成果作了进一步充实，而且新增加了刑法的基本原则一节。这样修订后的该书无论在内容上还是在形式上都较为完备。这也不负本人对本书修订所作的巨大努力。

后　记

　　如同出版其他的专著一样，每当自己在学术上有些许进步，我觉得应该感谢在我的学术道路上对我给过帮助和关注的所有专家学者。故借此书出版之际，特向重庆大学法学院院长（原西南政法大学法学院院长）、全国人大代表、全国著名刑法学家、博士生导师陈忠林教授，西南政法大学法学院党总支书记、全国知名刑法学家、博士生导师梅传强教授，全国知名刑法学家、西南政法大学刑法教研室博士生导师朱建华教授、王利荣教授、高维俭教授等人表示衷心感谢，本人二十余年来在科研方面所取得的每一点进步，都与他们的亲切教诲与耳濡目染有着十分重要的关系。此外，本人还要特向全国刑法学泰斗高铭暄教授、马克昌教授，全国犯罪学泰斗康树华教授，中国刑法学会会长赵秉志教授，中国犯罪学会会长王牧教授以及全国著名刑法学家王作富教授、陈兴良教授、胡云腾教授、冯军教授、黄京平教授、莫洪宪教授、康均心教授、曾粤兴教授、冯亚东教授、李晓明教授等人表示衷心感谢，正因为有了他们的大力鼓励、支持和帮助，才使得本人的治学之路没有那样的艰辛和孤寂。为此，我要感谢西南政法大学能够赐予本人这么好的学术环境和学术氛围。最后，我还要特别感谢中国检察出版社的安斌博士，如果没有他的无私帮助和鼎力支持，恐怕此书就不可能得以如此顺利地出版，在本书出版之际，对他所倾注的心血和艰辛的劳动表示衷心地感谢！

李永升
2011 年 3 月 12 日于重庆陋室